Der boshafte Zitatenschatz

Ernst Günter Tange

Der boshafte Zitatenschatz

Bissige Definitionen, treffende Bonmots und charmante Gemeinheiten

Eichborn.

Die Deutsche Bibliothek – CIP-Einheitsaufnahme

Lexikon der boshaften Zitate : bissige Definitionen, treffende Bonmots und charmante Gemeinheiten / Ernst Günter Tange. – Frankfurt am Main : Eichborn, 2001
ISBN 3-8218-3698-9
Früher u. d. T.: Lexikon der boshaften Zitate

Frankfurt am Main, Februar 2001
Umschlaggestaltung: Moni Port
unter Verwendung einer Illustration von Philip Waechter
Satz: Fuldaer Verlagsagentur, Fulda
Druck und Bindung: Legoprint, Italien
ISBN 3-8218-3698-9

Verlagsverzeichnis schickt gern:
Eichborn Verlag, Kaiserstraße 66, D-60329 Frankfurt
www.eichborn.de

Zitatsachen, auf einen roten Faden gereiht

Lexika sollen witzig sein! *Friedrich Schlegel*

Herr, schenke mir Sinn für Humor, gib mir die Gnade, einen Scherz zu verstehen, damit ich ein wenig Glück kenne im Leben und anderen davon mitteile.
Thomas Morus

Will man ein Aphorismenbuch lesen, ohne sich zu langweilen, so soll man es auf gut Glück aufschlagen, es weglegen, wenn man Interessantes gefunden hat, und nachdenken. *Charles-Joseph von Ligne*

Ein guter Aphorismus ist die Weisheit eines ganzen Buches in einem einzigen Satz. *Theodor Fontane*

Man hat immer die Aphorismen-Schreiber unterschätzt und die Systematiker für die Wahren gehalten. *Ludwig Marcuse*

Ich denke mir: Über kurz oder lang werden die Menschen dazu kommen, mit Ausnahme der rein berichtenden Erzählung alles in Aphorismen zu schreiben.
Samuel Johnson

Was man auch gegen solche Sammlungen sagen kann, welche die Autoren zerstückelt mitteilen, sie bringen doch manche gute Wirkung hervor.
Sind wir doch nicht immer so gefaßt und so geistreich, daß wir ein ganzes Werk nach seinem Wert in uns aufzunehmen vermöchten.
Streichen wir nicht in einem Buche Stellen an, die sich unmittelbar auf uns beziehen? *Johann Wolfgang von Goethe*

In meinen Zitaten lasse ich andere sagen, was ich selber nicht so gut ausdrücken könnte, sei es aus Mangel an Sprachgewandtheit, sei es aus Mangel an Scharfsinn.
Michel de Montaigne

Zitieren macht mir das größte Vergnügen, und ich bin, mit Montaigne, überzeugt, daß man nur in den Augen von Dummköpfen dadurch an Persönlichkeit einbüßt.
André Gide

Schiller und Goethe: Mein Gott, die haben ihre ganzen Texte ja aus Zitaten zusammengeschrieben. *Daniel Kleinworth*

Von der Mehrzahl der Werke bleiben nur die Zitate übrig. Ist es dann nicht besser, von Anfang an nur die Zitate aufzuschreiben? *Stanislaw Jerzy Lec*

Wer ein Buch zusammenstellt mit hilfreicher Weisheit, erdacht von anderen Köpfen, leistet der Menschheit einen größeren Dienst als der Verfasser eines Epos der Verzweiflung. *Ella Wheeler Wilcox*

Alles Gescheite ist schon einmal gedacht worden, man muß nur versuchen, es noch einmal zu denken. *Johann Wolfgang von Goethe*

Ich schätze die Bücher am höchsten, die meine eigenen Gedanken in Bewegung setzen. *Heinrich Wolfgang Seidel*

Die Gegenwart eines Gedankens ist wie die Gegenwart einer Geliebten. *Arthur Schopenhauer*

Nur Sätze, die sitzen, kommen zum Setzer. *Anonym*

Jede Art zu schreiben ist erlaubt, nur nicht die langweilige. *Voltaire*

Was man ernst meint, sagt man am besten im Spaß. *Wilhelm Busch*

Es ist unmöglich, witzig zu sein ohne ein bißchen Bosheit. Die Bosheit eines guten Witzes ist der Widerhaken, der ihn haften läßt. *Richard Brinsley Sheridan*

Nachdem Gott die Welt erschaffen hatte, schuf er Mann und Frau. Um das Ganze vor dem Untergang zu bewahren, erfand er den Humor. *Guillermo Mordillo*

Die einzigen Dinge, über die es sich lohnt, ernsthaft zu sprechen, sind lustige Dinge. *Curt Goetz*

Die deutsche Literatur ist einäugig. Das lachende Auge fehlt. *Erich Kästner*

Deutscher Humor ist, wenn man trotzdem nicht lacht. *Sigismund von Radecki*

Mir scheint, die wichtigste Redensart im Deutschen heißt: Spaß beiseite. *Ramanthan Guri*

Ein Leser bewegt sich in drei Jahrtausenden und kann sich immer die beste Gesellschaft aussuchen. *Günther Debon*

Durch Bücher kann man Menschen kennenlernen, ohne den Umgang mit ihnen in Kauf nehmen zu müssen. *Anonym*

Die Deutschen lesen zwar keine Bücher mehr, aber sie kaufen sie. *Ephraim Kishon*

Heute liest nur noch, wer es nicht lassen kann. *Christoph Hein*

Bücher, die dir nicht gefallen, laß ruhig liegen – die sollen andere lesen. *Lin Yutang*

Mir sind alle Bücher zu lang. *Voltaire*

Wenn du ins Bett gehst, nimm ein gutes Buch mit – oder wenigstens jemanden, der kürzlich eines gelesen hat. *Werbeslogan einer Münchner Buchhandlung*

Das schönste Kompliment hat mir mal ein Schotte gemacht. Er sagte, mein Buch habe ihm so gut gefallen, daß er es beinah' gekauft hätte. *Anonym*

»Das große Buch der boshaften Definitionen« (E. G. Tange): gesammelte Nadelspitzen zur Akupunktur kranker Seelen. *Ron Kritzfeld*

Anonymus: der in der gesamten Literatur am häufigsten vorkommende Autor. *Anonym*

Ein Titel muß kein Küchenzettel sein. Je weniger er von dem Inhalt verrät, desto besser. *Gotthold Ephraim Lessing*

Geflügelte Worte: Zitatsachen. *Ron Kritzfeld*

Zitat: die fehlerhaft wiedergegebenen Worte eines anderen. *Ambrose Bierce*

Zitaten-Lexikon:
Mosaik des Universums, zusammengefügt aus Steinen der Weisen. *Ron Kritzfeld*

Nonsens: die Einwände, die gegen dieses ausgezeichnete Wörterbuch erhoben werden. *Ambrose Bierce*

Wer zwei Paar Hosen hat, mache eine zu Geld und schaffe sich dieses Buch an. *Georg Christoph Lichtenberg*

Die Kunst der aphoristischen Definition

> Wenn man über einen Gegenstand nichts weiß, muß man über ihn ein Buch schreiben, dann weiß man alles. *Georg Hensel*

»Wir haben's hin- und hergewendet . . . So trägt's noch kein Buch. Aber mögen mag ich – wie viele Definitionen haben Sie? Wenn es ein prall-volles Wörterbuch gäbe mit 2 bis 3000? 1000 finde ich noch zu wenig für eine alltägliche Benutzbarkeit. Wenn Sie weitersammeln . . .« schrieb mir Vito von Eichborn am 6. März 1984. Ich hatte ihm rund tausend aphoristische Definitionen geschickt, die ich seit meiner Schulzeit gesammelt hatte. Natürlich machte ich nach dieser Ermunterung weiter.

Das »Lexikon der boshaften Zitate«, das jetzt nach dreizehn Jahren intensiver Beschäftigung mit der Materie vorgelegt wird, enthält – wenn ich richtig gezählt habe – 7590 aphoristische Definitionen. Das sind Begriffsbestimmungen der witzigen, geistreichen Art, wie sie hauptsächlich von Schriftstellern, Philosophen, Kabarettisten und Schauspielern erdacht werden.

Aphorismus

In Gero von Wilperts »Sachwörterbuch der Literatur« heißt es: »Aphorismus (von griechisch aphorizein = abgrenzen, definieren): kurzer, schlagkräftig und äußerst prägnant formulierter Prosasatz zur Einkleidung eines eigenartigen Gedankens, Werturteils, einer Augenblickserkenntnis oder Lebensweisheit, durch geistreichen Inhalt und Stil unterschieden vom Niveau des Sprichworts.«

Jeder Aphorismus ist, um es mit Sigmund Graff zu sagen, eine Anleitung zum eigenen Nachdenken. Er hat vor anderen Literaturgattungen den Vorteil, daß man ihn nicht weglegt, bevor man ihn zu Ende gelesen hat, wie Gabriel Laub einmal scherzhaft bemerkte. Dieses Buch ist jedoch keine Aphorismen-Sammlung. Zur aphoristischen Formulierung muß noch etwas sehr Wesentliches hinzukommen: die Form der Definition.

Definition

»Wer ein Problem definiert, hat es schon halb gelöst«, schrieb Julian Huxley einmal. Was heißt »definieren«? Im schon genannten »Sachwörterbuch der Literatur« lesen wir: »Definition (lat. definitio = Abgrenzung): Begriffsbestimmung durch Angabe aller wesentlichen Merkmale und Unterscheidung von naheliegenden Begriffen . . .«

Was mich interessiert, sind nicht so sehr philosophische oder wissenschaftliche Definitionen, die oft recht langatmig und trocken sind, sondern aphoristische Definitionen.

Professor Lothar Schmidt, ein exzellenter Kenner der Materie, bringt den Unterschied auf den Punkt: »Die Definition ist Fertiggedachtes, die aphoristische Definition schlagfertig Gedachtes.«

Aphoristische Definitionen

Aphorismus und Definition haben drei Dinge gemeinsam: die Kürze der Darstellung, die Schärfe des Ausdrucks und den Anspruch auf Gültigkeit. Eine aphoristische Definition ist nach Paul Renner »eine Definition, die sich mit Vorliebe das Nichtdefinierbare aussucht« – Begriffe wie Liebe, Glück, Freiheit, Recht und Politik. Im Vergleich zu den philosophischen oder wissenschaftlichen gehen die aphoristischen Definitionen besonders auf diejenigen Aspekte der Begriffe ein, die normalerweise im Dunkeln gelassen werden.

Aphoristische Definitionen sind Begriffsbestimmungen mit Pfiff und Pointe. Ihren Nachteil hat schon der im 18. Jahrhundert in England lebende Schriftsteller Samuel Johnson klar erkannt, als er schrieb: »In allen pointierten Sätzen muß ein bestimmtes Maß an Genauigkeit der Kürze geopfert werden.« Friedrich Nietzsche hielt dagegen: »Etwas Kurzgesagtes kann die Frucht von vielem Langgedachten sein.« »Fassen wir uns kurz«, empfahl der polnische Aphoristiker Stanislaw Jerzy Lec, »die Welt ist übervölkert von Worten.«

Die aphoristische Definition ist also – ich zitiere noch einmal Professor Lothar Schmidt – »eine Definition, der zum Glück die Perfektion fehlt«. Solche Umschreibungen sind »kandierte Früchte vom Baum der Erkenntnis« – ein hübsches Bild, das sich Helmar Nahr ausgedacht hat.

Von wissenschaftlicher Strenge sind die von mir gesammelten Definitionen also weit entfernt.

Was ich in Zeitungen und Zeitschriften, in Hörfunk- und Fernsehsendungen und in meiner umfangreichen Bibliothek gesucht habe und immer noch suche, sind Definitionen, die zwar meistens treffend, witzig und amüsant sind – machmal auch »nur« geistreich, tief- oder hintersinnig –, aber nie umfassend. Vielmehr beleuchten sie die Sache, um die es geht, einseitig aus einem bestimmten Blickwinkel. Erst alle Definitionen für einen Begriff zusammengenommen decken im Idealfall alle Facetten des jeweiligen Betrachtungsgegenstandes ab.

Was mich nicht interessiert, sind Definitionen mit »wie«, also Vergleiche, und solche, die sich des »wenn« bedienen in der Art: »Bimsstein ist, wenn man keinen hat, nimmt man Seife« oder »Nacktheit ist, wenn man barfuß bis zum Kinn geht«.

Autoren

Unbestrittener König der boshaften, oft sarkastischen Definition ist Ambrose Bierce, ein Amerikaner, der 1842 im Staate Ohio geboren wurde. Er war Journalist – ein Beruf, von dem er nicht sehr viel hielt. 1911 erschien »Das Wörterbuch des Teufels«, das bis heute immer neue Auflagen erlebte, auch hierzulande. Die herkömmliche Logik wird von Bierce auf den Kopf gestellt. So respektlos, zynisch und bissig wie er war kaum einer von denen, die ihm nacheiferten.

Es sind vor allem angelsächsische Autoren, die ausdrucksscharf und pointiert definieren können: Mark Twain, Henry Louis Mencken, George Bernard Shaw, Oscar Wilde oder William Somerset Maugham.

An ihren Formulierungen, die mit spielerischen Umschreibungen den Kern der Sache treffen, kann man immer wieder seine helle Freude haben. Wien war ebenfalls ein geistiges Zentrum, in dem die Kunst der geistreichen Formulierung blühte – zu nennen sind Karl Kraus, Alexander Roda Roda oder Hans Weigel. In Polen ragt Stanislaw Jerzy Lec aus der großen Zahl der Aphoristiker hervor. Die Deutschen tun sich etwas schwer, wenn es um Definitionen mit Pfiff und Pointe geht. Es heißt nicht umsonst: »Deutsch sein heißt Humor haben – aber da muß man Spaß verstehen . . .«

Georg Christoph Lichtenberg, Wilhelm Busch und Kurt Tucholsky sind – jeder auf seine Weise – auf diesem Gebiet kaum zu übertreffen. Viel zu wenig bekannt ist in Deutschland Ron Kritzfeld, ein Meister der kleinen Form.

Da also fast alle Autoren boshafter Definitionen Männer sind – von einigen Schauspielerinnen einmal abgesehen, denen man sie aber vielleicht nur in den Mund gelegt hat –, geht die Bosheit manchmal zu Lasten der Frauen. Der Herausgeber bedauert das, kann aber die Materiallage nicht ändern und will gelungene Formulierungen nicht unterschlagen, nur weil sie als frauenfeindlich angesehen werden könnten. »Ohne ein bißchen Bosheit kann man unmöglich witzig sein« – dieser Ausspruch stammt von Thomas Babington Macaulay. Und Hans Weigel formulierte zu diesem Thema: »Wenn jemand sagt: ›Richard der III. ist ein Ungeheuer‹, hat er recht. Wenn er sagt: ›Salome ist ein Ungeheuer‹, ist er ein Frauenfeind.«

Ein Autor, den ich besonders liebe und den ich deshalb Ihrer Aufmerksamkeit empfehle, tut sich nicht durch besonders witzige Definitionen hervor, sondern durch tiefsinnig-dichterische Metaphern, die in ihrer Schönheit unmittelbar einleuchten: Ramón Gómez de la Serna, ein spanischer Schriftsteller, der seine Einfälle »Greguerias« genannt hat.

In diesem Buch sind berühmte Autoren vertreten und unbekannte – das einzige Kriterium für die Aufnahme war die Qualität.

Für Querdenker

»Es gibt viele Menschen, die bloß lesen, damit sie nicht zu denken brauchen«, schrieb Georg Christoph Lichtenberg. Und Arthur Schopenhauer ergänzte: »Man läßt dabei seine eigenen Gedanken von einem anderen am Gängelband führen.« Genau das Gegenteil will dieses Buch. Zu wichtigen Begriffen werden so viele unterschiedliche Definitionen angeboten, daß der Leser sie nebeneinanderhalten und gegeneinander abwägen sollte: Welchen von ihnen kann er zustimmen, welchen nicht? Welche sind nur um des Gags willen formuliert worden? Welche sind so tiefsinnig, daß sie nicht auch noch amüsant sein konnten? In welchen Definitionen verbindet sich der Witz mit dem Geist auf ideale Weise?

Dieses Buch ist nicht für Leser bestimmt, die sich ein festgefügtes weltanschauliches System gezimmert haben und daran auch nicht rütteln lassen wollen. Es ist vielmehr ein Buch für Selbst- und Querdenker – für kritische, aktive Leser, die nicht die Meinung eines anderen übernehmen, sondern ihre eigene finden wollen.

Vorgeschichte

Das Buch hat eine lange Vorgeschichte: Am Ende meiner Schulzeit – die liegt jetzt über vierzig Jahre zurück – entdeckte ich einmal eine Definition in englischer Sprache, die ich witzig und einleuchtend fand. »Flirt«, so stand da, ist »attention without intention«. Ich notierte mir das Fundstück, und es wurde zum Grundstein einer Sammlung, die heute mehr als 7600 Exemplare umfaßt. (Dazu kommen noch etwa 16.000 witzige oder geistreiche Zitate.)

Als 1985 »Sag's mit Biß« erschien, mein erstes Wörterbuch der boshaften Definitionen, glaubte ich, viel mehr Material gäbe es nicht für so ein Buch. In der einzigen schlechten Kritik, die ich seinerzeit zur Kenntnis nehmen mußte, fand ich die Sätze: »Gründlichkeitsfanatikern sind die Eichborn-Bücher nicht dick genug. Die Leute haben einfach kein Sitzfleisch.« Diese Bemerkung konnte ich selbstverständlich nicht auf mir sitzen lassen. Ich sammelte weiter – das hätte ich natürlich sowieso getan, denn ich kann gar nicht anders –, und schon Anfang 1987 konnte ich einen zweiten Band mit boshaften Definitionen vorlegen: das »Wörterbuch für Querdenker«.

Ich fand noch so viel mehr wunderschöne Exemplare der von mir gesuchten Gattung, daß Anfang 1989 »Sag's mit Witz« veröffentlicht werden konnte. Im Dezember 1989 erschien »Das große Buch der boshaften Definitionen«, eine erste Gesamtausgabe, im Herbst 1993 eine kartonierte Ausgabe mit dem Titel »Der boshafte Zitatenschatz«.

Die vorliegende erweiterte und durchgesehene Gesamtausgabe enthält etwa 3000 neue aphoristische Definitionen, die ich in den letzten sechs Jahren gefunden habe.

Bei meiner Arbeit hatte ich im Hinterkopf immer Voltaires Rat, der da lautet: »Wollen Sie ein Autor sein, wollen Sie ein Buch schreiben, dann denken Sie daran, daß es neu und nützlich oder zumindest sehr vergnüglich sein muß.«

Die Arbeit an diesem Buch hat mir viel Freude gemacht – ich wünsche sie auch allen Lesern.

Ernst G. Tange

A

die Stehleiter des Alphabets. *Hugo Olaerts*

der Punkt, von dem aus man nach Z kommt. *Aurel Schmidt*

ein verlorener Abend:
ein Abend, an dem sich alle Anwesenden einig sind. *Albert Einstein*

Abendkleid:
ein Kompromiß zwischen der Neigung zum Exhibitionismus und der Notwendigkeit, schwache Stellen zu verdecken. *Anonym*

Abenteuer:
eine von der richtigen Seite betrachtete Strapaze. *Gilbert Keith Chesterton*

manchmal nur ein teurer Abend. *Ron Kritzfeld*

zum Beispiel der Versuch, mit dem Auto in die Innenstadt zu fahren und dort einen Parkplatz zu bekommen. *Franz F. Schart*

aber:
Satz-Scharnier, durch dessen Drehung auch die andere Seite einer Sache sichtbar wird. *Ron Kritzfeld*

Aberglaube:
die verschämte Ausflucht von Leuten, die so viel lieber glauben würden. *Anita Daniel*

der Glaube eines anderen. *Hugo Olaerts*

der größte Aberglaube:
der Glaube an die Vorfahrt. *Jacques Tati*

sich abfinden:
auch ohne Abfindung zufrieden sein. *Ron Kritzfeld*

Abfindung:
Belohnung für gut getarnte Unfähigkeit. *Anonym*

Geld, das man jemandem nachwirft, den man hinauswirft. *Michael Schiff*

Abgeordneter:
ein Herr, der sich um die Interessen seiner Wähler kümmert, wenn deren Interessen nicht seinen eigenen zuwiderlaufen. *Ambrose Bierce*

Abgeordnete:
Menschen, die vom Volk unterhalten werden. *Hugo Ernst Käufer*

Gewählte, die sich für auserwählt halten. *Ron Kritzfeld*

abhängig:
auf den Großmut eines anderen angewiesen, da ohne Druckmittel. *Ambrose Bierce*

Abkürzung:
oft der schnellste Weg zu einem Ort, den man gar nicht aufsuchen wollte. *Anonym*

ein Weg, auf dem man keinen trifft, den man nach dem Weg fragen könnte. *Anonym*

Ablenkung:
der Versuch, sich nicht selbst zu begegnen. *Ron Kritzfeld*

Abrüstung:
zwischenstaatliche Übereinkunft, alle veralteten Waffen zu vernichten. *Anonym*

Wunschvorstellung, deren Realisation trotz Meeren von Druckerschwärze und Gebirgszügen von Papier noch nicht in Sicht ist. *Anonym*

Abrüstungskonferenzen:
die Feuerwehrübungen der Brandstifter. *John Osborne*

Abschied:
die innigste Form menschlichen Zusammenseins. *Hans Kudszus*

Abschiednehmen:
immer ein kleines Sterben. *französische Definition*

Abschlußkommuniqué:
ein schon lange vorher ausgearbeitetes Dokument, von dem jeder hofft, daß es durch den Konferenzverlauf nicht widerlegt werden möge. *Pietro Quaroni*

Abschlußprüfung:
der Scheitelpunkt zwischen Lernen und Vergessen. *Klaus Lettke*

abschminken:
das Alter auf den neuesten Stand bringen. *Anonym*

Abschreibung:
die Kunst, morgen von dem zu leben, was man heute ausgegeben hat. *Anonym*

Abschrift:
Duplikat aus der Zeit, als es noch keine Kopiergeräte gab. *Anonym*

Abstand:
das einzige, was die Reichen den Armen zubilligen und von ihnen erhalten. *Ambrose Bierce*

Abstinenz:
der heroische Verzicht auf das, was man ohnehin nicht verträgt. *Tristan Bernard*

die Kunst, das nicht zu mögen, was man ohnehin nicht kriegt. *Georg Thomalla*

Abstinenzler:
ein Mensch, der Alkohol lediglich aus Arzneiflaschen trinkt. *Anonym*

ein schwacher Mensch, der der Versuchung nachgibt, sich selbst ein Vergnügen zu versagen. *Ambrose Bierce*

Leute, die niemals entdecken, was sie versäumt haben. *Marcello Mastroianni*

Leute, die vom Verzichten nicht genug bekommen können. *Michael Pfleghar*

Leute, die auf Sachen verzichten, die sie nicht mögen. *Dylan Thomas*

ein Mensch, der sich an Nüchternheit berauscht. *Ernst Waldbrunn*

Abstraktion:

der einzige gedankliche Prozeß, der einen befähigt, etwas zu erklären, was man selbst nicht versteht. *Georges Elgozy*

Absurdität:

eine Meinungsäußerung, die der eigenen Ansicht offenkundig widerspricht. *Ambrose Bierce*

Abteilungsleiter:

einer, der alle Hände voll zu tun hat, um die Arbeit gleichmäßig auf die anderen zu verteilen. *Anonym*

männlicher Angestellter, der sich seinen Kaffee nicht mehr selbst aufbrühen muß. *Michael Schiff*

Abwässer:

neuzeitliche Bezeichnung für Rhein, Elbe, Donau und ihre sämtlichen Nebenflüsse. *Anonym*

abwarten:

in stoischer Haltung Schlimmes auf sich zukommen lassen; meist ein untrügliches Zeichen geistiger Verödung. *Markus Hattstein*

Abwechslung:

immer das gleiche, aber jedesmal in einer anderen Art und Weise. *Aurel Schmidt*

Abwege:

Wege, auf denen man den falschen Leuten begegnet. *Anonym*

abwesend:

den Angriffen von Freunden und Bekannten ausgeliefert, verleumdet, geschmäht. *Ambrose Bierce*

Abwesenheit:

eine der nützlichsten Zutaten zum Familienleben – sie richtig zu dosieren, ist keine geringe Kunst. *Anonym*

8:

die Eieruhr der Zahlen. *Ramón Gómez de la Serna*

Adam:

jener berühmte Mann, der keine Schwiegermutter kannte. *Anonym*

der einzige Mensch, der nie eines Plagiats beschuldigt werden konnte. *Anonym*

nichts als ein roher Entwurf, und die Schöpfung des Menschen ist Gott erst völlig gelungen, als er Eva erschaffen hat. *Simone de Beauvoir*

der erste Entwurf für Eva. *Jeanne Moreau*

höchstwahrscheinlich der vorläufig letzte Mensch, der nichts plagiiert hat. *George Bernard Shaw*

Adamsapfel:

der Bissen, der ihm im Halse steckenblieb, als er merkte, was gespielt wurde. *Anonym*

hervortretender Schildknorpel am Hals des Mannes, von der Natur vorsorglich angebracht, damit der Strick nicht rutscht. *Ambrose Bierce*

Adjektive:

Dinge, an denen junge Autoren das Sparen lernen sollten. *Robert Lembke*

Adjutant:

in militärischen Angelegenheiten ein geschäftiger Offizier niederen Ranges, dessen Aufgabe darin besteht, die Aufmerksamkeit vom Kommandeur abzulenken. *Ambrose Bierce*

zweiter Advent:

ein Schotte mit einer Kerze vor einem Spiegel. *Anonym*

Advokaten:

die einzigen Leute, bei denen Unkenntnis des Rechts nicht bestraft, sondern belohnt wird. *Jeremy Bentham*

ängstlich:

demütig wünschend, die Dinge mögen anders sein, als sie scheinen. *Ambrose Bierce*

Ärger:

die Unfähigkeit, Wut in Aktion umzusetzen. *Wolfgang Herbst*

ein Wind, der die Lampe der Vernunft ausbläst. *Robert Ingersoll*

eine Säure, die ihren Behälter stärker zerfrißt als das, worüber man sie ausgießt. *Anonym*

Ärmelkanal:

ein Gewässer, das für die Engländer immer noch breiter ist als der Atlantik. *Jacques Baumel*

Affe:

ein Tier, das auf Bäumen lebt, besonders gern auf Stammbäumen. *Ambrose Bierce*

Agitator:

ein Politiker, der die Obstbäume seiner Nachbarn schüttelt – um die Würmer herunterzuholen. *Ambrose Bierce*

Brandstifter, der das Stroh im Kopf von Mitläufern anzündet. *Ron Kritzfeld*

politischer Weichmacher. *Ron Kritzfeld*

Agnostiker:
einer, der außer sich keine anderen Götter anerkennt. *Anonym*

Ahnenforscher:
ein Mann, der den Spuren deiner Familie folgt, soweit dein Geld reicht. *Anonym*

Ahnung:
eine Art Morgenröte, die die noch nicht sichtbare Sonne ankündigt. *Anonym*

Akademie:
ursprünglich ein Hain, in dem die Philosophen nach einem Sinn in der Natur suchten; jetzt eine Schule, in der Naturburschen nach einem Sinn in der Philosophie forschen. *Ambrose Bierce*

akademische Freiheit:
die Freiheit, mehr zu tun als andere. *Anonym*

es darf mehr gearbeitet werden, als verlangt wird. *Fedor Lynen*

akademisches Viertel, c.t.:
Unpünktlichkeit feiner Leute. *Ron Kritzfeld*

Akrobat:
jemand, der sich den Hals bricht, um sich den Bauch zu füllen. *Ambrose Bierce*

Aktiengesellschaft:
Großbetrieb, in dem die leitenden Angestellten so tun, als gehörte er ihnen. *Anonym*

raffinierte Einrichtung zur persönlichen Bereicherung ohne persönliche Verantwortung. *Ambrose Bierce*

Aktienmakler:
ein Mann, der zwar clever genug ist, dir zu raten, welche Papiere du kaufen sollst, aber zu clever, um sie selber zu kaufen. *Anonym*

Akzent:

ein akustischer Fingerabdruck. *Henry Kissinger*

Albernheit:

die Fähigkeit, über die allerdümmste Sache das allergroßartigste Gelächter anstimmen zu können. *Peter Bamm*

eine Erholung von der Umwelt. *Peter Bamm*

Alibi:

eine Rechtfertigung mit zweifelhaftem Ruf. *Anonym*

Alimente:

Zahlungsverpflichtung bei Verkehrsunfällen. *Anonym*

jene Einrichtung, bei der einer dafür bezahlt, daß zwei einen Fehler gemacht haben. *Danny Kaye*

Vergnügungssteuern im nachhinein. *Henning Venske*

Alkohol:

der einzige Feind, den der Mensch lieben gelernt hat. *Anonym*

eine Flüssigkeit, in der man alles konservieren kann außer Geheimnissen. *Anonym*

etwas, worin mehr Leute ersaufen als im Meer. *russisches Sprichwort*

der einzige deiner käuflichen Freunde, der auch im tiefsten Unglück so lange zu dir hält, wie du noch ein bißchen Geld bei dir hast. *Markus Hattstein*

das Betäubungsmittel, mit dessen Hilfe wir die Operation Leben überstehen. *George Bernard Shaw*

Alkoholismus:

der Versuch, brennende Probleme mit Spiritus zu löschen. *Ron Kritzfeld*

alle:
damit sind meistens alle anderen gemeint. *Aurel Schmidt*

alle Schuld auf sich nehmen:
die raffinierteste Art, andere von sich abhängig zu machen. *Anonym*

allein:
in schlechter Gesellschaft. *Ambrose Bierce*

der Zustand, in dem sich jeder Nachdenkliche befindet. *Helmar Nahr*

Allianz:
in der internationalen Politik: das Bündnis zweier Diebe, die sich gegenseitig die Hände so tief in die Taschen gesteckt haben, daß keiner von ihnen für sich allein einen Dritten ausplündern kann. *Ambrose Bierce*

Alltag:
eine graue Decke, darunter ist die Jungfräulichkeit der Welt verborgen. *Eugène Ionesco*

Alpen:
unnatürliche Geschwülste der Erdoberfläche. *Samuel Johnson*

alt:
ein Mann ist es dann, wenn er an der Unterhaltung mit einer Dame Vergnügen findet, die als Geliebte nicht mehr in Frage kommt. *Anonym*

ein Mann ist es dann, wenn die Frau, der er zuzwinkert, meint, ihm sei etwas ins Auge geflogen. *Anonym*

jeder, der sich nicht mehr bemüht, seine Fehler abzulegen. *Salomon Baer-Oberdorf*

ein Mann ist es, wenn er seine Komplimente nicht mehr in die Tat umsetzen kann. *Charles Boyer*

ein Mann ist es, wenn er morgens ohne einen Wunsch aufwacht. *Enzo Ferrari*

man ist es dann, wenn man den Lastern nicht mehr auszuweichen braucht, weil sie einem nicht mehr begegnen. *Gustave Flaubert*

ein Mann ist es dann, wenn er an einer Frau vor allem ihre Tugend bewundert. *Sacha Guitry*

man ist es dann, wenn man an der Vergangenheit mehr Freude hat als an der Zukunft. *John Knittel*

man wird es, wenn man spürt, daß die Neugier nachläßt. *André Siegfried*

wir werden es, wenn wir aufhören, Dummheiten zu machen. *Hugo Wiener*

Alte:

Kosename für die Partnerin in einer längeren Beziehung. *Anonym*

Alter:

wohl das einzige, was uns mühelos in den Schoß fällt. *Anonym*

ein Zustand, gegen den nicht viel einzuwenden wäre, wenn nicht die Begleiterscheinungen störend wären. *Anonym*

Zeitspanne, in der man viele Fehler ablegt, weil man sie nicht mehr braucht. *Anonym*

eine Krankheit mit tödlichem Ausgang. *schwedisches Sprichwort*

eine zweite Kindheit. *Aristophanes*

eine Erfahrung, die man nur um den Preis des Altwerdens machen kann. *Peter Bachér*

die Lebensperiode, in der wir die Sünden, die wir noch begehen, dadurch wettmachen, daß wir jene verabscheuen, die zu begehen wir nicht mehr imstande sind. *Ambrose Bierce*

eine Wunde, in die die Jugend ihr Salz streut. *Ken Kaska*

etwas, an das man in der Jugend nicht glaubt und von dem man im Alter überrascht wird. *Hermann Kesten*

Lebensabschnitt, in dem uns die Augen endlich so richtig geöffnet sind und wir sie bald wieder schließen müssen. *Ron Kritzfeld*

ein Tyrann, der bei Lebensstrafe alle Vergnügungen der Jugend verbietet. *François de La Rochefoucauld*

jener Zustand, der vor Torheiten zwar nicht schützt, aber bei deren Genuß wenigstens ein schlechtes Gewissen erzeugt. *Wilhelm Lichtenberg*

jener Zustand, wo man genau weiß, was falsch ist, ohne es richtig machen zu können. *Wilhelm Lichtenberg*

die hoffnungsloseste aller Krankheiten. *Heinrich Mann*

die Zeit, wo die Erinnerung an die Stelle der Hoffnung tritt. *Wilhelm Raabe*

meistens nur eine Ausrede. *Rudolf Rolfs*

gefährliches Alter:
die Zeit von der Geburt bis zum Tod. *Georges Elgozy*

hohes Alter:
darunter verstehe ich immer 15 Jahre älter als ich bin. *Bernard Baruch*

mittleres Alter:
der Lebensabschnitt, wenn dich die Kinder eins nach dem andern verlassen, um nach einer Weile zu zweit zurückzukehren. *Anonym*

altern:
bis heute die einzige Möglichkeit, alt zu werden. Deshalb müssen wir uns damit abfinden. *Daniel François Auber*

sich über sich selbst klarwerden und sich beschränken. *Simone de Beauvoir*

Vorgang, in dessen Verlauf die Zukunft sich immer schneller in Vergangenheit verwandelt. *Ron Kritzfeld*

eine schlechte Gewohnheit, die ein beschäftigter Mann gar nicht erst aufkommen läßt. *André Maurois*

die Kunst zu resignieren, ohne den Humor zu verlieren. *Gerhard Uhlenbruck*

die Kunst des Alterns:
in zunehmendem Maße sich überflüssig machen. *Hellmut Walters*

Alternative:
die Freiheit, zwischen zwei unbefriedigenden Lösungen zu wählen. *Aurel Schmidt*

Altersheim:
Senioren-Biotop. *Anonym*

Altruismus:
der Abschluß einer Lebensversicherung. *Anonym*

Altsein:
ein herrlich Ding, wenn man nicht verlernt hat, was anfangen heißt. *Martin Buber*

alt werden:
das bisher einzige Mittel, um lange zu leben. *Anonym*

sich selbst ertragen lernen. *Hans Kudszus*

Amateur:
einer, der eine Arbeit macht, ohne zu realisieren, daß es Arbeit ist. *Anonym*

Sportler, der seinen Beruf mit einem anderen Beruf tarnt. *Anonym*

ein Mensch, der eine Sportart betreibt, die niemand sehen will. *Robert Lembke*

Amateure:

Leute, die etwas für nichts tun. Profis: Leute, die nichts für nichts tun. *Jacques Tati*

American Way of Life:

das Bemühen, das Hotel einem Heim und das Heim einem Hotel anzugleichen. *Anonym*

Amerika:

der Erdteil, der aus Versehen entdeckt wurde. *Anonym*

ein Land, in dem viele Männer als Tellerwäscher angefangen haben und, soweit sie verheiratet sind, auch als Tellerwäscher aufhören. *John Bottomley*

die Entwicklung von der Barbarei zur Dekadenz ohne Umweg über die Kultur. *Georges Clemenceau*

ein freies Land, in dem jeder Mann tun kann, was seiner Frau beliebt. *David Philips*

eine Nation, die viele sonderbare Erfindungen macht, um irgendwohin zu gelangen, und die dann nicht weiß, was sie tun soll, wenn sie dort angekommen ist. *Will Roger*

ein Land, in dem die Maschinen von den Männern und die Männer von den Frauen beherrscht werden. *Subcha Singh*

ein Facharzt für Funktionsstörungen der Demokratie, der selber krank geworden ist. *Daisetz Teitaro Suzuki*

ein großer, freundlicher Hund in einem sehr kleinen Zimmer. Jedesmal, wenn er mit dem Schwanz wedelt, wirft er einen Stuhl um. *Arnold Toynbee*

ein Land, das hundert Religionen hat, aber keine Sauce. *Voltaire*

Amerikaner:

das einzige Volk der Welt, bei dem ein Verkehrsunfall als natürliche Todesursache gilt. *Michael Gordon*

Amerikanerinnen:

tüchtige Hausfrauen, die nie so lange in einer Wohnung bleiben, daß sich der Staub ansetzen kann. *Anonym*

amerikanische Präsidentschaftsbewerber:

das einzige Wild, das niemals Schonzeit hat. *John Groves*

Amme:

Talent im Stillen. *Anonym*

Amnestie:

Platzbeschaffung für neue Missetäter. *Anonym*

die Großmut des Staates gegen diejenigen Gesetzesübertreter, deren Bestrafung auf die Dauer zu kostspielig käme. *Ambrose Bierce*

das schönste Wort der menschlichen Sprache. *Victor Hugo*

ein Akt, durch den die Herrscher die häufigsten Ungerechtigkeiten verzeihen, die sie begangen haben. *Pierre Véron*

Amtsmiene:

eine körperliche Zeremonie, mit der der Träger die Schwäche seines Geistes zu überdecken sucht. *Anonym*

Amüsement:

das Glück derer, die nicht denken können. *Alexander Pope*

das Vergnügen der Plattköpfe. *Johann Gottfried Seume*

Analphabeten:

Leute, die des Nichtlesens und Nichtschreibens mächtig sind. *Ralph Boller*

Anarchismus:

der Versuch, das kleinere Übel durch das größere zu ersetzen. *Karl Garbe*

Anarchist:

ein Mensch, der das Leben leicht nimmt, wenn es einem anderen gehört. *Anonym*

ein Mensch, der die Welt in ihren chaotischen Urzustand zurückführen möchte. *Anonym*

Anatomie:

etwas, das jeder hat, das aber bei Mädchen besser aussieht. *Anonym*

anders:

auch nicht besser. *Ambrose Bierce*

an die Decke gehen:

der denkbar ungeschickteste Versuch, nach oben zu kommen. *Anonym*

Anekdote:

ein Witz, der in Bayreuth aufgetreten ist. *Ralph Boller*

Anekdoten:

charakteristische Episoden, die sich in den Biographien von mindestens zwanzig berühmten Persönlichkeiten finden. *Anonym*

Anerkennung:

eine Pflanze, die vorwiegend auf Gräbern wächst. *Robert Lembke*

Anfang:

der wichtigste Teil der Arbeit. *Plato*

Angeber:

ein Mensch, der sich auch in bezug auf die Differenz zwischen dem Eindruck, den er macht, und dem, den er machen will, irrt. *Anonym*

einer, der sich Sekt in die Scheibenwaschanlage füllt. *Mia Jertz*

angeln:

die unverdächtigste Art des Nichtstuns. *Anonym*

ein großartiger Anschauungsunterricht für die Gleichheit der Menschen – vor den Fischen sind alle Menschen gleich! *Anonym*

die einzige Art der Philosophie, von der man, wenn man Glück hat, satt werden kann. *Peter Bamm*

stundenlang geduldig an einem Fleck lauern, bis man nichts gefangen hat. *Anonym*

Angestellter:

Mitarbeiter, der es noch zu keinem wohlklingenden Titel gebracht hat. *Anonym*

ein Arbeiter, der glaubt, keiner zu sein. *Anonym*

leitender Angestellter:

ein Mann, der jederzeit fortbleiben kann, ohne daß man ihn vermißt. *Anonym*

Angst:

Beweis für Sachkenntnis. *Anonym*

das einzige, das sich schneller vermehrt als Kaninchen. *Hal Boyle*

die andere Hälfte von Mut. *Reinhold Messner*

die Triebfeder des Krieges. *George Bernard Shaw*

Anhänger:

ein Gefolgsmann, der noch nicht alles erlangt hat, was er zu kriegen hofft. *Ambrose Bierce*

Anhänglichkeit:

die Neigung, lästig zu sein. *Ambrose Bierce*

anklagen:

die Schuld oder Unwürdigkeit eines anderen beteuern; gewöhnlich, um uns selber dafür zu rechtfertigen, daß wir ihm Unrecht getan haben. *Ambrose Bierce*

Anmut:

Ausströmen innerer Harmonie. *Marie von Ebner-Eschenbach*

Anonymus:

der in der gesamten Literatur am häufigsten vorkommende Autor. *Anonym*

Anpassung:

der Vorgang, der das Magengeschwür zum Vernarben bringt. *Anonym*

eine soziale Kreisbewegung, bei der jeder sich nach dem anderen richtet, wobei allerdings niemand weiß, nach wem sich der erste richtet. *Anonym*

die Stärke der Schwachen. *Wolfgang Herbst*

der Weg des geringsten Widerstands – doch der führt nirgendwohin. *Else Pannek*

Anschauungsunterricht:

der einzige überzeugende Unterricht. *Romain Rolland*

Ansehen:

der gute Ruf, den man genießt, weil viele schweigen. *Earl of Chesterfield*

Ansichtskarte:

ein Photo, bei dem man nicht selbst abdrückte. *Nikolaus Cybinski*

anständig:

die Charaktereigenschaft eines Mädchens, das von einer Automobilausstellung mit der U-Bahn nach Hause kommt. *Anonym*

Anständigkeit:

der Trost, der einem nach schlechten Geschäften bleibt. *Helmar Nahr*

die Verschwörung der Unanständigkeit mit dem Schweigen. *George Bernard Shaw*

Anstand:

wie man sich benimmt, wenn man allein ist. *Anonym*

Anstandsdame:

eine ältere Dame, die aufpaßt, daß junge Mädchen nicht Dinge machen, die sie selbst gern gemacht hätte, wenn sie nicht als junges Mädchen eine Anstandsdame gehabt hätte. *Anonym*

ans Ziel gelangen:

am Ende sein. *Ron Kritzfeld*

Anteilnahme:

die allseitige Bestätigung der Einsamkeit. *Gottfried Edel*

die gesellschaftliche Form der Zudringlichkeit. *Hans Lohberger*

antik:

Kosename für alt. *Anonym*

Antipathie:

das Gefühl, das Frauen empfinden, die das Wort Eifersucht vermeiden wollen. *Anonym*

das Gefühl, das einem der Freund eines Freundes einflößt. *Ambrose Bierce*

Antiquitäten:

schöne alte Dinge mit häßlichen neuen Preisen. *Anonym*

oftmals Kitsch, dem man ein paar Jahrhunderte gegeben hat, um zu reifen. *Anonym*

das sind so Sachen, die beim Sperrmüll immer zuerst geklaut werden. *Jürgen von Manger*

ehemaliger Kitsch – etwa drei Jahrhunderte später. *Sir Laurence Olivier*

Sachen von gestern nach dem Geschmack von heute zu den Preisen von morgen. *Liselotte Pulver*

der Kitsch der Urgroßeltern. *Carl Raddatz*

der Kitsch von vorgestern zu den Preisen von heute. *Jacques Tati*

das einzige Feld, auf dem das Gestern noch Zukunft hat. *Harold Wilson*

Antithese:
die enge Pforte, durch welche sich am liebsten der Irrtum zur Wahrheit schleicht. *Friedrich Nietzsche*

Anwaltskanzlei:
Vertragswerkstatt. *Ron Kritzfeld*

Apathie:
das Verhältnis zum Verhältnis nach dem Verhältnis. *Anonym*

apathisch:
sechs Wochen verheiratet. *Ambrose Bierce*

Apfel:
Sündenfallobst. *Hans-Horst Skupy*

Aphorismus:
viel Lebensweisheit in einer Nußschale. *Anonym*

ein Blitz, der für die Dauer eines Augenaufschlages das Dunkel des dumpf Gefühlten erhellt. *Friedl Beutelrock*

ein Geistesblitz, den man fotografiert hat. *Ralph Boller*

der letzte Ring einer langen Gedankenkette. *Marie von Ebner-Eschenbach*

ein Roman, aus dem der Lektor alles Überflüssige gestrichen hat. *Michael M. Genin*

die Wahrheit im Gewande der Improvisation. *Sigmund Graff*

eine Anleitung zum eigenen Nachdenken. *Sigmund Graff*

eine These eines Autors, für welche er den Beweis schuldig bleibt.
Ernst R. Hauschka

Indiz dafür, daß jemandem ein Gedanke durchgegangen ist. Durch den Kopf.
Hanns-Hermann Kersten

die Kunst der Kürze. Kann auch die Kunst der Zu-kurz-Gekommenen sein.
Ludwig Marcuse

die älteste, die einfachste und die allgemeinste Form philosophischer Erwägung. *Hans Margolius*

der Kurzstreckenläufer der Prosa. *Jupp Müller*

das Kleinste mögliche Ganze. *Robert Musil*

ein Satz, an dem etwas Wahres dran ist. *Peter Werle*

ein Sektor, der den Kreis ahnen läßt. *Heinrich Wiesner*

ein guter Aphorismus:
die Weisheit eines ganzen Buches in einem einzigen Satz. *Theodor Fontane*

ein Universum im Wassertropfen. *Martin Kessel*

Aphorismen:
Philosophien in einem Satz. *Anonym*

transportierfähige Weisheiten, ausgesuchtester Extrakt des Denkens und Fühlens. *William Alger*

die Lyrik der Vernunft. *Erwin Chargaff*

Weltliteratur in Drogenform. *Gottfried Edel*

Behauptungen, die keines Beweises bedürfen, weil sie durch ihre Formulierung überzeugen. *Sigmund Graff*

Ansätze, die keine Angst haben, steckenzubleiben. *Wolfgang Herbst*

Sätze, in denen ein gewisses Maß an Genauigkeit der Kürze geopfert wird. *Samuel Johnson*

Hobelspäne vom Baum der Erkenntnis. *Hanns-Hermann Kersten*

Spiele des Denkens mit sich selbst. *Hans Kudszus*

Gedankensplitter, die ins Auge gehen. *Gabriel Laub*

die Schlüsselsätze von Texten, die nicht geschrieben wurden. *Gabriel Laub*

Krümel des Denkens. *Hugo Olaerts*

abgeleitete Geistesblitze. *Hans-Horst Skupy*

vollendete Sätze. *Hans-Horst Skupy*

gedankliche Kurzschlüsse, die mit einem Geistesblitz enden. *Gerhard Uhlenbruck*

Randbemerkungen, die es zu etwas gebracht haben. *Wolfram Weidner*

Aphoristik:
Kunst des Weglassens bis zur Spruch-Reife. *Ron Kritzfeld*

Aphoristiker:
ein Autor von Zitaten für fremde Bücher. *Wieslaw Brudzinski*

ein Mensch, der sich wie ein Kind freut, weil es ihm gelungen ist, sich etwas auszudenken, was wahrscheinlich schon bei den alten Phöniziern ein uraltes Sprichwort war. *Wieslaw Brudzinski*

ein Koch, dessen Rezepte auf Grundnahrungsmittel verzichten; er bietet seinen Gästen nur die Würze. *Ron Kritzfeld*

ein Specht am Baum der Erkenntnis; er klopft Sprüche mit scharfem Schnabel an den Stellen, wo der Wurm drin ist. *Gerhard Uhlenbruck*

aphoristisch denken:
der Versuch, der Unvollkommenheit gedanklicher Perfektion zu entgehen. *Hans Kasper*

aphoristische Definition:
eine Definition, die sich mit Vorliebe das Nichtdefinierbare aussucht. *Paul Renner*

eine Definition, der zum Glück die Perfektion fehlt. *Lothar Schmidt*

der Bumerang der Logik. *Lothar Schmidt*

aphoristische Definitionen:
kandierte Früchte vom Baum der Erkenntnis. *Helmar Nahr*

Apotheker:
ein Geschäftsmann, der verhungert, wenn es ihm nicht gelingt, unleserliche Rezepte zu entziffern. *Anonym*

Komplize des Arztes, Wohltäter des Bestatters und Ernährer der Würmer. *Ambrose Bierce*

Appetit:
die Luxusausgabe des Hungers. *Anita Daniel*

Appetithappen:
kleine Leckerbissen, die man so lange in sich hineinstopft, bis einem der Appetit vergeht. *Anonym*

Applaus:
Manifestation des Dankes, daß die Rede (das Musikstück) endlich vorbei ist. *Anonym*

das Brot des Künstlers. *Anonym*

Echo auf eine Platitüde. *Ambrose Bierce*

der einzige wohltuende Lärm. *Sona Cervena*

Donner nach Geistesblitz. *Ron Kritzfeld*

Rauschmittel, unter dessen Einwirkung sich Politiker zu den seltsamsten Erklärungen verleiten lassen. *Ron Kritzfeld*

Arbeit:

laut Statistik die Hauptursache aller Betriebsunfälle. *Anonym*

eines der größten Dinge auf der Welt; wir sollten uns deshalb einiges davon für morgen aufheben. *Anonym*

die lästige Unterbrechung der Freizeit. *Anonym*

veraltete Methode, den Lebensunterhalt zu verdienen. *Anonym*

eine Sucht, die wie eine Notwendigkeit aussieht. *Peter Altenberg*

das am weitesten verbreitete Rauschgift. *Vic Bartlett*

Tätigkeit, durch die A für B Vermögen schafft. *Ambrose Bierce*

der Umweg zu allen Genüssen. *Willy Brandt*

etwas Unnatürliches. *Anatole France*

für die Mehrheit der Menschen die einzige Zerstreuung, die sie auf die Dauer aushalten können. *Dennis Gabor*

der Wucherzins, den wir für unser Leben bezahlen. *Rudolf Hartung*

eine so faszinierende Sache, daß ich anderen stundenlang dabei zuschauen könnte. *Jerome K. Jerome*

die beste Medizin, sie hat nur positive Nebenwirkungen. *Ron Kritzfeld*

die ewige Last, ohne die alle übrigen Lasten unerträglich würden. *Klaus Mann*

Dieser Fluch, womit Gott das menschliche Geschlecht segnete, gibt uns wahres und dauerhaftes Vergnügen. *Justus Möser*

die einzige Entschuldigung für Erfolg. *Helmar Nahr*

eine Schmach. *Friedrich Nietzsche*

oft die einzige Erholung von der Last des Daseins. *Peter Rosegger*

die Kur, bei der man sich von der Erholung erholt. *Georg Thomalla*

die Hauptbeschäftigung zwischen zwei Urlauben. *Gerhard Uhlenbruck*

eine Art Gefängnis. Wie viele schöne Dinge gehen vorbei, die zu sehen sie hindert. *Paul Valéry*

die altmodische Form der Vermögensbildung. *Wolfram Weidner*

der Fluch der Menschen, die es nicht verstehen, andere für sich arbeiten zu lassen. *Wolfram Weidner*

die zuverlässigste Seligkeit dieser Erde. *Ernst Wiechert*

der Fluch der trinkenden Klassen. *Oscar Wilde*

ein Rauschgift, das wie ein Medikament aussieht. *Tennessee Williams*

übertriebener Arbeitseifer:

eine Sucht, die man genauso behandeln lassen sollte wie jede andere Form der Süchtigkeit. *Wendell Wyatt*

Arbeitsessen:

eine Mahlzeit, bei der man die Arbeit gleich mitverspeist, damit sie nicht mehr stört. *Roger Peyrefitte*

Arbeitskollege:

ein Mensch, der hereinkommt, wenn der Chef Sie tadelt. *Anonym*

Arbeitskraft:

die kürzeste Formel, auf die sich im Sprachgebrauch gewisser Wirtschaftsführer der Mensch bringen läßt. *Aurel Schmidt*

Arbeitspensum:
was geschafft würde, wenn alle mitarbeiteten. *Michael Schiff*

Arbeitsteilung:
der Vorgang, bei dem drei Leute in drei Stunden dasselbe leisten, das bisher ein Mann in einer Stunde geleistet hat. *Cyril Northcote Parkinson*

Arbeitswut:
rezeptfreies Betäubungsmittel, das durch fortgesetzten Gebrauch zur Gewöhnung und schließlich zur Sucht führen kann. *Ron Kritzfeld*

Arbeitszeit:
immer kürzer werdende Unterbrechung der Freizeit. *Michael Schiff*

gleitende Arbeitszeit:
das Recht der Hausfrauen, vor 7 Uhr anfangen und nach 10 Uhr abends noch arbeiten zu dürfen. *Anonym*

Archäologe:
jemand, dessen Laufbahn in Trümmern liegt. *Anonym*

eine Art von Detektiv, dem ein paar alte Knochen und Scherben mehr bedeuten können als ein Topf mit Goldmünzen. *Anonym*

einer, dem Scherben Glück bringen. *Anonym*

der beste Mann, den eine Frau haben kann; je älter sie wird, um so mehr interessiert er sich für sie. *Agatha Christie*

ein Mann, der es vor Altgierde kaum aushält. *Dieter Hallervorden*

Archäologie:
gefrorene Geschichte. *David Gregory Mason*

Architektur:
die Physiognomie der Nationen. *Adam Philippe Custine*

moderne Architektur:

das aus der richtigen Erkenntnis einer fehlenden Notwendigkeit erschaffene Überflüssige. *Karl Kraus*

Archiv:

Papierkorb mit alphabetischem Register. *Anonym*

die Rache der Journalisten an den Politikern. *Robert Hochner*

alphabetisch geordnete Makulatur. *Michael Schiff*

ARD:

Altern, **R**echnen, **D**urchhalten. *Ralf Exel*

eine Uhr, in deren Werk kein Rädchen zum anderen paßt, aber deren Zeiger – unbegreiflich für alle – dennoch die richtige Zeit anzeigen. *Edwin Friesch*

dieser Sender, der sich immer wieder selbstironisch ›Das Erste‹ nennt. *Friedrich Küppersbusch*

Alle **R**eden **D**urcheinander. *Robert Lembke*

arm:

nicht der, der wenig hat, sondern der, der nicht genug bekommen kann. *Jean Guéhenno*

Armbanduhr:

die Handfessel der Zeit. *Sigismund von Radecki*

Armee:

eine Klasse von Nichtproduzenten, welche die Nation verteidigen, indem sie alles vertilgen, was einen Feind möglicherweise zu einem Überfall verleiten könnte. *Ambrose Bierce*

eine Streitmacht, welche die Fehler der Diplomaten berichtigt. *Josephus Daniles*

Armenrecht:

eine Methode, mittels derer einem Rechtsuchenden, der kein Geld für Anwälte hat, gnädig erlaubt wird, seinen Prozeß zu verlieren. *Ambrose Bierce*

Armut:

Zustand ehrlicher Leute nach Bezahlung aller Steuern. *»Hörzu«*

Kreuz des Südens, dessen Schatten die Zukunft der Menschheit zunehmend verdunkelt. *Ron Kritzfeld*

arriviert:

wer es sich leisten kann, im Büro genauso mufflig zu sein wie daheim am Frühstückstisch. *Anonym*

Arrivierter:

einer, der sich jemanden zum Rasenmähen nimmt und dann Golf spielen geht, weil er Bewegung braucht. *Anonym*

Arroganz:

die Karikatur des Stolzes. *Ernst Freiherr von Feuchtersleben*

etwas, um den Mangel an Intelligenz auszugleichen. *Aurel Schmidt*

Arzt:

jemand, der fremde Frauen ausziehen kann, ohne Ohrfeigen zu riskieren. *Anonym*

ein Zeitgenosse, der auch kein Mittel gegen Schnupfen weiß. *Anonym*

ein freundlicher älterer Herr, der die Patienten während des natürlichen Heilungsprozesses unterhält. *Anonym*

Gentleman, der an Krankheit gedeiht und an Gesundheit stirbt. *Ambrose Bierce*

ein guter Arzt:

einer, der es versteht, den Patienten so lange zu beruhigen, bis die Natur ihn wieder gesund gemacht hat. *Anonym*

Ärzte:

Menschen, deren Irrtümer die Erde zudeckt. *polnisches Sprichwort*

Menschen, die die lateinischen Namen für deine Leiden wissen. *Carl Zimmerer*

Asket:

schwächlicher Charakter, der der Versuchung erliegt, sich ein Vergnügen zu versagen. *Ambrose Bierce*

Asketen:

Leute, die allem entsagen können außer der Entsagung. *Ralph Boller*

Assistent:

junger Mann, dessen Ehrgeiz in einem umgekehrten Verhältnis zu seiner Macht steht. *Michael Schiff*

Astrologe:

ein Mensch, der aus den Sternen liest, was im Gesicht steht. *Anonym*

Astrologie:

Aberglaube aus zweiter Hand. *Theodor W. Adorno*

eine Form von Aberglauben, die sich anmaßt, Gott in die Karten zu schauen. *Hoimar von Ditfurth*

Astronauten:

Männer, die ihren Frauen von ihren Reisen nichts mitbringen müssen. *Robert Lembke*

Atheismus:

ein Zeichen, daß man die Religion ernst nimmt. *Sir Karl Raimund Popper*

der Versuch, die Erde ohne die Sonne zu erklären. *Sigismund von Radecki*

Atheist:

ein Mensch, der ohne unsichtbare Unterstützung auskommen muß. *Anonym*

das größte Kompliment, das Gott sich selbst zollt: Er schafft ein Wesen, das stark genug ist, von ihm abzusehen. *Ernst Wilhelm Eschmann*

einer, der sich ein Bild macht und es verneint. *Peter Horton*

Atheisten:

Leute, die einen Glauben, den sie nicht haben, glühend verteidigen. *Ron Kritzfeld*

Atmosphäre:

was die gemütliche kleine Weinstube statt frischer Luft bietet. *Anonym*

im Nachtlokal das, was man in der U-Bahn stickige, verbrauchte Luft nennt. *Anonym*

Atombombe:

Waffe, die Heldenmut überflüssig macht. *Ron Kritzfeld*

Attest:

ärztlicher Freibrief für fast alles. *Anonym*

Aufgebot:

letzte Galgenfrist. *Anonym*

Aufklärung:

der Vorgang, bei dem ein Erwachsener mit Hilfe aller seiner Kenntnisse den Kindern ein Viertel von dem erzählt, was sie schon wissen. *Jo Herbst*

die Maxime, jederzeit selbst zu denken. *Immanuel Kant*

der Ausgang des Menschen aus seiner selbstverschuldeten Unmündigkeit. *Immanuel Kant*

der Vorgang, bei dem man den Leuten das sagt, worauf sie sonst selber kommen. *Hans Joachim Kulenkampff*

jener Vorgang, bei dem sich herausstellt, daß Opa nur halb soviel weiß wie der Enkel. *Giorgio Marconi*

der Vorgang, bei dem der Enkel dem Großvater erklärt, was dieser bei Oswald Kolle nicht verstanden hat. *Georg Thomalla*

Aufrichtigkeit:

die verwegenste Form der Tapferkeit. *William Somerset Maugham*

der Gipfel guter Manieren. *George Bernard Shaw*

totale Aufrichtigkeit:
die Zuflucht jener, die weder Phantasie noch Taktgefühl besitzen.
Henry de Montherlant

Aufruhr:
eine erfolglose Revolution. *Ambrose Bierce*

Aufschub:
die tödlichste Form der Ablehnung. *Cyril Northcote Parkinson*

das stärkste Mittel gegen den Zorn. *Lucius Annaeus Seneca*

der Dieb der Zeit. *Edward Young*

Aufsichtsräte:
Meister der nachträglichen Prognose. *Walter Schiller*

aufstehen:
die schwerste Arbeit des ganzen Tages, die zumeist schon vor dem Frühstück erledigt werden muß. *Anonym*

sicheres Auftreten:
nichts anderes als die Fähigkeit, sich sein Unbehagen nicht anmerken zu lassen. *Anonym*

aufwachen:
die beste Art, seine Träume wahr zu machen. *Diane Keaton*

Augen:
die Fenster im Gefängnis des Körpers. *Leonardo da Vinci*

für gewöhlich ein Vergrößerungsglas für fremde Fehler. *Zarko Petan*

Augenaufschlag:
der beste Aufschlag vieler Tennisspielerinnen. *Sigi Sommer*

Augenblick:
der kürzeste Abstand zwischen zwei Menschen. *Hugo Olaerts*

Auktionator:
jemand, der mit dem Hammer verkündet, daß er einem mit seinem Mundwerk die Tasche geleert hat. *Ambrose Bierce*

Ausdauer:
eine niedere Tugend, die der Mittelmäßigkeit zu unrühmlichem Erfolg verhilft. *Ambrose Bierce*

konzentrierte Geduld. *Thomas Carlyle*

Ausführungsbestimmungen:
Erklärungen zu den Erklärungen, mit denen man eine Erklärung erklärt. *Abraham Lincoln*

Ausgaben:
Einkommen plus Kredit. *Anonym*

Ausgewogenheit:
nichts anderes als das Leugnen bestehender Konflikte, Herstellung von Einäugigkeit, die es ermöglicht, die Welt als eine konfliktfreie darzustellen. *Heinrich Böll*

ausklammern:
Umgehen von Schwierigkeiten. *Ron Kritzfeld*

ausländisch:
aus einem anderen, zweitklassigen Land. *Ambrose Bierce*

Ausnahme:
etwas, das sich die Freiheit nimmt, von anderen Objekten seiner Klasse abzuweichen, wie: ein ehrlicher Mann, eine aufrichtige Frau etc. *Ambrose Bierce*

Ausnahmen:
nicht immer Bestätigung der alten Regel, sie können auch die Vorboten einer neuen Regel sein. *Marie von Ebner-Eschenbach*

Auspuffgase:
der Weihrauch der Zivilisation. *Anonym*

Ausrede:
etwas, das die Frauen schneller zur Hand haben als ihre Schürze. *irisches Sprichwort*

die anstrengendste aller Reden. *Udo Michalowski*

Kunst des Ausruhens:
ein Teil der Kunst des Arbeitens. *John Steinbeck*

Ausschuß:
Einrichtung, die nur funktioniert, wenn von ihren drei Mitgliedern zwei verreist sind. *Anonym*

eine Einrichtung, die es einem ermöglicht, nicht allein schuldig zu sein. *Anonym*

eine Gruppe Unvorbereiteter, die von Unwilligen ernannt werden, damit sie Unnötiges tun. *Frederick L. Allen*

beratendes Gremium zur Abwendung echter Entschlüsse. *Michael Schiff*

Ausschüsse:
Gremien, die Probleme nicht lösen, die es ohne die Ausschüsse nicht gäbe. *Arno Sölter*

Ausschußsitzung:
für Leute, die gern die eigene Stimme hören, eine willkommene Gelegenheit, endlose Reden zu schwingen, während andere Krokodile oder Damenbeine zeichnen. *Lin Yutang*

Außenpolitik:
der Tourismus der wenigen. *Harry T. Baxter*

Tourismus auf Staatskosten. *Giovanni Guareschi*

spektakuläre Ablenkungsmanöver bei innenpolitischen Schwierigkeiten. *Ron Kritzfeld* die Kunst, einem anderen so lange auf den Zehen zu stehen, bis dieser sich entschuldigt. *Charles Maurice Talleyrand*

offene Aussprache:
eine Unterredung, bei der man freundschaftlich zusammenkommt und entzweit auseinandergeht. *Laurent Fabius*

Aussteuer:
die einzige Steuer, auf die man sich freuen kann. *Anonym*

die einzige Steuer, die nicht hoch genug sein kann. *Wilhelm Hauff*

Austern:
ein Gericht, das so miserabel schmeckt, daß es niemand essen würde, wenn es nicht so teuer wäre. *Anonym*

Australien:
ein Land in der Südsee, dessen industrielle und wirtschaftliche Entwicklung durch einen Disput der Geographen unerhört aufgehalten wurde, die nicht entscheiden konnten, ob es sich um einen Kontinent oder eine Insel handelt. *Ambrose Bierce*

Ausverkauf:
ein Wettkampf, bei dem die Frauen neue Kleider kaufen und alte ruinieren. *Gunther Philipp*

Auswanderer:
Narr, der ein Land für besser hält als ein anderes. *Anonym*

Menschen, die aus einer bekannten in eine unbekannte Misere reisen. *Anonym*

Auto:
das erste, was junge Leute wollen, wenn sie ein wenig Geld haben; wenn sie ein Auto haben, ist das erste, was sie wollen, ein wenig Geld. *Anonym*

ein Fahrzeug, das Fußgängern zu schnellen Bewegungen verhilft. *Anonym*

Mittel der Technik, das uns instand setzt, in der Regel viel schneller und bequemer die nächste Reparaturwerkstatt zu erreichen, als wir das zu Fuß vermöchten. *Helmar Nahr*

für den Mann ein Zweck, zu dem ihm manchmal die Mittel fehlen. *Joan Pitchfield*

jene technische Erfindung, welche die Anforderungen an die Reaktionsgeschwindigkeit der Fußgänger beträchtlich gesteigert hat. *Paul Renner*

ein Frack aus Blech. *Rochus Spieker*

sichere Autos:
Autos, die nicht schneller fahren, als ihr Fahrer denkt. *Robert Lembke*

Autobahn:
Straße, die streckenweise wegen Reparatur der Umleitung für den Verkehr geöffnet ist. *Anonym*

in den Ferienwochen beliebtester Parkplatz. *Anonym*

Autobahnrestaurant:
Abgastronomie. *Anonym*

Autobiographie:
Enthüllungen über das schlechte Gedächtnis des Verfassers. *Anonym*

Mittel, das manche Schriftsteller benutzen, um klarzustellen, was in Biographien über sie geschrieben werden soll. *Alfredo La Mont*

Autobus:
Fahrzeug, das immer halb leer ist, wenn es in entgegengesetzter Richtung fährt. *Anonym*

Autodidakt:
einer, der bei sich selbst in die Lehre ging. *Anonym*

Fachmann unter Laien, Laie unter Spezialisten. *Ron Kritzfeld*

Auto fahren:

die Kunst, viel Geld in einen Haufen Blech zu stecken, um schneller als derjenige voranzukommen, der einen gerade überholt hat. *Anonym*

die Kunst, am Montag noch am Leben zu sein. *Heinrich Bertz*

Autofahrer:

jemand, der ein paar Kilometer vorsichtig fährt, sofern er gerade an einer Unfallstelle vorübergekommen ist. *Anonym*

Leute, die es so eilig haben, in ein anderes Land zu kommen, daß sie oft gleich in eine andere Welt gelangen. *Anonym*

Leute, die sich die Benutzung öffentlicher Verkehrsmittel nicht leisten können. *Wolfram Weidner*

Autohupe:

die Mandoline der Troubadoure des zwanzigsten Jahrhunderts. *Igor Strawinsky*

Autokrat:

ein diktatorischer Herr, den nichts anderes zügeln kann als die Hand eines Meuchelmörders. *Ambrose Bierce*

Automation:

der Versuch des Mannes, die Arbeit so leicht zu machen, daß die Frau sie tun kann. *Anonym*

Automobilfabrikanten:

Unternehmer, die nichts dazulernen: Sie fabrizieren auch für neue Modelle immer dieselben Scheibenwischer, hinter denen beim Parken die Strafzettel hängen. *Sammy Davis*

Autor:

ein Narr, dem es nicht genügt, seine Zeitgenossen zu quälen, sondern der darauf besteht, auch noch kommende Generationen zu belästigen. *Charles de Montesquieu*

einer, der aufgrund übereinstimmender Aussagen von Buchhändlern und Verlegern die alleinige Schuld am Mißerfolg eines Buches trägt. *Hans Weigel*

Autoren:

Leute, die die Zeit in der Nase haben sollten und nicht die Nase in der Zeit.

Herbert Asmodi

die Kunst des Autorennfahrens:

so langsam wie möglich der Schnellste zu sein. *Emerson Fittipaldi*

Autorennfahrer:

ein Pilot, der zu niedrig fliegt. *Jean-Paul Belmondo*

Autorität:

ein Mensch, der einem über bestimmte Dinge mehr sagen kann, als man eigentlich wissen will. *Anonym*

das Vermögen, die Zustimmung anderer zu gewinnen. *Bertrand de Jouvenel*

Avantgardisten:

Leute, die nicht genau wissen, wo sie hinwollen, aber als erste da sind.

Romain Gary

B

B:

die Amme des Alphabets. *Ramón Gómez de la Serna*

Babel:

Großbauprojekt des biblischen Altertums, das an Kommunikationsproblemen scheiterte, was auch heutzutage nicht selten vorkommt. *Anonym*

Baby:

menschliches Wesen, das immer nur dann niesen muß, wenn es den Mund voller Brei hat. *Anonym*

ein Engel, dessen Flügel schrumpfen, während die Beine wachsen.

französisches Sprichwort

ein Magen mit einem Lautsprecher auf der einen Seite und einem Auspuff auf der anderen. *Jerry Lewis*

Babys:

eine Berufskrankheit der verheirateten Frau. *Prinzessin Anne von England*

Autodidakten in Naturheulkunde. *Ralph Boller*

Babysitter:

Teenager, der sich wie ein Erwachsener benimmt, während die Erwachsenen ausgehen und sich wie Teenager benehmen. *Anonym*

Bacchus:

eine praktische Gottheit, die sich die Alten erfanden, um ohne Skrupel saufen zu können. *Ambrose Bierce*

Bach, Johann Sebastian

Der liebe Gott der Musik, an den die Komponisten ein Gebet richten sollen, bevor sie sich an die Arbeit setzen, auf daß er sie vor Mittelmäßigkeit bewahre. *Claude Debussy*

Backenbart:

Moos im Gesicht. *Ramón Gómez de la Serna*

Background-Musik:

störende Geräuschkulisse in Restaurants und Läden. *Anonym*

Badezimmer:

ein Raum, den man erst richtig wahrnimmt, wenn die Kinder verheiratet sind. *Bob Hope*

Bäcker:

ein Mann, der von dem Brot lebt, das er nicht ißt. *Eva Mohr*

Bahnhof:

eine Art Ersatzheimat der Menschen mit Heimweh. *Silvio Mazzinghi*

Bahnwärter:

ein Mann, der sich ständig danach sehnt, ein schrankenloses Dasein zu führen. *Anonym*

Ballett:
Tanz auf die Spitze getrieben. *Anonym*

Balzac, Honoré de
Was für ein Dichter wäre Balzac gewesen, hätte er schreiben können.
Gustave Flaubert

Balzruf:
das Heiratsinserat der Vögel. *Jürgen Herrmann*

Banane:
das einzige legale krumme Ding. *Anonym*

Bandit:
eine Person, die A mit Gewalt abnimmt, was A mittels Arglist B abgenommen hat. *Ambrose Bierce*

Bank:
eine Einrichtung, die dir so lange Geld leihen wird, als du beweisen kannst, daß du keins brauchst. *Anonym*

eine Einrichtung, wo man Regenschirme verleiht, wenn es schön ist, und sie zurückfordert, wenn es anfängt zu regnen. *Jerome K. Jerome*

Sicherheitsbindung, löst sich beim Sturz. *Ron Kritzfeld*

eine Institution, die das bißchen Geld, das arme Leute zuviel haben, an reiche Leute austeilt, die nicht genug haben. *Robert Lembke*

Institut, das mit fremdem Geld reich wird. *Michael Schiff*

Bankauszug:
ein bequemes Mittel um festzustellen, wie sehr man über seine Verhältnisse gelebt hat. *Anonym*

Banker:
Experte, der morgen wissen wird, wieso die Dinge, die er gestern prognostizierte, heute nicht eintreffen. *Ernst-Otto Sandvoß*

Bankett:
eine Veranstaltung, bei der man ißt, was einem nicht schmeckt, bevor man zu Leuten, die einen nicht interessieren, über Dinge spricht, von denen man keine Ahnung hat. *Anonym*

Bankettredner:
einer, der nur wenige Worte zu sagen hat, aber nicht haltmacht, wenn er sie ausgesprochen hat. *Anonym*

Bankgeheimnis:
eines der letzten Mysterien der Menschheit. *Franz F. Schart*

Bankier:
ein Mensch, der seinen Schirm verleiht, wenn die Sonne scheint, und ihn sofort zurückhaben will, wenn es zu regnen beginnt. *Mark Twain*

Banknoten:
die einzigen Reproduktionen, die begehrter sind als das Original. *Wilhelm Lichtenberg*

Bankkonto:
Einrichtung, die man durch Belastung erleichtert. *Ron Kritzfeld*

Bankraub:
eine Initiative von Dilettanten. Wahre Profis gründen eine Bank. *Bertolt Brecht*

Bar:
ein Lokal, in dem die Tische reservierter sind als die Gäste. *Anonym*

Barbarei:
die Sitten der Vergangenheit. *Anatole France*

Bargeld:
die Kreditkarte des armen Mannes. *Walter Cavanagh*

Barkeeper:
Beichtvater für Leute, die nicht in die Kirche gehen. *Chris Howland*

Barmherzigkeit:
eine liebenswerte Eigenschaft des Herzens, die uns veranlaßt, anderen die Laster und Sünden nachzusehen, denen wir selbst frönen. *Ambrose Bierce*

eine Eigenschaft, die von ertappten Delinquenten sehr geschätzt wird.
Ambrose Bierce

Barometer:
ein sinnreiches Instrument, das anzeigt, wie das Wetter im Augenblick ist.
Ambrose Bierce

Barscheck:
Löschpapier für Brandbrief. *Ron Kritzfeld*

Bart:
ein Ding, das ein Mädchen glauben läßt, sie küsse ihre Zahnbürste. *Anonym*

eine Fahne, die man im Gesicht trägt. *Henri Tisot*

Basis:
die Grundlage des Fundaments. *Studentenulk*

Bauchtänzerin:
eine schöne Frau, die ihren Beruf an den Nabel gehängt hat. *Anonym*

Bauer:
einer, der nur Erfolg hat, wenn es ihm gelingt, seinen Boden an einen Golfklub zu verkaufen. *Anonym*

Bauherr:
von Architekten zur Betäubung von Sparern erfundener Titel, um mit dem Geld der Ahnungslosen Häuser ganz nach ihrem Geschmack bauen zu können. *Ron Kritzfeld*

Baum:
ein Gegenstand, der jahrelang am selben Fleck steht, bis er sich urplötzlich einem Autofahrer in den Weg stellt. *Anonym*

Baumeister:
einer, der Ideen haben muß und dem doch nichts einfallen darf. *Ron Kritzfeld*

Beachtung:
das Billigste, was man schenken kann. *Anonym*

Beamter:
vom Staat unterhaltener Pensionsanwärter in unkündbarer Stellung. *Anonym*

ein Mann, der sich durch den Fleiß seiner Untergebenen auszeichnet.
aus den »Fliegenden Blättern«

Beamte:
die besten Ehemänner: Sie sind abends nicht müde und haben auch die Zeitung schon gelesen. *Anonym*

ein wundersames Beispiel für die Vermehrung von Menschen auf ungeschlechtliche Weise. *Ursula Noack*

Leute, die ein Leben lang sitzen, ohne verurteilt worden zu sein. *Alberto Sordi*

Bedauern:
das Gefühl, das wir empfinden, wenn uns etwas, was wir nicht hätten tun dürfen, schiefgegangen ist. *Anonym*

Gewissensbisse im vorhinein. *Hans Clarin*

Bedenkzeit:
Tage, die man verstreichen läßt, bevor man bei seiner Meinung bleibt. *Anonym*

Beerdigung:
eine pompöse Festlichkeit, bei der wir unserer Achtung für einen Toten Ausdruck geben, indem wir den Leichenbestatter bereichern und unsere Trauer durch eine Geldausgabe nähren, die unsere Seufzer vertieft und unsere Tränen verdoppelt. *Ambrose Bierce*

befragen:
eine längst entschiedene Sache von jemand anderem billigen lassen.
Ambrose Bierce

Befriedigung:
ein Hochgefühl, das eine Frau empfindet, wenn ihre eigenen Kleider der besten Freundin zu eng geworden sind. *Anonym*

begehren:
haben wollen, was der Besitzer in seiner Gehässigkeit nicht hergibt.
Ambrose Bierce

Begeisterung:
der unverkennbare Beweis dafür, daß du in deine Arbeit verliebt bist. *Anonym*

Jugendkrankheit; heilbar durch Reue in kleinen Dosen, verbunden mit äußerlicher Anwendung von Erfahrung. *Ambrose Bierce*

begnadigen:
eine Strafe aufheben und jemanden von neuem einem verbrecherischen Leben aussetzen. *Ambrose Bierce*

Begräbnisfeier:
Zusammenkunft, bei der manchem Menschen die erste Ehre erwiesen wird.
Ron Kritzfeld

begünstigen:
sich jemanden verpflichten; die Basis für eine künftige Erpressung schaffen.
Ambrose Bierce

Behagen:
Gefühl, das sich angesichts des Unglücks eines Nachbarn einstellt.
Ambrose Bierce

Behauptung:
billiger Ersatz für Beweise, Erklärungen, Argumente und dergleichen überflüssiges Zeug. *Anonym*

Beichte:
Psychotherapie auf konfessioneller Basis. *Anonym*

Urform angewandter Psychotherapie. *Ron Kritzfeld*

Beichtstuhl:

ein Ort, wo der Prieser die großen Sünden vergibt, weil ihm das Anhören der kleinen Vergnügen bereitet. *Ambrose Bierce*

Beifall:

das Trinkgeld für Artisten. *Anonym*

das Brot des Künstlers. *Anonym*

die einzige Unterbrechung, die niemanden stört. *Kim Hubbard*

Bekannter:

jemand, den wir gut genug kennen, um ihn anzupumpen, aber nicht gut genug, um ihm etwas zu leihen. *Ambrose Bierce*

Bekanntschaft:

ein Grad der Freundschaft, den man »flüchtig« nennt, ist ihr Gegenstand arm oder unbekannt, und »intim«, ist er reich und berühmt. *Ambrose Bierce*

Beleidigungen:

die Argumente derer, die unrecht haben. *Jean-Jacques Rousseau*

Belladonna:

im Italienischen eine schöne Frau, in unserer Sprache ein tödliches Gift. Ein schlagendes Beispiel dafür, daß die beiden Sprachen im wesentlichen übereinstimmen. *Ambrose Bierce*

gutes Benehmen:

die Kunst, den Menschen den Umgang mit uns angenehm zu machen. *Jonathan Swift*

beneiden:

Unterlegenheit bekennen. *Claire Françoise Lespinasse*

Benzin:

der Weihrauch der Zivilisation. *Ramón Gómez de la Serna*

beobachten:

eine günstige Gelegenheit zum Auflauern ausspähen. *Markus Hattstein*

Berater:

ein Mann, der 49 Liebespositionen kennt, aber kein einziges Mädchen. *Anonym*

ein Mann, der deine Uhr nimmt, sagt, wie spät es ist, und dir dann dafür eine Rechnung schickt. *Anonym*

ein Mann, der keinen anderen Job findet. *Henry W. Platt*

Beredsamkeit:

Logik in Flammen. *Lyman Beecher*

eine Methode, Narren zu überzeugen. *Ambrose Bierce*

eine Verschwörung zwischen Rede und Tat mit der Absicht, den Verstand zu übertölpeln. *Ambrose Bierce*

die Kunst, Dummköpfe durch Worte davon zu überzeugen, daß Weiß die Farbe ist, die es zu sein scheint. Sie schließt die Gabe ein, jede Farbe weiß erscheinen zu lassen. *Ambrose Bierce*

die Fähigkeit, Wahrheit in eine Sprache zu übersetzen, die dem völlig verständlich ist, der dir zuhört. *Ralph Waldo Emerson*

Gedanken, die atmen, und Worte, die brennen. *Thomas Gray*

die Kunst, so von Dingen zu sprechen, daß jedermann gern zuhört. *Blaise Pascal*

die Kunst, Angenehmes zu sagen, so daß die Zuhörer aus Sympathie zum Sprecher »ja, ja!« sagen, ohne allzu genau nachzuforschen, was er eigentlich meint. *Sam Tucker*

bereuen:

sich selbst im Stich lassen. *Friedrich Nietzsche*

Berge:

Briefbeschwerer der Natur. *Anonym*

Berichterstatter:

jemand, der sich schreibend zur Wahrheit vortastet und sie mit einem Schwall von Worten verjagt. *Ambrose Bierce*

Berlin:

kein Ort, sondern ein Zustand. Ein vitales Chaos, ein Monster ohne Gegenwart, aber mit Vergangenheit und Zukunft. *Henryk M. Broder*

ein fruchtbares Gelände für sumpfige Typen – seit 750 Jahren. *Wolfgang Neuss*

Berliner:

ein Publikum, das schon im vorhinein merkt, was man sagen will – deshalb kann man viel weglassen. *Hans Joachim Kulenkampff*

Bermuda-Dreieck:

wahrscheinlich der dickste Bär, den man uns je aufzubinden versucht hat. *Lawrence Kusche*

Berühmtheit:

ein Mensch, der sein ganzes Leben hindurch schwer gearbeitet hat, um bekannt zu werden, und der dann eine dunkle Brille trägt, damit ihn niemand erkennt. *Fred Allen*

der Vorteil, denen bekannt zu sein, die einen nicht kennen. *Nicolas-Sébastién Chamfort*

jemand, der sich freut, daß ihn viele kennen, die er nicht kennenzulernen braucht. *Henry Louis Mencken*

Beruf:

Zeitvertreib, für den man viel zu gering bezahlt wird. *Franz F. Schart*

Berufe:

Verschwörungen gegen den Laien. *George Bernard Shaw*

Berufsberater:

jemand, der nicht wußte, was er werden sollte. *Anonym*

einer, der jungen Menschen hilft, die Zeit bis zur Pensionierung zu überbrükken. *Anonym*

Berufsethos:
die Kunst, das Geldverdienen mit einem Heiligenschein zu versehen. *Michael Schiff*

Berufsoffizier:
ein Mann, den wir in Friedenszeiten durchfüttern, damit er uns im Krieg an die Front schickt. *Gabriel Laub*

Berufspolitiker:
ein Mensch ohne Beruf. *Hans Magnus Enzensberger*

Bescheidenheit:
Charaktereigenschaft, die sich in dem Moment verliert, wo man sie zu besitzen glaubt. *Anonym*

die Kunst, andere herausfinden zu lassen, wie wichtig man ist. *Anonym*

die Kunst, die Aufmerksamkeit der Umwelt auf das unter den Scheffel gestellte Licht zu lenken. *Anonym*

die Kunst, andere zu veranlassen, das Gute zu sagen, das man nicht wagen würde, von sich selbst zu sagen. *Anonym*

der einzige sichere Köder, wenn du nach Lob angelst. *Earl of Chesterfield*

eine große Tugend – besonders bei anderen Menschen. *Federico Fellini*

die zarte Kunst, deinen Charme zu erhöhen, indem du vorgibst, seiner nicht gewahr zu sein. *Oliver Herford*

eine Eigenschaft, für die der Mensch bewundert wird, falls die Leute je von ihm hören sollten. *Edgar Watson Howe*

die Kunst, demütig auszusehen, wenn man den Leuten sagt, wie tüchtig man ist. *Lee Jackson*

zur Schau getragener Gipfel der Arroganz. *Ron Kritzfeld*

die letzte Raffinesse der Eitelkeit. *Jean de La Bruyère*

eine Tugend, die man vor allem an anderen schätzt. *François de La Rochefoucauld*

eine Zier derer, die schon alles haben. *Peter Maiwald*

Mangel an Mitteln, um den Luxus zu bezahlen. *Aurel Schmidt*

bei mittelmäßigen Fähigkeiten bloße Ehrlichkeit, bei großen Talenten dagegen Heuchelei. *Arthur Schopenhauer*

eine Eigenschaft, die die Frauen an einem Liebhaber mehr loben als lieben. *Richard Sheridan*

beschuldigen:
einem anderen boshafterweise die verderbten Handlungen zuschreiben, die selbst zu begehen man keine Versuchung oder keine Gelegenheit hatte. *Ambrose Bierce*

Besserwisser:
Schlechtermacher. *Paul Hubschmid*

Beständigkeit:
oft nur die Furcht, schwach zu erscheinen, wenn man seine Meinung ändert. *Alberto Moravia*

die letzte Zuflucht des Phantasielosen. *Oscar Wilde*

Bestandsaufnahme:
ein schönes Wort dafür, daß man nicht mehr weiterweiß. *Lore Lorentz*

die Kunst der Besteuerung:
die Gans so rupfen, daß sie die größte Menge Federn unter geringstem Zischen gibt. *Jean-Baptiste Colbert*

bestimmt:
vielleicht; möglicherweise. *Ambrose Bierce*

Bestrafung:
nur ein Vorwand dafür, ein Verbrechen durch ein anderes zu tilgen. *George Bernard Shaw*

Bestseller:

eine wunderbare Einrichtung: man kauft Bücher, braucht sie aber nicht zu lesen. *Danny Kaye*

Bücher, die von vielen Leuten gelesen werden, aber nicht persönlich. *Danny Kaye*

idealer Bestsellerautor:

ein amerikanischer Fernsehstar, der schon zwei Bestseller produziert, die Weltmeisterschaft im Boxen gewonnen, seine Frau und drei Kinder unter Drogeneinfluß umgebracht hat und nun in der Todeszelle schreibt, während er zugleich für das Amt des Präsidenten der USA kandidiert. *Gabriel Laub*

Bestseller-Listen:

die Friedhofstafeln von morgen. Was dort oben steht, hat fast nie die Chance zu überleben. *Siegfried Unseld*

beten:

darum bitten, daß die Gesetze des Universums zugunsten eines einzelnen, nach eigenem Geständnis unwürdigen Bittstellers aufgehoben werden. *Ambrose Bierce*

Betriebsanalyse:

kostspielige Methode, durch betriebsfremde Fachleute das ermitteln zu lassen, was man im Betrieb seit 20 Jahren weiß. *Michael Schiff*

Betrüger:

ein Rivale bei der Bewerbung um öffentliche Ehren. *Ambrose Bierce*

Betrug:

Diebstahl, bei dem es um größere Beträge geht. *Anonym*

die Triebkraft des Geschäfts, die Seele der Religion, der Köder der Liebeswerbung und die Grundlage politischer Macht. *Ambrose Bierce*

betrunken:

blau, besoffen, zu, beschwipst, angesäuselt, stinkbesoffen, voll, bezecht, beduselt, schiefgeladen, berauscht, trunken, stockbesoffen, gehoben, duhn, grau, halb drüben, sternhagelvoll, angeheitert, benebelt, bierselig, angetüdelt, weggetreten, ausgerastet, angegast usw. *Ambrose Bierce*

Bett:

ein Schlachtfeld, aus dem sich jeden Morgen zwei erheben: eine Siegerin und ein Besiegter. *Anonym*

nützlicher, aber gefährlicher Gebrauchsgegenstand des nächtlichen Lebens: Es ist statistisch nachgewiesen, daß die Mehrzahl der Leute im Bett sterben. *Anonym*

die Oper des kleinen Mannes. *italienisches Sprichwort*

Bettler:

jemand, der sich auf die Hilfe seiner Freunde verlassen hat. *Ambrose Bierce*

Bettnässer:

Kinder, die mit der Blase weinen. *Anonym*

Bevölkerung:

Menschen en gros. *Birgit Berg*

Bevorzugung:

ein Empfinden oder Geisteszustand, der auf der irrigen Annahme fußt, daß ein Ding besser sei als ein anderes. *Ambrose Bierce*

Beweis:

eine Aussage, die einen Grad glaubwürdiger ist als die Unwahrheit. *Ambrose Bierce*

das Zeugnis zweier glaubwürdiger Zeugen, das dem eines einzigen entgegengesetzt ist. *Ambrose Bierce*

der beste Beweis:

die hundertmalige Wiederholung der Behauptung. *Charles Tschopp*

Beweise:

das Gegengift gegen das Gift der Zeugenaussagen. *Francis Bacon*

bewundern:

erwartungsvoll umschmeicheln. *Ambrose Bierce*

Bewunderung:
höfliche Anerkennung für diejenigen, die uns ähnlich sind. *Ambrose Bierce*

eine jugendliche Laune, die kaum jemals bis zu reiferen Jahren anhält.
Josh Billings

etwas, was nur aus großer Distanz empfunden wird. *Denis Diderot*

Bewußtseinserweiterung:
Deckname für Rausch. *Anonym*

Beziehung:
was sich zwischen zwei Menschen abspielt, während sie warten, daß sie was Besseres finden. *Anonym*

Beziehungen:
das, was man zu haben glaubt, bis man sie braucht. *Anonym*

eine Rutschbahn nach oben. *Karl Farkas*

eine Waage mit ungleichem Gewicht. *Heinrich Wiesner*

außereheliche Beziehungen:
fauxpas de deux. *Burckhard Garbe*

Bibel:
Gebrauchsanweisung für die Himmelsleiter. *Anonym*

das heilige Buch unserer Religion, im Unterschied zu den falschen und profanen Schriften, auf denen alle anderen Glaubenslehren beruhen. *Ambrose Bierce*

ein radikales Buch; die Ausführungsbestimmungen mildern nachher manches.
Kurt Tucholsky

Bibliotheken:
Büffets des Geistes. *aus den »Fliegenden Blättern«*

öffentliche Bibliotheken:
geistige Tankstellen der Nation. *Helmut Schmidt*

Bigamie:

das Musterbeispiel eines unsozialen Verhaltens: Sie bringt die Scheidungsanwälte um ihr Honorar. *George Cox*

eine Möglichkeit, zugleich die Schmutzwäsche der Scheidung und die Last von Unterhaltszahlungen zu vermeiden. *Oliver Herford*

der Versuch, ein Übel zu verkleinern, indem man es verdoppelt. *Helmar Nahr*

die mildeste Form der Polygamie. *Eva Roepke*

das einzige Delikt, das bereits eine Strafe ist. *Peter Sellers*

eine Frau zuviel. Monogamie: dasselbe. *Oscar Wilde*

Bigamist:

einer, der Schwierigkeiten hat, sich zu entscheiden. *Anonym*

einer, der neben dem Eheleben noch ein Privatleben führt. *Anonym*

ein Mann, der auch noch andere Fehler zweimal machen wird. *Peter Sellers*

Bigamist in der Marine:

wer zwei Frauen im selben Hafen hat. *Anonym*

Bigamisten:

Männer mit zwei Schwiegermüttern; das ist Strafe genug. *Winston Churchill*

bigott:

hartnäckig und eifernd einer Ansicht zugetan, die man selber nicht teilt. *Ambrose Bierce*

Bikini:

kleinste Wichtigkeit zur Verdeckung wichtiger Kleinigkeiten. *Anonym*

Bilanz:

Unzucht mit Zahlen. *Anonym*

immer weiter verfeinerte Methode, in aufwendiger Form möglichst wenig über ein Unternehmen auszusagen. *Klaus Göppert*

das Jahreszeugnis des Managers. *Helmar Nahr*

Bildhauer:

ein Künstler, der mit dem, was er wegnimmt, den Rest wertvoller macht. *Anonym*

moderner Bildhauer:

ein Mann, der einen unbehauenen Klotz aus Stein oder Holz hernimmt und monatelang bearbeitet, bis er aussieht wie ein unbehauener Klotz aus Stein oder Holz. *Anonym*

Bildhauerei:

die Fähigkeit, von einem Marmorblock die überflüssigen Teile zu entfernen. *Anonym*

Bildröhre:

das Präservativ der Realität. *Dieter Hildebrandt*

Bildung:

was übrigbleibt, wenn man die Details vergessen hat. *Anonym*

eines der wünschenswertesten Ziele, für das niemals zuviel von dem Geld anderer Leute aufgewendet werden kann. *Institute of Economic Affairs*

was dem Weisen enthüllt und dem Toren verbirgt, daß er nichts begreift. *Ambrose Bierce*

die Fähigkeit, sich alles mit anzuhören und dabei weder die Selbstbeherrschung zu verlieren noch das Selbstvertrauen. *Robert Frost*

die Fähigkeit, Parallelen zu sehen. *Sigmund Graff*

eine Krücke, mit der der Lahme den Gesunden schlägt, um zu zeigen, daß er auch bei Kräften sei. *Karl Kraus*

etwas, das die meisten empfangen, viele weitergeben und wenige haben.
Karl Kraus

die Fähigkeit, Wesentliches von Unwesentlichem zu unterscheiden und jenes ernst zu nehmen. *Paul de Lagarde*

das, was übrigbleibt, wenn der letzte Dollar weg ist. *Mark Twain*

das, was übrigbleibt, wenn wir vergessen, was wir gelernt haben.
Marquis of Halifax

was dem Klugen zeigt, wie wenig er kann, und dem Dummen die Illusion gibt, viel zu können. *Julian Tuwim*

literarische Bildung:
eine Art von rezeptivem Sadismus: Genießen dessen, was andere, die Schöpferischen, litten. *Hans Kudszus*

umfassende Bildung:
eine gut dosierte Apotheke; aber es besteht keine Sicherheit, daß nicht für Schnupfen Zyankali gereicht wird. *Karl Kraus*

Billard:
Krimi am grünen Tisch: Kugeln gegen Banden. *Ron Kritzfeld*

Binsenweisheit:
das, was der andere sich partout nicht beibringen lassen will. *G. W. Harmssen*

Biograph:
einer, der sein Objekt besser zu kennen glaubt als sich selbst. *Anonym*

ein Lügner, der die Lügen seines Helden weitersagt. *Aleksander Swietochowski*

Biographie:
der literarische Tribut, den ein kleiner Mann einem großen zollt. *Ambrose Bierce*

Biologe:
ein Mann, der Kim Basinger sieht und sich dabei vorstellen kann, daß sie einmal ein Baby war. *Danny Kaye*

Blasiertheit:
die Maske, hinter der die Jugend ihre Unerfahrenheit und das Alter seine Enttäuschungen erfahren. *Anonym*

Blender:
Mensch, der zwar schnell ankommt, den man aber noch schneller abfahren läßt. *Ron Kritzfeld*

Blitzableiter auf einem Kirchturm:
das denkbar stärkste Mißtrauensvotum gegen den lieben Gott. *Karl Kraus*

Blinddarm:
Organ ohne bekannte lebenswichtige Funktion, es sei denn für den Chirurgen. *Anonym*

Blödelei:
die billigste Form der Psychotherapie für Menschen, die an Melancholie leiden. *Peter Vogel*

Blondine:
Brünette mit großem Geheimnis. *Anonym*

Kreuzung zwischen einer Brünetten und einer Drogerie. *Anonym*

Blondinen:
ein Geschenk der chemischen Industrie an die Männer. *Anonym*

Frauen, die von Männern, die mit Brünetten verheiratet sind, vorgezogen werden. *Anonym*

Blüte:
das Lächeln der Pflanze. *Peter Hille*

Bluffer:
ein älterer Herr, der einer jüngeren Dame einen sogenannten unsittlichen Antrag stellt, ohne imstande zu sein, diesen auszuführen. *Anonym*

Blumen:
das Lächeln der Erde. *Ralph Waldo Emerson*

Blumenbeet:
ein kleines, meist rechteckiges Stück Land, wo ständig die Bälle der Nachbarskinder landen. *Anonym*

Blumenhändler:
ein Mensch, dem man keine Blumen schicken kann, wenn er krank ist. *Anonym*

Blumenkohl:
ganz gewöhnlicher Kohl mit College-Erziehung. *Mark Twain*

Blutarmut:
eine Krankheit, von der hauptsächlich Romangestalten befallen sind. *Marcel Reich-Ranicki*

Blutwurst:
eine Bluttransfusion mit Zwiebeln. *Ramón Gómez de la Serna*

Bock:
jenes Tier, welches auch als Bier getrunken werden kann. *Wilhelm Busch*

Bockmist:
Ausscheidungen der Sündenböcke. *Anonym*

Börse:
ein Monte Carlo ohne Musik. *Georg von Siemens*

Börsenmakler:
Effektenhascher. *Ron Kritzfeld*

das Böse:
das, was man sich nicht verzeihen kann. *Marcel Jouhandeau*

Bonn:

eine Stadt, die nur halb so groß ist wie der Zentralfriedhof von Chicago, aber doppelt so tot. *Anonym*

Bonner Korrespondent:

wer verächtlich seinen Hut vor einer Neuigkeit zieht und erklärt, er habe das seiner Zeitung schon vor Wochen gemeldet. *Dr. Alois Rummel*

Bonsai:

Bäume, die nicht in den Himmel wachsen. *Anonym*

das Pony unter den Bäumen. *Anonym*

Bosheit:

die Antwort auf eine enttäuschte Zutraulichkeit. *Martin Kessel*

Botschafter:

ein Mann, der von der Regierung bezahlt wird, damit er das Land verläßt. *Anonym*

Briefträger in Frack und Zylinder. *Stewart Alsop*

die Augen und Ohren der Staaten. *Francesco Guicciardini*

ein Mann, der verschlüsselt nach Hause drahtet, was die Zeitungen schon vor drei Tagen gebracht haben. *Roger Peyrefitte*

ein anständiger Mensch, den man ins Ausland schickt, damit er dort zum Wohl seines Vaterlandes lügt. *Henry Wotton*

Bräutigam:

ein Mann, der es nicht fertiggebracht hat, zugleich ein Mädchen und den Mund zu halten. *Dan Bennett*

Brainwork:

volkstümlicher Ausdruck für Gehirnakrobatik. *Anonym*

Brandstiftung:
zündende Idee, die das Versicherungsgeschäft anheizt. *Ron Kritzfeld*

Brandung auf Hawaii:
ein Drittel Wasser und zwei Drittel Menschen. *Bob Hope*

Branntwein:
allgemeine Bezeichnung für alkoholische Getränke, die bei Abstinenzlern Wahnsinn hervorrufen. *Ambrose Bierce*

Brause:
Wasser mit Schluckauf. *Anonym*

Brausetablette:
ein Sturm im Wasserglas. *Hugo Olaerts*

Braut:
ein Mädchen, das nicht daran denkt, daß es die Aufmerksamkeiten vieler Männer gegen die Unaufmerksamkeit eines einzelnen eintauscht. *Anonym*

ein Mädchen, das noch keinen hat, aber schon einen weiß. *Anonym*

eine Frau mit vielversprechenden Glücksaussichten hinter sich. *Ambrose Bierce*

Brautglocken:
der Freundschaft Sterbeglocken. *Paul Heyse*

Breakdown:
Ausfall-Phänomen eines Computers, vergleichbar mit Erscheinungen, die beim Menschen nach Infektion mit Grippeviren oder nach einem Betriebsfest auftreten. *Anonym*

Brecht, Bertolt
Der einzige Dichter, der marxistische Parolen zu Poesie gemacht hat. *Lew Kopelew*

Er hat Talent zum Genie. *Alfred Polgar*

Bremsspur:
bei vielen Menschen die einzige Spur, die sie zeit ihres Lebens der Umwelt aufprägen. *Anonym*

Bremsweg:

die Strecke zwischen dem Augenblick, wo man erschrickt, und dem Moment, wo es knallt. *»Neue Revue«*

Bridge:

ein Spiel, das die Gedanken der Damen beschäftigt, während sie reden. *Anonym*

der Triumph des Geistes über Geschnatter. *Anonym*

der nach der Liebe in den USA am weitesten verbreitete Zimmersport. *Anonym*

Brief:

ein unvergleichliches Mittel, auf ein junges Mädchen Eindruck zu machen; der tote Buchstabe wirkt oft stärker als das lebendige Wort. *Sören Kierkegaard*

offener Brief:

elegante Form der Erpressung. *Michael Schiff*

Briefe schreiben:

die einzige Möglichkeit, Einsamkeit und Geselligkeit zu verbinden. *Lord Byron*

Brieftasche:

das empfindlichste Organ des Menschen. *Mór Jójau*

Briefträger:

ein Mann, der viel einstecken muß. *Anonym*

Brille:

Intelligenzprothese. *Anonym*

der Sieg der Neugier über die Eitelkeit. *Robert Lembke*

Brückenbauer:

ein Mann, der sich mit Übergangslösungen beschäftigt. *Anonym*

Buch:

der Rohstoff für einen Film, aus dem dann eine Fernsehsendung gemacht wird. *Anonym* ein Garten, den man in der Tasche trägt. *arabische Weisheit*

ein verhindertes Gespräch. *Hans Urs von Balthasar*

Druckwerk, aus dem Leser gewöhnlich etwas ganz anderes herauslesen, als der Autor hineingeschrieben hat. *Ron Kritzfeld*

ein Spiegel, aus dem kein Apostel herausgucken kann, wenn ein Affe hineinblickt. *Georg Christoph Lichtenberg*

ein Licht des Herzens, ein Spiegel des Lebens, ein Lehrmeister der Jugend, ein Vertreiber des Lasters, eine Kurve der Klugen, ein köstlicher Hauptschmuck der Weisen, eine Ehre derer, die in Ehren sind, eine Zierde der Gelehrten, ein Gefährte auf der Reise, ein Freund zu Hause, ein Schwatzgeselle, wenn man gleich schweigt, ein Behältnis der Beredsamkeit, ein Garten voller Früchte, eine Wiese von unterschiedlichen Blumen, der Anfang des Verstandes, ein Vorrat des Gedächtnisses. *Daniel Georg Morhof*

für mich eine Art Schaufel, mit der ich mich umgrabe. *Martin Walser*

ein gutes Buch:

ein Buch, das einem immer besser gefällt, je älter man wird, vorausgesetzt, daß man mit dem Alter auch weiser wird. *Georg Christoph Lichtenberg*

Buchhändler:

einer, der aufgrund übereinstimmender Aussagen von Autoren und Verlegern die alleinige Schuld am Mißerfolg eines Buches trägt. *Hans Weigel*

Buchkritik:

die Kunst, ein Buch zu beurteilen, ohne es gelesen zu haben. *Anonym*

Buchwissen:

abwertender Begriff, den der Dummkopf für alles Wissen prägt, das über seine eigene ungestrafte Ignoranz hinausgeht. *Ambrose Bierce*

Bücher:

Gedanken, die man kaufen kann. *Anonym*

der fliegende Teppich ins Reich der Phantasie. *James Daniel*

Brillen, durch welche die Welt betrachtet wird. *Ludwig Feuerbach* nur dickere Briefe an Freunde. *Jean Paul*

Werkzeuge zur Selbstfindung, und jeder bedarf anderer. *Zenta Maurina*

für den Autor nichts als gestrige Stationen, bei denen er unmöglich stehen bleiben kann. *Hans Erich Nossack*

Möbel aus Papier. *Gerard Prentice*

das papierene Gedächtnis der Menschheit. *Arthur Schopenhauer*

die besten Bücher:
die, von denen jeder Leser meint, er habe sie selbst machen können. *Blaise Pascal*

erotische Bücher:
für viele Menschen Erinnerungen an nie Erlebtes. *Gaston Leduc*

die neuesten Bücher:
jene, die nicht altern. *Holbrook Jackson*

Bücher schreiben:
das einzige Verbrechen, bei dem sich der Täter bemüht, Spuren zu hinterlassen. *Gabriel Laub*

Bucht:
von Hotels und Restaurants umgebene Wasserfläche. *Anonym*

Buddelschiffe:
auf Flaschen gezogenes Fernweh. *Anonym*

Buddha:
der Gott, der sich bei den Mahlzeiten keinerlei Beschränkungen auferlegte. *Ramón Gómez de la Serna*

Budget:
ein Faß ohne Boden, aber mit einem gut schließenden Deckel. *Anonym*

ein Plan, sich vorher statt nachher Sorgen zu machen. *Anonym*

Büffelhaut:

eine Einrichtung, die dazu dient, den Büffel zusammenzuhalten. *Anonym*

Bühne:

für manchen Mimen eine viel realere Welt als die wirkliche. *Anonym*

Bündnis:

in der internationalen Politik die Vereinigung zweier Diebe, die ihre Hände so tief in den Taschen des anderen stecken haben, daß sie nicht unabhängig voneinander einen dritten ausplündern können. *Ambrose Bierce*

Bürger:

Gesetznehmer. *Ron Kritzfeld*

mündige Bürger:

Personen, von denen erwartet wird, daß sie einmal zur Wahlzeit ihre Stimme für die richtige Partei erheben und danach den Mund halten. *Ron Kritzfeld*

Bürokraten:

die Militaristen des Papierkriegs. *Cyril Northcote Parkinson*

Bürokratie:

ein Riesenapparat, der von Zwergen bedient wird. *Honoré de Balzac*

die Vervielfältigung von Problemen durch Einstellung weiterer Beamter. *Cyril Northcote Parkinson*

die Kunst, das Mögliche unmöglich zu machen. *Javier Pascual Salcedo*

Bürostunden:

die beste Zeit, um sich vom Streß der Freizeit zu erholen. *Aurel Schmidt*

Büstenhalter:

eine Einrichtung, die oft mehr verspricht, als sie hält. *Anonym*

die Maske der Brüste. *Ramón Gómez de la Serna*

Buße:

Folge des unglücklichen Zusammentreffens einer Verkehrsübertretung mit einem Polizisten. *Anonym*

Butler:

eine Prozession, die aus einem einzigen Menschen besteht.

Pelham Grenville Wodehouse

Butterberge:

die Folge von Milchmädchenrechnungen. *Anonym*

C

Caddy:

Helfer beim Golfspiel, der auch nicht gesehen hat, wohin der Ball geflogen ist.

Anonym

Café:

das Wartezimmer der Poesie. *Hermann Kesten*

Callgirl:

ein Mädchen, das einem Ruf folgt, ohne auf seinen Ruf zu achten. *Anonym*

der einzige Frauenberuf in Deutschland, in dem man es auch ohne Abitur noch zu was bringen kann. *Anonym*

eine, die sich auszieht, ihr Glück zu machen. *Cedric Dumont*

Campingsaison:

die Zeit, in der große Teile der Bevölkerung unzureichend ernährt, untergebracht und bekleidet sind. *Anonym*

Casanova:

ein Mann, der Frauen so lange nachläuft, bis sie ihn erwischt haben. *Anonym* der bekannteste Multi der Erotik. *Henry Miller*

Chance:

die Gelegenheit, einen Fehler zu wiederholen. *Anonym*

ein Besucher, der meistens kommt, wenn wir gerade ausgegangen sind. *Anonym*

Chanson:

der irrwitzige Versuch, die Welt in ein paar gesungenen Versen zu erfassen. *Michael Naura*

Chaos:

jene Ordnung, die man bei der Erschaffung der Welt zerstört hat. *Stanislaw Jerzy Lec*

Ordnung, die wir nicht verstehen. *Konstantin Wecker*

Chaplin, Charlie

Das einzige Genie, das die Filmindustrie hervorbrachte. *George Bernard Shaw*

Ein Gigant, solange er seinen stummen kleinen Tramp spielte. *Billy Wilder*

Charakter:

zähes Festhalten an liebgewordenen Irrtümern. *Anonym*

eine eigene Mischung von eiserner Härte und wärmster Herzlichkeit. *Anonym*

wesentliches Hindernis für den Erfolg im Leben. *Anonym*

die Fähigkeit, sich selbst im Wege zu stehen. *Anonym*

ein Fels, an welchem gestrandete Schiffer landen und anstürmende scheitern. *Immanuel Kant*

die Unfähigkeit, anders zu sein. *Ron Kritzfeld*

Mut zur Monotonie. *Hans Kudszus*

das, was man hat, wenn keiner zuschaut. *Siegfried Lowitz*

weiter nichts als eine langwierige Gewohnheit. *Plutarch*

– ein Nebenprodukt. Er wird in der großen Fabrik der täglichen Pflicht produziert. *T. Woodrow Wilson*

Charakterkunde:

die Kunst, zwischen den Falten eines Gesichts zu lesen. *Robert Lembke*

Charakterlosigkeit:

ein Mythos, den biedere Individuen geschaffen haben, um die Faszinationskraft anderer Leute erklären zu können. *Oscar Wilde*

Charakterstärke:

oft nichts anderes als Gefühlsschwäche. *Arthur Schnitzler*

Charme:

jener Teil der Persönlichkeit, von dem man gar nicht weiß, daß man ihn besitzt. *Anonym*

die Fähigkeit, in einem Menschen das Gefühl zu erwecken, daß er so wundervoll sei wie du. *Anonym*

das, was in anderen ist und das uns zufriedener macht mit uns selbst. *Henri-Frédéric Amiel*

die Gabe, den anderen vergessen zu lassen, daß er aussieht, wie er aussieht. *Siegfried Balke*

das, was manche Leute haben, bis sie beginnen, sich darauf zu verlassen. *Simone de Beauvoir*

eine Art, wie ein Mensch »ja« sagt, ohne daß ihm eine bestimmte Frage gestellt worden war. *Albert Camus*

die Chance der Häßlichen. *Sigmund Graff*

jene Gabe, die andere vergessen läßt, daß man aus dem Mund riecht. *Jean-Paul Lafargue*

das, was übrig bleibt, wenn alles andere schwindet. *Françoise Rosay* ein Juwel, das nachläßt zu funkeln, sobald der Besitzer von ihm weiß.

Ilse Schreiber

Chaussee:

ein Streifen Land, der von einem Ort, wo es langweilig ist, zu einem anderen führt, wo der Aufenthalt sinnlos ist. *Ambrose Bierce*

Allee, deren rechte Baumreihe dem Auto und deren linke dem Fahrrad geopfert wurde. *Ron Kritzfeld*

Chauvinismus:

der Patriotismus der anderen. *Anonym*

Chef:

ein Mensch wie alle anderen. Er weiß es nur nicht. *Anonym*

einer, der während der Kaffeepause auf die Uhr sieht. *Anonym*

ein Mann, der früh kommt, wenn man zu spät ist, und spät kommt, wenn man früh ist. *Anonym*

ein Mensch, der es versteht, mit den Köpfen anderer Leute zu denken.

Bernard Fox

das ist nicht der, der etwas tut, sondern der, der das Verlangen weckt, etwas zu tun. *Edgar Pisani*

einflußreiche Persönlichkeit im Betrieb, die angenehme Dinge den Arbeitnehmern selbst mitteilt, unangenehme aber durch Dritte mitteilen läßt.

Michael Schiff

ein Mann, der pünktlich sein muß, nur um sehen zu können, wer unpünktlich ist. *Hans Söhnker*

ein Mensch, der anderer bedarf. *Paul Valéry*

Chefarzt:

persona non gratis. *Gerhard Uhlenbruck*

ein erfolgreicher Chefredakteur:

ein Mann, dem es gelingt, die Mitarbeiter des Wirtschafts- und Sportteils zu zwingen, sich für ihre Mitteilungen der deutschen Sprache zu bedienen.

Robert Lembke

Chemie:

der unsaubere Teil der Physik. *Anonym*

die Wissenschaft, die daran arbeitet, Wasser und Luft in ihrer reinen Form zu erhalten, denn die Chemie ist die Wissenschaft, die dafür verantwortlich ist, daß Wasser und Luft in ihrer reinen Form nicht mehr vorkommen.

Münchner Lach- und Schießgesellschaft

Chic:

der i-Punkt auf dem i. Ohne Punkt würde das i niemals auffallen. *Anita Daniel*

Chiffriergerät:

Datenverwurstler. *Anonym*

Chirurg:

ein Zeitgenosse, der besonders liebenswürdig mit jenen Nachbarn verkehrt, die den Blinddarm noch haben. *Helmuth M. Backhaus*

ein Mann, der sich täglich darüber wundert, wieviel man von einem Menschen wegschneiden kann, ohne ihn umzubringen. *Ferdinand Sauerbruch*

Chirurgen:

höfliche Menschen; sie klopfen anderen Leuten auf den Bauch, bevor sie hereinkommen. *Karl Farkas*

die einzigen Menschen, die ohne fremden Blinddarm und ohne fremde Mandeln nicht leben könnten. *Peter Sellers*

Choleriker:

ein Mensch, der um so roher wird, je mehr er kocht. *Anonym*

einer, der nach dem Grundsatz lebt: nicht wundern, nur ärgern. *Anonym*

Chor:

Vereinigung verhinderter Solisten. *Anonym*

in der Oper eine Bande heulender Derwische, die den Zuhörern Angst einjagen, während die Sänger Luft holen. *Ambrose Bierce*

Christ:

jemand, der das Neue Testament für ein göttlich inspiriertes Buch hält, welches den geistlichen Bedürfnissen seines Nächsten wunderbar entgegenkommt. *Ambrose Bierce*

jemand, der die Lehre Christi insoweit befolgt, als sie sich mit einem Sündenleben vereinbaren läßt. *Ambrose Bierce*

Christentum:

in vielen Familien bedeutet es heutzutage nur noch, daß man zur Großmutter und zur Katze freundlich ist. *R. C. Bedford*

Chronometer:

handgearbeiteter, kostspieliger Zeitmesser, dessen Präzision meist nicht an eine durchschnittliche moderne Quarzuhr heranreicht. *Anonym*

Chuzpe:

wenn einer, der Vater und Mutter erschlagen hat, vor Gericht um mildernde Umstände bittet, weil er ein Vollwaise ist. *Peter Mosler*

Cineasten:

Menschen, die in der realen Welt kein Auskommen finden und deshalb ihren festen Wohnsitz im Kino haben. *Bernd Möhlmann*

City:

die nächtliche Öde, wo tagsüber die Banken und Warenhäuser für Betrieb sorgen. *Aurel Schmidt*

Cocktailparty:

eine Gesellschaft, bei der jeder redet und keiner zuhört. *Anonym*

Gelegenheit, Leute zu treffen, die soviel trinken, daß man ihre Namen nicht behalten kann. *Anonym*

Gelegenheit, alte Bekannte zu treffen, die man noch nie gesehen hat. *Anonym*

Veranstaltung, welche die Rolle des Salons aus dem 18. Jahrhundert wiederbelebt, aber mit Spirituosen statt mit Esprit. *Anonym*

Übervölkerung im kleinen. *Danny Kaye*

Cocktailpartys:

Zusammentreffen, auf denen ein Mann sofort auffällt, wenn er über Dinge redet, von denen er etwas versteht. *Anonym*

Computer:

die klügsten Idioten, die es gibt. *Anonym*

phantastisch wirksame Maschine, die in wenigen Augenblicken so große Fehler produzieren kann, wie sie selbst viele Menschen nur in vielen Monaten machen können. *Anonym*

eine Vorrichtung, die es uns ermöglicht, die Probleme haarscharf zu umreißen, bloß mit dem Lösen hapert es noch. *Anonym*

ein elektronisches Wunderwerk, das in einer zehntausendstel Sekunde die verwickeltsten Rechen- und Buchungsoperationen ausführt – und dann die Kontoauszüge mit zehn Tagen Verspätung verschickt. *Anonym*

eine großartige Erfindung. Es passieren genauso viele Fehler wie früher. Aber niemand ist daran schuld. *Anonym*

Genieprothese. *Dieter Hildebrandt*

die logische Weiterentwicklung des Menschen: Intelligenz ohne Moral. *John Osborne*

die neueste technische Errungenschaft zur wirksamen Verzögerung der Büroarbeit. *Cyril Northcote Parkinson*

die Lösung vieler Probleme, die wir ohne Computer gar nicht hätten. *Klaus-Peter Schreiner*

Apparat, dessen Irrtümer bei der Verrechnung von Autorentantiemen weit schwieriger zu entdecken sind als die Irrtümer von Buchhaltern. *Hans Weigel*

Conférencier:
Mundwerker. *Anonym*

einer, der alte Witze erfindet. *Cedric Dumont*

Covergirl:
ein gut ausgezogenes junges Mädchen, mit dem man heiße Umschläge für Illustrierte macht. *Jürgen Scheller*

D

Dachboden:
Ort, wo Dinge viele Jahre lang aufbewahrt und dann weggeworfen werden, vierzehn Tage bevor man sie braucht. *Anonym*

Dackel:
ein Tier, das halb so hoch ist wie ein Hund und doppelt so lang. *Anonym*

ein Hund für kinderreiche Familien. Er kann fünf Kindern gleichzeitig auf dem Schoß sitzen. *Anonym*

ein Hund, der jemanden an der Leine hat. *Ernst Waldbrunn*

daheimbleiben:
konsequente Abkürzung eines längeren Spaziergangs. *Ron Kritzfeld*

Dame:
eine Frau, die es einem Mann leicht macht, ein Herr zu sein. *Anonym*

eine Frau, die nicht weiß, was etwas kostet. *Anonym*

ein weibliches Wesen, das vielleicht seine Juwelen, niemals aber die Fassung verliert. *Anonym*

ein weibliches Wesen, das genau weiß, wie weit es gehen darf und wie weit es gehen muß. *Anonym* eine Frau, die nicht immer weiß, was sie zu tun hat, aber immer weiß, was sie zu unterlassen hat. *Hermann Bahr*

eine Frau, die weiß, was sie nicht wissen darf, obwohl sie es weiß. *Jean-Paul Belmondo*

selten gewordene weibliche Person, die Manns genug ist, Frau zu bleiben. *Ron Kritzfeld*

eine Frau, deren bloße Anwesenheit zur Folge hat, daß sich Männer wie Herren benehmen. *Henry Louis Mencken*

eine Frau, die einem Mann in gesellschaftlich einwandfreier Form zu erkennen gibt, wie weit er zu weit gehen darf. *Hans Söhnker*

Damen:
weibliche Wesen, die nein sagen, wenn sie vielleicht meinen, und vielleicht, wenn sie ja sagen wollen; wenn sie mit ja antworten, sind es keine. *Anonym*

Damenknie:
Ansatzpunkt für Männer, die den Drang nach Höherem in sich spüren. *Anonym*

Damenmode:
das, was eine Frau an der anderen scheußlich findet. *Wilhelm Lichtenberg*

Damnum:
aus dem Englischen: damned. Fluch von Darlehensnehmern nach Abzug vom Hypothekennennbetrag. *Ron Kritzfeld*

Dankbarkeit:
bei den meisten nichts als das geheime Verlangen, noch größere Wohltaten zu empfangen. *François de La Rochefoucauld*

das Gedächtnis des Herzens. *Jean Baptiste Massieu*

eine Pflicht, die erfüllt werden sollte, die aber keiner das Recht hat zu erwarten. *Jean Jacques Rousseau*

Dauerurlaub:
ein guter Deckname für die Hölle. *George Bernard Shaw*

Definition:
das Einfassen der Wildnis einer Idee mit einem Wall von Worten. *Samuel Butler*

deficit spending:

Geld ausgeben, weil man keines hat. *Henry Kissinger*

in großer Armut noch größere Schulden machen. *Ron Kritzfeld*

Dogma der Keynesschen Lehre, wonach das von den Leuten aus Angst vor schlechten Zeiten gesparte Geld vom Staat ausgegeben werden muß, damit die Zeiten nicht noch schlechter werden. *Helmar Nahr*

Defizit:

was man hat, wenn man weniger hat, als man hätte, wenn man gar nichts hat. *Anonym*

Defizite:

bei Staaten noch nicht einmal ein Kavaliersdelikt, bei Firmen endet es mit dem Todesurteil. *Anonym*

Déjeuner:

das Frühstück eines Menschen, der in Paris war. Die Aussprache wechselt. *Ambrose Bierce*

Dekolleté:

Blößenwahn oder die Kunst, sich so zu erkälten, daß ein Mann sich dafür erwärmt. *Anonym*

ein Stückchen Stoff, das hinten und vorne nicht reicht, vor allem vorne. *Axel von Ambesser*

die Kunst, soviel zu zeigen, daß noch etwas übrigbleibt. *Ralph Boller*

jener schmale Grat, auf dem der gute Geschmack balanciert, ohne herunterzufallen. *Coco Chanel*

der einzige Ort, an dem ein Mann bei einer Frau Tiefe erwartet. *Zsa Zsa Gabor*

ein Wink der Zugänglichkeit. *Sacha Guitry*

ein Beweis dafür, daß jede Frau an der richtigen Stelle zu sparen weiß. *Jo Herbst*

optischer Selbstbedienungsladen. *Ruth Leuwerik*

das Kunststück, so ausgezogen zu sein, daß man immer noch für angezogen gilt. *Jeanne Moreau*

ein Ausschnitt, der mehr Stoff zum Reden bietet als zum Bedecken. *Georg Thomalla*

Demagoge:

ein Mann, der einen Kahn zum Schaukeln bringt und jedermann einredet, es sei ein Sturm. *Anonym*

ein politischer Gegner. *Ambrose Bierce*

ein Mensch, der mit dem Kehlkopf denkt. *Helmut Qualtinger*

Demagogen:

Leute, die das Stroh in den Köpfen anderer Leute dreschen. *Gerhard Bronner*

Leute, die in den Wind sprechen, den sie selbst gemacht haben. *Helmut Qualtinger*

Demagogie:

die Fähigkeit, Massen in Bewegung zu schieben, und die Unfähigkeit, sie wieder zu bremsen. *Wolfgang Herbst*

die fragwürdige Fähigkeit, die kleinsten Ideen in die größten Worte zu kleiden. *Abraham Lincoln*

Dementi:

der verzweifelte Versuch, die Zahnpasta wieder in die Tube hineinzubekommen. *Lore Lorentz*

die Kunst, etwas, was war, so darzustellen, als wäre es nie gewesen. *Peter Maiwald*

verneinende Bestätigung einer Nachricht, die bisher ein Gerücht war. *Roger Peyrefitte*

indirekte Bejahung durch direkte Verneinung. *Roger Peyrefitte*

ratenweise Bestätigung durch fortgesetzte Verneinung. *Roger Peyrefitte* nach den Spielregeln der hohen Politik ein halbes Eingeständnis einer ganzen Dummheit. *Saint-John Perse*

Bestätigung durch Widerspruch. *Michael Schiff*

eine trübe Regierungsbrühe, die über eine knusprige Zeitungsente gegossen wird. *Wolfram Weidner*

Dementis:

das, was großen Ereignissen vorauseilt. *Rollie Müller*

Demokratie:

eine Regierungsform, in der jedem die laute Frage erlaubt ist, was das Land unter einer erstklassigen Verwaltung alles leisten könnte. *Anonym*

eine Regierungsform, in der die Reichen alle die Rechte haben, die den Armen garantiert sind. *Anonym*

eine Einrichtung, die es den Menschen gestattet, frei zu entscheiden, wer an allem schuld sein soll. *Anonym*

eine Methode, voranzukommen, ohne jemanden hinter sich zu lassen. *Anonym*

das auf den Bereich der Politik ausgedehnte Prinzip der Toleranz. *Anonym*

der Sieg der Sprache über die Gewalt. *»La Prensa«, Managua*

eine der unbequemsten Einrichtungen, weil sie uns zwingt, Leute, die nicht unserer Meinung sind, respektabel oder sogar intelligent zu finden. *»Corriere della Sera«, Mailand*

Regieren durch Amateure. *Maxwell Anderson*

eine Regierungsform, die freie Diskussion voraussetzt, doch ist dies nur erreichbar, wenn die Leute aufhören zu quatschen. *Clement Attlee*

jene Staatsform, in der man sagt, was man will, und tut, was einem gesagt wird. *Gerald Berry*

Ausreden-Lassen und Zuhören-Können. *Heinrich Brüning*

– die Verzweiflung darüber, daß es keine Helden gibt, die dich regieren; und Befriedigung darüber, daß man sich mit ihrem Fehlen abfinden muß.

Thomas Carlyle

die schlechteste aller Staatsformen, ausgenommen alle anderen. *Winston Churchill*

die Notwendigkeit, sich gelegentlich den Ansichten anderer Leute zu beugen.

Winston Churchill

die Kunst, sich selbst im Zaum zu halten, damit man nicht von anderen im Zaum gehalten werden muß. *Georges Clemenceau*

ein kleiner fester Kern gemeinsamer Überzeugungen, umgeben von einer reichen Mannigfaltigkeit individueller Verschiedenheiten. *James Conant*

die Gleichwertigkeit von Ungleichen. *Wilhelm Hahn*

Herrschaft des Volkes, das den von Minderheiten bestimmten Mehrheitsentscheidungen gehorcht. *Rolf Haller*

die Spielregeln einhalten, auch wenn kein Schiedsrichter zusieht.

Manfred Hausmann

die Erstrebung eines Zustands, in dem jeder jedem eine Frage stellen darf.

Ernst Jünger

die Herrschaft der Volksvertreter über ihre Wähler. *Bernhard Katsch*

Kompromißwirtschaft. *Ron Kritzfeld*

das einzige Gesellschaftssystem, das man auf demokratischem Wege abschaffen kann. *Gabriel Laub*

die Regierung des Volkes durch das Volk für das Volk. *Abraham Lincoln*

im Grunde die Anerkennung, daß wir, sozial genommen, alle füreinander verantwortlich sind. *Heinrich Mann*

ein Verfahren, nach dem die Bürger den Mann wählen, dem sie nachher die Schuld zuschieben. *Laurence J. Peter* die Kunst, sich an die Stelle des Volkes zu setzen und ihm feierlich in seinem Namen, aber zum Vorteil einiger guter Hirten, die Wolle abzuscheren.

Romain Rolland

Bestätigung und Vollzug dessen, was Publikumsumfragen längst ermittelt haben. *Aurel Schmidt*

Wahl durch die beschränkte Mehrheit anstelle der Ernennung durch die bestechliche Minderheit. *George Bernard Shaw*

ein Verfahren, das garantiert, daß wir nicht besser regiert werden, als wir es verdienen. *George Bernard Shaw*

sie bedeutet nicht, daß das Volk regiert, sondern daß die Verantwortung und das Vetorecht jetzt weder den Königen noch den Demagogen an sich zustehen, sondern jedem, der gescheit genug ist, sie an sich zu reißen. *George Bernard Shaw*

ein Staat, dessen Souverän man unentwegt anschreien muß, damit er nicht einschläft. *Richard Thoma*

die wiederholt auftauchende Vermutung, daß mehr als die Hälfte der Leute in mehr als der Hälfte der Fälle recht haben. *Elwyn Brooks White*

ein bei Wahlen immer wieder auftauchender Begriff. *Gerd Wollschon*

parlamentarische Demokratie:

eine schlechte Staatsverfassung, aber sie unterscheidet sich von noch schlechteren dadurch, daß man sagen darf, daß sie schlecht ist. *Anonym*

Demonetisierung:

völlige Entblößung von Bargeld, besonders häufig bei Ehemännern nach dem Einkaufsbummel mit ihrer Ehefrau. *Ron Kritzfeld*

Demoskopen:

Astrologen ohne Sterne. *Anonym*

Demoskopie:

ein Wetterbericht für Politiker. *David Frost*

– die Kunst, hinterher zu begründen, warum alles ganz anders gekommen ist. *David Frost*

die Kunst, Dinge herbeizuführen, indem man sie voraussagt. *Vance Packard*

die Wetterfahne, nicht der Wind. Demoskopen sollten daher nicht versuchen, Wind zu erzeugen. *Renato Pezzi*

die heimliche Nebenregierung in der Demokratie. *Hans Willgerodt*

Demoskopin:
Pythia mit Computer. *Alberto Sordi*

Demütigung:
Prügel für die Seele. *Anonym*

Demut:
die seltene Kunst, einen Fehler zu bereuen, bevor man ihn überhaupt begangen hat. *Anonym*

geziemende und übliche Geisteshaltung gegenüber Reichtum oder Macht. Besonders angebracht, wenn sich ein Arbeitnehmer an einen Arbeitgeber wendet. *Ambrose Bierce*

einzig geziemende Geisteshaltung der Menschen, wenn sie mit ihrem Gott oder mit uns sprechen. *Markus Hattstein*

die erste aller Tugenden – für andere Leute. *Oliver Wendell Holmes*

eine merkwürdige Sache: Wenn man glaubt, sie zu haben, hat man sie gerade verloren. *E. D. Hulse*

eine besonders unsympathische Art von Hochmut. *Hans Krailsheimer*

nur eine erheuchelte Unterwerfung, um sich andere zu unterwerfen. *François de La Rochefoucauld*

die Fähigkeit, auch zu den kleinsten Dingen des Lebens emporzusehen. *Albert Schweitzer*

denken:

etwas, das auf Schwierigkeiten folgt und dem Handeln vorausgeht.
Bertolt Brecht

ein Laster, das man schwerlich mit administrativen Mitteln heilen kann.
Wieslaw Brudzinski

Taten überflüssig machen. *Fritz Diettrich*

die schwerste Arbeit, die es gibt, deshalb beschäftigen sich auch nur wenige damit. *Henry Ford*

probehandeln. *Sigmund Freud*

die Arbeit des Intellekts, Träumen ist sein Vergnügen. *Victor Hugo*

für viele Menschen nichts anderes als eine Umgruppierung ihrer Vorurteile.
William James

reden mit sich selbst. *Immanuel Kant*

Zwiegespräch mit sich selbst, bei dem der klügere Teil nicht immer das letzte Wort hat. *Ron Kritzfeld*

die einzige Sache, die den Charakter wirklich verdirbt. *Gabriel Laub*

das Selbstgespräch der Seele. *Plato*

eine Befriedigung, die sich im Kopf abspielt. *Gabriele Wohmann*

Denker:

wer sich darauf versteht, die Dinge einfacher zu nehmen, als sie sind.
Friedrich Nietzsche

Leute, die aufs neue denken, und die denken, daß das, was vorher gedacht worden war, niemals hinreichend bedacht worden war. *Paul Valéry*

Denkmal:

gefrorene Geschichte. *Sir Alec Guinness*

– eine ständige Erinnerung an das, was ein Volk manchmal gern vergessen möchte. *Halldor Laxness*

ein Bauwerk, das die Erinnerung an etwas stützen soll, das entweder dieser Stütze nicht bedarf oder an das man sich nicht erinnern kann. *Ambrose Bierce*

ein lebenslanger Imperativ, der aus zwei Wörtern besteht. *Fritz Grünbaum*

ein Stehplatz, den man von der Geschichte bekommen hat. *Harold Macmillan*

der Beweis dafür, daß man einen Menschen eigentlich schon vergessen hat. *Harold Pinter*

ein berühmter Mann in Marmor oder Bronze, der schutzlos in Wind und Regen steht und den Tauben als Toilette dient. *Peter Sellers*

Aufforderung zur Gehirnarbeit. *Ehrfried Siewers*

Denkmalpflege:
ein gutes Beispiel für kulturelle Impotenz. *Georg Baselitz*

Denkmäler:
Immobilien, in denen die Tradition haust. *Anonym*

die Lesezeichen der Geschichte. *Pierre Gaxotte*

Denkpause:
manche verstehen darunter eine Pause, in der sie nicht mehr denken müssen. *Anonym*

Zeitspanne, in der gelegentlich die besten Chancen ungenutzt verstreichen. *Ron Kritzfeld*

meistens nicht eine Pause zum Denken, sondern eine Pause vom Denken. *Walther Zügel*

Depression:
eine Krankheit für Privatpatienten. *Anonym*

Depressionen:

extreme seelische Druckzustände, die nicht selten zu Druckerzeugnissen führen. Bei entsprechend begabten Schiftstellern sogar zu heiteren.

Hanns-Hermann Kersten

Dermatologe:

ein Facharzt, dessen Patienten in der Regel weder sterben noch völlig gesund werden. *Anonym*

ein Arzt, bei dem auch eine gründliche Untersuchung oberflächlich bleibt. *Anonym*

ein Arzt, der dafür sorgt, daß wir uns in unserer Haut wohlfühlen.

Anonym

desertieren:

seine Abneigung gegen das Kämpfen bezeugen, indem man eine Armee oder Frau verläßt. *Ambrose Bierce*

Design:

Kunst, die sich nützlich macht. *Plakat des Museums »Die neue Sammlung«, München*

Desinformation:

höflich-diplomatischer Ausdruck für Lüge. *Anonym*

Detektiv:

Beruf mit der Fähigkeit, Leute zu beschatten, die im Dunkeln leben.

Ron Kritzfeld

Deutsch:

eine merkwürdige Sprache. Wenn es ernst wird, sagen die Leute: Das kann ja heiter werden. *R. M. Chandra*

die Deutschen:

ein Volk, in dem keiner so verrückt ist, daß er nicht einen noch Verrückteren fände, der ihn versteht. *Heinrich Heine*

– sicherlich das einzige Volk auf Erden, das ein schlechtes Gewissen mehr genießt als eine schöne Frau. *Peter Zadek*

Deutscher:

Tourist, der alle Anstrengungen unternimmt, sich von den Angehörigen des Gastlandes nicht zu unterscheiden, und dadurch auffällt. *Anonym*

ein Mensch, der keine Lüge aussprechen kann, ohne sie selbst zu glauben. *Theodor W. Adorno*

ein tierlieber Frühaufsteher. *Hans Magnus Enzensberger*

Deutschland:

das Land der Schulmeister. *James B. Conant*

das Land, wo die Ungebildeteten anmaßend sein dürfen. *Johannes Gross*

das einzige Land, in dem die Schlagersänger so aussehen wie ihre Lieder. *André Heller*

der einzige Staat, der in seiner Tagesschau die Kultur nie erwähnt. Kultur kommt erst dann, wenn Hühner und Berufstätige schlafen. *Rolf Hochhuth*

das einzige Land, wo Mangel an politischer Befähigung den Weg zu den höchsten Ehrenämtern sichert. *Carl von Ossietzky*

das einzige Land, in dem man die Kosten Unkosten nennt. *Sandro Paternostro*

die größte Provinz der Welt. *Wolfgang Rademann*

das Land der unbegrenzten Zumutbarkeiten. *Ulrich Sonnemann*

ein Land, in dem es keine Revolution geben kann, weil man dazu den Rasen betreten müßte. *Josef Stalin*

eine anatomische Merkwürdigkeit. Es schreibt mit der Linken und tut mit der Rechten. *Kurt Tucholsky*

das Land, in dem die Leute so schwer miteinander arbeiten. Wir können nur: untereinander und übereinander. *Kurt Tucholsky*

deutsch sein:

eine Sache um ihrer selbst willen übertreiben. *Paul Braeß*

eine Sache so sehr um ihrer selbst willen tun, daß wirklich keine Zeit mehr auf Überlegungen verschwendet werden kann, um was es sich bei der Sache handelt. *Horst Kasper*

Devisentermingeschäfte:
Kunstlauf auf Eis, das hinter dem Läufer ständig einbricht. manchmal schon vor ihm. *Enzo Cavalese*

Dia:
etwas, das man an die Wand werfen kann, ohne Beschädigungen befürchten zu müssen. *Anonym*

Diätassistentin:
junge Dame, die behilflich ist, uns für Joghurt und grünen Salat den Preis von Filet mit Morcheln abzuknöpfen. *Ron Kritzfeld*

Diäten:
leichtverdauliche Tagesspesen für Abgeordnete. *Wolfgang Gruner*

der geglückte Versuch von Parlamentariern, die eigenen fetten Einkünfte durch einen Begriff zu verschleiern, der den gewöhnlichen Bürger an magere Schonkost und Hungerkur erinnert. *Ron Kritzfeld*

Diagnose:
hochbezahlte Kombination von Wissen, Erfahrung und Glück. *Anonym*

die Krankheitsvoraussage eines Arztes, gegründet auf den Puls und das Portemonnaie des Patienten. *Ambrose Bierce*

eine ärztliche Vermutung darüber, was den Krankheitszustand mit dem geringsten Schaden für den Patienten am besten verlängert. *Ambrose Bierce*

eine der am meisten verbreiteten Krankheiten. *Karl Kraus*

Dialektik:
die Kunst (oder der Trick), zu zwei Seiten das Ding zu erdenken, das sie hat. *Hans Kudszus*

Diamant:

ein Stückchen Kohle, aus dem unter Druck etwas geworden ist. *Anonym*

dichten:

ein Brückenschlagen von dem, der schreibt, zu dem, der liest. *Hermann Kasack*

Gerichtstag halten über sich selbst; mit einem sicheren Freispruch. *Robert Musil*

Dichter:

ein Mensch, der entweder Feuer in seine Verse steckt oder seine Verse ins Feuer. *Anonym*

einer, der ein Liebesverhältnis mit der Sprache hat. *Anonym*

ein Schriftsteller, dessen Namen man kennen muß. *Anonym*

das Auge der Menschheit bei der Betrachtung des Kleinen. *Martin Andersen Nexö*

ein Mensch, der die Sprache leidenschaftlich liebt. *Wystan Hugh Auden*

ein Wesen, das imstande ist, eine Pfeife zu verschlucken und dafür eine Dampflokomotive auszuspucken. *Jean Cocteau*

eine Welt, eingeschlossen in einen Menschen. *Victor Hugo*

das Sprachrohr der Ratlosigkeit seiner Zeit. *Marie Luise Kaschnitz*

Leute, die sich ihre Träume honorieren lassen. Der Rest der Menschheit phantasiert gratis. *Hanns-Hermann Kersten*

einer, der über alles erstaunt ist. *Stéphane Mallarmé*

einer, der uns die Augen öffnet. *Heinz Piontek*

die geborenen Verbrecher, nur ohne die nötige Courage. *Arthur Schnitzler*

ein Mensch, der seine Gefühle aufbewahren kann. *Kurt Tucholsky*

wer aus einer Zehnzeilenmeldung »Buddenbrooks« machen kann. *Horst Vetten* übles Schimpfwort für einen unbekannten Autor, Ehrenname für einen arrivierten Autor. *Hans Weigel*

Dichtkunst:
ein Spiel der Sinnlichkeit, durch den Verstand geordnet. *Immanuel Kant*

Dichtung:
Ungeduld nach Erkenntnis. *Hermann Broch*

Verwandlung von Blut in Tinte. *Thomas Stearns Eliot*

immer nur eine Expedition nach der Wahrheit. *Franz Kafka*

eine Form der Liebe. *Gertrud von le Fort*

eine kleine Inkarnation für sich – sie verleiht dem, was zuvor unsichtbar und unhörbar war, greifbare Gestalt. *C. S. Lewis*

ein Text im Smoking. *Horst Dieter Schlosser*

engagierte Dichtung:
ein Text im Smoking mit roter Fliege. *Horst Dieter Schlosser*

dick sein:
keine physiologische Eigenschaft – das ist eine Weltanschauung. *Kurt Tucholsky*

Dieb:
ein Mensch, den es nach dem Geld anderer drängt, ohne daß er die Mittel besitzt, eine GmbH zu gründen. *Anonym*

ein Mensch, der zu vernünftig ist, um zu verhungern, aber zu unvernünftig, um zu arbeiten; zu verschämt, um zu betteln, aber gerade unverschämt genug, um zu stehlen. *aus den »Fliegenden Blättern«*

ein Mann, der etwas findet, was ein anderer nicht verloren hat.
Definition eines Kindes

Diebstahl:
strafbarer Versuch, offene Rechnungen mit fremdem Geld zu begleichen.
Ron Kritzfeld

– Beschreiten des zweiten Vermögensbildungsweges. *Joachim Schwedhelm*

Dienstweg:

die kürzeste Verbindung zwischen Sackgasse und Holzweg. *Ralph Boller*

Diktator:

einer, der Reden, aber keine Widerreden duldet. *Anonym*

das Oberhaupt einer Nation, welche die Unerträglichkeit der Gewaltherrschaft der Geißel der Herrschaftslosigkeit vorzieht. *Ambrose Bierce*

Diktatoren:

Leute, mit denen man besser handeln als verhandeln kann. *Christine Boll*

Diktatur:

ein Land, in dem die Rede frei ist, aber die Redner sitzen. *Anonym*

jene Regierungsform, in der man zu allem, was nicht erlaubt ist, gezwungen wird. *Anonym*

Regierung, bei der man in Gefahr gerät, sitzen zu müssen, wenn man nicht hinter ihr stehen will. *Anonym*

ein Staat, in dem jeder tun darf, was er tun muß. *Ralph Boller*

ein Land, in dem die öffentliche Meinung geheim bleibt. *Ron Kritzfeld*

ein Staat, in dem das Halten von Papageien mit Lebensgefahr verbunden ist. *Jack Lemmon*

die kompletteste Form der Eifersucht. Es gibt keinen Diktator, der nicht eifersüchtig auf einen anderen Diktator wäre. *Curzio Malaparte*

ein Staat, in dem sich alle vor einem fürchten und einer vor allen. *Alberto Moravia*

ein Staat, in dem man all das tun muß, was nicht verboten ist. *John B. Priestley*

ein Land, in dem man die Ergebnisse der nächsten Wahlen aus dem Panzerschrank der Regierung stehlen kann. *Henri Tisot*

Diktaturen:

Einbahnstraßen. In Demokratien herrscht Gegenverkehr. *Alberto Moravia*

autoritär regierte Länder, in denen die Geschichte alle paar Monate neu geschrieben wird. *Mario Scelba*

Dilemma:

der Lohn der Konsequenz. *Ambrose Bierce*

Dilettant:

einer, dem es Spaß macht, etwas zu tun, das er nicht kann. *Anonym*

jeder, der eine Kunst nur zu seinem Vergnügen ausübt. *aus den »Fliegenden Blättern«*

Dilettanten:

die Sonntagsfahrer der Kunst. *Robert Lembke*

Dilettantismus:

Liebe zur Kunst ohne Gegenliebe. *aus den »Fliegenden Blättern«*

der heilige Dingsbums:

der Schutzpatron der Vergeßlichen. *Anonym*

Dingsda:

der Joker unter den Worten. *Anonym*

Diplom:

mühsam erworbene Urkunde, für die sich niemand interessiert. *Anonym*

Diplomat:

Mensch, der so lange mit einem heißen Eisen spielt, bis ein kalter Krieg daraus geworden ist. *Anonym*

ein Mann, der Probleme zu lösen versucht, die andere Diplomaten geschaffen haben. *Anonym*

ein Mann, der, nach seiner Lieblingsfarbe befragt, antwortet: kariert. *Anonym*

– ein Mensch, der in mindestens drei Sprachen schweigen können muß. *Anonym*

ein Mensch, der sich siebenmal auf die Zunge beißt, bevor er schweigt. *Anonym*

ein Mann, der bei einem Mißstand nicht die Stimme hebt, sondern nur die Brauen. *Anonym*

einer, der die Namen all der Länder richtig aussprechen kann, mit denen sich seine Regierung überworfen hat. *Anonym*

ein Mann, der zweimal nachdenkt, bevor er nichts sagt. *Winston Churchill*

ein Mann, der dreimal scharf nachdenkt, bevor er den Mund hält. *Lawrence Durrell*

ein Mann, der sich immer an den Geburtstag seiner Frau erinnert, aber nicht an ihr Alter. *Abba Eban*

ein Mensch, der offen auspricht, was er nicht denkt. *Giovanni Guareschi*

ein Mann, dem es gelingt, seine Frau davon zu überzeugen, daß ein Pelzmantel dick macht. *Alfredo La Mont*

ein Mensch, der sehr gut dafür bezahlt wird, daß er sorgfältig nachdenkt, bevor er wenig oder nichts sagt. *Richard Nixon*

ein Mann, der die Paukenschläge der Staatsmänner in Harfenklänge verwandeln soll. *Eugene O'Neill*

Diplomaten:

Leute, die ungern sagen, was sie denken. Politiker denken ungern, was sie sagen. *Peter Ustinov*

Leute, die man ins Ausland schickt, damit sie dort zum Nutzen ihres Vaterlandes lügen. *Sir Henry Wotton*

Diplomatie:

die Fortsetzung des Krieges mit anderen Mitteln. *Anonym*

die Kunst, mit dem Fuß aufzustampfen, ohne jemandem auf die Zehen zu treten. *Anonym*

die Kunst, aus dem Platz zwischen den Stühlen die goldene Mitte zu machen.
Anonym

die patriotische Kunst, im Interesse des eigenen Vaterlandes zu lügen.
Ambrose Bierce

die Verwandlung vieler brennender Fragen in schwelendes Feuer. *Ambrose Bierce*

gesunder Menschenverstand plus Höflichkeit. *Richard Burt*

die Fähigkeit, auf eine so taktvolle Weise nein zu sagen, daß alle Welt glaubt, man hätte ja gesagt. *Anthony Eden*

überreife Konflikte durch faule Kompromisse lösen. *Wolfgang Eschker*

die häßlichsten Dinge auf netteste Art sagen. *Isaac Goldberg*

die Fähigkeit, den Hund so lange zu streicheln, bis der Maulkorb fertig ist.
Fletcher Knebel

ein Schachspiel, bei dem die Vöker mattgesetzt werden. *Karl Kraus*

die Polizei in Galauniform. *Napoleon I.*

Boxkampf mit Glacéhandschuhen, bei dem der Gong durch das Klingen der Sektgläser ersetzt wird. *Georges Pompidou*

das zweitälteste Gewerbe nach dem ersten, das auch einen schlechten Ruf hat.
Frank Roberts

die Kunst, mit hundert Worten zu verschweigen, was man mit einem Wort sagen könnte. *Saint-John Perse*

die Kunst, so gut zu lügen, daß einem sogar die Wahrheit geglaubt wird.
Alberto Sordi

die Kunst, seinem verhaßten Nachbarn die Kehle zu durchschneiden, ohne ein Messer zu benutzen. *Charles Maurice Talleyrand*

die Kunst, konstruktiv aneinander vorbeizureden. *Daniel Varè*

Direktor:

jemand, der zwei Stunden zu Tisch gehen kann, ohne vermißt zu werden. *Anonym*

ein Mann, der die Besucher empfängt, damit die Angestellten ungestört arbeiten können. *Anonym*

Dirigent:

ein verkappter Diktator, der sich glücklicherweise mit der Musik begnügt. *Sergiu Celebidache*

eine Mischung aus Vorturner, Musikfeldwebel, Verkehrspolizist, Taubstummenlehrer und Boxer – und für jede einzelne Tätigkeit wird er fürstlich bezahlt. *Sir Thomas Beecham*

Musikdarsteller. *Hans-Klaus Jungheinrich*

Dirigenten:

Facharbeiter, die zwanzig Jahre Berufsausbildung benötigen. *Herbert von Karajan*

dirigieren:

eine ausgesprochen gesunde Bewegungstherapie. Nur schade, daß man nicht an der frischen Luft dirigiert. *Karl Böhm*

die Luft massieren. *Rudolf Buchbinder*

Aerobic mit Musikbegleitung. *Harold Cobb*

Diskotheken:

der Show-Platz, an dem graue Mäuse für ein paar Stunden zu schillernden Fabelwesen werden. *Albert Krogmann*

Diskretion:

nur gerade so viel sagen, daß der andere den Rest erraten kann. *Anonym*

die Kunst, Geheimnisse so auszuplaudern, daß das Siegel der Verschwiegenheit unverletzt bleibt. *Curt Goetz*

eine Tugend der ersten fünf Minuten. *Wilhelm Lichtenberg*

die außer Mode gekommene Fähigkeit, von sich schweigen zu machen.
Carl Raddatz

diskret sein:
die Entwicklung der Wahrheit aufhalten. *Egon Friedell*

Diskussion:
ein Austausch von Gedanken, bei dem immer die Gefahr besteht, daß man überzeugt wird. *Anonym*

eine Veranstaltung, bei der mehrere Menschen versuchen, zuerst das letzte Wort zu bekommen. *Anonym*

eine Methode, andere in ihren Irrtümern zu bestärken. *Ambrose Bierce*

die Kunst, wohlüberlegt aneinander vorbeizureden. *Claire Boothe-Luce*

für Männer die Kunst, den Partner zum Schweigen zu bringen. Frauen verstehen darunter die Kunst, den Partner nicht zum Reden kommen zu lassen.
Fritz Eckhardt

das Sieb der Wahrheit. *Stefano Guazzo*

die Kunst, aus falschen Argumenten die richtigen Schlüsse zu ziehen.
Robert Matzek

Monologe, die sich gegenseitig immer und immer wieder störend unterbrechen.
Charles Tschopp

der Übungsplatz des Geistes. *Richard Wiggins*

diskutieren:
sich unter dem Vorwand, zur Sache beitragen zu wollen, auf Kosten anderer profilieren. *Markus Hattstein*

Disneyland:
die größte Menschenfalle, die eine Maus je gebaut hat. *Anonym*

Distanz:

die Quelle der Sehnsucht, das Ziel der Träume – und oft der Grund der Verzweiflung. *Anita Daniel*

Dogma:

nichts anderes als ein ausdrückliches Verbot zu denken. *Ludwig A. Feuerbach*

Imitation eines Naturgesetzes. *Ron Kritzfeld*

eine Zwangsjacke für das Hirn. *Zarko Petan*

Antworten, deren Fragen verlorengegangen sind. *Hans-Dieter Schütt*

Dolchstoßlegenden:

die beliebtesten Kinderbücher der Besiegten. *Herbert Heckmann*

Dollar:

Geld, das immerhin noch lange nicht umsonst zu haben ist. *Uwe Johnson*

Dolmetscher:

jemand, der zwei Menschen verschiedener Sprache in die Lage versetzt, einander zu verstehen, indem er die Worte des anderen so wiederholt, wie sie ihm selber am besten zupaß kämen. *Ambrose Bierce*

Dompteur:

ein Mensch, der im Raubtierkäfig vor den Menschen sicher ist. *Georg Bernard Shaw*

Don Juan:

ein Mann, der den Frauen seine eigenen Wünsche von den Augen abliest. *Anonym*

ein Mann, der überall Frauen sitzenläßt – nur nicht in der Straßenbahn. *Anonym*

nicht der Mann, der die Frauen liebt, sondern den die Frauen lieben. *José Ortega y Gasset*

ein Mann, der Frauen beim Fallen behilflich ist. *Adolf Wohlbrück*

Donner:
Applaus für den Blitz. *Anonym*

Doping:
der Kunstdünger der menschlichen Leistungskraft. *Werner Schneyder*

Doppelkorn:
Flüssigkeit mit zwei Blaumachern. *Anonym*

Drama:
ein gewöhnliches Leben, aus dem man die langweiligen Momente herausgeschnitten hat. *Anonym*

expressionistisches Drama:
gestern noch eine Sache von übermorgen, heute schon eine von vorgestern. *Alfred Polgar*

modernes Drama:
ein Stück, in dem außer action eigentlich nichts passiert. *Helmar Nahr*

Dramatiker:
Leute, die sich aufführen, als ob sie aufgeführt würden. *Joachim Ringelnatz*

Dramaturg:
eine Mischung aus Wünschelrutengänger, Animierdame und Hebamme. *Anonym*

Dreck:
Materie am unrichtigen Ort. *Viscount Palmerston*

Drehtür:
eine Tür, die man auch dann nicht zuschlagen kann, wenn man sehr wütend ist. *Anonym*

Dreieck:
eine nur in der Mathematik harmlose Konstruktion. *Anonym*

Dreistigkeit:
tadelnde Reden, deren Gegenstand man selber ist. *Ambrose Bierce*

Dreiviertel:
nichts Halbes und nichts Ganzes. *Anonym*

Dressur:
beim Menschen nennt man es Erziehung. *Anonym*

Drive-in-Kino:
ein Autoparkplatz, an dem man alte Filme für junge Pärchen vorführt, die gar nicht hinschauen. *Steve Rank*

Druckfehler:
mögliche Todesursache für Menschen, die sich anhand von Ärztebüchern selbst behandeln. *Anonym*

Drucksache:
portopflichtige Briefkastenverstopfung. *Michael Schiff*

Dudelsack:
ein Instrument, das sich besser ansieht als anhört. *Anonym*

Dünkel:
Selbstachtung bei jemandem, den wir nicht mögen. *Ambrose Bierce*

Dürrenmatt, Friedrich
In der Kunst, Spaß durch Schrecken zu erzeugen, ist er Meister. *Friedrich Luft*

dummes Zeug:
das Gescheite, das die Menschen nicht verstehen. *Marie von Ebner-Eschenbach*

Dummheit:
das einzige, was sich nicht lernen läßt. *Anonym*

angeborene Denkfaulheit. *Aus den »Fliegenden Blättern«*

der Glaube, genug zu wissen. *Anita Daniel*

etwas Unumstößliches; nichts geht gegen sie vor, ohne an ihr zu zerschellen.
Gustave Flaubert

ein gutes Ruhekissen. *Egon Friedell*

Mangel an Urteilskraft. *Immanuel Kant*

eine ansteckende Krankheit, vor der nicht einmal Gescheite sicher sind.
Zarko Petan

die größte und gefährlichste unter allen Krankheiten der Seele, da sie dem Menschen sein ganzes Leben hindurch anhängt. *Plutarch*

ein menschliches Privileg; in der Natur gibt's keine. *Sigismund von Radecki*

Faulheit des Geistes. *Johann Gottfried Seume*

die sonderbarste aller Krankheiten: Der Kranke leidet niemals unter ihr. Die schmerzhaft leiden, sind die anderen. *Paul Henri Spaak*

die einzige Sünde, die es gibt. *Oscar Wilde*

Dummheiten:
die beste Grundlage für künftige Weisheit. *Isolde Kurz*

Dummkopf:
wer sich das Fragen abgewöhnt hat. *Anonym*

Angehöriger der herrschenden Dynastie in Kunst und Leben. *Ambrose Bierce*

Durchfall:
die Folge von Unreife bei Äpfeln oder Dramatikern. *Anonym*

Durchlauferhitzer:
der Personalchef, der jeden Morgen die Büros durchstreift und die Gemüter der Mitarbeiter in Wallung bringt. *Hans Kasper*

Durchschnittsmensch:
ein von der Statistik gezeugtes Phantom. *Anonym*

– einer, der von allem etwas hat und dem nur das gewisse Etwas fehlt. *Anonym*

ein Mensch, der überzeugt ist, kein Durchschnittsmensch zu sein. *Anonym*

Durchsetzungsvermögen:
der unwiderstehliche Drang, sich auf Kosten anderer breitzumachen. *Anonym*

Durststrecke:
der Weg vom öden Heim in die gemütliche Stammkneipe *Anonym*

E

Echo:
akustischer Bumerang. *Anonym*

eine faszinierende Naturerscheinung, die garantiert immer das letzte Wort behält. *Franz F. Schart*

Edison, Thomas Alva:
der Mann, ohne dessen Genius wir bei Kerzenlicht fernsehen müßten. *Robert Lembke*

egal:
ebenso schlecht wie etwas anderes. *Ambrose Bierce*

Egoismus:
eine Droge, die es bestimmten Menschen ermöglicht, mit sich selbst auszukommen. *Anonym*

das verabscheuungswürdigste Laster, das keiner bei anderen vergeben will und ohne das er selbst nicht sein kann. *Henry Ward Beecher*

die Zärtlichkeit der Ellenbogen. *Norman Mailer*

der Drang zum Dasein und Wohlsein. *Arthur Schopenhauer*

von anderen verlangen, daß sie so leben, wie man es wünscht. *Oscar Wilde*

Egoist:

der Mann, der im Kino zwei Armlehnen belegt. *Anonym*

einer, den unsere Sorgen und Nöte kaltlassen. *Anonym*

ein Mensch, der von sich selbst fasziniert ist. *Anonym*

ein Mensch, der in seinem eigenen Leben eine zu große Rolle spielt. *Anonym*

einer, dem es völlig gleichgültig ist, was anderen geschieht, solange es ihn nichts angeht. *Anonym*

Mensch von schlechtem Geschmack, mehr an sich als an mir interessiert. *Ambrose Bierce*

ein Mensch, der nicht an mich denkt. *Eugène Labiche*

ein Mann, der erwartet, daß eine Frau ihn um seiner selbst willen heiratet. *Raymond Mortimer*

ein Mensch, der sich nicht die Mühe macht, seine Haltung zu bemänteln. *Helmar Nahr*

Streber, der im Begriff ist, mich auf dem Parcours der Selbstverwirklichung zu überrunden. *Felix Renner*

der größte Egoist:

der, dem noch nie in den Sinn gekommen ist, daß er einer sein könnte. *Anonym*

Egozentriker:

einer, der davon überzeugt ist, daß die Welt sich nach ihm zu richten hat. *Anonym*

verworfene Person, die offen und sichtbar um das kreist, worum alle anderen heimlich, aber um so gründlicher kreisen. *Markus Hattstein*

einer, der von sich nicht absehen kann. *Ron Kritzfeld*

– Menschen, die davon ausgehen, daß ihre Umgebung sich an sie zu gewöhnen hat. *Hellmut Walters*

Ehe:

ein oft mißglückter Versuch, die Anpassungsfähigkeit des Menschen zu beweisen. *Anonym*

die einzige wirkliche Leibeigenschaft, die das Gesetz kennt. *Anonym*

die kostspieligste Methode der Welt, die eigenen Fehler festzustellen. *Anonym*

ein Vertrag, bei dem der Mann auf die Hälfte seiner Lebensmittel verzichtet, damit man ihm die andere Hälfte kocht. *Anonym*

langsame Entwicklung vom Händchenhalten zum Mündchenhalten. *Anonym*

das einzige Glücksspiel, zu dem die Kirche ihren Segen gibt. *Anonym*

ein Abonnement zu reduzierten Preisen. *Anonym*

eine Romanze, in welcher der Held im ersten Kapitel stirbt. *Anonym*

die Hauptursache aller Scheidungen. *Anonym*

eine Geschichte: Sie beginnt mit einem Prinzen, der einen Engel küßt, und sie endet mit einem glatzköpfigen Mann, der über den Tisch hinweg auf eine dicke Frau blickt. *Anonym*

eine Lotterie, in der die Männer ihre Freiheit und die Frauen ihr Glück aufs Spiel setzen. *französisches Sprichwort*

ein Glücksspiel: Kopf – er gewinnt. Zahl – du verlierst. *Frauen-Graffito*

ein Roman, der manchmal mehrere Auflagen erlebt, meint der Schriftsteller. *aus den »Fliegenden Blättern«*

eine Gleichung, wo bei zwei gegebenen Größen sich leicht eine dritte findet, meint der Mathematiker. *aus den »Fliegenden Blättern«*

ein verkehrtes Fieber, das mit Hitze anfängt und mit Kälte aufhört, meint der Arzt. *aus den »Fliegenden Blättern«*

kein Hinderungsgrund für die Liebe. *Kaplan Andreas*

die schwerste Kette. Darum tragen sie auch zwei. Und manchmal drei. *Émile Augier*

ein Kampf auf Leben und Tod, vor welchem die beiden Gatten den Himmel um seinen Segen bitten. *Honoré de Balzac*

eine Institution zur Lähmung des Geschlechtstriebes. *Gottfried Benn*

Sparflamme der Leidenschaft. *Birgit Berg*

eine Gemeinschaft, bestehend aus einem Herrn, einer Herrin und zwei Sklaven, insgesamt zwei Personen. *Ambrose Bierce*

die Prosaübersetzung eines Liebesgedichts. *A. Bougeard*

eine gesetzliche Institution. Sie ist praktisch auf Reisen, im Hotel und überhaupt in Paßangelegenheiten. *Bernard Buffet*

ein Versuch, zu zweit mit den Problemen fertig zu werden, die man allein niemals gehabt hätte. *Eddi Cantor*

ein bewaffnetes Bündnis gegen die Außenwelt. *Gilbert Keith Chesterton*

das öffentliche Bekenntnis einer streng privaten Absicht. *James C. Dayenhart*

ein Problem, das gelöst werden muß. *Rudolf Dreikurs*

eine Einrichtung zur Erzeugung gemeinsamer Gewohnheiten. *Tilla Durieux*

die Summe zweier Einsamkeiten, gebrochen durch Langeweile. *Tilla Durieux*

eine ausgezeichnete Sache für Leute, die schon verheiratet sind. *Anita Ekberg*

ein Zustand, in dem es zwei Leute weder mit noch ohne einander längere Zeit aushalten können. *Marie von Ebner-Eschenbach*

die Bejahung eines Schicksals. *Otto Flake*

ein Sarg für die Liebe. *Max Frisch*

– kein Fertighaus, sondern ein Gebäude, an dem ständig konstruiert und repariert werden muß. *Jean Gabin*

ein Bund zur gegenseitigen Festigung von Gefühlen durch deren Abnützung. *Jean Genet*

legalisierte Einsamkeit zu zweit. *Jean Genet*

jene geschützte Einrichtung, die Liebesglut allmählich in Sodbrennen verwandelt. *Jean Genet*

der Anfang und der Gipfel aller Kultur. Unauflöslich muß sie sein; denn sie bringt so vieles Glück, daß alles einzelne Unglück dagegen gar nicht zu rechnen ist. *Johann Wolfgang von Goethe*

eine Institution, die dazu dient, jene Kümmernisse gemeinsam zu tragen, die man nicht hätte, wenn man nicht verheiratet wäre. *Sacha Guitry*

die vielleicht seltsamste Mischung von Biologie und Jurisprudenz. *Kurt Höbel*

vielfach nur der Kontrakt, auf dessen Bruch die Unterhaltspflicht als Konventionalstrafe steht. *Karl Jaspers*

das teuerste Verfahren, seine Wäsche umsonst gewaschen zu bekommen. *Franklin P. Jones*

die Verbindung zweier Personen verschiedenen Geschlechts zum lebenslänglichen wechselseitigen Besitz ihrer Geschlechtseigenschaften. *Immanuel Kant*

bargeldloser Verkehr. *Hanns-Hermann Kersten*

die wichtigste Entdeckungsreise, die der Mensch unternehmen kann. *Sören Kierkegaard*

eine Mesalliance. *Karl Kraus*

eine Verbindung, zu der mancher nicht rechtzeitig sein Neinwort gab. *Ron Kritzfeld*

der Sonderfall eines Abonnements, das mehr Geld kostet, als wenn man einzeln zahlen müßte. *Gabriel Laub*

das beste aller Übel. *Daliah Lavi*

eine Bühne, auf der alle Tage das gleiche Stück gespielt wird. Um so mehr sollten sich die Männer ab und zu einmal eine Neuinszenierung einfallen lassen. *Suzanne Leduc*

der einzige Geschäftszweig, bei dem die Mehrzahl der leitenden Positionen von Frauen besetzt ist. *Robert Lembke*

die organisierte Liebe, die Liebe als Institution. *Hans Lohberger*

die vom Staat sanktionierte Tyrannei. *Alma Mahler-Werfel*

ein Bauwerk, das jeden Tag neu errichtet werden muß. *André Maurois*

ein notwendiges Übel. *Menander*

der originelle Versuch, die Kosten zu halbieren, indem man sie verdoppelt. *Georges Mikes*

die einzige wirkliche Leibeigenschaft, die unser Gesetz kennt; es gibt keine Sklaven mehr, außer den Herrinnen jedes Hauses. *John Stuart Mill*

eine Hölle bei gemeinsamem Schlafzimmer; bei getrennten Schlafzimmern ist sie nur noch ein Fegefeuer; ohne Zusammenwohnen wäre sie vielleicht das Paradies. *Henry de Montherlant*

die schönste Sache von der Welt, wenn es mehr Kür und weniger Pflicht gäbe. *Jeanne Moreau*

das Bündnis zweier Menschen, von denen einer sich niemals an Geburtstage zu erinnern vermag und der andere sie nie vergißt. *Odgen Nash*

ein Buch, dessen erstes Kapitel aus Poesie besteht, die folgenden sind Prosa. *Beverley Nichols*

die verlogenste Form des Geschlechtsverkehrs, und eben deshalb hat sie das gute Gewissen auf ihrer Seite. *Friedrich Nietzsche*

die gegenseitige Zärtlichkeit von zwei Schleifsteinen. *John Osborne*

– ein Hafen im Sturm, öfters aber ein Sturm im Hafen. *Petit-Senn*

ein Rahmen für organisiertes Zusammenleben, nicht für Liebe. *Christiane Rochefort*

ein Souvenir der Liebe. *Helen Rowland*

in vielen Fällen lebenslängliche Doppelhaft ohne Bewährungsfrist und Strafaufschub, verschärft durch Fasten und gemeinsames Lager. *Jean-Paul Sartre*

der allmähliche Wärmeverlust, der durch gegenseitige Reibung entsteht. *Peter Sellers*

eine langsame Entziehungskur für die Liebe. *Artie Shaw*

die wahre Festung der bürgerlichen Moral. *George Bernard Shaw*

die liederlichste aller menschlichen Einrichtungen, das ist das Geheimnis ihrer Beliebtheit. *George Bernard Shaw*

eine Einrichtung, die populär ist, weil sie das Maximum der Versuchung mit dem Maximum der Gelegenheit verbindet. *George Bernard Shaw*

die bedingungslose Kapitulation des Eroberers. *Vittorio de Sica*

der beste Beweis dafür, daß aus jedem Eroberer im Laufe der Zeit ein Beherrschter wird. *Phil Silvers*

eine gerechte Einrichtung: Die Frau muß jeden Tag das Essen kochen, und der Mann muß es jeden Tag essen. *Alberto Sordi*

eine lange Unterhaltung, unterbrochen durch Dispute. *Robert Louis Stevenson*

eine polizeilich anerkannte Freundschaft. *Robert Louis Stevenson*

manche ist ein Todesurteil, das jahrelang vollstreckt wird. *August Strindberg*

das Beieinander zweier übler Launen bei Tag und zweier übler Gerüche bei Nacht. *Charles Maurice Talleyrand*

eine lange Mahlzeit, die mit dem Dessert beginnt. *Henri Toulouse-Lautrec*

für den Mann eine Startbahn, für die Frau ein Landeplatz. *Peter Ustinov*

eine obszöne Einrichtung zur totalen kommerziellen Ausbeutung des Mannes.
Esther Vilar

das einzige Abenteuer, in das sich auch die Feigen stürzen. *Voltaire*

eine seriöse Schlacht. *Martin Walser*

eine Koalition mit der Opposition. *Wolfram Weidner*

die Gründung einer Gesellschaft für Konfliktforschung. *Wolfram Weidner*

eine sehr gute Institution, aber ich bin nicht reif für eine Institution. *Mae West*

ein Versuch, zu zweit wenigstens halb so glücklich zu werden, wie man allein gewesen ist. *Oscar Wilde*

gegenseitige Freiheitsberaubung im beiderseitigen Einvernehmen. *Oscar Wilde*

Ehe und Militärdienst:
die zwei staatlich sanktionierten Formen von Freiheitsentzug ohne Gerichtsurteil. *Jean Genet*

eine glückliche Ehe:
eine Ehe, in der die Frau ein bißchen blind und der Mann ein bißchen taub ist.
Gordon Dean

eine gute Ehe:
eine bessere Hälfte und eine stärkere Hälfte. *Victor de Kowa*

ein Interview, das nie geendet hat. *Gregory Peck*

eine Brücke, aber keine Kommandobrücke. *Horst Tappert*

eine wilde Ehe:
meistens ein ziemlich ruhiges Konkubinat. *Wolfgang Gruner*

Ehen:
private Verkehrsbetriebe mit Nulltarif. *Wolfram Weidner*

gute Ehen:

Ehen, in denen beide nur versuchen, ihre Leben zu leben, indem sie einander helfen und gut zueinander sind. *Erica Jong*

Ehebruch:

das einzige Delikt, das einen Komplizen verlangt. *Rechtsanwalt Floriot*

Ehefrau:

ein Geschöpf, das sich verpflichtet, die Sorgen mit uns zu teilen, die wir nicht hätten, wenn wir sie nicht geheiratet hätten. *Anonym*

eine kluge Ehefrau:

eine Frau, die klug genug ist, sich dümmer zu stellen, als ihr dummer Ehemann sich klug stellt. *Anonym*

eine vollkommene Ehefrau:

eine, die weiß, daß kein Mann vollkommen ist. *Anonym*

ein geglückter Ehekrach:

ein Donner, der den Blitzschlag verhindert. *Inge Meysel*

Ehemann:

ein Mann, der den ganzen Tag auf das Abendessen warten kann, aber keine fünf Minuten länger. *Anonym*

ein Autofahrer, der beide Hände am Steuer hat. *Anonym*

ein Mann, der, wenn er einen Aschenbecher geleert hat, den Anschein zu erwecken versteht, er habe das ganze Haus geputzt. *Anonym*

ein Mann, der sich nach dem Essen als Tellerwäscher betätigen muß. *Ambrose Bierce*

für manche Frau ein Hometrainer zur Vorbereitung auf Auswärtsstarts. *Rolf Thiele*

ein fleißiger Ehemann:

das populärste von allen arbeitsparenden Haushaltsgeräten, die je erfunden wurden, um den Ehefrauen die Arbeit zu erleichtern. *Danny Kaye*

der ideale Ehemann:

einer, der glaubt, die ideale Ehefrau geheiratet zu haben. *Anonym*

ein unbestätigtes Gerücht. *Brigitte Bardot*

er raucht nicht und trinkt nicht, er kocht, wäscht das Geschirr, bohnert den Fußboden und ist obendrein Junggeselle. *Margaret Biddle*

man erkennt ihn vor allem daran, daß er mit einer anderen Frau verheiratet ist. *Faye Dunaway*

ein Mann, der seine Frau genauso behandelt wie seinen neuen Wagen. *Henry Ford II.*

ein Mann, der jedes Wort versteht, das seine Frau nicht gesagt hat. *Alfred Hitchcock*

nach den Vorstellungen der amerikanischen Frau ein Butler mit dem Einkommen eines Generaldirektors. *William Somerset Maugham*

der erste Mann der Witwe, die man geheiratet hat. *Michel Placidi*

moderner Ehemann:

ein Mann, der in seiner Jugend das getan hat, was die Eltern wollten; der später das getan hat, was seine Frau wollte; der jetzt tut, was seine Kinder wollen. Und der höchstwahrscheinlich niemals das tun wird, was er selber möchte. *Clive King*

Ehemänner:

Gewächse, die eingehen, wenn sie nicht ausgehen. *Ursula Herking*

Ehepaar:

zwei Menschen, die sich für das Finale qualifiziert haben. *Werner Finck*

ein heiteres Ehepaar:

das Beste, was sich in der Liebe erreichen läßt. *Thomas Niederreuther*

Ehering:

eine Tapferkeitsauszeichnung, die man am Finger trägt. *Noel Coward*

Eheringe:

die Handschellen der bürgerlichen Gesellschaft. *Curth Flatow*

Ehestreit:

Beziehungspalaver. *Hans Conrad Zander*

Ehre:

eine abgegriffene Münze, die, obwohl nicht hoch im Kurs, Seltenheitswert besitzt. *Anonym*

der Wurmfortsatz im seelischen Organismus. Ihre Funktion ist unbekannt. *Karl Kraus*

Ehrenamtliche:

die weißen Schafe unter den Schwarzarbeitern. *Gisela Knappe*

Ehrensache:

eine Angelegenheit, bei der die finanzielle Seite nicht von vornherein ersichtlich ist. *Anonym*

Ehrerbietung:

die geistige Einstellung des Menschen zu Gott und des Hundes zum Menschen. *Ambrose Bierce*

Ehrfurcht:

Respekt mit weit geöffnetem Mund. *Anonym*

Ehrgeiz:

ein übermächtiges Verlangen, von seinen Feinden zu Lebzeiten geschmäht und von seinen Freunden nach dem Tode verlacht zu werden. *Ambrose Bierce*

Sehnsucht, die nicht vom Herzen, sondern vom Kopf herkommt. *Anita Daniel*

etwas, was manchen die Ehre verlieren läßt. *Lungwitz*

auch eine Form von Geisteskrankheit. *Oscar Wilde*

die letzte Zuflucht des Versagers. *Oscar Wilde*

ehrlich:

im Geschäftsleben schwerbehindert. *Ambrose Bierce*

eine Tugend, die den Menschen ein Vermögen kostet. *Karol Irzykowski*

Ehrlichkeit:

Betrügerei auf längere Sicht. *Pitigrilli*

gelegentliche Ehrlichkeit:

das Kontrastprogramm der Schurken. *John Osborne*

Eifer:

ein Viertel Fleiß, drei Viertel Dummheit. *Anonym*

persönliche Neigung, die sich das Mäntelchen der Pflichterfüllung umhängt. *Ron Kritzfeld*

Eifersucht:

eine leichtgläubige, verdachtaufspürende Leidenschaft, diejenige, die am meisten von allen die Phantasie beschäftigt; aber sie macht nicht geistvoll, im Gegenteil, sie vermindert den Scharfblick. *Honoré de Balzac*

unnötige Besorgnis um etwas, das man nur verlieren kann, wenn es sich sowieso nicht lohnt, es zu halten. *Ambrose Bierce*

Liebesneid. *Wilhelm Busch*

die Gelbsucht der Seele. *John Dryden*

ein Verschönerungsspiel. Eifersüchtige neigen oft dazu, den Rivalen zu idealisieren. *Nancy Friday*

die Angst vor dem Vergleich. *Max Frisch*

ein Hundegebell, das die Diebe anlockt. *Karl Kraus*

jener Zustand, da man sterben möchte, um weiterleben zu können. *Wilhelm Lichtenberg*

ein Dienstmädchengefühl. *Henry de Montherlant*

– eine Leidenschaft, die mit Eifer sucht, was Leiden schafft. *Friedrich Schleiermacher*

die radikalste, ursprünglichste und unverhohlenste Form der Bewunderung – Bewunderung in Kriegsbemalung sozusagen. *Robert Louis Stenvenson*

nur dann ein Vergnügen, wenn man sie erregt. *Gloria Wynne*

eifersüchtig sein:
nicht an seiner Frau, sondern an sich selbst zweifeln. *Honoré de Balzac*

ungebührlich besorgt, etwas zu behalten, das nur verlorengeht, wenn sein Besitz nicht lohnt. *Ambrose Bierce*

Eigenliebe:
der Beginn einer lebenslangen Romanze. *Oscar Wilde*

eine Liebe ohne Rivalen. *Marcus Tullius Cicero*

Eigensinn:
die Willenskraft der Schwachen. *Marie von Ebner-Eschenbach*

die Energie der Dummen. *Baltasar Gracian*

das wohlfeilste Surrogat für Charakter. *Friedrich Hebbel*

Eigentum:
das Objekt kurzer menschlicher Raffgier und langer Gleichgültigkeit. *Ambrose Bierce*

Eigentumswohnung:
neuzeitliches Heim, das in idealer Weise alle Nachteile des eigenen Hauses mit denen der Mietwohnung vereinigt. *Ron Kritzfeld*

einander kennenlernen:
lernen, wie fremd man einander ist. *Christian Morgenstern*

Einbildungskraft:
die einzige Waffe im Krieg gegen die Wirklichkeit. *Jules de Gaultier*

das, was uns davon abhält, uns in den Armen eines Stubenmädchens so glücklich zu fühlen wie in den Armen einer Gräfin. *Samuel Johnson*

das, was manchen Politiker glauben macht, er sei ein Staatsmann. *Roberta Tennes*

eine Eigenschaft, die den Menschen dafür entschädigt, was er nicht ist. *Oscar Wilde*

Einbruch:
kriminelle Form der Selbstbedienung. *Michael Schiff*

Eindringling:
eine Person, die man nicht allzu überstürzt rausschmeißen sollte – es könnte ein Reporter sein. *Ambrose Bierce*

Eindruck:
etwas, das manche Menschen nur hinterlassen, wenn sie in Schnee fallen. *Anonym*

Einfachheit:
eines der größten Schönheitsideale in der Musik. *Hans Werner Henze*

der Mut zum Wesentlichen. *Helmar Nahr*

Einfall:
eine Idee mit einem Lächeln. *Robert Lembke*

Einfühlungsvermögen:
das Vermögen, das sich am besten verzinst. *Günter Radtke*

Eingeborene:
belanglose Individuen, die den Boden eines neuentdeckten Landes bestellen. Sie hören bald auf, ihn zu bestellen – sie düngen ihn. *Ambrose Bierce*

Einkommen:
die Provision, die einem der Staat für die Erarbeitung der Steuern zuerkennt. *Anonym*

Einkommensgrenze:
die Grenze, die man bei Urlaubsreisen nicht überschreiten sollte. *Anonym*

Einkommensteuer:
Dauerstrafe für regelmäßiges Arbeiten. *Anonym*

Einkommensteuergesetz:
ein Papier, das die Phantasie mehr anregt als alle Romane der Weltliteratur. *Anonym*

einmal:
oft genug. *Ambrose Bierce*

Einsamkeit:
der Weg, auf dem das Schicksal den Menschen zu sich selber führen will. *Hermann Hesse*

ein idealer Zustand, wenn man sich die Menschen aussuchen könnte, die man meidet. *Karl Kraus*

die Verfassung, in der wir nicht wissen, wer der Partner unseres Dialoges ist. *Hans Kudszus*

Gefängniszelle, die sich nur von innen öffnen läßt. *Alfredo La Mont*

Belästigung durch sich selbst. *Werner Schneyder*

ein Zustand, der zur Bestrafung dient, da ihn wenige zu schätzen wissen. *Elisabeth Sturm*

Einschüchterung:
das Summen einer Mücke im dunklen Schlafzimmer. *»Milwaukee Journal«*

Eintagsfliege:
ein Tier, von dem man lernen kann, was sich in 24 Stunden alles machen läßt. *Anonym*

Einwanderer:
unzivilisierter Mensch, der ein Land für besser hält als das andere. *Ambrose Bierce*

Eisenbahn:

die wichtigste vieler technischer Vorrichtungen, die es einem erlaubt, sich von dem Ort, an dem man sich befindet, an einen anderen zu begeben, an dem es einem auch nicht besser geht. *Ambrose Bierce*

Eishockey:

eine Mischung von Boxen mit bloßen Fäusten und Fechten mit Säbeln aus Holz. *Douglas Carter*

eine Art von Rugby auf spiegelglattem Parkett, bei dem sich erwachsene Männer um eine winzige schwarze Hartgummischeibe prügeln. *Franz F. Schart*

Eiskratzer:

ein Autozubehörartikel, der im Sommer stets aus dem Handschuhfach fällt, im Winter dauernd unter den Sitz rutscht und nicht zu finden ist und schließlich beim ersten Gebrauch zerbricht. *Anonym*

Eitelkeit:

eine Folge der Illusion, man errege jemandes Aufmerksamkeit. *Anonym*

das letzte Kleid, das der Mensch auszieht. *Ernst Bloch*

der Versuch, in einem trüben Spiegel mit sich selbst zu kokettieren. *Romain Gary*

zur Stärkung unseres Selbstgefühls geschaffene schlechte Eigenschaft anderer. *Ron Kritzfeld*

die Gabe, sich noch wichtiger zu nehmen, als man sich fühlt. *Victor de Kowa*

Komplimente, die man sich selbst macht. *Shirley MacLaine*

die einzige Krankheit, bei der eine Selbstdiagnose so gut wie ausgeschlossen ist. *Henri Mondor*

die Neigung, sich als Individuum zu geben, während man keines ist. *Friedrich Nietzsche*

eine Ware, die man auf keinem Markt verkaufen kann, weil jedermann selber genügend damit versehen ist. *Karl Heinrich Waggerl*

Ekel:

ein Mensch, der so viel über sich spricht, daß wir nicht dazu kommen, über uns zu sprechen. *Malville D. Landon*

Ekstase:

ein Mittel, durch Außersichsein zu sich selber zu kommen. *Thomas Niederreuther*

Elefant:

das größte Tier, das sich aus einer Mücke machen läßt. *Anonym*

ein riesiges Tier mit einem Fuß in jeder Ecke und am Anfang und am Ende etwas, das herunterhängt. *Anonym*

ein Tier, das wegen seiner Farbe leicht mit Mäusen verwechselt wird. *Anonym*

ein gefährliches Tier, denn aus seinen Stoßzähnen werden Klaviertasten gemacht. *Johannes Brahms*

Eleganz:

guter Geschmack mit einem Hauch von Wagemut. *Anonym*

gemeisterte Verschwendung. *Walter Rathenau*

Elend:

Krankheit, die man sich zuzieht, wenn man sich dem Wohlstand eines Freundes aussetzt. *Ambrose Bierce*

Elite:

das sind immer weniger Menschen, die mehr arbeiten müssen, damit immer mehr weniger arbeiten können. *Herbert Köhler*

Menschen wie du und ich, aber nicht wie er und sie. *Ron Kritzfeld*

Ellipse:

eine geometrische Figur, die um den Kreis einen Bogen macht. *Werner Mitsch*

moderne Eltern:

Eltern, die ihre Kinder nie schlagen – außer in Notwehr. *Jean-Luc Michel*

Elternschaft:

nach wie vor das größte Betätigungsfeld für Amateure. *Alvin Toffler*

Emanzen:

Frauen, die den Männern nur noch die Stirn bieten. *Anonym*

Emanzipation:

der Übergang eines Sklaven aus der Unterdrückung durch einen anderen zur Unterdrückung durch sich selbst. *Ambrose Bierce*

die Kunst, den Mann kleinzukriegen, aber nicht an der falschen Stelle. *Evelyn Blythe*

die Kunst zu heiraten, obwohl man dagegen ist. *William Fuller*

jener enorme Fortschritt, der Frauen erlaubt, nicht nur Kinder zu haben und den Haushalt zu versorgen, sondern auch noch das nötige Geld für die Familie zu verdienen. *Ron Kritzfeld*

der Fortschritt der Frau vom Vorrecht zur Gleichberechtigung. *Marcello Mastroianni*

das Bestreben von Frauen, auf das Niveau von Männern herabzusteigen. *Hanns Dietrich von Seydlitz*

die Kunst, auf eigenen Füßen zu stehen und trotzdem in fremden Armen zu liegen. *Alex Winter*

wahre Emanzipation:

das gelegentliche Aufrücken total unfähiger Frauen in verantwortliche Positionen. *Alice Schwarzer*

Energie und Tatkraft:

Eigenschaften eines Mannes, die man häufig erst bei dessen Pensionierung zu rühmen weiß. *Michael Schiff*

Energiewirtschaft:

Freibeuterei, die in Jahrmillionen angelegte Vorräte vergeudet. *Ron Kritzfeld*

Engagement:

vielfach nichts als Mangel an Talent oder an Anspannung, Nachlassen der Kraft. *Theodor W. Adorno*

Engel:

Fußgänger, der zu spät zur Seite sprang. *Ozzi Nelson*

Engländer:

Menschen, die man nach jeder Teepause neu zur Arbeit anlernen muß. *Pierre Daninos*

die einzigen Leute, die sogar Schlange stehen, um in eine Schlange zu kommen. *Pierre Daninos*

ein Volk, das die Untertreibung übertreibt. *Pierre Daninos*

das diplomatischste Volk der Erde. Wer sonst würde einem mit so freundlichem Lächeln so einen Kaffee vorsetzen? *Bob Hope*

Leute, die, wenn sie sich treffen, zunächst nur über das Wetter sprechen. *Samuel Johnson*

teesüchtige Seetüchtige. *Ron Kritzfeld*

der einzige Mensch, der imstande ist, allein Schlange zu stehen. *George Mikes*

England:

ein Land, in dem es zweiundvierzig Religionen, aber nur zwei Saucen gibt. *Anonym*

das ist Regen, Cricket und eine korrekte Menschenschlange. *Pierre Daninos*

das einzige Land, in dem die Streiks von Arbeit unterbrochen werden. In den anderen Ländern ist es umgekehrt. *Pierre Daninos*

England und Amerika:

zwei Länder, die durch dieselbe Sprache getrennt sind. *George Bernard Shaw*

das Englische:

ein jämmerliches, sabberfreudiges Kauderwelsch, das nur über ein Viertel des französischen Wortschatzes verfügt. *Claude Chabrol*

eine einfache, aber schwere Sprache. Es besteht aus lauter Fremdwörtern, die falsch ausgesprochen werden. *Kurt Tucholsky*

das englische Königshaus:

der erfolgreichste Anachronismus der Welt. *Rolf Seelmann-Eggebert*

Engpaß:

eine vielgebrauchte Ausrede für mangelhafte Organisation und für Fehldispositionen. *Anonym*

finanzieller Engpaß:

neusprachliche Bezeichnung für Schulden. *Aurel Schmidt*

Enkel:

die Entschädigung, die uns Gott für das Altwerden schickt. *Anonym*

Vorwand für Großväter, sich eine elektrische Eisenbahn zu kaufen. *Anonym*

entdecken:

sehen, was jeder sieht, und denken, was noch niemand gedacht hat. *Albert Szent-Györgyi*

Entfernung:

die einzige Möglichkeit, einige Opernsängerinnen schön zu finden. *Anonym*

Enthaltsamkeit:

das Vergnügen an Dingen, welche wir nicht kriegen. *Wilhelm Busch*

vielleicht die sonderbarste aller sexuellen Verirrungen. *Remy de Gourmont*

Entrüstung:

ein erregter Zustand der Seele, der meist dann eintritt, wenn man erwischt wird. *Wilhelm Busch*

– der Ausdruck deines eigenen gerechten Zorns im Gegensatz zum schockierend schlechten Temperament der anderen. *Elbert Hubbard*

Bekenntnis der Hilflosigkeit. *Walter Rathenau*

moralische Entrüstung:

2 Prozent Moral, 48 Prozent Hemmungen und 50 Prozent Neid. *Anonym*

unterdrückter Neid. *Anonym*

der Heiligenschein der Scheinheiligen. *Helmut Qualtinger*

Eifersucht mit einem Heiligenschein. *Herbert George Wells*

entscheiden:

dem Übergewicht einer Richtung von Einflüssen über eine andere erliegen. *Ambrose Bierce*

Entschlossenheit:

Starrsinn, der unsere Billigung hat. *Ambrose Bierce*

Entschuldigung:

ein gutes Mittel, das letzte Wort zu haben. *Anonym*

Höflichkeit, die zu spät kommt. *Anonym*

eines der billigsten Volksvergnügen, das weder Kapital noch Intelligenz oder Kenntnisse benötigt. *Anonym*

die Strafe, die man für falsches Überholen zu zahlen hat: wenn der Mund den Verstand überholt hat. *Anonym*

Entspannung des Millionärs:

Spaziergang durch Kapitalanlagen. *Ron Kritzfeld*

Entspannungspolitik:

so tun, als ob man dem anderen über den Weg traut. *Peter Maiwald*

Enttäuschung:

Befreiung von Täuschung. *Ron Kritzfeld*

Entwicklungshelfer:

einer, der als Idealist auszog und als Realist zurückkam. *Anonym*

Entwicklungshilfe:

Die armen Leute aus reichen Ländern müssen zahlen für die reichen Leute aus armen Ländern. *Denis Healey*

Epigramm:

eine Bemerkung, zu gut, um wahr zu sein. *Anonym*

ein kurzer, scharfer Ausspruch in Prosa oder Vers, oft durch Herbheit oder Bitterkeit und zuweilen durch Weisheit gekennzeichnet. *Ambrose Bierce*

Epitaph:

eine monumentale Lüge. *Arnold H. Glasow*

Epoche:

das, was unsere Kinder bereits als Episode betrachten. *Anonym*

erbärmlich:

der Zustand eines Feindes oder Gegners nach einer imaginären Auseinandersetzung mit unsereinem. *Ambrose Bierce*

Erben:

Leute, die ein Lächeln mit Tränen verdecken. *Sprichwort*

Erbonkel:

Betagter, der zu den schönsten Hoffnungen berechtigt. *Ron Kritzfeld*

Erde:

der Wartesaal für die Reise ins Jenseits. *aus den »Fliegenden Blättern«*

ein gebildeter Stern mit sehr viel Wasserspülung. *Erich Kästner*

Eremit:

ein Mensch, dessen Laster und Torheiten nicht geselliger Art sind. *Ambrose Bierce*

Erfahrung:

was man zu haben meint, bis man mehr davon hat. *Anonym*

der beste Lehrmeister, weil man stets Einzelunterricht bekommt. *Anonym*

die Fähigkeit, einen Fehler so lange zu üben, bis man nicht mehr dabei erwischt wird. *Anonym*

das, was uns lehrt, neue Fehler zu begehen, statt die alten zu wiederholen. *Anonym*

eine teure Schule, aber Narren wollen anderswo nicht lernen. *Anonym*

etwas, was man immer erst bekommt, kurz nachdem man es braucht. *Anonym*

das, was uns geblieben ist, wenn wir für Experimente zu alt geworden sind. *Anonym*

das, was einem bleibt, wenn man den Namen des Mädchens längst vergessen hat. *Anonym*

die Fähigkeit, einen Fehler zu erkennen, wenn man ihn wieder macht. *Anonym*

die Fähigkeit, seiner Frau Dinge zu schenken, die sie nicht umtauscht. *Anonym*

das, was übrigbleibt, wenn alles andere verloren ist. *Anonym*

das, was man im letzten Jahr falsch gemacht hat. *Anonym*

ein Arzt, der stets erst nach der Krankheit kommt. *Volksweisheit*

ein Rüstzeug, bestehend aus Waffen, die uns verletzt haben. *aus den »Fliegenden Blättern«*

das, was uns enthüllt, daß wir die Irrtümer der Jugend gegen die des Alters aufgegeben haben. *Ambrose Bierce*

eine Schule, in welcher der Mensch lernt, was für ein großer Narr er gewesen ist. *Josh Billings*

das, was man nicht hat, wenn man es am dringendsten braucht. *Ralph Boller*

etwas, das man gewinnt, wenn man die Gebrauchsanweisung erst hinterher liest. *Aldo Cammarota*

der beste Lehrmeister, aber das Schuldgeld ist hoch. *Thomas Carlyle*

das Hecklicht eines Schiffes, das nur die Spur beleuchtet, die es bereits hinter sich gelassen hat. *Samuel Taylor Coleridge*

die Summe aller unserer Irrtümer. *Thomas Alva Edison*

erfahren, was man nicht zu erfahren wünscht. *Kuno Fischer*

die einzige Schule, in der auch Dummköpfe etwas lernen können. *Benjamin Franklin*

nicht das, was wir erleben, sondern das, was wir aus dem Erlebten machen. *Aldous Huxley*

jener kostbare Besitz, der uns befähigt, einen Fehler sofort zu erkennen, wenn wir ihn immer wieder machen. *Danny Kaye*

nicht das schlechteste Geschenk bitterer Stunden. *Guy de Maupassant*

der Name, den die Menschen ihren Torheiten und Sorgen geben. *Alfred de Musset*

die einzige Sache im Leben, die man am besten aus zweiter Hand erwirbt. *José Ortega y Gasset*

die Summe der gemachten Fehler, dividiert durch die eigene Dummheit. *William Saroyan*

Fachausdruck für bewährte Fehler älterer Mitarbeiter. *Michael Schiff*

– die Erinnerung an Mißerfolge. *Samuel Smiles*

eine Sammlung von erfolgreichen Rezepten. *Paul Valéry*

die Summe der Dummheiten, die man machen durfte, ohne sich den Hals zu brechen. *Paul Wegener*

der Name, mit dem jeder seine Dummheiten bezeichnet. *Oscar Wilde*

reich werden durch Verlieren. *Ernst von Wildenbruch*

Erfahrungen:

etwas, das man bekommt, wenn man etwas ganz anderes wollte. *Anonym*

unsere Bezeichnung für unsere Fehler. *Anonym*

die Fehler, an die wir uns erinnern wollen. *Anonym*

Einsichten, die man aus den Dummheiten gewinnt, die man begangen hat. *Peter Bamm*

das Resultat unserer Dummheit. *Sacha Guitry*

der einzige wahre Reichtum, weil man ihn nicht verlieren, nur verschenken kann – und weil man ihn auch dann behält, wenn man ihn verschenkt. *Hans Habe*

die beste Schutzimpfung gegen Vorurteile. *Heinz Hilpert*

die Jahresringe der Menschen. *Paul Hörbiger*

die Erinnerungen, die man teuer bezahlen mußte. *Werner Kraus*

die vernarbten Wunden unserer Dummheit. *John Osborne*

die positive Beschreibung erlebter Irrtümer. *Oscar Wilde*

Erfahrungen sammeln:

Fehler begehen. *Herbert George Wells*

Erfinder:

jemand, der Räder, Hebel und Federn sinnreich zusammenbaut und das für Kultur hält. *Ambrose Bierce*

Erfindung:

Neuheit, der man so lange mißtraut, bis sie aus den USA wieder zu uns zurückkommt. *Michael Schiff*

Erfindungsgabe:

der einzige Beweis von Genie. *Marquis de Vauvenargues*

Erfolg:

der Sieg der Einfälle über die Zufälle. *Anonym*

im Grunde nichts anderes als die Überwindung der Angst vor dem Versagen. *Anonym*

oft das Resultat eines Fehltritts in der richtigen Richtung. *Anonym*

die einzige unverzeihliche Sünde gegen unsere Mitmenschen. *Ambrose Bierce*

exakter und pünktlicher Gehorsam gegen das Gebot der Stunde. *Léon Blum*

der Raum, den man in der Zeitung einnimmt. *Elias Canetti*

so ziemlich das letzte, was einem vergeben wird. *Truman Capote*

das Kind des Wagemuts. *Benjamin Disraeli*

der Ruhm der kleinen Leute. *Marie von Ebner-Eschenbach*

eine Folgeerscheinung, niemals darf er zum Ziel werden. *Gustave Flaubert*

das gefährlichste aller Rauschgifte. *Bill Graham*

nur ein aufgeschobener Mißerfolg. *Graham Greene*

die Kunst, Fehler zu machen, die kein anderer bemerkt. *Martin Jente*

– die nicht immer logische, aber überzeugende Bestätigung einer Theorie.
Ron Kritzfeld

eine Strafe: Man muß sich mit Leuten abgeben, die man vorher meiden konnte.
Norman Mailer

die Kunst, dem Sinnvollen das Rentable vorzuziehen. *Helmar Nahr*

etwas Sein, etwas Schein und sehr viel Schwein. *Philip Rosenthal*

in Deutschland das Abonnement für schlechte Kritiken. *Johannes Mario Simmel*

was dir deine Freunde nie verzeihen werden. *Julian Tuwim*

eine unberechenbare Mischung aus Talent, Glück und Arbeit – und oft auch ein Mißverständnis. *Carl Zuckmayer*

der große Erfolg:
oft nur ein künstlerisches Mißverständnis. *Darius Milhaud*

Erfolg haben:
geben, immer wieder geben; man kann nicht verhindern, daß es wieder zurückkommt. *Gottlieb Duttweiler*

erfolgreich:
wer bei 100 Entscheidungen 51mal das Richtige trifft. *John Pierpont Morgan*

die richtigen Leute auf der richtigen Party zur richtigen Zeit treffen.
Cyril Northcote Parkinson

erfolgreich sein:
genau die Fähigkeiten haben, die im Moment gefragt sind. *Henry Ford*

Erfolgserlebnisse:
Stufen, denen man nicht ansieht, ob sie zu einer Leiter oder zu einer Tretmühle gehören. *Helmar Nahr*

Erfolgsmensch:
wer etwas tut, während er auf den Erfolg wartet. *Anonym*

Glücklicher, der rechtzeitig vor seinem ersten Mißerfolg dahingerafft wurde. *Ron Kritzfeld*

Erfolgsmenschen:
Leute mit blauen Flecken an den Ellenbogen. *Rudolf Platte*

die beste Erfolgsrechnung:
das Minenspiel deines Bankdirektors. *Helmar Nahr*

Erfüllung:
der Feind der Sehnsucht. *Erich Maria Remarque*

Erinnerung:
das einzige Paradies, aus dem wir nicht vertrieben werden können. *Jean Paul*

der Nachsommer der menschlichen Freuden. *Asta Nielsen*

ein lichter Regenbogen über trüben Wolken. *Ludwig Uhland*

ein goldener Rahmen, der jedes Bild freundlicher macht. *Carl Zuckmayer*

Erinnerungen:
Wärmflaschen fürs Herz. *Rudolf Fernau*

Wirklichkeiten im Sonntagsanzug. *Oliver Hassencamp*

Erkältung:
eine Krankheit, die mit Arzt eine Woche, ohne Arzt sieben Tage dauert. *Anonym*

erkennen:
ein Nachdenken der Gedanken Gottes. *Karl Jaspers*

sich erkenntlich zeigen:
von der »begabten Feder« eines Menschen zu schreiben, wenn dieser deine »kühne Vorstellungskraft« erwähnt hat. *Ambrose Bierce*

Erkenntnisse:

die Summe aus dem, was wir gelernt, und aus dem, was wir vergessen haben.

Marie von Ebner-Eschenbach

Erker:

Sitzplatz für den klugen Mann, der vorgebaut hat. *Ron Kritzfeld*

unsere größten Erlebnisse:

nicht die lautesten, sondern die stillsten Stunden. *Jean Paul*

Erleichterung:

das hörbare Aufatmen, wenn man feststellt, daß einer, den man für einen Erzschurken gehalten hat, sich bei näherem Hinsehen nur als ganz normales Schwein entpuppt. *Markus Hattstein*

ermorden:

eine leere Stelle schaffen, ohne einen Nachfolger zu benennen. *Ambrose Bierce*

Ermüdung:

Zustand eines Philosophen, nachdem er über menschliche Weisheit und Tugend nachgedacht hat. *Ambrose Bierce*

Ernsthaftigkeit:

durch Vernunft gezügelte Begeisterung. *Blaise Pascal*

die Zuflucht derer, die nichts zu sagen haben. *Oscar Wilde*

Erotik:

Überwindung von Hindernissen. Das verlockendste und populärste Hindernis ist die Moral. *Karl Kraus*

Sexualersatz. *Walter Serner*

Erregung:

in der Moral ein Gefühl, in der Medizin eine Krankheit. Für eine junge Frau bedeutet eine Erregung des Herzens Liebe, für einen Arzt kann sie ein Anzeichen von Herzverfettung sein. *Ambrose Bierce*

erröten:

Frauen verstehen darunter die Kunst, subkutan Rouge aufzulegen, wenn die Situation es erfordert. *Peter Ustinov*

Erstaunen:

das höchste, wozu der Mensch gelangen kann. *Johann Wolfgang von Goethe*

erwachsen:

wer auf sich selber nicht mehr hereinfällt. *Heimito von Doderer*

Erwachsener:

ein Mensch, der an beiden Enden nicht mehr weiterwächst, sondern nur noch in der Mitte. *S. Runge*

Erwachsene:

Mädchen und Jungen, die Pfützen ausweichen. *Anonym*

erwägen:

eine Begründung für eine bereits getroffene Entscheidung suchen. *Ambrose Bierce*

Erwartung:

jene Haltung oder Verfassung des Geistes, welcher in der Kette menschlicher Emotionen die Hoffnung vorausgeht und die Verzweiflung folgt. *Ambrose Bierce*

erzählen:

der Wirklichkeit zur Wirksamkeit verhelfen. *Jean-Paul Sartre*

erziehen:

ein Kind so weit bringen, daß es uns nicht mehr braucht. *Anonym*

den Kampf gegen sich selbst in seinen Kindern weiterkämpfen. *aus den »Fliegenden Blättern«*

natürliche Anlagen entwickeln. *Fernando Galiani*

die Gemüter junger Menschen in Unruhe versetzen und ihren Wissensdurst wecken. *Robert M. Hutchins*

immun machen gegen das Fernsehen. *Marshall McLuhan*

an neuen Modellen so lange herumbasteln, bis sie von den alten nicht mehr zu unterscheiden sind. *Wolfram Weidner*

Erziehung:

die Fähigkeit herauszufinden, was die Kinder wollen, und es dann von ihnen verlangen. *Anonym*

das Verfahren, mit dem man jüngeren Leuten die eigenen Fehler beibringt. *Anonym*

der Versuch, Kinder davon abzuhalten, die Erwachsenen nachzuahmen. *Anonym*

Beispiel und Liebe – sonst nichts. *Friedrich W.A. Fröbel*

ein Radiermesser, das den Klecks durchschimmern läßt. *Jean Paul*

die Entwicklung des Gedächtnisses auf Kosten der Phantasie. *Owen Johnson*

Unterweisung in Vorurteilen. *Ron Kritzfeld*

bisher eine Kunst; läuft jetzt Gefahr, eine Wissenschaft zu werden. *Alfred Lichtwark*

organisierte Verteidigung der Erwachsenen gegen die Jugend. *Mark Twain*

Zivilschutz gegen den radioaktiven Niederschlag der Medien. *Marshall McLuhan*

wesentlich das Mittel, die Ausnahme zu ruinieren zugunsten der Regel. *Friedrich Nietzsche*

eine Fortsetzung der Zeugung und oft eine Art nachträglicher Beschönigung derselben. *Friedrich Nietzsche*

falsche Perlen vor echte Säue werfen. *Dorothy Parker*

keine Lehre, sondern ein Beispiel. *Josef Recla*

die Kinder dahin bringen, die Fehler der Eltern zu wiederholen. *Aurel Schmidt*

Handreichung zur Selbsterziehung. *Eduard Spranger*

ein Verfahren, das einer riesigen Menschenschar das Lesen beibrachte, aber nicht imstande war, unterscheiden zu lehren, was lesenswert ist. *George M. Trevelyan*

eine wunderbare Sache, doch es ist gut, von Zeit zu Zeit daran zu denken, daß nichts Wissenswertes gelehrt werden kann. *Oscar Wilde*

Ziel der Erziehung:
dem Kind ermöglichen, ohne Lehrer weiterzukommen. *Elbert Hubbard*

die beste Erziehung:
die Erziehung zum Widerspruch. *Alain Resnais*

freie Erziehung:
eine Erziehung zur Kontroverse. Wer sein Fach nicht als widersprüchlich gelernt hat, beherrscht es nicht. *George Bernard Shaw*

gute Erziehung:
verbergen können, wieviel wir von uns selbst halten und wie wenig von den anderen. *Mark Twain*

Esel:
ein vollkommenes Wesen; er ist nichts Halbes – er ist etwas Ganzes! Kompakte Dummheit. Dummheit in ihrer ganzen Reinheit. *Georg Weerth*

esoterisch:
ganz besonders abstrus und vollkommen dunkel. *Ambrose Bierce*

Esperanto:
die Universalsprache, die kaum jemand versteht. *Marty Grosz*

Essayist:
ein glücklicher Mensch, der eine Möglichkeit herausgefunden hat, wie man beim Gespräch nicht unterbrochen werden kann. *Charles Poore*

eßbar:
wohlschmeckend und bekömmlich – wie der Wurm für die Kröte, die Kröte für die Schlange, die Schlange für das Schwein, das Schwein für den Menschen und der Mensch für den Wurm. *Ambrose Bierce*

Essen:

eine höchst ungerechte Sache: Jeder Bissen bleibt höchstens zwei Minuten im Mund, zwei Stunden im Magen, aber drei Monate auf den Hüften. *Christian Dior*

das Suchtmittel der Braven. *Wolfgang Lehnig*

die Erotik des Alters. *Rainer Milbradt*

Essensgong:

liebstes Musikinstrument in Internaten und Lagern. *Anonym*

Establishment:

die Gemeinschaft der Hände, die einander andauernd waschen, ohne dadurch sauberer zu werden. *Colin Wilson*

Etatberatungen:

die Kunst, Enttäuschungen gleichmäßig zu verteilen. *Maurice Stan*

Ethik:

eine Tugend, für die man im Jenseits keinen Lohn erwartet. *Anonym*

ins Grenzenlose erweiterte Verantwortung gegen alles, was lebt. *Albert Schweitzer*

Etikette:

Gähnen mit geschlossenem Mund. *Anonym*

das Geräusch, das du nicht machst – während du Suppe ißt. *Anonym*

Etymologe:

ein Mensch, der den Unterschied zwischen einem Etymologen und einem Entomologen kennt. *Anonym*

Euphemismus:

rhetorische Figur, wird verwendet, um die herbe Schroffheit der Tatsachen durch eine unangemessen milde Umschreibung zu beschönigen. *Ambrose Bierce*

Euphorie:

Ouvertüre zum Katzenjammer. *Anonym*

ein richtiger Europa-Abgeordneter:

ein Mensch, der eine so dicke Haut hat, daß er ohne Rückgrat aufrecht stehen kann. *Gerhard Schmid*

der typische Europäer:

so bescheiden wie die Franzosen, so feinfühlig wie die Deutschen, so großzügig wie die Holländer, so zuverlässig wie die Italiener und so offenherzig wie die Briten. *»Daily Telegraph«*

Europäische Gemeinschaft:

eine Molkereigenossenschaft mit dem einzigen Ziel, die deutsche Kuh zu melken. *Aus einem Leserbrief*

so etwas wie ein Tintenfisch: Sie streckt zahllose Arme nach draußen und ist innen hohl, nur mit Tinte gefüllt. *Albert Borschette*

Eva:

die umgearbeitete, verbesserte und gekürzte Ausgabe von Adam. *Helen Vita*

Evolution:

der Weg der Vernunft zu einem besseren Ziel. *Willy Brandt*

die Entwicklung vom Urmenschen zum Uhrmenschen. *Heinrich Wiesner*

Evangelist:

der Überbringer einer freudigen Botschaft, insbesondere (im religiösen Sinne) einer, die uns selber das Seelenheil und unserem Nächsten Verdammnis verheißt. *Ambrose Bierce*

Ewigkeit:

ein anderes Wort für Wechsel. *Gerald Louis Gould*

Zeitspanne, deren Beginn durch den Schöpfungsakt festgelegt, deren Ende aber deshalb noch nicht genau abzusehen ist, weil sie am Jüngsten Tag erst richtig beginnt. *Ron Kritzfeld*

Exhibitionist:

ein Mann mit Blößenwahn. *Anonym*

Exklusivität:

das Merkmal des neuen Reichtums, der High Society und der Stinktiere.

Austin O'Malley

künstlerisches Experiment:

Jargonvokabel für den Ausdruck bedeutender Unfähigkeit. *Helmut Arntzen*

Experte:

ein Mann, der morgen weiß, daß das, was er gestern prophezeit hat, heute nicht eingetroffen ist. *Anonym*

ein Mann, der alle möglichen Fehler begangen hat, und zwar auf einem sehr begrenzten Gebiet. *Niels Bohr*

einer, der mehr und mehr über weniger und weniger weiß. *Nicholas Murray Butler*

ein Mensch, der die kleinen Irrtümer vermeidet, während er dem großen Trugschluß entgegentreibt. *Benjamin Stolberg*

der Mann, der ganz genau erklären kann, warum alles ganz anders gekommen ist, als er vorausgesagt hatte. *Wolfram Weidner*

ein Mann, der nicht mehr denkt. Warum sollte er auch denken? Er ist ja ein Experte. *Frank Lloyd Wright*

Experten:

Leute, die Jugenderinnerungen mit Sachverstand verwechseln. *Siegfried Balke*

Leute, die genau begründen können, warum ihre Prognose nicht stimmte.

Jo Herbst

Leute, die immer mehr über immer weniger wissen, bis sie zuletzt alles über etwas und nichts über alles wissen. *Danny Kaye*

Leute, die andere daran hindern, den gesunden Menschenverstand zu gebrauchen. *Hannes Messemer*

Menschen, die für ihre Gutachten so hohe Honorarforderungen stellen, daß sie, was immer sie auch sagen mögen, recht haben müssen. *Aurel Schmidt*

Leute, die, damit sie Experten bleiben, sich weigern, etwas hinzuzulernen.
Harry S. Truman

Leute mit Supermikroskopen für Spezialgebiete und Scheuklappen für alles andere. *Jörg Weber*

Extraordinarius:
Außerordentlicher Professor, von dem behauptet wird, daß er nichts Ordentliches leistet. Dazu im Gegensatz Ordinarius = Ordentlicher Professor, der dementsprechend nichts Außerordentliches leistet. *Anonym*

Extrasystolen:
Zwischenrufe des Herzens. *Gerhard Uhlenbruck*

Exzentriker:
ein Mann, der viel zu reich ist, als daß man ihn einfach einen Verrückten nennen dürfte. *Seybold*

F

Fabel:
verpackte Moral. *Anonym*

eine Brücke, die zur Wahrheit führt. *arabisches Sprichwort*

Facharzt:
ein Arzt mit kleinerer Praxis, aber größerem Sommerhaus. *Anonym*

ein Arzt, der seinen Patienten beigebracht hat, nur während seiner Sprechzeiten krank zu werden. *Anonym*

ein Arzt, der mehr dafür verlangt, daß er weniger weiß. *Dr. Farquarson*

Fachjargon:

die Kunst, sich so kompliziert auszudrücken, daß man vom Volk nicht verstanden wird. *Anonym*

Fachmann:

ein Mensch, der zu reden anfängt, wenn er zu denken aufhört – und umgekehrt. *Umberto Eco*

ein Mann, der einige der größten Fehler kennt, die man in dem betreffenden Fach machen kann, und sie deshalb zu vermeiden versteht. *Werner Heisenberg*

Fahnen:

Gesinnungstextilien. *Rudolf Rolfs*

ein rücksichtsloser Fahrer:

einer, der dich überholt, ohne daß du es schaffst, ihn daran zu hindern. *Anonym*

ein vorsichtiger Fahrer:

einer, der nie einen Wagen überholt, der schneller fährt als er selbst. *Jean-Charles*

Fahrlehrer:

Männer, die morgens brünett wegfahren und abends weißhaarig heimkommen. *Peter Frankenfeld*

Fairneß:

die Kunst, sich in den Haaren zu liegen, ohne die Frisur zu zerstören. *Gerhard Bronner*

beim Gegner das Haar in der Suppe finden, aber darauf verzichten, es zu spalten. *Gerhard Uhlenbruck*

Fair play:

die exklusivste Sportart. *Anonym*

das Foul so versteckt machen, daß der Schiedsrichter es nicht sieht. *Dieter Hildebrandt*

Fallschirmspringer:
einer, der aus allen Wolken fällt. *Anonym*

Falschspieler:
einer, der den Zufall nicht dem Zufall überlassen will. *Anonym*

Falten:
die Stenographie des Schicksals. *Marianne Hoppe*

die menschlichen Jahresringe. *Hugo Olaerts*

Familie:
eine Institution, die Frauen einen sechzehnstündigen Arbeitstag zubilligt. *Anonym*

der Betrieb, der das wichtigste Produkt herstellt. *Anonym*

Kriegsschauplatz der Generationen. *Konrad Gerescher*

das Vaterland des Herzens. *Giuseppe Mazzini*

Zwangsbekanntschaft. *Rudolf Rolfs*

ein Überbleibsel der unspezialisierten Vergangenheit, als ein Mann noch seine eigenen Schuhe machte und sein eigenes Brot backte. *Bertrand Russell*

ein steuerlich begünstigter Kleinbetrieb zur Herstellung von Steuerzahlern. *Wolfram Weidner*

gute Familien:
Familien, in denen Dinge nicht vorkommen, die in den besten Familien vorkommen. *Robert Lembke*

Familienbande:
kriminelle Sippschaft. *Anonym*

Familienleben:
ein Eingriff ins Privatleben. *Karl Kraus*

ein geordnetes Familienleben:

eine verheiratete Frau führt es nach neuesten Moralbegriffen schon dann, wenn sie genau weiß, von wem ihre Kinder sind. *James Beatty*

Familienurlaub:

die Fortsetzung des Krieges auf anderem Territorium. *Gabriel Laub*

Fanatiker:

eine Person, die sich für etwas begeistert, was einen überhaupt nicht interessiert. *Anonym*

ein Mensch, der bei der Lektüre eines Buches nicht das liest, was drin steht, sondern das, was er im Kopf hat. *Anonym*

ein Mensch, der etwas so tut, wie es nach seiner Meinung der Herrgott tun müßte, wenn der nur besser Bescheid wüßte. *Anonym*

jemand, der seine Ansicht nicht ändern kann und das Thema nicht ändern will. *Winston Churchill*

Leute, die mit einem nicht vorhandenen Kopf durch eine vorhandene Wand rennen wollen. *Martin Held*

einer, der auf seine Kanonen vertraut, gleichgültig, ob sie geladen sind oder nicht. *Franklin P. Jones*

Leute, die um so schneller laufen, je weniger sie das Ziel im Auge behalten. *Franco Marini*

Fanatismus:

Begeisterung ohne Geist. *Anonym*

die falsche Flamme eines überhitzten Gemüts. *Anonym*

eine hochexplosive Mischung von Engstirnigkeit und Energie. *Herbert von Karajan*

die einzige Willensstärke, zu der auch die Schwachen und Unsicheren gebracht werden können. *Friedrich Nietzsche*

Verdoppeln der Anstrengungen, wenn man das Ziel vergessen hat. *George Santayana*

Farm:
ein Stück Land, das einem zu Reichtum verhelfen kann, wenn man darauf auf eine Ölquelle stößt. *Anonym*

fasten:
die Überbrückung der Zeit zwischen zwei Mahlzeiten oder zwischen den Gängen. *Anonym*

Veränderung der Eßgewohnheiten, die vom Pfarrer empfohlen, von der Schneiderin befohlen wird. *Anonym*

Fata Morgana:
eine optische Täuschung. Man erliegt ihr in der Wüste und jedesmal, wenn man sich verliebt. *Anonym*

faulenzen:
man glaubt es kaum: ein Tätigkeitswort. *Anonym*

Faulenzer:
die Wohltäter der Menschheit. Man bedenke, wieviel Unheil allein durch Nichtstun verhindert worden ist. *George Mikes*

Faulheit:
ins Kraut geschossene Muße. *Anonym*

sträfliche Gelassenheit bei einem Menschen niederen Standes. *Ambrose Bierce*

die Furcht vor bevorstehender Arbeit. *Marcus Tullius Cicero*

die Mutter aller Erfindungen. *Curt Goetz*

der Hang zur Ruhe ohne vorhergehende Arbeit. *Immanuel Kant*

wenn jemand mit dem Cocktail-Shaker in der Hand auf das nächste Erdbeben wartet. *Danny Kaye*

– die Kunst, so lange nichts zu tun, bis die Gefahr vorüber ist, daß man etwas tun müßte. *Gunther Philipp*

die Angewohnheit, sich auszuruhen, bevor man müde wird. *Jules Renard*

der Humus des Geistes. *Thaddäus Troll*

Faulpelz:

der, auf den wir mit dem Finger zeigen, weil er noch weniger tut als wir. *Anonym*

ein Mensch, der sich keine Arbeit macht, sein Nichtstun zu begründen. *Gabriel Laub*

ein Mensch, der nichts so gern tut wie nichts. *Georg Thomalla*

Leute, die gelernt haben, schon am Anfang aufzuhören. *Hans Clarin*

Faultier:

ein Kollege, der noch weniger leistet als man selbst. *Michael Schiff*

Februar:

der Monat, in dem wir merken, daß das Monatsgehalt in 28 Tagen genausowenig reicht wie in 31. *Anonym*

Fehler:

etwas, was Frauen – im Gegensatz zu Männern – sofort zugeben würden, wenn sie welche hätten. *Anonym*

eigenes Vergehen, im Unterschied zu den Vergehen anderer, den sogenannten Verbrechen. *Ambrose Bierce*

Fehlplanung:

was allzu viele Menschen mit Schicksal verwechseln. *Anonym*

Fehlschlag:

die Gelegenheit, von vorn anzufangen, aber auf intelligentere Weise. *Henry Ford*

Fehlschläge:

die Würze, die dem Erfolg sein Aroma gibt. *Truman Capote*

Feierlichkeit:

jener Nebel, welchen die Dummheit erzeugt, wenn sie in die Enge getrieben wird. *Heimito von Doderer*

Feigenblatt:

alttestamentarische Modetorheit. *Anonym*

Feigheit:

eine Koalition der Füße mit dem Verstand. *Gerhard Bronner*

der wirksamste Schutz gegen die Versuchung. *Mark Twain*

oft nur der Blick für die tieferen Zusammenhänge. *Bertrand Russell*

Feigling:

einer, der nur mit Schwimmflügeln in die Badewanne steigt. *Anonym*

ein Mensch mit normal entwickeltem Selbsterhaltungstrieb. *Anonym*

jemand, der in Gefahr mit den Beinen denkt. *Ambrose Bierce*

einer, der schon vor dem Tode stirbt. *William Shakespeare*

Feind:

eine Person, die durch ihr boshaftes Wesen getrieben wird, die Verdienste unsereiner zu leugnen oder überlegene eigene Verdienste zur Schau zu stellen. *Ambrose Bierce*

Feinde:

nicht so sehr diejenigen, die uns hassen, als vielmehr die, die wir hassen.

Anonym

Feinschmeckerlokal:

Gaumenfreudenhaus. *Ron Kritzfeld*

Fell:

wertvolle Verpackung, die viele Tiere umhüllt. *Anonym*

Feminismus:

die Philosophie der Frauen, die alle Philosophien von Männern ausschließt.

René und Denise David

fensterln:

diejenige Mühewaltung einer Mannsperson, welche erforderlich ist, um die leibliche Gunst einer in ihren Entschlüssen zur Nachtzeit nicht freien Person des anderen Geschlechts unter Vermeidung von Umwegen, Aufsehen oder Änderung des Familienstandes zu erlangen. *Anonym*

Ferien:

eine anstrengende Beschäftigung, die man erst zu genießen beginnt, wenn sie vorbei sind. *Anonym*

Freizeit, die man den Arbeitnehmern gewährt, um sie daran zu erinnern, daß die Firma auch ohne sie auskommt. *Anonym*

das ideale Ferienhaus:

eines, das Raum für zwölf Gäste, aber nur zwei Schlafgelegenheiten hat. *Anonym*

fern:

der Tag, an dem Verdienste gefragter sein werden als Geld. *Ambrose Bierce*

Fernfahrer:

die einzigen, die von ihren Lastern leben. *Ralph Boller*

Fernsehansagerinnen:

das einzige Wohnzimmerpersonal, das sich jede Familie leisten kann.

Petra Schürmann

deutsche Fernsehanstalt:

Behörde mit eigenem Sender. *Hardy Krüger*

Fernsehen:

eine Erfindung, die es uns ermöglicht, Störungen, die wir früher im Radio hörten, nun auch zu sehen. *Anonym*

unbewältigter Journalismus. *Guido Baumann*

die Phantasie der Armen. *Wieslaw Brudzinski*

eine Geltungsbedürfnisanstalt des öffentlichen Rechts. *Oliver Hassencamp*

Desinformation durch Überinformation. *Gertud Höhler*

kein Medium, sondern eine Belästigung. *Walter Koppel*

Mahlzeit, die von Gebildeten sorgfältig nach der Speisekarte ausgesucht, von Ungebildeten wahllos verschlungen und von Eingebildeten grundsätzlich abgelehnt wird. *Ron Kritzfeld*

nicht nur eine optische Täuschung. *Helmut Lamprecht*

der legitime Nachfolger der Gartenlaube. *Robert Lembke*

eine Art Unterhaltung, bei der Millionen Menschen zur gleichen Zeit über denselben Witz lachen und doch allein bleiben. *Inge Meysel*

Zirkus elektronisch. Du riechst nichts und weißt schon vorher, daß keiner runterfällt. *Gerhard Polt*

Rundfunk für Phantasielose. *Rudolf Rolfs*

eine Orgie von Wiederholungen, die immer wieder durch Werbung unterbrochen wird. *Franz F. Schart*

eine Prothese für die häusliche Dialogschwäche. *Werner Schneyder*

– das einzige Schlafmittel, das mit den Augen eingenommen wird. *Vittorio de Sica*

das Vergnügen, zu bewegten Bildern Nüsse zu knabbern und nicht darauf zu achten, wie viele es sind. *Ugo Tognazzi*

die Rache des Theaters an der Filmindustrie. *Peter Ustinov*

die aktive Form des Faulenzens. *Henning Venske*

eine Krankheit, die von der Krankenkasse finanziert werden müßte. *Otto Waalkes*

Kaugummi für die Augen. *Orson Welles*

die Droge im Wohnzimmer. *Marie Winn*

Fernsehgerät:
ein neuer Apparat, mit dem man alte Sendungen empfangen kann. *Dick Fenton*

eine Art Mikrowellenherd, dient dem Aufwärmen von Konserven. *Ron Kritzfeld*

Fernsehkritiker:
ein Mensch, der für das Unglück, fernsehen zu müssen, Geld bekommt. *Robert Lembke*

Fernsehpassivität:
eine weitverbreitete Leidensform. *Hans-Horst Skupy*

Fernsehprogramm:
die Zugabe zu den Werbeblöcken. *Aurel Schmidt*

Fernsehserie:
eine Dauerwurst, die immer frisch aussehen soll. *Fritz Wepper*

Fernsehshow:
der Triumph des Hintern über den Geist. *Henning Venske*

Fernsehunterhaltung:
die Kunst, die Spreu vom Weizen zu trennen und dann zu senden. *Robert Lembke*

Fernsehzuschauer:
ein Mensch, der weder denkt noch spricht. *Carlo Franchi*

Fersengeld:
die Landeswährung in einer Republik der Junggesellen. *Marisa Mell*

nicht selten das einzige Geld, das der Schuldner dem Gläubiger gibt. *Hellmut Walters*

festhalten:
eine bestimmte Reaktion der menschlichen Hand bei Berührung mit Geld. *Ambrose Bierce*

Festredner:
einer, der sich bemüht, Überflüssiges flüssig vorzutragen. *Anonym*

Mensch, der sein Herz auf der Zunge zergehen läßt. *Ron Kritzfeld*

Leute, die im Schlaf anderer Menschen sprechen. *Jerry Lewis*

Festschriften:
ein Massengrab, bei dessen Verfertigung die Gratulanten stöhnen und fluchen. *Robert Minder*

Festspielgäste:
hochgeschätzte Statisten, die ihren Auftritt auch noch selbst bezahlen. *Gerd Bacher*

Feuchtbiotop:
größere Pfütze. *Anonym*

Feuerstühle:
Potenz, die man hören kann. *Reinhard Weber*

Feuerwehr:
eine Organisation, die mit Wasser ruiniert, was die Flammen verschont haben. *Anonym*

Feuerwerk:
die großartigste Form, in kurzer Zeit viel Kapital zu vernichten. *Anonym*

viel Krach mit Gestank. *Anonym*

Feuilleton:
das, worin man in sechs Zeitungsspalten sagt, was man mit einem einzigen Satz für sich behalten sollte. *Wilhelm Lichtenberg*

die Unsterblichkeit eines Tages. *Ludwig Speidel*

Feuilletons:
Filigranitkunstwerke. *Franz Blei*

Feuilletonist:
ein Mann, der auf einer Glatze Locken zu drehen versteht. *Karl Kraus*

Figur:
etwas, das jeder hat, das aber bei jungen Mädchen besser aussieht. *Anonym*

Film:
ein Geschäftszweig, in dem die Leute etwas miteinander oder gegeneinander haben. *Anonym*

vielleicht die einzige Branche, in der sich mancher als Meister fühlt, bevor seine Lehrzeit überhaupt begonnen hat. *Alfred Hitchcock*

die Kunst, mit hübschen Frauen hübsche Sachen anzustellen. *François Truffaut*

Filmregisseur:
eine Mischung von General, Sergeant, Beichtvater, Psychotherapeut, Lokführer, Puffer, Public-Relations-Experte, Wirtschaftsberater – kurz, der einfachste Job der Welt. *Warren Beatty*

der am meisten überschätzte Beruf und die einzige Form der Kunst, in der man 50 Jahre lang ohne Talent Erfolg haben kann. *Orson Welles*

Filmrolle:
Möglichkeit für junge Mädchen, das Geld für Schauspielunterricht zu verdienen. *Anonym*

Filmstar:

ein Mann, der die beste Rolle, den ganzen Gewinn und die Frau des Produzenten verlangt – und das alles auch bekommt. *Billy Wilder*

Finanzamt:

eine Institution, die bewirkt hat, daß Reisende nicht mehr ihre Sekretärin als Ehefrau, sondern ihre Ehefrau als Sekretärin ausgeben. *Anonym*

eine Einrichtung, die schneller als man selbst zu der Erkenntnis kommt, daß es einem zu gut geht. *Anonym*

Behörde; verlangt Auskunft über die Herkunft unserer Einkünfte sowie Eingaben mit Angaben über unsere Ausgaben. *Ron Kritzfeld*

Finanzbeamte:

die einzigen Menschen, die stets eine zu hohe Meinung von uns haben. *Helmar Nahr*

Leute, die genau das Doppelte von dem glauben, was man ihnen sagt. *Ugo Tognazzi*

Finanzgenie:

ein Mann, der sein Geld schneller verdient, als seine Familie es ausgeben kann. *Anonym*

Finanzminister:

eine seltsame Personalunion von Milchkuh, Hamster und Kettenhund der Regierung. *Carlo Franchi*

ein gesetzlich autorisierter Taschendieb. *Paul Ramadier*

Finanzplaner:

ein Mann, der morgens genau sagen kann, warum der gestern vorausgesagte Finanzbedarf heute nicht ausreicht. *Anonym*

Finanzpolitik:

die Auseinandersetzung zwischen jenen Leuten, die eine Mark haben und zwei ausgeben wollen, und jenen anderen, die wissen, daß das nicht geht. *Manfred Rommel*

– die Kunst, Geld von Hand zu Hand zu geben, bis nichts mehr übrig ist.
Robert W. Sarnoff

Finanzwesen:
die Kunst oder Wissenschaft, Einkünfte und Geldmittel zum besten Vorteil des sie Handhabenden zu handhaben. *Ambrose Bierce*

Finne:
ein Mensch, der es sich dreimal überlegt, bevor er nichts sagt. *Ron Kritzfeld*

Fisch:
Lebewesen, das immer dann auf Urlaub geht, wenn auch die Angler gerade auf Urlaub gehen. *Anonym*

Fischteich:
ein von Lügnern umgebenes Gewässer. *Anonym*

Flagge:
ein farbiger Stoffetzen, der vor den Truppen hergetragen und über Festungen und Schiffen gehißt wird. *Ambrose Bierce*

Flagranti:
Ort, wo besonders viele Verbrecher erwischt werden. *Anonym*

Fledermaus:
eine Maus, die, von einem unzüchtigen Mäuserich verfolgt, die Götter um Flügel bittet, die ihr auch gewährt werden. *Georg Christoph Lichtenberg*

Flegelalter:
Epoche, in der ungezogene Kinder zu ungezogenen Erwachsenen heranreifen.
Anonym

Fleiß:
eine bestimmte nervöse Störung, die junge und unerfahrene Menschen befällt.
Ambrose Bierce

die beste Form der Leidenschaft. *Thomas Mann*

fliegen:

immer weniger von immer mehr sehen. *Anonym*

Fliegengitter:

eine Vorrichtung an Fenstern, die Fliegen daran hindert, das Zimmer zu verlassen. *Anonym*

Fließbandarbeit:

eine Peitsche am laufenden Band. *Hugo Olaerts*

Flirt:

die Fähigkeit, jemandem nahezukommen, ohne ihm zu nahe zu treten. *Anonym*

die Kunst, von einem Paket nur die Verschnürung zu lösen, ohne hineinzusehen. *Anonym*

Training für den Ernstfall. *Anonym*

Vor-Liebe. *Anonym*

eine Jagd, bei der das Häschen nicht selten den Jäger zur Strecke bringt. *Anonym*

die Kunst, einer Frau in die Arme zu sinken, ohne ihr in die Hände zu fallen. *Anonym*

Training mit dem Unrichtigen für den Richtigen. *Senta Berger*

ein Versuch, gleichzeitig Feuer zu fangen und zu löschen. *Senta Berger*

das Kunststück, mit einem blauen Auge davonzukommen, nachdem man in zwei blaue Augen geblickt hat. *Roy Black*

die Sünde der Tugendhaften und die Tugend der Sünderinnen. *Paul Bourget*

Männer laufen einer Frau nach, die längst hinter ihnen her ist. *Colette*

Trockenkurs der Liebe. *Karl Farkas*

– die Kunst, so weit davonzulaufen, daß man bestimmt eingeholt wird. *Zsa Zsa Gabor*

ein Rennen mit Vorgabe, bei dem sich die Frau immer nur so weit entfernt, daß sie bestimmt eingeholt wird. *Danny Kaye*

ein Überbrückungskredit bis zur nächsten Liebe. *Jeanne Moreau*

attention without intention. *Max O'Rell*

ein Versuch, mit dem Feuer zu spielen, ohne welches zu fangen. *Maria Perschy*

die zarte Kunst, einen Mann mit sich selbst zufrieden zu machen. *Henry Augustus Rowland*

die Kunst, einen Mann, der einem nahesteht, auf Distanz zu halten. *Sabina Sesselmann*

ein Spiel, bei dem man nicht weiß, ob man noch in der Qualifikation ist oder schon im Finale. *Ernst Stankovski*

etwas, wozu Frauen immer bereit sind, solange andere Frauen zuschauen. *Oscar Wilde*

eine Romanze mit Zeitraffer. Die Romanze ist ein Flirt in Zeitlupe. *Billy Wilder*

Amors Streifschüsse. *Raymond Peynet*

Flirts aus der Ferne:
dasselbe wie Sachertorten aus einem Bilderbuch. *Erika Pluhar*

flirten:
auf Distanz intim werden. *Hellmut Walters*

Flittchen:
junge Dame, die, nachdem sie sich mit uns getroffen hat, einen andern vorzieht. *Alfredo La Mont*

Flitterwochen:
Tage, die nur aus Nächten bestehen. *Anonym*

Konditionstraining, das viele Paare schon vor der Hochzeit absolvieren.
Anonym

die Zeit, die vorüber ist, wenn der Mann nicht mehr beim Geschirrwaschen hilft, sondern es allein macht. *Anonym*

das, was man heutzutage schon hinter sich hat, wenn man heiratet.
Mary McCarthy

die Zeit, während der die Braut dem Ehrenwort des Bräutigams traut.
Henry Louis Mencken

das fröhliche Begräbnis der Liebe. *Helmar Nahr*

der verzweifelte Versuch, die Liebe in die Ehe hinüberzuretten. *Helmar Nahr*

eine Probezeit, in der keine Reklamationen mehr angenommen werden.
Peter Sellers

Flügel:
das Instrument, in dem sich die Harfe zum Schlafen niedergelegt hat.
Ramón Gómez de la Serna

Flugreisen:
von immer mehr immer weniger zu sehen bekommen. *Anonym*

Flugzeug:
ein sicheres Verkehrsmittel – wenn man die Autofahrt zum Flugplatz abschafft. *Anonym*

weiter nichts als eine Ansammlung locker im Verband fliegender Einzelteile, die durch das Genie des Piloten am Auseinanderfallen gehindert werden.
Rudolf Braunburg

Flunkerei:
eines Gewohnheitslügners beste Annäherung an die Wahrheit. *Ambrose Bierce*

Folksänger:
ein Künstler, der durch die Verherrlichung der Armut reich wird. *Anonym*

– ein Künstler, der mit einer Verstärkeranlage für 10 000 Mark die Vorzüge des einfachen Lebens preist. *Anonym*

Folterbank:

ein Lehrmittel, das früher häufig verwendet wurde, um die Anhänger eines falschen Glaubens zur lebendigen Wahrheit zu bekehren. *Ambrose Bierce*

Format:

vielen einzig als DIN-Größe bekannt. *Franz Xaver Neuwirth*

forschen:

sehen, was jeder sieht, und denken, was keiner denkt. *Anonym*

Forscher:

ein Mann, der sich den Kopf zerbricht über neue Methoden, sich nicht mehr den Kopf zerbrechen zu müssen. *Anonym*

ein Portier im Labyrinth; hinter jeder mühsam geöffneten Tür entdeckt er mindestens zwei noch verschlossene. *Ron Kritzfeld*

Fortschritt:

das, was aus dem angeborenen Bedürfnis der Menschen erwächst, über ihre Verhältnisse zu leben. *Anonym*

das unablässige Bemühen, die Dinge, die wir essen, trinken und anhaben, so gut zu machen, wie sie früher einmal waren. *Anonym*

Bewegung in der Richtung des geringsten Widerstandes. *Anonym*

tausend Dinge bewegen sich vorwärts, neunhundertneunundneunzig zurück. *Henri Frédéric Amiel*

in der Politik manchmal nur das Gefühl, das man in einem stehenden Eisenbahnzug hat, wenn nebenan einer anderer fährt. *George Brown*

nichts als der Sieg des Lachens über ein Dogma. *Benjamin Decasseres*

der Vorgang, bei dem es durch angestrengte Arbeit schließlich gelingt, so wenig tun zu müssen, wie die Naturvölker schon immer getan haben. *David Frost*

der Übergang von Situationen, deren Nachteile man kennt, zu Situationen, deren Nachteile man noch nicht kennt. *Arnold Gehlen*

die Fähigkeit des Menschen, einfache Dinge zu verkomplizieren. *Thor Heyerdahl*

immer mehr wissen und immer weniger davon haben. *Josef Meinrad*

ein Apfel, von dem schon Dostojewski und Nietzsche gewußt haben, daß er wurmstichig ist. *Czeslaw Milosz*

die bekannten alten Sorgen gegen unbekannte neue, noch kompliziertere Sorgen eintauschen. *José Ortega y Gasset*

die Verwirklichung von Utopien. *Oscar Wilde*

Fortsetzungsroman:
ein literarisches Werk; für gewöhnlich eine Geschichte, die nicht wahr ist und die sich durch verschiedene Ausgaben einer Zeitung oder Zeitschrift schleicht.
Ambrose Bierce

Fortuna:
eine Dame, die nur jenen wenigen zulächelt, die wissen, wie man sie zum Lächeln bringt. *Hans Selye*

Fossilien:
Exlebewesen, deren Verkalkung den Grad der Versteinerung erreicht hat.
Anonym

Fotoamateurclub:
Vereinigung von Leuten, die das Fotografieren so kompliziert wie irgend möglich ausüben möchten. *Anonym*

Fragezeichen:
das Zeichen der Intelligenz. *Anonym*

die Franken:
die Sanguiniker unter den Deutschen. *Theodor Heuss*

Frankreich:

ein Land, in dem der Wert des Geldes sinkt und wo sich das Toilettenpapier nicht abreißen läßt. *Billy Wilder*

Frantz, Justus

Er ist der beste Pianist unter den Managern, der beste Dirigent unter den Intendanten und der größte Virtuose der Festival-Kultur. *»Die Woche«*

Frau:

ein Geschöpf, das ständig in den Spiegel schaut und es vergißt, wenn es aus einer Parklücke herausfährt. *Anonym*

die Rätselecke in Gottes großer Weltzeitung. *Marcel Achard*

eine raffinierte Mischung von Brandstifter und Feuerwehr. *Marcel Aymé*

ein gut gedeckter Tisch, den man vor und nach dem Mahl mit anderen Augen ansieht. *Honoré de Balzac*

das einzige Geschenk, das sich selbst verpackt. *Jean-Paul Belmondo*

die einzige Maus, die Fallen fängt. *Ralph Boller*

eine Festung, die sich mit der weißen Flagge wehrt. *Charles Boyer*

das einzige Wesen, das Falle, Köder und Fallensteller zugleich ist. *Gilbert Keith Chesterton*

ein Mensch, bevor man sie liebt, manchmal auch nachher; sobald man sie liebt, ist sie ein Wunder. *Max Frisch*

ein Kamel, das uns hilft, die Wüste des Lebens zu durchqueren. *Ben Gurion*

für den erfolgreichen Mann eine Art Litfaßsäule, die seinen Wohlstand plakatiert. *Gino Marchi*

ein Fisch, der den Angler fängt. *Mark Twain*

der schlimmste Feind der Frau. *Henry de Montherlant*

so etwas wie ein Koffer ohne Handgriff. Man weiß nicht recht, wie man sie halten soll; außerdem muß man befürchten, daß sie einem entgleitet. *Paul Morand*

für den Mann ein Rätsel, dessen Lösung er bei der nächsten sucht. *Jeanne Moreau*

eine Falle der Natur. *Friedrich Nietzsche*

die Beute, die dem Raubtier auflauert. *José Ortega y Gasset*

die einzige Mausefalle, die der Maus nachläuft. *George Bernard Shaw*

Frau am Steuer:

ein Wesen, das auch nicht anders fährt als ein Mann – nur nimmt man's ihr übel. *Anonym*

ein Mensch, der alle Verkehrsvorschriften genau befolgt und dafür beschimpft wird, daß er einen Mann behindert, der sie nicht befolgt. *Anonym*

eine anständige Frau:

eine Dame, die weiß, was sie nicht wissen darf, obwohl sie es weiß. *Jean-Paul Belmondo*

eine, die nicht (oder nicht mehr) imstande ist, mehr als nur einen Mann unglücklich zu machen. *Henry de Montherlant*

eine emanzipierte Frau:

eine, die Sex vor der Ehe und danach einen Beruf hat. *Gloria Steinem*

eine geschiedene Frau:

eine Frau, die geheiratet hat, um nicht mehr arbeiten zu müssen, und jetzt arbeitet, um nicht mehr heiraten zu müssen. *Anna Magnani*

die ideale Frau:

für mich die, mit der ich weinen kann. *Anonym*

für den Mann jene, die ihn ehrfürchtig grüßt, während er auf dem Weg zu einer anderen ist. *Helen Rowland*

eine intelligente Frau:
eine Frau, bei der man so dumm sein kann, wie man will. *Paul Valéry*

eine liebende Frau:
eine Sklavin, die ihrem Herrn die Ketten anlegt. *George Bernard Shaw*

eine schlechte Frau:
die Art Frauen, deren man nie müde wird. *Oscar Wilde*

eine verliebte Frau:
eine Sklavin, die ihre Ketten von ihrem Geliebten tragen läßt. *Etienne Rey*

die vollkommene Frau:
entweder die lächerliche Illusion eines ahnungslosen Jünglings oder die wundervolle Illusion eines weisen, alten Ehemanns. *Vittorio de Sica*

Frauen:
das Paradies der Augen, das Fegefeuer des Beutels und die Hölle der Seele. *aus Spanien*

die Geliebten der Männer in der Jugend, die Gefährtinnen auf der Höhe des Lebens, die Pflegerinnen im Alter. *Francis Bacon*

die Chamäleons der Liebe. Wir Männer sind für sie nur die Farbe, der sie sich jeweils anpassen. *Albert Chevalier*

der i-Punkt auf Gottes Schöpfung, deshalb sind viele so klein und so rund. *Ali Ferhat*

Geschöpfe, die unter anderem da sind, um die Torheiten der Männer auszugleichen, auch die intellektuellen. *Otto Flake*

das Beste in dieser Art. *Curt Goetz*

die süße Mehrheit der Weltbevölkerung. *June Jordan*

Fallen, die den Menschen von allen Seiten belauern, um ihn in das Nur-Endliche zu reißen. *Franz Kafka*

eine Mehrheit, die wie eine Minderheit behandelt wird. *Lisa Kraemer*

Spielleiter, die manchmal die gelbe Karte zeigen, aber niemals die rote. *Marcello Mastroianni*

ein Kreuzworträtsel – erst waagerecht und senkrecht zusammen ergeben die Lösung. *Marcelle Mastroianni*

ein liebliches Geheimnis: nur verhüllt, nicht verschlossen. *Novalis*

das beste Trainingslager. *Otto Rehagel*

die sonderbarsten Geschöpfe: Während ihr Widerspruch zunimmt, läßt ihr Widerstand nach. *Karl Schönböck*

glückliche Wesen: Weil sie keine Männer sind, brauchen sie keine Frauen zu heiraten. *Madame de Staël*

die Holzwolle in der Glaskiste des Lebens. *Kurt Tucholsky*

Wesen, die uns mit dem Wunsch erfüllen, Meisterwerke zu schaffen, uns aber dann daran hindern, sie auszuführen. *Oscar Wilde*

Sphinxe ohne Geheimnisse. *Oscar Wilde*

anständige Frauen:
verborgene Schätze, die nur deshalb sicher sind, weil sie niemand sucht. *Anonym*

diejenigen, die noch keiner gefragt hat. *Ovid*

die schönsten Frauen:
die, denen wir gefallen. *Gabriel Laub*

Frauenarzt:
der einzige Mann, der wirklich nicht ohne Frauen leben kann. *Arthur Schopenhauser*

Frauenärzte:
die einzigen Menschen, die jemanden kennenlernen, bevor er geboren ist. *Chris Howland*

Frauenkenner:
ein Mann, der nur Frauen kennt, die er lieber nicht kennen sollte, und von ihnen auf Frauen schließt, die er nie kennen wird. *Anonym*

die besten Frauenkenner:
die Meteorologen: Sie geben den Wirbelstürmen Frauennamen. *Peter Ustinov*

Frauenkleidung:
ein Kompromiß zwischen dem eingestandenen Wunsch, sich anzuziehen, und dem uneingestandenen Wunsch, sich auszuziehen. *Lin Yutang*

Frauenlippen:
das schönste Tor zu ihrer Seele. *aus Schweden*

Frauenseele:
für mich ein offenes Buch – geschrieben in einer unverständlichen Sprache. *Ephraim Kishon*

Frauentränen:
die Fortsetzung der Konversation mit anderen Mitteln. *Marcello Mastroianni*

die stärkste Wasserkraft der Welt. *Wilson Mizner*

Frauenzimmer:
Zimmer, die sich auf Herzklopfen öffnen. *Robert Lembke*

frei:
wer ohne Angabe eines Grundes eine Einladung zum Essen ausschlagen kann. *Anonym*

wer sich in seinem Joch behaglich fühlt. *Robert Frost*

wer will, was er muß. *Hans Lohberger*

Freie Demokraten:
Anhalter, die oft recht mitgenommen wirken. *Wolfram Weidner*

Freigebigkeit:

oft nur die Eitelkeit des Schenkens. *François de La Rochefoucauld*

Freiheit:

etwas, das man nicht bemerkt, solange man es besitzt. *Anonym*

ein Gut, das man sich selber raubt, wenn man es nicht gebraucht. *Anonym*

etwas, worunter viele Menschen nur Ellenbogenfreiheit verstehen möchten. *Anonym*

eine Puppe, die man weinenden Untertanen gibt, sie damit zu stillen; wenn sie aber dann schweigen, so nimmt man ihnen dann das Spielzeug wieder ab, ehe sie es merken. *Anonym*

das Recht, Menschen zu wählen, die die Aufgabe haben, deine Freiheit einzuschränken. *Anonym*

eines der kostbarsten Güter der Einbildung. *Ambrose Bierce*

ein politischer Zustand, dessen sich jede Nation allein zu erfreuen glaubt. *Ambrose Bierce*

ein Luxus, den sich nicht jedermann gestatten kann. *Otto von Bismarck*

die Möglichkeit, daß man alles tun kann, was einem anderen nicht schadet. *Matthias Claudius*

der Sauerstoff der Seele. *Moshe Dayan*

kein Privileg, das verliehen wird, sondern eine Gewohnheit, die erworben werden muß. *Lloyd George*

die Macht, die wir über uns selber haben. *Hugo Grotius*

ein Gut, dessen Dasein weniger Vergnügen bringt als seine Abwesenheit Schmerzen. *Jean Paul*

ein stürmisches Meer, nur ängstliche Naturen bevorzugen die Stille des Despotismus. *Thomas Jefferson*

– die Wahl zwischen Arbeiten und Verhungern. *Samuel Johnson*

ein Segel – prall im Sturm der Sehnsucht, schlaff in der Windstille der Gewohnheit. *Hans Kasper*

ein Kaugummibegriff – an jedem Schlagbaum versteht man etwas anderes darunter. *Oskar Kokoschka*

das Recht, Menschen zu wählen, die damit berechtigt sind, deine Freiheit zu beschränken. *Robert Lembke*

immer nur Freiheit des anders Denkenden. *Rosa Luxemburg*

der innige Anspruch, niemandem zu gehorchen als nur der Vernunft. *Heinrich Mann*

das Recht, alles zu tun, was die Gesetze erlauben. *Charles de Montesquieu*

der Zwang, sich zu entscheiden. *José Ortega y Gasset*

das Recht, anderen Leuten das zu sagen, was sie nicht hören wollen. *George Orwell*

die Freiheit zu sagen, daß zwei und zwei vier ergibt. Wenn das garantiert ist, folgt alles andere von selbst. *George Orwell*

eine sehr schöne Sache, aber nicht dann, wenn sie mit Einsamkeit erkauft wird. *Bertrand Russell*

der Spielraum, den uns die Macht läßt. *Lothar Schmidt*

von nichts anderem abhängig sein als von den Gesetzen. *Voltaire*

ein Zwang, den man als solchen nicht erkennt. *Karl Heinrich Waggerl*

ein Gut, das durch Gebrauch wächst, durch Nichtgebrauch dahinschwindet. *Carl Friedrich von Weizsäcker*

das einzige Ding, das man nicht haben kann, wenn man nicht gewillt ist, es anderen zu geben. *William Allen White*

politische Freiheit:

eine schickliche Fabel, welche die Regierenden ersonnen haben, um die Regierten einzuschläfern. *Napoleon I.*

Freiheitsliebe:

eine Kerkerblume. *Heinrich Heine*

Freizeit:

die Zeit, die man zwischen Wohnung und Arbeitsstätte verbringt. *Anonym*

die Zeit, die man mit Arbeiten zubringt, für die man nicht bezahlt wird. *Anonym*

die Zeit, die eine Mutter hat, um den Haushalt in Ordnung zu halten, wenn die Kinder versorgt sind. *Anonym*

Fremde:

Freunde, die man nur noch nicht kennengelernt hat. *Anonym*

die Fremde:

die Heimat des Abenteurers. *Hans Kasper*

Fremdwörter:

die Gastarbeiter der Sprache. *Wolfram Weidner*

Freude:

das aufrichtigste aller Komplimente. *Coco Chanel*

was sich nur dann voll auskosten läßt, wenn ein anderer sich mitfreut. *Mark Twain*

die Leidenschaft, durch die wir besser werden. *Heinrich von Stein*

die beste Freude:

das Wohnen in sich selbst. *Johann Wolfgang von Goethe*

Freund:

ein Mensch, mit dem man über Sachen sprechen kann, die man sonst nur denkt. *Anonym*

– ein Mensch, der deine Feinde mit dir teilt und sich nicht über deine Erfolge ärgert. *Anonym*

jemand, der an meine Tür klopft, wenn mich alle Welt verlassen hat. *Anonym*

ein Mensch, der dieselben Leute nicht mag wie du. *Anonym*

einer, der dich durchschaut und trotzdem nicht enttäuscht ist. *Anonym*

wer dir häßliche Dinge ins Gesicht sagt, statt hinter deinem Rücken. *Anonym*

jemand, mit dem man nicht reden muß. *Anonym*

ein Mensch, vor dem man laut denken kann. *Ralph Waldo Emerson*

ein Mensch, der immer da ist, wenn man ihn braucht; und der vor allem nicht da ist, wenn man ihn nicht braucht. *Jean Gabin*

einer, der alles von dir weiß und der dich trotzdem liebt. *Elbert Hubbard*

ein Mensch, der uns annimmt, ohne uns auszunehmen. *Ron Kritzfeld*

etwas, was dem Geld sehr ähnlich ist, weil leichter zu gewinnen als zu halten. *Alfredo La Mont*

ein Geschenk, das man sich selbst macht. *Robert Louis Stevenson*

guter Freund:
einer, der hinter meinem Rücken Gutes über mich sagt. *Englisches Sprichwort*

Freunde:
jene seltenen Menschen, die einen fragen, wie es einem geht, und dann auch die Antwort abwarten. *Anonym*

selbstgewählte Angehörige. *»New York Times«*

Bekannte, bei denen man sich auskennt. *Herbert A. Frenzel*

Leute, die meine Bücher entleihen und nasse Gläser darauf stellen. *Edwin Arlington Robinson*

die besten Freunde:
diejenigen Menschen, mit denen man über dieselben Dinge schweigen kann.
Anonym

Freundchen:
kleiner Feind. *Ron Kritzfeld*

Freundlichkeit:
die größte aller ungenutzten Kapitalreserven. *Anonym*

eine Sprache, die Taube hören und Blinde lesen können. *Mark Twain*

die Kunst, den Menschen mehr Liebe entgegenzubringen, als sie verdienen.
Joseph Joubert

Freundschaft:
dem andern so aufmerksam zuhören, wie man es sich von ihm wünscht. *Anonym*

eine Seele in zwei Körpern. *Aristoteles*

ein Zustand, der besteht, wenn jeder Freund glaubt, dem anderen gegenüber eine leichte Überlegenheit zu besitzen. *Honoré de Balzac*

ein Schiff, groß genug, um bei gutem Wetter zwei zu tragen, aber nur einen bei schlechtem. *Ambrose Bierce*

Liebe ohne ihre Flügel. *Lord Byron*

die stillschweigende Übereinkunft zweier Feinde, die für eine gemeinsame Beute arbeiten wollen. *Elbert Hubbard*

meistens Spießgesellenschaft. *Ludwig Marcuse*

ein Vertrag, durch den wir uns verpflichten, kleine Dienste zu erweisen, damit wir in den Genuß größerer kommen. *Charles de Montesquieu*

das Verbundensein eines Teils des einen Menschen mit einem Teil eines anderen. Freund ist man stückweise. *George Santayana*

so etwas wie Liebe mit Verstand. *Sabine Sauer*

– Liebe ohne Begierde. *Georg-Stefan Troller*

ein Regenschirm, der den Fehler hat, daß er bei schlechtem Wetter zurückgegeben werden muß. *Pierre Véron*

Freundschaft zweier Frauen:
meistens nur die Verschwörung gegen eine dritte! *aus den »Fliegenden Blättern«*

nicht viel mehr als ein Nichtangriffspakt. *Henry de Montherlant*

platonische Freundschaft:
eine Freundschaft, von der die halbe Stadt behauptet, sie sei keine. *Anonym*

wahre Freundschaft:
eine sehr langsam wachsende Pflanze. *George Washington*

Friede:
Krieg ohne Waffen. *Anonym*

eine Zeit, in der es nicht deine heilige Pflicht ist, eine offizielle Lüge zu glauben. *Anonym*

Zeitraum, in dem die Bürger arbeiten, um die Kosten des letzten und des nächsten Krieges zu decken. *Anonym*

die kurze Zeitspanne zwischen zwei Kriegen. *Anonym*

in der internationalen Politik: eine Periode der Betrügereien zwischen zwei Perioden des Kampfes. *Ambrose Bierce*

ein aussterbender Zustand, der den Überfluß von Zivilisten durch Krieg zu kurieren sucht. *Cyril Vernon Conolly*

die Rücksicht auf das Recht des anderen. *Benito Juarez*

der geheime Alptraum der Militärs und Advokaten. *Norman Mailer*

die Fortsetzung des Krieges mit anderen Mitteln. *Oswald Spengler* meist nur ein Waffenstillstand, in dem der Schwächere so lange auf seine Ansprüche verzichtet, bis er eine Gelegenheit findet, sie mit Waffengewalt erneut geltend zu machen. *Luc de Clapiers de Vauvenargues*

Friedfertigkeit:
die sichere Erkenntnis, daß ein anderes Land stärker ist. *Anonym*

Friedhof:
Versammlungsort für Leute, die glaubten, daß das Leben ohne sie nicht weitergeht. *Anonym*

Friedhöfe:
Örtlichkeiten, die voll sind von Leuten, die sich für unentbehrlich hielten. *Georges Clemenceau*

Friedhofsmauer:
unnötiges Bauwerk. Keiner will rein, keiner kann raus. *Anonym*

ein Friedlicher:
einer, der sich totschießen läßt, um zu beweisen, daß der andere der Aggressor gewesen ist. *Ludwig Marcuse*

Frigidität:
absolut abwertende Bezeichnung für die Ruhe und Ausgeglichenheit einer Frau. *Jane Fonda*

Frisch, Max
Frisch ist der Schriftsteller der Intellektuellen. Sie glauben, seine Eheprobleme und Identitätskrisen auch haben zu müssen. *Friedrich Dürrenmatt*

Friseur:
ein Mann, der etwas gelernt haben muß, damit wir ihm unseren Kopf anvertrauen. *Gabriel Laub*

Frömmigkeit:
die Verehrung eines höchsten Wesens, beruhend auf der Vermutung, es gleiche dem Menschen. *Ambrose Bierce*

Frömmler:
jemand, der hartnäckig und fanatisch eine Meinung vertritt, die man selber nicht akzeptiert. *Ambrose Bierce*

Frosch:
ein Haustier, auf dessen Wettervorhersage Meteorologen achten, wenn sie in Urlaub fahren. *Anonym*

– ein Lurch mit eßbaren Schenkeln. *Ambrose Bierce*

Frühling:

die Jahreszeit, in der man auch dann gähnt, wenn man sich keine Fernseh-Wiederholungen anschaut. *Anonym*

die Jahreszeit, in der die Phantasie junger Männer sich mit Dingen zu beschäftigen beginnt, an die junge Mädchen den ganzen Winter über schon dachten. *Anonym*

Jahreszeit, in der die Autofahrer das Gefrierschutzmittel zwei Wochen zu früh aus dem Kühler lassen. *Anonym*

die schöne Jahreszeit, in der der Winterschlaf aufhört und die Frühjahrsmüdigkeit anfängt. *Anonym*

jene herrliche Zeit, in der wir alle ins Freie eilen, um endlich etwas frischen Benzindunst zu atmen. *Carlo Manzoni*

frühreif:

ein Vierjähriger, der mit der Puppe seiner Schwester durchbrennt. *Ambrose Bierce*

Frustration:

Luschtverluscht. *aus dem Schwäbischen*

führen:

wissen, was man will. *Thomas Ellwein*

Führer:

Einzelgänger, der Mitläufer trainiert. *Ron Kritzfeld*

einer, der die anderen unendlich nötig hat. *Antoine de Saint-Exupéry*

der geborene Führer:

jemand, der Angst davor hat, irgendwohin allein zu gehen. *Clifford Hanley*

demokratische Führung:
wenn der Chef um Zustimmung zu Entscheidungen bittet, die er längst getroffen hat. *Büroweisheit*

Führungstalent:
die Gabe, den Menschen zu zeigen, daß ihr Bestes etwas ganz anderes ist, als sie geglaubt haben. *Anonym*

für immer:
sehr lange, aber heute doch nicht mehr ganz so lange wie gestern. *Anonym*

Fundamentalist:
einer, der uns Grundsätze zumutet, die wir eigentlich schon längst über Bord geworfen haben. *Anonym*

Fundort:
der Punkt, an dem das Suchen hätte beginnen sollen. *Anonym*

Funktionäre:
ein wundersames Beispiel für die Vermehrung der Menschen auf ungeschlechtliche Weise. *Anonym*

Leute, denen ihre Weltanschauung keine Zeit läßt, auch noch die Welt anzuschauen. *Hans Kasper*

Leute, die immerhin dreimal überlegen, bevor sie nichts tun.
Cyril Northcote Parkinson

Furcht:
die Dunkelkammer, in der Negatives entwickelt wird. *Anonym*

Furz:
Hosenjuchzer. *Abraham a Santa Clara*

Fusion:
die Kunst, zwei Pleitebetriebe zu einem gutgehenden Unternehmen zu vereinigen. *H. Meyer*

Fußball:

eine in Gummi und Leder verpackte Portion Druckluft. *Anonym*

das erfolgreichste Theater der Neuzeit. *Helmut Karasek*

Fußballfan:

jemand, der von jedem deutschen Bundesligaspieler genau die Nationalität kennt. *Anonym*

Fußballfieber:

eine weltumfassende Geisteskrankheit. *Dieter Hildebrandt*

Fußball-Länderspiel:

Niederlage des Sportgeistes gegen den Nationalismus. *Rudolf Rolfs*

Fußballstadion:

der einzige Ort, an dem man brüllen kann, ohne daß man gleich für einen Sänger gehalten wird. *Raf Vallone*

Fußgänger:

Mensch, der im Straßenverkehr nur dann Vorrang hat, wenn er im Unfallwagen liegt. *Anonym*

ein Mann, der Frau und Tochter, aber nur zwei Autos hat. *Anonym*

ein Ehemann, der nicht glauben will, daß seine Frau einen eigenen Wagen braucht. *Anonym*

jemand, der nicht mehr weiß, wo er seinen Wagen geparkt hat. *Anonym*

ein verheirateter Mann, der ein Auto besitzt. *Anonym*

ein glücklicher Autofahrer, der einen Parkplatz gefunden hat. *Joachim Fuchsberger*

Autofahrer, die unterwegs zu ihren Wagen sind. *Dieter Hildebrandt*

Menschen, die auf der Fahrbahn laufen oder liegen. *Robert Lembke*

ein Verkehrsteilnehmer, bei dem sozusagen Fahrer und Fahrzeug eins sind. *James Pencer*

ein Staubsauger ohne Motor. *Robert Rocca*

Fußnote:
eine langweilige Information, die beiseite gesetzt wird, damit sie leicht übersehen werden kann. *Anonym*

Fußnoten:
die Hühneraugen der Literatur. *Wolfram Weidner*

Fußweg:
der beste Weg zur Gesundheit. *Anonym*

Futurologe:
einer, der sich vorstellen kann, wie die Zukunft einmal sein wird, sich aber nicht vorstellen kann, daß diese ohne ihn auskommen könnte.
Stanislaw Jerzy Lec

G

gackern:
die Geburt eines Eies feiern. *Ambrose Bierce*

gähnen:
schlechte Manieren, aber eine ehrliche Meinungsäußerung. *Anonym*

ein stiller Aufschrei. *Gilbert Keith Chesterton*

Wiegenlied ohne Worte. *Wolfram Weidner*

Gärtner:
einer, der meint, wenn man etwas hineinsteckt, müsse auch wieder etwas herauskommen. *Anonym*

Gala:
das ist doppelte Kohle und halbe Auftrittszeit. *Karl Dall*

Galgen:
Bühne für die Aufführung von Mirakelspielen, in denen der Hauptdarsteller in den Himmel entrückt wird. *Ambrose Bierce*

Galgenhumor:
Spaß für den Ernstfall. *Anonym*

die Kunst, sich den Ast zu lachen, auf dem man sitzt. *Wolfgang Neuss*

Ganove:
ein mit allen Wassern Gewaschener, der dennoch keine reine Weste hat. *Ron Kritzfeld*

Gans:
ein Vogel, auf dem früher Federhalter wuchsen. *Anonym*

gar nichts tun:
die allerschwierigste Beschäftigung und zugleich diejenige, die am meisten Geist voraussetzt. *Oscar Wilde*

Garten:
etwas, das verwelkt, wenn man es nicht gießt, und verfault, wenn man es gießt. *Anonym*

ein optimistischer Gartenfreund:
einer, der davon überzeugt ist, daß alles, was man in die Erde steckt, auch wieder herauskommt. *Anonym*

Gasgemisch:
das, was in unseren Städten immer noch als Luft bezeichnet wird. *Anonym*

Gastfreundschaft:
die Kunst, Besuchern das Gefühl zu vermitteln, sie seien zu Hause, während man wünscht, sie wären es. *Anonym*

die Kunst, Besucher zum Bleiben zu veranlassen, ohne sie am Aufbrechen zu hindern. *Anonym*

die Tugend, welche uns veranlaßt, gewissen Menschen Nahrung und Obdach zu geben, die beides nicht nötig haben. *Ambrose Bierce*

Gastronom:
ein Mensch, der die Welt so sieht, wie sie ißt. *Ludwig Schmidseder*

Gatte:
jemand, dem nach dem Essen das Spülen des Geschirrs obliegt. *Ambrose Bierce*

das, was übrigbleibt, wenn man dem Liebhaber den Nerv gezogen hat. *Helen Rowland*

der ideale Gatte:
der Mann, von dem andere Frauen ihren Männern immer erzählen. *Anonym*

treuer Gatte:
ein Ehemann, der sich nicht auch noch auswärts blamieren will. *Anonym*

Gattin:
eine Person, die auch inmitten der herrlichsten Landschaft der Welt den Blick starr auf den Tachometer heftet. *Anonym*

eine gewesene Geliebte. *Henry Louis Mencken*

Gebet:
ein himmelwärts gerichteter Wunsch. *Anonym*

wirksame Form der Autosuggestion. *Ron Kritzfeld*

gebildet:
wer allein sein kann, ohne sich zu langweilen. *Anonym*

wer Parallelen sieht, wo andere etwas völlig Neues zu erblicken glauben. *Sigmund Graff*

gebildet:

wer weiß, wo er findet, was er nicht weiß. *Georg Simmel*

Geburt:

die Aushändigung einer Rückfahrkarte. *Hans Kudszus*

Geburtenkontrolle:

der Versuch, der Biene den Stachel zu nehmen, aber den Honig zu lassen. *Robert Lembke*

Geburtsdatum:

ein Gerücht, das eine Frau durch ihr Aussehen jederzeit widerlegen kann. *Anonym*

Geburtstagsreden:

Vorübungen zu Grabsprüchen. *Lothar Kempter*

Gedächtnis:

eine Schublade, die häufig klemmt. *Anonym*

das Ding, mit dem ich vergesse. *Definition eines Kindes*

die Sparbüchse des Geistes. *aus den »Fliegenden Blättern«*

ein sonderbares Sieb: Es behält alles Gute von uns und alles Üble von den anderen. *Wieslaw Brudzinski*

die Fähigkeit, sich das zu merken, was man vergessen möchte. *Daniel Gélin*

die Versammlung des Denkens. *Martin Heidegger*

ein Netz – zieht man es aus dem Bach, so ist es voller Fische, aber Tausende Liter Wasser sind durchgelaufen, ohne hängenzubleiben. *Oliver Wendell Holmes*

ein Instrument, das die Vergangenheit laufend zu einer Geschichte aufarbeitet, die einem präsent ist und die man akzeptieren kann. *Stanley Kauffmann*

ein Sieb, in dem wir unser Wissen aufbewahren. *Lothar Schmidt* die Kombination von Protokoll und Märchenbuch. *Hans Weigel*

das Tagebuch, das wir immer mit uns herumtragen. *Oscar Wilde*

gutes Gedächtnis:
eine gute Gabe Gottes. Vergessenkönnen ist oft eine noch bessere Gabe. *Georg Christoph Lichtenberg*

ein Fluch, der einem Segen ähnlich sieht. *Harold Pinter*

kurzes Gedächtnis:
wirksamstes Instrument der Vergangenheitsbewältigung. *Ron Kritzfeld*

schlechtes Gedächtnis:
ein sanftes Ruhekissen. *Anonym*

Gedächtniskünstler:
ein Mensch, der die dritte Strophe des Deutschlandliedes auswendig kann. *Anonym*

Gedächtniskünstlerin:
eine Frau, die das wahre Alter einer Rivalin erfahren hat. *Anonym*

Gedächtnisschwund:
eine Krankheit, die Psychiater veranlaßt, Vorauszahlungen von ihren Patienten zu verlangen. *Anonym*

bester Schutz gegen schlechtes Gewissen. *Wolfgang Eschker*

neuer Gedanke:
meist eine uralte Banalität in dem Augenblick, da wir ihre Wahrheit an uns selbst erfahren. *Arthur Schnitzler*

Gedanken:
die Proben zu Handlungen. *Sigmund Freud*

das, was ein Mann hat, nachdem er 45 geworden ist. Was er vorher hat, das sind Gefühle. *Austin O'Malley*

klare Gedanken:

die Gedanken, die den gleichen Grad von Konfusion haben wie unsere eigenen. *Marcel Proust*

Gedankenlosigkeit:

die Unterschrift unter einem anonymen Brief. *Anonym*

Gedicht:

die Spitze des Ungesagten, die gerade noch ins Sagbare ragt. *Hilde Domin*

Fassung, die der Autor gewinnt. *Reiner Kunze*

Wortschätze. *Ron Kritzfeld*

Gedichte veröffentlichen:

ein Rosenblatt in den Grand Canyon werfen und auf das Echo warten. *Don Marquis*

Geduld:

eine Eigenschaft, die wir an dem Autofahrer hinter uns bewundern und an dem vor uns verwünschen. *Anonym*

eine Eigenschaft, die wir am dringendsten brauchen, wenn sie uns auszugehen droht. *Anonym*

eine Eigenschaft, die Pünktliche besonders oft benötigen. *Anonym*

die Kunst, die Ungeduld zu verbergen. *Anonym*

die Kunst, nur langsam wütend zu werden. *Anonym*

was man bei einer Diät am schnellsten verliert. *Anonym*

gezähmte Leidenschaft. *Lyman Abbott*

eine niedere Form von Verzweiflung, als Tugend verkleidet. *Ambrose Bierce*

eine Grundtugend der Politik – solange man sie nicht mit der Ausdauer verwechselt, Fehlschläge in unbegrenzter Zahl hinzunehmen. *Hans Kasper*

Ausrede für Mangel an Tatkraft. *Ron Kritzfeld*

das einzige Ding, das man verlieren kann, ohne es zu besitzen. *Wilhelm Lichtenberg*

Fähigkeit, die dann, wenn man sie am meisten braucht, erschöpft ist. *Carey MacWilliams*

die Kunst zu hoffen. *Friedrich Schleiermacher*

Geduld haben:
so tun, als hätte man sie. *Wolfram Weidner*

geflügelte Worte:
Zitatsachen. *Ron Kritzfeld*

Gefolgsmann:
Anhänger ohne Verstand. *Ambrose Bierce*

Gefühle:
das, was die Deutschen stets investieren, statt zu verschenken. *Werner Schneyder*

Gegensprechanlage:
Mikrophon für Oppositionsredner. *Ehrfried Siewers*

Gegenwart:
jener Teil der Ewigkeit, der den Bereich der Enttäuschung von jenem der Hoffnung scheidet. *Ambrose Bierce*

das sinnlich gewordene Stück der Ewigkeit. *Hans Lohberger*

der Zustand zwischen der guten alten Zeit und der schöneren Zukunft. *Zarko Petan*

Gegner:
Lehrer, die uns nichts kosten. *Ferdinand Vicomte de Lesseps*

Gehalt:

Bezahlung für die Bereitschaft, die Tageszeitung im Büro statt zu Hause zu lesen. *Michael Schiff*

Geheimhaltung:

Methode zur schnellsten Verbreitung betriebsinterner Neuigkeiten. *Michael Schiff*

Geheimnis:

das, was man einem anderen unter dem Siegel der Verschwiegenheit weitererzählt, weil man es nicht für sich behalten kann. *Anonym*

etwas, was man im Flüsterton unter vier Augen weitererzählt. *Marcel Pagnol*

das schönste Geheimnis:

ein Genie zu sein und es als einziger zu wissen. *Mark Twain*

Geheimnisträger:

niederträchtiger Schwindler, der uns weismachen will, er wüßte etwas, was sich zu wissen lohnt. *Markus Hattstein*

Geheimtip:

geschickte Verpackung, um eine Mitteilung möglichst rasch und billig zu verbreiten. *Anonym*

gehen:

jener Bewegungssport, der zwischen dem Verlassen des Autos und dem Betreten des Aufzugs ausgeübt wird. *Paul Rance*

Gehirn:

das größte unerschlossene Gebiet der Erde. *Anonym*

eine fabelhafte Sache – es fängt zu arbeiten an, sobald man aufsteht, und hört erst auf, wenn man im Büro ist. *Anonym*

ein Körperorgan, das im Augenblick der Geburt zu arbeiten beginnt und damit erst aufhört, wenn man aufsteht, um eine Rede zu halten. *Anonym*

ein Organ, mit dem wir denken, daß wir denken. *Ambrose Bierce* das Instrument, mit dem unser Geist Musik macht. *Karl Popper*

das menschliche Gehirn:
ein Gefängnis mit vielen Milliarden Zellen, von denen die meisten leerstehen. *Ron Kritzfeld*

Gehirnschlag:
bei manchen Leuten ein Schlag ins Leere. *Anonym*

Gehorsam:
was eine Frau bei der Eheschließung dem Mann verspricht und was sie dann von ihm verlangt. *Karl Farkas*

die Höflichkeit, die man Königen schuldet. *Baron Alfred Tennyson*

Geist:
das Instrument, mit dessen Hilfe der Mensch fortschreitet. *Henry George*

Geist haben:
wissen, worin sich unterschiedliche Dinge gleichen und gleiche Dinge unterscheiden. *Madame de Staël*

Geisterfahrer:
ein entgegenkommender Mensch. *Anonym*

Geistesgegenwart:
die Fähigkeit, die es einem Autofahrer ermöglicht, gegen etwas Billiges zu fahren, wenn er merkt, daß seine Bremsen versagen. *Anonym*

Geistliche:
das dritte Geschlecht neben Mann und Frau. *Sidney Smith*

geistreich sein:
sich leicht verständlich machen, ohne deutlich zu werden. *Jean Anouilh*

Geiz:
die Tugend der Vorfahren. *Anonym*

in den Augen der Erben kein Laster, sondern eine Tugend. *Carl Fürstenberg*

– subjektive Armut. *Peter Hille*

eine Falle, die dem Besitzenden gestellt wird. *Annette Kolb*

die Armut der Reichen. *Werner Mitsch*

für den Geizigen keine Plage, sondern ein Genuß. Das können nur die Geizigen ganz verstehen. *Molière*

Geizhals:

ein Mensch, der sein Vermögen an seine Erben verschwendet. *Anonym*

ein Mensch, der hundert Mark fest anlegt, um zweihundert daraus zu machen, und keine Ahnung von all den schönen Dingen hat, die er für fünfzig Mark bekommen könnte. *Anonym*

ein Mensch, der wie ein Bettler lebt – aus Angst, einer zu werden. *Anonym*

ein Mann, der seine Finger nachzählt, nachdem er einem anderen die Hand gegeben hat. *Anonym*

der größte Verschwender: Er vergeudet sein Leben auf den Erwerb dessen, was er weder genießen kann noch genießen will. *Edward Morgan Forster*

Geizhälse:

die Plage ihrer Zeitgenossen, aber das Entzücken ihrer Erben. *Theodor Fontane*

unangenehme Zeitgenossen, aber angenehme Vorfahren. *Viktor de Kowa*

geizig:

ungehörig darauf versessen, das zu behalten, was so viele verdiente Menschen selber gern haben möchten. *Ambrose Bierce*

schallendes Gelächter:

die Explosion eines Lächelns. *Aldo Cammarota*

Gelassenheit:

die angenehmste Form des Selbstbewußtseins. *Marie von Ebner-Eschenbach*

Geld:

etwas, woran man immer denkt, wenn man keines hat; aber wenn man Geld hat, denkt man nur noch an Geld. *Anonym*

auch eines jener Dinge, bei denen das Angebot die Nachfrage nie übersteigt. *Anonym*

die einzige Sprache, die alle verstehen. *Anonym*

ein guter Diener und ein böser Herr. *Anonym*

etwas, das nur kurz in Deiner Tasche haltmacht – auf dem Weg zum Finanzamt. *Anonym*

ein sicheres Mittel, um auch verhältnismäßig anständigen Leuten zum Sündenfall zu verhelfen. *Anonym*

der Sex des Mannes. *Günther Arzberger*

eine Wohltat, die wir genießen, indem wir uns von ihr trennen. *Ambrose Bierce*

tragbares Eigentum. *Ambrose Bierce*

die einzige Macht, vor der die gesamte Menschheit auf die Knie fällt. *Samuel Butler*

geprägte Freiheit. *Fedor M. Dostojewski*

eine herrliche Mitgift. Am besten ohne Frau. *Epidicus*

der beste Köder, um nach Menschen zu fischen. *Thomas Fuller*

eine Sache, deren Gebrauch nur dadurch möglich ist, daß man sie veräußert. *Immanuel Kant*

der größte Feigling. Beim geringsten Anzeichen von Gefahr flieht es. *Harold Kingsley*

die zerbrechlichste aller Illusionen von Sicherheit. *Ron Kritzfeld*

der sechste Sinn. Ohne ihn kann man mit den anderen fünf nicht viel anfangen. *William Somerset Maugham*

die Kreditkarte des kleinen Mannes. *Marshall McLuhan*

– der Gegenstand begehrlicher Verachtung. *Henry Miller*

ein Argument. Und oft nicht einmal das schlechteste. *Werner Mitsch*

das Brecheisen der Macht. *Friedrich Nietzsche*

dasjenige, das man besitzt, ist das Mittel zur Freiheit, dasjenige, dem man nachjagt, das Mittel zur Knechtschaft. *Jean Jacques Rousseau*

der Punkt, den Archimedes suchte, um die Welt aus den Angeln zu heben. *Bloor Schleppey*

ein Mittel, um alles zu haben bis auf einen aufrichtigen Freund, eine uneigennützige Geliebte und eine gute Gesundheit. *George Bernard Shaw*

eine neue Form der Sklaverei. *Leo Tolstoi*

jener sechste Sinn, der die Würdigung der anderen fünf erst ermöglicht. *Orson Welles*

kein Geld:
das einzige, was reiche Leute nicht haben. *Anonym*

Geldheirat:
die mühsamste Art, zu Geld zu kommen. *Frank Hubbard*

Gelegenheitskauf:
ein Geschäft, bei dem jeder den anderen übervorteilt zu haben glaubt. *Anonym*

Geldausgabe für etwas, dessen Verwendungszweck sich schon noch herausstellen wird. *Anonym*

etwas, das nicht mehr kostet, als es wert ist. *Anonym*

etwas, was Sie nicht brauchen können, zu einem Preis, dem Sie nicht widerstehen können. *Anonym*

Gelehrsamkeit:
jene Art Ignoranz, die zivilisierte Rassen so begehren. *Ambrose Bierce*

das Unwissen, das den Fleißigen auszeichnet. *Ambrose Bierce*

Staub, der aus einem Buch in einen leeren Schädel geschüttet wurde.
Ambrose Bierce

der aus Büchern erworbene Reichtum fremder Erfahrung. Eigene Erfahrung ist Weisheit. *Gotthold Ephraim Lessing*

Gelehrte:
Menschen, die sich von normalen Sterblichen durch die anerworbene Fähigkeit unterscheiden, sich an weitschweifigen und komplizierten Irrtümern zu ergötzen. *Anatole France*

Schriftsteller, die ihre Bücher aus Stücken anderer Gelehrter zusammenzusetzen pflegen. *Johann Wolfgang von Goethe*

Geliebte:
eine Frau, bei der man alles vergißt, was man sonst auswendig weiß, das heißt alle Fehler ihres Geschlechts. *Sébastien Roch Nicolas Chamfort*

Geliebter:
ein Mann, den man nicht heiratet, weil man ihn gern hat. *Vanessa Redgrave*

Geltungstrieb:
Geld ausgeben, das man nicht hat, für Dinge, die man nicht braucht, und um damit Leuten zu imponieren, die man nicht leiden kann. *Anonym*

Gemälde:
Aktien an der Wand. *Ralph Boller*

eine Brücke, welche den Geist des Malers mit dem des Betrachters verbindet.
Eugène Delacroix

Gemahl:
was vom einstigen Liebhaber noch übriggeblieben ist. *Anonym*

Gemeinplatz:
seit Jahrhunderten aufgespeicherte Weisheit. *Marie von Ebner-Eschenbach*

Gemeinwesen:

eine Verwaltungseinheit, die von einer unberechenbar großen Zahl folgerichtig aktiver, jedoch nur zufällig leistungsfähiger politischer Parasiten betrieben wird. *Ambrose Bierce*

Gemeinwohl:

die Bezeichnung, die jeder Politiker zur Unterstützung seiner Argumente verwendet. *W. M. Kiplinger*

Gemüt:

die Kraft, aus Bier, Speck und Würsten und dem heimeligen Ort ihres Verzehrs die Aura von Heimat zu destillieren. *Schweppenhäuser*

Gemütlichkeit:

die Relation von Zeit, Bier und Geld. *Gerhard Polt*

Genauigkeit:

das Laster, recht zu haben. *Anonym*

läppische Eigenschaft, auf die die Menschen bei ihren Worten konsequent verzichten. *Ambrose Bierce*

für eine Zeitung dasselbe, was für eine Dame die Tugend ist. *Adlai Stevenson*

Genealogie:

Nachweis der Abstammung von einem Vorfahren, der sich um seine eigene Abstammung nicht sonderlich kümmerte. *Ambrose Bierce*

General:

ein Korporal, der mehrmals befördert wurde. *Gabriel Laub*

Generäle:

Menschen, die siegen; Soldaten sind Menschen, die fallen. *Japanisches Sprichwort*

die bestorganisierte Gewerkschaft der Welt. *Ernest Bevin*

Generaldirektor:

ein Mann, der zu Unterschriften gezwungen wird, bevor er kapiert hat, was er unterschreibt. *Anonym*

Generalist:

ein Mensch, der von sehr vielen Gebieten nicht sehr viel versteht. *Anonym*

ein Mensch, dem auch zum speziellsten Thema noch ein Gemeinplatz einfällt. *Lore Lorentz*

dritte Generation:

diejenige, die wieder in Hemdsärmeln anfangen muß. *Englisches Sprichwort*

Genet, Jean

Ein begnadeter Orpheus des Abschaums. *François Mauriac*

Genialität:

die Unfähigkeit, jemals etwas anderes ausdrücken zu können als sich selbst und immer wieder sich selbst. *Egon Friedell*

Genie:

die Kombination von Intelligenz mit glücklichen Umständen. *Anonym*

einer, der die Kunst beherrscht, auch aus der Wüste noch Wasser auf die eigenen Mühlen zu leiten. *Anonym*

ein Talent mit einem guten Manager. *Anonym*

ein Mensch, der alles kann – außer Geld verdienen. *Anonym*

ein Mann, der auf etwas schießt, was niemand sehen kann, und der es trifft. *Anonym*

ein Mensch, dem etwas Selbstverständliches zum ersten Mal einfällt. *Hermann Bahr*

geistige Überlegenheit, die es ihrem Besitzer gestattet, von seinen Bewunderern angenehm zu leben und unausgesetzt betrunken zu sein, ohne dafür geschmäht zu werden. *Ambrose Bierce*

lange Ungeduld. *Paul Claudel*

– eine Art Verrückter, der genug Tricks hat, seine Verrücktheit zu verstecken und zu gebrauchen. *Albert Cohen*

das Talent eines Mannes, der nicht mehr lebt. *Edmond de Goncourt*

ein Blitz, dessen Donner Jahrhunderte währt. *Knut Hamsun*

die Fähigkeit, Richtiges zum ersten Male zu tun. *Elbert Hubbard*

ein Vorgebirge, das in die Zukunft ragt. *Victor Hugo*

das Talent der Erfindung dessen, was nicht gelehrt oder gelernt werden kann. *Immanuel Kant*

99 Prozent Transpiration und 1 Prozent Inspiration. *Adolph von Menzel*

das Vermögen, von eingebildeten Gegenständen wie von wirklichen zu handeln. *Novalis*

eine genügende Menge an gesundem Menschenverstand. *George Bernard Shaw*

ein Mensch, der weiter blickt und tiefer schürft als andere Leute und daher eine andere Rangordnung ethischer Wertbestimmungen kennt als jene. *George Bernard Shaw*

die Fähigkeit, mit geringer Mühe das zu vollbringen, was der gewöhnliche Mensch selbst unter Aufwand großer Mühe nicht vollbringen kann. *Herbert Spencer*

der auf neue Ideen angewandte gesunde Menschenverstand. *Madame de Staël*

ein Mann, der seiner Frau einreden kann, daß ein Nerzmantel sie dick macht, daß ein Brillantring sie alt macht und daß ein Urlaub in Acapulco ihrem Teint schaden würde. *Georg Thomalla*

Genies:
Meteore, die verbrennen müssen, um ihr Jahrhundert zu erleuchten. *Napoleon I.*

Genitalien:
der Resonanzboden des Gehirns. *Arthur Schopenhauer*

Gentechniker:

ein Wissenschaftler, der mit den Chromosomen jongliert wie der Zirkusartist mit den Keulen. *Anonym*

Gentleman:

ein älterer Herr, der eine jugendlich aussehende Dame nicht daran erinnert, daß sie einmal als Kinder zusammen gespielt haben. *Anonym*

ein Don Juan, der es nicht eilig hat. *Anonym*

ein Mann, der sich den Geburtstag seiner Frau gemerkt und ihr Alter vergessen hat. *Anonym*

ein Mann, der die Frauen vor allen anderen Männern beschützt. *Anonym*

ein Mensch, der den andern fühlen läßt, daß er auch ein Gentleman ist. *Anonym*

wer Akkordeon spielen kann, es aber unterläßt. *Anonym*

ein Mensch, der sogar dann höflich ist, wenn er nicht um etwas bittet. *Anonym*

ein Mann, der die Figur einer Dame beschreiben kann, ohne die Hände zu benutzen. *Anonym*

ein Mann, der gut verbergen kann, daß er kein Gentleman ist. *Anonym*

ein Herr, der sich sogar dann der Zuckerzange bedient, wenn er allein ist. *Alphonse Allais*

ein Mann, der die Gedanken einer Frau errät und sie trotzdem nicht heimbegleitet. *John Barrymore*

ein Mann, der eine Frau nur dort anfaßt, wo sie keinen Sonnenbrand hat. *John Cartwright*

ein Mann, der eine Frau so lange beschützt, bis er mit ihr allein ist. *Mary Collins*

ein Mann, der sich nur ein Geschenk im Laufe der Zeit zurückholt – den Lippenstift. *Mylène Demongeot*

– ein Mann, der einer Frau gegenüber nicht aus dem Rahmen fällt, auch wenn er über sie im Bilde ist. *Werner Finck*

ein Mann, der in einem überfüllten Bus niemals sitzen bleibt, ohne eine Frau auf den Schoß zu nehmen. *David Frost*

einer, der die Geschichte, die du erzählst, noch nie gehört hat. *Zsa Zsa Gabor*

auch nur ein Playboy – allerdings mit mehr Geduld. *James Graser*

ein Mann, der einer Frau auch dann beim Aufstehen behilflich ist, wenn er sie selbst zu Fall gebracht hat. *Sir Alec Guinness*

ein Mann, der sich nach einem Zusammensein mit einer Frau als freiwilliger Geheimnisträger betrachtet. *Sir Alec Guinness*

ein Mann, der unter anderem die Fähigkeit besitzt, sich mit Würde betrügen zu lassen. *Sir Alec Guinness*

ein Mann, der mit dem Schienbein versehentlich an einen Schrank stößt und den Schrank trotzdem einen Schrank nennt. *Sir Alec Guinness*

ein Mann, der wenigstens von Zeit zu Zeit so ist, wie er immer sein sollte. *Vivien Leigh*

ein Mann, der sich wenigstens vorstellt, bevor er einem nachstellt. *Marisa Mell*

ein Mann, mit dem man noch nicht im Kino war. *Marisa Mell*

ein Mann, in dessen Gesellschaft die Frauen zu blühen beginnen. *Jeanne Moreau*

ein Mann, der wenigstens nicht mit den Damen flirtet, wenn er sie im Bus stehen läßt. *Fritz Muliar*

einer, der selbst jenen Menschen Respekt entgegenbringt, die für ihn von keinerlei Nutzen sein können. *William Phelps*

ein Mann, den eine Frau noch nicht näher kennengelernt hat. *Isabella Rossellini*

ein Mann, der eine verheiratete Frau nur dann nach Hause begleitet, wenn er ganz bestimmt weiß, daß der Gatte nicht daheim ist. *Peter Thompson* ein Mann, der seiner Frau die Hoteltür öffnet, damit sie das Gepäck in die Halle tragen kann. *Peter Ustinov*

ein Mann, der niemals hinter dem Rücken einer Dame über ihren Busen spricht. *Peter Ustinov*

ein Mann, der einen anderen niemals unabsichtlich beleidigt. *Oscar Wilde*

ein Mann, der eine unfaire Handlung auch dann bedauert, wenn sie von Erfolg gekrönt war. *Harold Wilson*

der britische Gentleman:

im Typ ein Pferdeliebhaber, der sich für Rugby interessiert, einen gebrochenen Knochen im Leibe hat und wahrscheinlich einen Brief an die »Times« in der Tasche. *René Gimpel*

Gentlemen's agreement:

ein schriftlich nicht fixiertes, wechselseitig gegebenes Versprechen, das man bricht in der Hoffnung, daß der andere es halten werde. *Harold Pinter*

genug:

besser als zuviel. *Sprichwort*

das, was uns zufriedenstellen würde, wenn nicht die Nachbarn mehr hätten. *Anonym*

George, Heinrich (Schauspieler)

Ein mozärtlicher Elefant. *Jürgen Fehling (Regisseur)*

Gerechtigkeit:

eine Ware, die der Staat dem Bürger in mehr oder minder verfälschtem Zustand als Belohnung für seine Treue, Steuern und Dienste verkauft. *Ambrose Bierce*

das Recht des Schwächeren. *Joseph Joubert*

nichts anderes als die Nächstenliebe der Weisen. *Gottfried Wilhelm Leibniz*

keine billige Sache auf dem Gericht. *Rudolf Rolfs*

Gereiztheit:

der Zorn der Zahmen. *Richard von Schaukal*

Gerichte:

Desillusionsanstalten der Rechtsprechung. *Rudolf Rolfs*

Gerichtshof:

eine Körperschaft mit dem Zweck herauszubekommen, welche Partei den geschickteren Anwalt hat. *Anonym*

Gerichtsvollzieher:

ein Mensch mit dem Wesen eines kleinen Kindes: Was er sieht, will er haben. *Anonym*

ein Mensch, der dich nicht vergißt, auch wenn du kein Geld mehr hast. *Anonym*

Germanisten:

Schar von an Universitäten eifrig tätigen Professoren und Dozenten, welche Studenten ausbilden, die auch nichts von Literatur verstehen. *Hans Weigel*

germanistische Seminare:

die Katakomben der deutschen Literatur. *Theodor Fontane*

Geruchssinn:

ein Sinn, der der Mehrzahl der Menschen abgeht, sonst würden sie nicht ständig ihre Nasen in die Angelegenheiten anderer Menschen stecken. *Anonym*

Gerücht:

garantiert unbewiesene, streng vertrauliche, unter der Hand verbreitete Information, die aber doch wahr sein könnte. *Anonym*

das einzige klassische Nachrichtenübermittlungsverfahren, das nicht Gefahr läuft, von der Elektronik verdrängt zu werden. *Anonym*

Aussage, auf deren Wahrheitsgehalt man sich verlassen kann, sobald sie offiziell dementiert wird. *Anonym*

Lieblingswaffe des Rufmörders. *Ambrose Bierce*

eine halbe Lüge. *Thomas Fuller*

Gerüchte:

die Rauchfahnen der Wahrheit. *Anonym*

nicht nachprüfbare Nachrichten, die innerhalb einer Gruppe zirkulieren. *Anonym*

Lügen mit Widerhaken *aus Belgien*

der Wellenschlag unterdrückter Information. *Roger Peyrefitte*

Gerümpel:

für arme Leute eine Last, für Antiquare ein Geschäft und für reiche Leute eine Kapitalanlage. *Le Corbusier*

Geschäft:

die Kunst, von einem anderen Geld herauszuschlagen, ohne zu Gewaltmitteln Zuflucht zu nehmen. *Max Amsterdam*

Geschäftigkeit:

eine versteckte Form der Langeweile. *Kurt Tackmann*

übertriebene Geschäftigkeit:

Mangel an Vitalität. *Robert Louis Stevenson*

Geschäftsmann:

ein Mann, der vormittags im Geschäft vom Golf und nachmittags beim Golf vom Geschäft spricht. *Anonym*

Geschichte:

die Lehre, daß die Menschen nichts gelernt haben. *Anonym*

die Umwandlung mächtiger Eroberer in kleine Fußnoten. *Anonym*

die Addition von Ereignissen, die besser nicht stattgefunden hätten. *Anonym*

häufig das, was ein Historiker einem anderen Historiker erzählt. *Hellmut Andics*

– die meist falsche Darstellung meistens unwichtiger Ereignisse, die von meistens schurkischen Herrschern und meistens dummen Soldaten herbeigeführt wurden. *Ambrose Bierce*

was ein Zeitalter an einem anderen interessiert. *Jacob Burckhardt*

der beste Lehrmeister mit den unaufmerksamsten Schülern. *Indira Gandhi*

eine Tapete, die der Mensch auf die Vergangenheit klebt. *Pierre Gaxotte*

nicht viel mehr als eine Aufzählung der Verbrechen, Narrheiten und Unglücksfälle der Menschheit. *Edward Gibbon*

das Gedächtnis der Menschheit. *Friedrich Hebbel*

das, woraus wir lernen, daß wir nichts aus ihr lernen. *Georg Wilhelm Friedrich Hegel*

die Addition von Zufällen. *Werner Höfer*

ein Bericht über fehlgeschlagene Pläne und enttäuschte Hoffnungen. *Samuel Johnson*

ein Theaterstück mit nur einer Uraufführung, aber zahlreichen Textbüchern, die erst nach der Darbietung geschrieben werden. *Ron Kritzfeld*

eine Gruft, in der man auch dann verschwinden kann, wenn man noch lebt. *Michael Laplante*

Sammlung von Tatsachen, die vermeidbar gewesen wären. *Stanislaw Jerzy Lec*

ein Spiegel, den man mit Vorliebe anderen Nationen vorhält. *Wolfgang Leonhard*

das Muster, das man hinterher in das Chaos webt. *Carlo Levi*

ein Drehbuch von miserabler Qualität. *Norman Mailer*

für viele Deutsche eine Art Mischung von Rumpelkammer und Gruselkabinett. *Carlos Mendiburu*

die chronologische Erfassung von Mord und Totschlag. *Werner Mitsch*

die Lüge, auf die man sich geeinigt hat. *Napoleon I.*

der Bericht von der Unvernunft der Mehrheiten. *Lindsay Rogers*

eine Waschanstalt, aus der die Wäsche meist schmutziger herauskommt, als sie hineingebracht worden ist. *Edith Sitwell*

die uns überlieferte Information über frühere Versuche, die Zukunft zu gestalten. *Karl Steinbuch*

die Wissenschaft von dem, was nicht zweimal vorkommt. *Paul Valéry*

ein Gemälde von Verbrechen und Drangsalen. Die Menge unschuldiger und friedfertiger Menschen tritt auf diesem ungeheuren Schauplatz fast immer in den Hintergrund. Die Hauptpersonen sind nur ehrgeizige Schurken. *Voltaire*

die Aufzählung der Verbrechen der Welt. *Voltaire*

Geschichte schreiben:
eine Art, sich das Vergangene vom Halse zu schaffen. *Johann Wolfgang von Goethe*

Geschichtsschreiber:
rückwärts gewandte Propheten? Oft sind sie nur verdrehte Journalisten. *Alexander Roda Roda*

Geschichtsschreibung:
Bericht über die Ereignisse, die nie stattgefunden haben, von Leuten abgegeben, die nicht dabei waren. *Anonym*

die Unfallchronik der Menschheit. *Charles Maurice Talleyrand*

Geschick:
eines Dummkopfs Ersatz für Verstand. *Ambrose Bierce*

Geschlechtsteile:
die einzigen Organe, deren Besitz man mit anderen teilen kann. *Max Rychner*

Geschmack:
das, was die anderen nicht haben *»Twen«*

guter Geschmack:
die Fähigkeit, fortwährend der Übertreibung entgegenzuwirken.
Hugo von Hofmannsthal

Geschwätzigkeit:
eine krankhafte Störung, die den von ihr Befallenen außerstande setzt, den Mund zu halten, wenn man selber reden will. *Ambrose Bierce*

Geschwindigkeitsbegrenzungen:
für viele männliche Autofahrer so etwas wie eine amtlich verfügte Potenzminderung. *Silvia Mingotti*

Geselligkeit:
der Versuch, den Umgang mit sich selbst zu verlernen. *Oscar Blumenthal*

Gesellschaft:
eine verfeinerte Horde, die sich aus zwei mächtigen Stämmen zusammensetzt: den Langweiligen und den Gelangweilten. *Lord Byron*

ein Maskenball, auf dem jeder seinen wahren Charakter verbirgt und ihn durch das Verbergen verrät. *Ralph Waldo Emerson*

gute Gesellschaft:
meist nur ein Mosaik geschliffener Karikaturen. *Friedrich von Schlegel*

dasjenige, worüber nur diejenigen spotten, denen es nicht gelingt, hineinzukommen. *Oscar Wilde*

Gesellschaftslöwe:
ein Mann mit der Fähigkeit, sich grenzenlos langweilen zu lassen. *Anonym*

Gesetz:
eine Reuse für die kleinen Fische. *Anonym*

ein Spinnengewebe – es stört die Ratte nicht, der Fliege aber wird es zum Verhängnis. *Anonym*

eine Sammlung von Lücken, durch welche die Schlauen schlüpfen können.
Aurel Schmidt

Gesetze:
Vorschriften, die man respektieren muß – ob man sie einhält, ist eine andere Frage. *Spanisches Sprichwort*

Spinngewebe, durch die die großen Fliegen durchkommen und in denen nur die kleinen hängenbleiben. *Honoré de Balzac*

die Freunde des Schwachen. *Friedrich Schiller*

Gesicht:
etwas, das man im Orient verlieren und in einem Kosmetiksalon bestellen kann. *Anonym*

ein Körperteil, für den man von einem gewissen Alter an verantwortlich ist.
Anonym

die unterhaltendste Fläche auf der Erde. *Georg Christoph Lichtenberg*

das Schaufenster des Gehirns. Allerdings bestehen die meisten Auslagen nur aus Imitationen. *Gerhard Uhlenbruck*

unser eigenes Gesicht:
die beste Maske, die wir tragen. *Friedrich Nietzsche*

Gesichter:
die Lesebücher des Lebens. *Federico Fellini*

Gespräch:
eine Messe, auf der jeder Aussteller sich so auf die Präsentation der eigenen Waren konzentriert, daß er die des anderen nicht wahrnimmt. *Ambrose Bierce*

der schnellste Weg, sich über eine Sache klarzuwerden. *Friedrich Dürrenmatt*

gegenseitige distanzierte Berührung. *Marie von Ebner-Eschenbach*

ein Spiel, das mit Gartenscheren gespielt wird und bei dem jeder Spieler seinem Nebenmann die Stimme abschneidet, sobald sie zu sprießen beginnt. *Jules Renard*

Geständnis:

der Vorgang, wenn ein Mann gerade noch zuvorkommt, bevor seine Frau dahinterkommt. *Edith Hancke*

manches gestehen:

das bedeutet meist einen hinterhältigeren Betrug als alles verschweigen. *Arthur Schnitzler*

Gesten:

sichtbar gewordene Gedanken. *Marcel Marceau*

das wundervolle Gestern:

das gewöhnliche Heute in der Erinnerung von morgen. *David Letterman*

ein Gesunder:

wer nicht spürt, daß er krank ist. *Anonym*

ein Mensch, der nicht oder noch nicht gründlich genug untersucht wurde. *»Spiegel«*

Gesundheit:

etwas, das Leute verlieren, während sie darauf trinken. *Anonym*

das, was man hat, wenn man gar nichts hat. *brasilianisch*

eine häßliche Krankheit, sagen die Bakterien. *Piet Hein*

das erträgliche, manchmal sogar angenehme Gleichgewicht unserer Krankheiten. *Ron Kritzfeld*

ein Zustand, den man nur durch Krankheit schätzen lernt. *Georg Christoph Lichtenberg*

die Summe aller Krankheiten, die man nicht hat. *Gerhard Uhlenbruck*

Krankheit auf Urlaub. *Hellmut Walters*

Gesundheitsamt:

staatliche Einrichtung, die sich ausschließlich mit Krankheiten abgibt. *Anonym*

Gewalt:

das Problem, als dessen Lösung sie sich ausgibt. *Friedrich Hacker*

Vernunft, die verzweifelt. *José Ortega y Gasset*

Gewerbefreiheit:

das Recht, aus eigener Initiative Bankrott zu machen. *Anonym*

Gewerkschaft:

Organisation, die dafür kämpft, daß immer mehr Menschen für immer mehr Geld immer weniger leisten. *Michael Schiff*

Gewinn:

das, was der Geschäftsführer beim besten Willen nicht mehr vor den Gesellschaftern verstecken kann. *Anonym*

Gewissen:

die leise Stimme im Innern – dort, wo die Akustik so schlecht ist. *Anonym*

ein Wachhund, der die Sünden verbellt. *Anonym*

die leise, aber eindringliche innere Stimme, die dir sagt, daß das Finanzamt einmal deine Steuererklärung überprüfen könnte. *Anonym*

die leise innere Stimme, die dir zuflüstert, was die anderen tun sollten. *Anonym*

die Stimme des Staatsanwalts ins uns. *Anonym*

der Teil des Menschen, der in Alkohol löslich ist. *Anonym*

etwas, das uns bei der Entfaltung unserer Persönlichkeit gewöhnlich im Wege steht. *Anonym*

die Furcht vor dem Ungewissen. *aus den »Fliegenden Blättern«*

jene innere Stimme, die uns zwar nicht abhält, etwas zu tun, aber das Vergnügen erheblich stört. *Marcel Archard*

jene innere Stimme, die uns rät, keine Fingerabdrücke zu hinterlassen. *Malcolm Brigg*

– jene innere Stimme, die uns daran erinnert, daß die nächste Amnestie erst in fünf Jahren kommt. *George Cummings*

was niemand mehr hat und was man zu haben versuchen muß. *Gustave Flaubert*

eine Wunde, die nie heilt und an der doch niemand stirbt. *Friedrich Hebbel*

eine Uhr, die immer richtig geht. Nur wir gehen manchmal falsch. *Erich Kästner*

das Bewußtsein eines inneren Gerichtshofes im Menschen. *Immanuel Kant*

Schwiegermutter auf Dauerbesuch. *Henry Louis Mencken*

die innere Stimme, die uns warnt, weil jemand zuschauen könnte. *Henry Louis Mencken*

der elastische Stoff; heut' kann man's kaum über Maulwurfshügel spannen, morgen deckt man ganze Berge damit zu. *Johann Nepomuk Nestroy*

ein Sprachrohr der anderen in dir. *Luigi Pirandello*

das Wissen des Unterbewußtseins. *Hans-Horst Skupy*

Gottes Gegenwart im Menschen. *Emanuel Swedenborg*

bei den meisten Menschen die Erwartung der Meinung anderer. *Henry Tailor*

der Firmenname der Feigheit. *Oscar Wilde*

gutes Gewissen:
oft nur die Kehrseite eines schlechten Gedächtnisses. *Anton Kuh*

schlechtes Gewissen:
ein Gewissen, das seine Pflicht tut. *Anonym*

Gewissenlosigkeit:
nicht Mangel des Gewissens, sondern der Hang, sich an dessen Urteil nicht zu kehren. *Immanuel Kant*

Gewissensbisse:

die lästigsten Altersbeschwerden. *Anonym*

die schmerzhaftesten Wunden. *Anonym*

Erinnerungen an das, was man eigentlich vergessen wollte. *Bernhard Wicki*

Gewissenserforschung:

Spionage bei sich selbst. *Jerome K. Jerome*

Gewitter:

Wetterleuchten für Schwerhörige. *Anonym*

Gewohnheit:

beliebte Ersatzkonstruktion für Charakter. *Anonym*

eine zweite Schwerkraft. *Friedrich Georg Jünger*

einen bestimmten Platz für jede Sache haben und sie niemals dort aufbewahren. *Mark Twain*

Gewohnheiten:

Dinge, durch die sich ein Mensch von einem anderen unterscheidet. *Anonym*

anfangs Spinnweben, später Drahtseile. *spanisches Sprichwort*

die Fesseln des freien Menschen. *Ambrose Bierce*

die Eisenbahnschienen der Menschen. *Gustav Knuth*

Vorgesetzte, die man nicht bemerkt. *Hannes Messemer*

der Sieg der Zeit über den Willen. *Michel de Montaigne*

die Fingerabdrücke des Charakters. *Alfred Polgar*

schlechte Gewohnheiten:

Pferde, die ihren Stall von selber finden. *Ugo Foscolo*

Ghostwriter:
Prostituierte des Geistes. *Hans-Horst Skupy*

Gicht:
ärztliche Bezeichnung für den Rheumatismus eines reichen Patienten. *Ambrose Bierce*

Gift:
eine von Frauen bevorzugte Mordwaffe; es weckt die Kinder nicht auf. *Anonym*

Gipfeltreffen:
eine Show für alle, die im Flachland bleiben müssen. *Alfred Oder*

eine Zusammenkunft, auf der selten Großes bewegt, oft aber Schlimmeres verhindert wird. *Helmut Schmidt*

Giraffe:
ein Tier, das morgens gegen sechs Uhr aufstehen muß, um sein Frühstück gegen neun Uhr im Magen zu haben. *Samuel Butler*

ein Periskop, mit dem man die Horizonte der Wüste wahrnimmt. *Ramón Gómez de la Serna*

ein durch Neugier verlängertes Pferd. *Ramón Gómez de la Serna*

Gläubiger:
der Angehörige eines Stammes von Wilden, die jenseits der Finanz-Meerenge leben und wegen ihrer verheerenden Überfälle gefürchtet werden. *Ambrose Bierce*

Naive, die unerschütterlich daran glauben, ausgeliehenes Geld zurückzuerhalten. *Ron Kritzfeld*

Leute, die kommen, wenn die Kunden ausbleiben. *Richard Wiggins*

Glas:
ein Haushaltsgegenstand, der – je nach Einstellung – halb voll oder halb leer sein kann. *Anonym*

Glatze:

Nacktkultur auf höchster Ebene. *Anonym*

der Heiligenschein des Scheinheiligen. *Kölner Mundart*

eine weit über den Schädel sich fortsetzende Stirn. *Max Dessoir*

der beste Schutz gegen Haarausfall. *Telly Savalas*

Glaube:

Denkart, die versucht, die vermeintlichen Lücken zwischen den Naturgesetzen zu überbrücken. *Anonym*

so etwas wie Liebe – er beruht nicht auf Gründen, sondern auf Tatsachen. *Anonym*

das, was einen schon beim Holzhacken die wohlige Wärme des Herdfeuers spüren läßt. *Anonym*

Gewißheit ohne Beweise. *Henri-Frédéric Amiel*

nichts anderes als für wahr halten, was man nicht sieht. *Aurelius Augustinus*

Liebe, welche die Form des Sehnens angenommen hat. *William Ellery Channing*

eine Art von sechstem Sinn, der wirksam wird, wenn die Vernunft versagt. *Mahatma Gandhi*

ein persönliches Verhältnis zu Gott. *Martin Niemöller*

die Angewöhnung geistiger Grundsätze ohne Gründe. *Friedrich Nietzsche*

glauben:

wissen, daß es ein Meer geben muß, wenn man einen Bach sieht. *Anonym*

für wahr halten, was man nicht sieht. *Aurelius Augustinus*

Dinge für wahr halten, für die es keine Parallele und keinen Beweis gibt und die jemand verkündet, der über kein Wissen verfügt. *Ambrose Bierce*

auf etwas vertrauen, von dem du weißt, daß es nicht existiert. *Mark Twain*

Gleichberechtigung:

Zustand, der erst erreicht ist, wenn Frauen an uneheliche Väter Alimente zahlen. *Anonym*

das Recht, auch eine Dummheit zu begehen, falls der andere eine macht. *Anonym*

manche Männer verstehen darunter, daß sie auch eine Freundin haben möchten, weil ihre Frau eine Freundin hat. *Lisa Goccioni*

gleichgültig:

stark genug, das anderen Menschen aufgebürdete Los ertragen zu können. *Ambrose Bierce*

Gleichgültigkeit:

die Hornhaut der Seele. *aus den »Fliegenden Blättern«*

etwas, das man von anderen mit Zinsen zurückbekommt. *Jürgen von Hollander*

das größte Laster unserer Zeit, die zivilisierte Form der Rohheit. *Zenta Maurina*

eine Lähmung der Seele, ein vorzeitiger Tod. *Anton Tschechow*

die Vergeltung der Welt auf Mittelmäßigkeit. *Oscar Wilde*

Gleichheit:

in der Politik ein imaginärer Zustand, bei dem Schädel gezählt werden statt Hirnmasse. *Ambrose Bierce*

das durch die Verfassung garantierte Recht der Reichen und Armen, in Champagner zu baden und den Winter an der Riviera verbringen zu dürfen. *Leo C. Rosten*

ein Vorurteil des Proletariats. *Maurice Sachs*

Gleichmütigkeit:

das Selbstgefühl einer gesunden Seele. *Immanuel Kant*

Glocken:

die Artillerie der Geistlichkeit. *aus den »Fliegenden Blättern«*

Glück:

Freunde haben, die auch über unsere schwachen Witze lachen und Sorgen und Nöte mit uns teilen, die nur halb so schlimm sind. *Anonym*

eine kleine alltägliche Arbeit, mit Liebe getan, wie man einen schönen Garten pflegt. *Anonym*

ein Zusammentreffen von guter Vorbereitung und günstiger Gelegenheit. *Anonym*

die harmonische Ehe von Illusion und Ignoranz. *Anonym*

der Zustand, den man nicht spürt. *Anonym*

das einzige, was sich verdoppelt, wenn man es teilt. *Anonym*

das Pech, das wir nicht haben. *Anonym*

die Abwesenheit von Schmerzen. *chinesisches Sprichwort*

etwas, das man zum erstenmal wahrnimmt, wenn es sich mit großem Getöse verabschiedet. *Marcel Achard*

eine Belohnung, die nur denen zuteil wird, die sie nicht gesucht haben. *Alain*

dumm sein und Arbeit haben. *Gottfried Benn*

immer das, was man dafür hält. *Ingrid Bergman*

seine Freude in der Freude des anderen finden. *Georges Bernanos*

ein Wohlgefühl, das sich einstellt, wenn man das Elend eines anderen betrachtet. *Ambrose Bierce*

der Zwilling von Freude. *Lord Byron*

das mögen, was man muß, und das dürfen, was man mag. *Hans Clarin*

– ein Abfallprodukt des Strebens nach Vollendung.

Richard Graf von Coudenhove-Kalergi

etwas, was man nicht nach Länge oder Breite mißt, sondern nur nach Tiefe.

Agatha Christie

sich glücklich fühlen können, auch ohne Glück. *Marie von Ebner-Eschenbach*

daß man gut geschlafen hat und daß einen die neuen Stiefel nicht drücken.

Theodor Fontane

eine Grießsuppe, eine Schlafstelle, keine körperlichen Schmerzen – das ist schon viel! *Theodor Fontane*

das Pseudonym Gottes in Fällen, in denen er nicht unterzeichnen wollte.

Anatole France

eine Sache des Augenblicks. Nur Idioten sind immer glücklich.

Ira Prinzessin von Fürstenberg

selten etwas, das man erlebt, sondern etwas, an das man sich erinnert.

James Garner

in den meisten Fällen kein Geschenk, sondern ein Darlehen. *Albrecht Goes*

Scharfblick für Gelegenheiten und die Fähigkeit, sie zu nutzen. *Samuel Goldwyn*

von den anderen in Ruhe gelassen werden. *Giovanni Guareschi*

das einzige, das wir schenken können, ohne es zu besitzen. *Halen*

das ist einfach gute Gesundheit und ein schlechtes Gedächtnis. *Ernest Hemingway*

das ist, einander zu lieben, einander ohne Haß anzuschauen, einander an der Hand zu nehmen und zu sagen: Du bist mein Freund. *Ole Juul*

meistens nur ein Sammelname für Tüchtigkeit, Klugheit, Fleiß und Beharrlichkeit. *Charles F. Kettering*

sich wünschen, was man bekommen kann. *Charles F. Kettering*

eigenes: verdienter Lohn für Vortrefflichkeit, fremdes: blind waltender Zufall.

Ron Kritzfeld

Täuschungsversuch des Schicksals, nach dem wir auf das Schlimmste gefaßt sein müssen. *Ron Kritzfeld*

ein Zustand der Ruhe, der weder Vergnügen noch Schmerzen hervorbringt. *Gaston de Lévis*

eigentlich nur der Wille zum Glücklichsein. *Wilhelm Lichtenberg*

Gesundheit der Seele. *Hans Lohberger*

nie genau das, was man sich darunter vorgestellt hat. *William Somerset Maugham*

die Fähigkeit zu lieben. *Zenta Maurina*

sich von dem Menschen, den man liebt, verstanden zu fühlen. *Zenta Maurina*

der Augenblick, den wir nicht gegen das Nichtsein eintauschen wollen. *Charles-Louis de Montesquieu*

sich kratzen können, wenn es einen juckt. *Odgen Nash*

eine leichtfertige Person, die sich stark schminkt und von fern schön ist. *Johann Nepomuk Nestroy*

Talent für das Schicksal. *Novalis*

wenn man im neugekauften Auto mit 150 km durch die innere Leere fährt. *Sigismund von Radecki*

das, was man im Rückblick dafür hält. *Felix Renner*

seine Grenzen kennen und sie lieben. *Romain Rolland*

ein hübsches Bankkonto, eine gute Köchin und eine tadellose Verdauung. *Jean-Jacques Rousseau*

alles, was die Seele durcheinanderrüttelt. *Arthur Schnitzler*

sich selbst genug sein. *Arthur Schopenhauer*

meistens etwas, das man schon hinter sich gelassen hat; man erkennt es erst im Rückspiegel. *Hannelore Schroth*

– meistens ein beseligendes Mißverständnis. *Hannelore Schroth*

der Stuhl, der plötzlich dasteht, wenn man sich zwischen zwei andere setzen wollte. *George Bernard Shaw*

ein Mosaikbild, das aus lauter unscheinbaren kleinen Freuden zusammengesetzt ist. *Daniel Spitzer*

ein Wunderding. Je mehr man gibt, desto mehr hat man. *Madame de Staël*

das einzige, was wir anderen geben können, ohne es selbst zu haben. *Carmen Sylva*

der Moment, in dem das Unglück aufhört. Und je größer das Unglück war, desto größer ist das Glück. *George Tabori*

die Erklärung für den Erfolg des anderen. *Thompson*

der Zustand, den man nicht spürt. *Kurt Tucholsky*

seinen Anlagen gemäß verbraucht zu werden. *Frank Wedekind*

eheliches Glück:
die Kunst, zu zweit so glücklich zu sein, wie jeder hätte sein können, wäre er allein geblieben. *Marcel Soubirau*

Glück haben:
zur rechten Zeit am rechten Ort sein und eine Gelegenheit wahrnehmen. *Anonym*

die Eigenschaften haben, die von der Zeit verlangt werden. *Henry Ford*

etwas finden, was man nicht gesucht hat. *Alexander Moll*

Glück zweier Menschen:
zwei kleine, nebeneinander geritzte Striche in die Unendlichkeit. *Robert Musil*

das größte Glück auf Erden:
eine Nacht zwischen einer schönen Frau und einem schönen Himmel teilen. *Napoleon*

das höchste Glück:

glücklich machen. *Theodor Fontane*

die Überzeugung, geliebt zu sein. *Victor Hugo*

das schönste Glück:

Menschen zu finden, die mit uns fühlen und empfinden. *Carl Spitteler*

glücklich:

wer will, was er hat, und nicht, wer hat, was er will. *Anonym*

wer sich auf die Kunst versteht, aus den Blumen in Reichweite einen Strauß zu binden. *Anonym*

der Mann, der über sich selbst lachen kann (er wird immer etwas haben, was ihn belustigt). *Habib Burgiba*

jener, der keine Pflichten hat. *Horaz*

wer mit den Verhältnissen zu brechen versteht, ehe sie ihn gebrochen haben. *Franz Liszt*

nicht, wer andern so vorkommt, sondern wer sich selbst dafür hält. *Seneca*

glücklich sein:

ohne Schrecken seiner selbst innewerden können. *Walter Benjamin*

das Ich vergessen bei einer nützlichen Tätigkeit. *Elbert Hubbard*

eines der besten Mittel, ein guter Mensch zu werden. *Eugene O'Neill*

seine Grenzen kennen und sie lieben. *Romain Rolland*

ein Glücklicher:

einer, der sich dadurch bereichert, daß er mit vollen Händen austeilt. *Ron Kritzfeld*

glückselig:

der, dessen Welt innerhalb des Hauses ist. *Johann Wolfgang von Goethe*

Glückseligkeit:

was man empfindet, nachdem man eine gute Idee hatte und bevor man die Schattenseiten der Sache kennt. *Anonym*

die Entdeckung, daß das Klappergeräusch aus dem Handschuhfach kommt. *Anonym*

mögen, was man muß, und dürfen, was man mag. *Anonym*

Glücksgefühl:
etwas, was sich gern unerwartet einstellt – wenn man gerade intensiv mit etwas anderem beschäftigt ist. *Ray Inman*

Glückwunsch:
Artigkeit der Mißgunst. *Ambrose Bierce*

Glühwein:
flüssiges Kopfweh. *Harald Schmidt*

GmbH:
eine Geschäftsform, die mit einem Essen beginnt und mit einem Prozeß endet. *Anonym*

Gnade:
die Kehrseite der eigenen Anstrengung. *Dietrich Becker*

Gnu:
ein Tier, das vorwiegend in Kreuzworträtseln vorkommt. *Anonym*

Gold:
ein Metall, das von Bergleuten aus Löchern geholt und von Zahnärzten wieder in Löcher gesteckt wird. *Anonym*

nichtmagnetisches und dennoch anziehendstes aller Metalle. *Ron Kritzfeld*

Goldene Hochzeit:
das eindrucksvollste Beispiel von Toleranz. *Anonym*

Golf:
eine teure Variante des Murmelspiels. *Gilbert Keith Chesterton*

ein schöner Spaziergang, der einem verdorben wird. *Mark Twain*

Golfsocken:
grüne Strümpfe mit 18 Löchern. *Anonym*

Gorvin, Joana Maria (Schauspielerin)
Sie ging um des Pathos' willen zur Bühne. Eine erotische Nachtigall. *Jürgen Fehling (Regisseur)*

Gott:

das Allmächtigste, was es auf diesem Gebiet gibt. *Definition eines Kindes*

das einzige Wesen, das – um zu herrschen – nicht selbst zu existieren braucht. *Charles Baudelaire*

ein Zeuge, den man nicht vereidigen kann. *Samuel Beckett*

das, wovon etwas Größeres nicht gedacht werden kann. *Anselm von Canterbury*

eine vom Menschen erdachte Hypothese bei dem Versuch, mit dem Problem der Existenz fertigzuwerden. *Julian Huxley*

die Überwältigung unseres Inneren durch die Unendlichkeit. Die Kapitulation des menschlichen Begriffsvermögens vor der Welt. *Christian Morgenstern*

etwas gar Erbärmliches, wenn er sich in einem Menschenkopf begreifen ließe. *Christian Morgenstern*

die gute Versuchung, der die Menschen schließlich unterliegen. *François Mauriac*

ein Steuereinnehmer, der voll Erbarmen die Steuer aus eigener Tasche bezahlt. *Sigismund von Radecki*

Gott finden:

aufhören, ihn zu suchen. *Elazar Benyoetz*

der liebe Gott:

für die meisten Menschen eine Art von Kundendienst, mit dem sie durch Gebete telefonieren. *Ilona Bodden*

Gotteshaus:

ein Gebäude mit einem Turm und einer Hypothek. *Ambrose Bierce*

Gotteslästerung:

etwas, wogegen der Staatsanwalt empfindlicher ist als Gott selbst. *Claude Tillier*

Grab:

das Haus der Unterschiedslosigkeit. *Ambrose Bierce*

Grabreden:

Leichenschmus. *Georg Kreisler*

Grabinschrift:

Inschrift auf einem Grabmal, die beweist, daß durch den Tod erworbene Tugenden rückwirkend gelten. *Ambrose Bierce*

Grabstein:

eine häßliche Erinnerung an jemanden, der vergessen worden ist. *Henry Louis Mencken*

Gräten:

die Rache des Fisches. *Anonym*

Grammatik:

ein System von Fallgruben, mit dem sinnvollerweise der Pfad versehen ist, auf dem der Selfmademan zum Erfolg schreitet. *Ambrose Bierce*

die Kunst des vollkommensten Ausdrucks bei geringster Auffälligkeit. *Heimito von Doderer*

der Friedhof der Inspiration. *Stéphane Mallarmé*

die Logik der Sprache. *Trench*

Grammophon:

ein ärgerliches Spielzeug, das tote Geräusche zum Leben erweckt. *Ambrose Bierce*

Granate:

das Argument eines Belagerers zugunsten der Kapitulation,geschickt dem Auffassungsvermögen von Frauen und Kindern angepaßt. *Ambrose Bierce*

Gras:

das grüne Zeug, das im Rasenbeet verkümmert und im Gemüsebeet gedeiht. *Anonym*

Gratulation:

nicht selten mit Zucker überzogener Neid. *Anonym*

die Höflichkeit des Neides. *Ambrose Bierce*

grau:
die Lieblingsfarbe des Schwarzmalers. *Werner Mitsch*

Grazie:
der äußere Ausdruck einer inneren Harmonie der Seele. *William Hazlitt*

Greis:
Mensch in jenem komfortablen Alter, das vor Geiselnahme sicher ist, weil Entführer wissen, daß für ihn niemand mehr Lösegeld anlegt. *Ron Kritzfeld*

Greisenalter:
der Lebensabschnitt, in dem es einen Mann nicht mehr sonderlich interessiert, wo seine Frau hingeht, solange sie nicht will, daß er mitkommt. *Alfredo La Mont*

eine zweite Kindheit minus Lebertran. *Mark Twain*

Gremium:
Gruppe von Fachleuten zum Zerkleinern großer Ideen. *Ron Kritzfeld*

Grenze:
leider oft das einzige, was Nachbarn gemeinsam haben. *Anonym*

in der politischen Geographie: eine imaginäre Linie zwischen zwei Staaten, die die imaginären Rechte des einen von den imginären Rechten des anderen trennt. *Ambrose Bierce*

Grobheit:
Aufrichtigkeit, die man übertreibt. *Anonym*

die Kraftmeierei der Schwachen. *Anonym*

geistige Unbeholfenheit. *Marie von Ebner-Eschenbach*

Größenwahn:
Kinderkrankheit der Zwerge. *Stanislaw Jerzy Lec*

Groschen:
ein Markstück nach Abzug aller Steuern. *Anonym*

großartig:
was an Größe und Glanz das dem Betrachter gewohnte Maß übertrifft.
Ambrose Bierce

Große Koalition:
die formierte Gesellschaft des Parlaments zur Abwehr mißlicher Wählereinflüsse. *Helmar Nahr*

Großeltern:
die Sorte Menschen, die keinen Bissen mehr runterbringen, wenn nur noch ein Stück Torte auf der Kuchenplatte liegt. *Definition eines Zwölfjährigen*

Großstadt:
Massenansiedlung von Einsiedlern. *Ron Kritzfeld*

ein Warenlager von Geräuschen. *Max Picard*

Großstädter:
Leute, die vom Land in die Stadt gezogen sind, um hier so hart zu arbeiten, daß sie es sich leisten können, aus der Stadt aufs Land zu ziehen. *Georges Mikes*

Großwildjagd:
eine Gelegenheit für große Tiere, große Böcke zu schießen. *Anonym*

Grotte:
das Gähnen des Gebirges. *Ramón Gómez de la Serna*

Grünanlagen:
Streicheleinheiten der öffentlichen Hand. *Oliver Hassencamp*

Gründgens, Gustaf
Er hat ein Theater des Genusses geschaffen, nicht ein Theater der Problematik. *Oscar Fritz Schuh*

Grüne Witwen:
Hinterbliebene von Männern, die noch leben. *Senta Berger*

Ehefrauen, deren Männer zu Hause nur noch Gastarbeiter sind.
Günter Pfitzmann

Grundlage:
das Fundament der Basis. *Le Corbusier*

Grundsatz:
oft nur die bibliophile Ausgabe eines Vorurteils. *Boy Gobert*

Grundsätze:
enge Kleidungsstücke, die einen bei jeder freien Bewegung behindern.
Johann Nepomuk Nestroy

ein Korsett, das mit der Zeit immer enger wird. *Victor de Kowa*

die herrschsüchtigsten aller Tyrannen, wenn man sie gewähren läßt.
Charles Maurice Talleyrand

Gruppensex:
Spiel ohne Grenzen. *Anonym*

Kreisverkehr ohne Fahrzeuge. *Oliver Hassencamp*

angewandter Sozialismus: Er demonstriert in sinnfälligster Weise die Vergesellschaftung von Produktionsmitteln. *Klaus Peter Schreiner*

Gruppensex in Schottland:
ein Ehepaar vorm Spiegel. *Anonym*

Gürtellinie:
eine fließende Grenze, die von Generation zu Generation neu definiert werden muß. *Jürgen von der Lippe*

Guillotine:
der von der französischen Revolution erfundene Rasierapparat.
Ramón Gómez de la Serna

eine Maschine, die den Kopf im Handumdrehen entfernt und die das Opfer nichts anderes spüren läßt als ein Gefühl erfrischender Kühle.
Joseph Ignace Guillotin

das bisher erfolgreichste Mittel, den Scheintod zu vermeiden. *Robert Michaud*

Gutachten:
Expertenurteil, in dem je nach Preisklasse alles bewiesen wird. *Anonym*

das Gute:
das Böse, was man läßt. *Wilhelm Busch*

gut gemeint:
in der Kunst und in der Politik das Gegenteil von gut. *André Malraux*

gut sein:
mit sich selbst im Einklang sein. *Oscar Wilde*

Gymnastik:
eine teure Übung für Leute, die nicht mehr kostenlos zu Fuß gehen wollen. *Eva Mohr*

H

Haarspalterei:
ungeeignetes Mittel gegen zu dünnen Haarwuchs. *Anonym*

Hackbraten:
das Bindeglied zwischen Tier- und Pflanzenreich. *Anonym*

Häftling:
einer, der sitzt, weil er gestanden hat. *Anonym*

die Hälfte:
manchmal mehr als das Ganze. *Hesiod*

Hängematte:
viele Löcher, die mit festen Stricken miteinander verbunden sind. *»Frankfurter Rundschau«*

Hafen:
ein Ort, wo Schiffe, die Zuflucht vor den Stürmen suchen, dem Wüten des Zolls ausgesetzt sind. *Ambrose Bierce*

Hafturlaub:
jene segensreiche Reform des Strafvollzugs, die Berufsverbrechern auch während der Haftzeit Gelegenheit gibt, praxisbezogen weiterzuarbeiten.
Ron Kritzfeld

Halbbildung:
über alles ein bißchen Bescheid wissen und sich den überzeugenden Anschein geben, man wisse es nicht nur halb. *Peter Kilian*

Halbgebildete:
Leute, die glauben, Shaw habe sein Stück »Pygmalion« nach Motiven aus »My Fair Lady« geschrieben. *Paul Hubschmid*

Halbmond:
der Mond im frühen Stadium seines monatlichen Wachstums, wenn er für Einbrecher ein wenig zu hell und für Liebhaber ein wenig zu dunkel ist.
Ambrose Bierce

Halbtagsarbeit:
Beschäftigung, bei der das Anfangen nicht lohnt. *Michael Schiff*

Halbwahrheiten:
unangenehme Wahrheiten. *Aurel Schmidt*

Dreiviertellügen. *Thornton Wilder*

Haltestellenverwandte:
diejenigen, die in einer Gruppe auf die Straßenbahn warten.
Ramón Gómez de la Serna

feierliche Haltung:
der Trick des Körpers, um Fehler des Geistes zu verbergen.
François de La Rochefoucault

Hammer:
Werkzeug zum Zerquetschen von Daumen. *Ambrose Bierce*

Hand:

ein eigentümliches Instrument, das am Ende des menschlichen Arms getragen wird und normalerweise in der Tasche eines anderen steckt. *Ambrose Bierce*

Handel:

eine Art Geschäftsvorgang, bei dem A von B das Eigentum von C raubt und B sich revanchiert, indem er aus der Tasche von D das Geld zieht, das E gehört. *Ambrose Bierce*

Methode, von der Handelsspanne besser zu leben als von der Herstellung. *Michael Schiff*

Handlung:

so ungefähr das einzige, was die Filme heutzutage der Phantasie des Zuschauers überlassen. *Anonym*

fehlender Handlungsbedarf:

Ratlosigkeit. *Anonym*

Handschellen:

Abführmittel aus Eisen. *Anonym*

Happy-End:

Es besteht bei manchen Filmen einfach darin, daß sie zu Ende sind. *Anonym*

Harmonie:

Zustand nach dem Vertuschen, Verhindern und Unterdrücken von Widersprüchen, Unannehmlichkeiten und jeder Art von Ungereimtheiten. *Anonym*

Haschee:

für dieses Wort gibt es keine Definition – niemand weiß, woraus Haschee ist. *Ambrose Bierce*

Haß:

ein angemessenes Gefühl angesichts der Überlegenheit eines anderen. *Ambrose Bierce*

Liebe, die gescheitert ist. *Sören Kierkegaard*

die Rache des Feiglings dafür, daß er eingeschüchtert wurde. *George Bernard Shaw*

Hauptstadt:
eine Bastion des Provinzialismus. *Ambrose Bierce*

Sitz der schlechten Verwaltung. *Ambrose Bierce*

Haus:
ein hohles Bauwerk, das Menschen, Ratten, Mäusen, Käfern,Wanzen, Fliegen, Mücken, Flöhen, Bazillen und Mikroben als Heimstätte dient. *Ambrose Bierce*

Hausarbeit:
etwas, was man tut, ohne daß es einer merkt, bis man es nicht mehr tut. *Anonym*

Menschenarbeit und nicht Frauenarbeit. *Alice Schwarzer*

Hausarzt:
der einzige im Bekanntenkreis, der kein todsicheres Mittel gegen den Schnupfen weiß. *Anonym*

Hausbesitzer:
einer, der sich 20 Prozent des Kaufpreises von Verwandten leiht, die restlichen 80 Prozent in Form von Hypotheken bei der Bank aufnimmt und dann vorgibt, Besitzer einer Liegenschaft zu sein. *Anonym*

Hausfrau:
Wesen, das, wohin es auch schaut, immer etwas zu tun findet. *Anonym*

moderne Hausfrau:
eine Dame, die ein Tiefkühlgericht auftaut, weil sie die Mühe scheut, ein paar Dosen aufzumachen. *Hal Brennan*

Haushälterin:
Ehefrau, die nach der Scheidung das Haus behält. *Anonym*

Haushaltsabrechnung:
ein methodischer Weg zur Feststellung der traurigen Tatsache, daß mit dem Einkommen kein Auskommen ist. *Anonym*

Haushaltsplanung:
die gleichmäßige Verteilung der Unzufriedenheit. *Anonym*

Haushund:
ein scheußliches Untier, das gehalten wird, um Vorübergehende zu beleidigen und den verwegenen Besucher zu erschrecken. *Ambrose Bierce*

Hauskonzert:
eine Veranstaltung, bei der die Unterhaltung immer wieder durch Musik gestört wird. *Anonym*

Hausmann:
eine Berufsbezeichnung, die man vergeblich in älteren Wörterbüchern sucht. *Anonym*

Hausmusik:
eine Beschäftigung für Leute, die nicht Skat spielen können. *Anonym*

Hausputz:
Voraussetzung deutscher Gemütlichkeit, die ein Heim vorübergehend unbewohnbar macht. *Ron Kritzfeld*

Haut:
der Sitz zahlreicher Ekzeme, Flechten, Ausschläge und ähnlicher Dinge, die den Hautärzten eine sichere Existenz garantieren. *Helmer Kuhnhardt*

die heile Haut:
das Beste, was man vom Reisen nach Hause bringt. *Arabisch*

Hautarzt:
ein Facharzt, dessen Patienten in der Regel weder sterben noch gesund werden. *Anonym*

ein Arzt, bei dem auch eine gründliche Untersuchung oberflächlich bleibt. *Anonym*

ein Arzt, der dafür sorgt, daß wir uns in unserer Haut wohlfühlen. *Anonym*

Hawaii:

die lieblichste Inselflotte, die je in einem Ozean vor Anker gegangen ist. *Mark Twain*

H-Bombe:

eine Erfindung, die alle anderen Erfindungen überflüssig macht. *Anonym*

Hebammen:

Damen, die Dinge an den Tag bringen, die zum Himmel schreien. *Anonym*

Hehler:

Handlanger von Langfingern. *Ron Kritzfeld*

Heide:

ein Gläubiger, der in der falschen Stadt wohnt. *Anonym*

ein umnachtetes Wesen, das törichterweise das anbetet, was es sehen und berühren kann. *Ambrose Bierce*

Heiden:

die einzigen Menschen, die es nicht nötig haben, sich Gedanken über Religion und Gott zu machen. *Anonym*

Heiliger:

der erste Ehemann, wenn es sich trifft, daß man der zweite ist. *Anonym*

ein toter Sünder mit redigiertem Lebenslauf. *Anonym*

ein toter Sünder, überarbeitet und neu herausgegeben. *Ambrose Bierce*

die Heiligen:

posthume Karrieristen. *Gabriel Laub*

Heilkunst:

das Wissen, wie man den Patienten ablenkt, während die Natur sich selbst hilft. *»Hörzu«*

Heim:
ein Platz, wo du dich überall dort kratzen kannst, wo es dich juckt.
Henry Ainsley

Stätte letzter Zuflucht – die ganze Nacht geöffnet. *Ambrose Bierce*

der Wohnort des Herzens. *Elbert Hubbard*

Heimat:
wo wir unseren Lebensfaden festgemacht haben. *Anonym*

da, wo man sich nicht erklären muß. *Johann Gottfried Herder*

Heimkinder:
Kinder, die kein richtiges Heim haben. *Werner Mitsch*

Heimweh:
die Erkenntnis, daß es gar nicht so schlimm war, wie man damals gedacht hatte. *Anonym*

heimwehkrank:
im Ausland pleite. *Ambrose Bierce*

Heirat:
ein Schritt des Mannes, durch den er es, um eine einzelne Frau zu gewinnen, mit allen anderen Frauen verdirbt. *Anonym*

Geiselnahme unter Mitwirkung des Staates. *Helen Bells*

nicht das Happy-End – sie ist immer erst ein Anfang. *Federico Fellini*

die einzige lebenslängliche Verurteilung, bei der man aufgrund schlechter Führung begnadigt werden kann. *Alfred Hitchcock*

der Dämpfer auf die Geigen, von denen der Himmel vollhängt.
Johann Nepomuk Nestroy

eine Mahlzeit, bei der die Suppe das beste ist. *Austin O'Malley*

der Augenblick, in dem ein Mädchen nicht mehr auf viele Männer achtet, sondern nur noch den einen zu vernachlässigen beginnt. *Helen Rowland* für den Mann der Einkauf von teuren Pantoffeln. *Leona Siebenschön*

der Höchstpreis, den man für eine Frau bezahlen muß. *Esther Vilar*

zweite Heirat:
Triumph der Hoffnung über die Erfahrung. *Samuel Johnson*

heiraten:
die Verwandlung des akuten Fiebers der Liebe in die chronische Krankheit der Ehe. *Anonym*

ein schwerer Entschluß, weil man mit nur einem Einkommen sowohl seine Familie als auch den Staat erhalten soll. *Anonym*

in Hollywood eine Fortsetzungsserie mit wechselnden Partnern. *Jimmy Durante*

eine gute Art, Erfahrungen zu sammeln. *Ira Prinzessin von Fürstenberg*

Nachtigallen zu Hausvögeln machen. *Christian Dietrich Grabbe*

in einer Glückslotterie setzen, in der es nur wenige Gewinnlose gibt. *Julie Jeanne de Lespinasse*

eine wunderbare Sache, solange es nicht zur Gewohnheit wird. *William Somerset Maugham*

ein notwendiges Übel. *Menander*

eine Lotterie, bei der Männer ihre Freiheit und Frauen ihr Glück aufs Spiel setzen. *Virgine des Rieux*

seine Rechte halbieren und seine Pflichten verdoppeln. *Arthur Schopenhauer*

die erste Dummheit, die man begeht, wenn man vernünftig geworden ist. *Karl Friedrich Wilhelm Wander*

Heiratsantrag:
das größte Kompliment für eine Frau – leider meist auch das letzte.
Grethe Weiser

abgelehnter Heiratsantrag:
eine liebe Erinnerung für den, der abgewiesen wurde. *Willy Reichert*

Heiratsanzeigen:
das gedruckte Ende einer Liebesgeschichte. *Robert Lembke*

Heiratsurkunde:
ein Führerschein, den man vor der Fahrprüfung erhält. *Wolfram Weidner*

heiße Höschen:
eine falsche Bezeichnung, denn es handelt sich um ein Kleidungsstück, in dem die Mädchen sich den Männern zuliebe erkälten. *Betty Clarke*

Heiterkeit:
das Anzeichen der Freiheit. *Anonym*

der Himmel, unter dem alles gedeiht. *Jean Paul*

die einzige Form der Freiheit im Gefängnis. *Rudolf Alexander Schröder*

Hektik:
Zustand, der fälschlich als Kind unserer Zeit ausgegeben wird. *Anonym*

Zeit im Halteverbot. *Werner Mitsch*

Held:
einer, dem der Mut fehlt, feige zu sein. *Anonym*

einer, der fünf Minuten länger tapfer ist als der gewöhnliche Mann.
Ralph Waldo Emerson

ein Mensch, der sein Leben dafür opfert, daß der Lehrer an seinem Beispiel die Kinder zur Folgsamkeit erzieht. *Gabriel Laub*

einer, der tut, was er kann. Die anderen tun das nicht. *Romain Rolland*

Helden:
jene Toren, die für andere die Kastanien aus dem Feuer holen. *Anonym*

Heldenhaftigkeit:
eine Todesart, keine Lebensart. *Gabriel Laub*

Heldentat:
eine Kurzschlußhandlung, die in der Regel auf einen Mangel an Alternativen zurückzuführen ist. *Anonym*

Heldentum:
Ausnahmezustand und meist Produkt einer Zwangslage. *Theodor Fontane*

helfen:
jemanden undankbar machen. *Ambrose Bierce*

Heller, André (Multi-Talent)
Das Wichtigste für mich ist, aus Lösungen Rätsel zu machen.

Hellseher:
eine Person – meist weiblichen Geschlechts –, die zu sehen vermag, was ihrem Kunden verborgen bleibt: daß er ein Schwachkopf ist. *Ambrose Bierce*

Hellseherei:
eine Art von Schwarzseherei. *Stanislaw Jerzy Lec*

Henne:
das klügste Geschöpf im Tierreich. Sie gackert erst, nachdem das Ei gelegt ist. *Abraham Lincoln*

Heranwachsende:
Leute unter zwanzig, die sich wie kleine Kinder benehmen, wenn man sie nicht wie Erwachsene behandelt. *Anonym*

Herausgeber:
dasselbe wie ein Gruß-August in einem Restaurant. Dieser muß fragen »Hat's den Herrschaften auch geschmeckt?« *Henri Nannen*

ein vollendet schöner Herbsttag:
ein Tag, an dem der Rasen nicht mehr gemäht zu werden braucht und die Blätter noch nicht von den Bäumen fallen. *Anonym*

Herr:
wer noch nicht weiß, wessen Knecht er ist. *Hellmut Walters*

ein feiner Herr:
einer, der eine Zuckerzange benutzt, wenn er zu Hause allein Kaffee trinkt. *Anonym*

Herrchen:
ein auf den Hund gekommener Herr. *Anonym*

Herrenabend:
Beisammensein, bei dem man sich nicht wie ein Herr benehmen muß. *Anonym*

Herz:
eine Pumpe, die man sich neuerdings pumpen kann. *Anonym*

die schwache Seite des Kopfes. *aus den »Fliegenden Blättern«*

etwas, was man gern ins Treffen führt, wenn man eine Dummheit gemacht hat. *Stendhal*

sein Herz verlieren:
die beste Art zu entdecken, daß man eines hat. *aus den »Fliegenden Blättern«*

Herzbeschwerden:
das Herz beschwert sich. *Gerhard Uhlenbruck*

Herzensbrecher:
ein Mann, der den Frauen seine eigenen Wünsche von den Augen abliest. *Anonym*

jemand, der Charme als Brechstange verwendet. *Anonym*

ein Mann, der hauptsächlich Herzen bricht, die schon einen Sprung haben. *Anonym*

Herzensgüte:
das, womit man fast jeden Menschen am ehesten überraschen kann. *Pearl S. Buck*

Herzenswärme:
noch immer die zuverlässigste Energiequelle. *Anonym*

Herzkrankheiten:
die gefährlichsten sind immer noch Neid, Haß und Geiz. *Anonym*

Heuchelei:
eine Huldigung des Lasters an die Tugend. *François de La Rochefoucauld*

das schwierigste und anstrengendste aller Laster. Man kann ihm, wie dem Ehebruch oder der Freßsucht, nicht nur gelegentlich frönen, es ist eine Aufgabe rund um die Uhr. *Willam Somerset Maugham*

eine Huldigung, welche die Wahrheit dem Irrtum darbringt. *George Bernard Shaw*

die Tugend des Feiglings. *Voltaire*

heucheln:
dem Charakter ein sauberes Hemd überziehen. *Ambrose Bierce*

Heuchler:
einer, der wider besseren Wissens oder Gewissens die Dinge so darstellt, wie es den andern gefällt. *Anonym*

ein Mann, der ein atheistisches Buch schreibt und dann betet, daß es sich gut verkaufen möge. *Anonym*

jemand, der Tugenden zur Schau trägt, die er nicht respektiert, und der sich so den Vorteil verschafft, das zu sein, was er verabscheut. *Ambrose Bierce*

heute:
der Tag, an dem man gute Vorsätze faßt. *Ron Kritzfeld*

immer der Tag, an dem die Zukunft beginnt. *Hans Kudszus*

Hexe:
eine Frau, die im Mittelalter wegen ihres emanzipatorischen Verhaltens verbrannt wurde. *Anonym*

Hexenschuß:
eine der besten arbeitssparenden Einrichtungen für Männer. *Anonym*

Highlife:
Vortäuschung von Lebenskunst mittels Geld. *Oliver Hassencamp*

Hildebrandt, Dieter
Er ist der Pointenpapst Deutschlands. *Bruno Jonas*

humanitäre Hilfe:
die Fortsetzung der Außenpolitik mit anderen Mitteln. *Johannes Gross*

Himmel:
ein Ort, wo einen die Bösen nicht mehr mit ihren eigenen Angelegenheiten belästigen und die Guten einem zuhören, wenn man die eigenen darlegt. *Ambrose Bierce*

Hindernisse:
das, was die Liebe erst interessant macht. *Sarah Bernhardt*

Hinterbänkler:
Infanteristen der Politik. *Denis Healey*

hinterfotzig:
der bayerische Ausdruck für ungemein gemein. *Josef Ertel*

Historiker:
einer der wenigen Berufe, wo Erfindungsgabe nicht erwünscht ist. *Anonym*

ein Mann, der heute die Dinge von gestern kommen sieht, von denen er vorgestern noch keine Ahnung hatte. *Anonym*

entweder Ankläger oder Verteidiger oder Richter, aber niemals Zeugen. *Dean Acheson*

ein breit ausuferndes Tratschmaul. *Ambrose Bierce*

jemand, der nicht selbst dabei war. *Frithjof Brandt*

Menschen, die sich für die Zukunft erst dann interessieren, wenn sie Vergangenheit ist. *Graham Greene*

ein rückwärts gekehrter Journalist. *Karl Kraus*

einer, der zu schlecht schreibt, um an einem Tagesblatt mitarbeiten zu können. *Karl Kraus*

Leute, die ihren subjektiven Standpunkt als das objektiv Wahre darzustellen belieben. *Ron Kritzfeld*

Anwälte, die erst plädieren, wenn ihr Klient schon gestorben ist. *Harold Macmillan*

die Schminkmeister des großen Welttheaters. *John Osborne*

ein rückwärts gewandter Prophet. *Friedrich Schlegel*

ein Reporter, der überall dort nicht dabei war, wo etwas passiert ist. *George Bernard Shaw*

Köche, die uns die von den Politikern eingebrockte Suppe schmackhaft zu machen versuchen. *Wolfram Weidner*

Besserwisser im nachhinein. *Herbert George Wells*

Hitparade:
der Beweis, daß man auch ohne Stimme singen kann. *Anonym*

Hobby:
die Arbeit, die man Ausbeutung nennen würde, wäre man nicht sein eigener Arbeitgeber. *Anonym*

harte Arbeit, die niemand täte, wenn sie sein Beruf wäre. *Günther Schramm*

Hobbies:
Steckenpferde, die den Reitern die Sporen geben. *Heinz Rühmann*

Hobbyraum:
vielleicht die letzte Bastion auf dem Rückzug der Männer. *Gilbert von Monbart*

Hochsaison an der See:
die Zeit, in der die Flut von der Landseite her naht. *Ron Kritzfeld*

Hochschulbildung:

etwas, das einem Menschen zeigt, wie wenig die anderen wissen.

Thomas Chandler Haliburton

Hochstapler:

Rivale bei der Bewerbung um öffentliche Ehren. *Ambrose Bierce*

Hochstimmung:

das Gefühl, nach den Sternen greifen zu können, ohne sich auf die Zehenspitzen zu stellen. *Anonym*

Hochverrat:

eine Frage des Datums. *Charles Maurice Talleyrand*

Hochzeit:

oft eine Amtshandlung, durch die ein kleines Kind einen Vater bekommt.

Anonym

der größte Unfall. *Antiphanes*

eine Zeremonie, bei der zwei Personen versprechen, eine zu werden, eine verspricht, nichts zu werden, und nichts verspricht, erträglich zu werden.

Ambrose Bierce

der Austausch von Ringen an den Fingern in Erwartung von Ringen unter den Augen. *Ralph Boller*

eine Landung, die wie ein Start aussieht. *Paul Hubschmid*

der Hauptgrund für Ehescheidungen. *Jerry Lewis*

Hochzeitsreise:

der erste Versuch, der Ehe-Realität zu entgehen. *August Strindberg*

Hochzeitstag:

der Tag zwischen »dürfen« und »müssen«. *Anonym*

Hochzeitstorte:

die gefährlichste und folgenschwerste kulinarische Versuchung. *Anonym*

höflich:

zur Durchsetzung seiner Ziele nicht immer sofort rohe Gewalt anwendend. *Markus Hattstein*

Höflichkeit:

die schwierige Kunst, andere ausreden zu lassen. *Anonym*

Unwahrheit, die zur Hälfte aus Lügen besteht. *Anonym*

Umgangsform, deren sich kultivierte Menschen befleißigen, wenn sie Zeit haben. *Anonym*

der dritte Arm, der uns erlaubt, Zudringliche auf Distanz zu halten. *Anonym*

die Kunst, natürliche Impulse zu verbergen. *Anonym*

ein Kapital, das hohe Zinsen trägt. *Anonym*

das Kapital, das nicht den reicher macht, der es empfängt, sondern den, der es ausgibt. *iranisches Sprichwort*

die annehmbarste Form der Heuchelei. *Ambrose Bierce*

die sicherste Form der Verachtung. *Heinrich Böll*

der Versuch, einem Menschen ins Gesicht zu sagen, was man nicht von ihm denkt. *Ralph Boller*

der Sicherheitsabstand, den vernünftige Menschen einhalten. *Maurice Chevalier*

der Versuch, Menschenkenntnis durch gute Manieren zu mildern. *Jean Gabin*

ein stillschweigendes Übereinkommen zweier Menschen, demzufolge jeder seine Eitelkeit zugunsten derer des anderen verschleiert. *Jean Baptiste Alphonse Karr*

der Versuch, die anderen so zu sehen, wie sie nicht sind. *Victor de Kowa*

– ein Minimum von Unaufrichtigkeit, das von jedem verlangt werden kann.
Hans Krailsheimer

der Wunsch, höflich behandelt und für fein und gesittet gehalten zu werden.
François de La Rochefoucauld

das Kleid, das man über die Unebenheiten seines Wesens zieht.
Wilhelm Lichtenberg

das Bestreben, anderen gefallen zu wollen. *Charles de Montesquieu*

eine Art des Benehmens, die man oft irrtümlich für gute Umgangsformen hält.
Harry Ruby

die Kunst des richtigen Zuhörens. Takt: die Kunst des richtigen Überhörens.
Dietmar Schönherr

ein Luftkissen; es mag wohl nichts drin sein, aber es mildert die Stöße des Lebens. *Arthur Schopenhauer*

die Kunst, unter seinen wahren Gedanken zu wählen. *Madame de Staël*

nichts als eine geschickt vorgeschwindelte Freundlichkeit. *Alexandre Vinet*

eine lobenswerte Eigenschaft, die nichts kostet – höchstens einmal den Sitzplatz in einer überfüllten Straßenbahn. *Carl Zuckmayer*

Höhensonne:

Gerät, vor dem selbst Hemmungslose rot werden. *Anonym*

Hölle:

Science-fiction vergangener Zeiten. *Anonym*

Warten ohne Hoffnung. *Anonym*

der Ort, an dem die Deutschen Polizeigewalt haben, die Schweden die Schauspieler sind, die Italiener für die Verteidigung verantwortlich zeichnen, die Franzosen die Straßen bauen, die Belgier sich als Pop-Sänger betätigen, die Türken in der Küche werkeln, Iren als Ober fungieren, Griechen regieren und Holländisch gesprochen werden muß. *Anonym*

ein Ort, wo die Franzosen die Mechaniker, die Engländer die Köche, die Deutschen Polizisten, die Russen die Historiker und die Amerikaner die Liebhaber sind. *»Herald Tribune International«*

das sind wir selbst. *Thomas Stearns Eliot*

eine Welt, in der nie verziehen wird. *Milan Kundera*

ein Ort, an dem die Engländer kochen, die Italiener Lastwagen bewachen und die Deutschen Fernsehunterhaltung machen. *Robert Lembke*

ein schwedischer Steuereinnehmer, ein arabischer Automechaniker, ein englischer Koch, ein deutscher Vergnügungschef, ein kanadischer Polizist, ein Sahara-Gärtner und eine puritanische Nutte. *Billy Richards*

ein Ort, wo Frauen ohne Spiegel, Männer ohne Selbstachtung und Uhren ohne Zeiger auskommen. *Jean-Paul Sartre*

das sind die andern. *Jean-Paul Sartre*

hoffen:

vom Leben falsche Vorstellungen haben. *Gottfried Benn*

Hoffnung:

das Grab vieler Wünsche. *Anonym*

eine Arznei, die zwar nie heilt, dafür aber lange zu leiden erlaubt. *Marcel Achard*

ein Risiko, das wir eingehen müssen. *Aristoteles*

ein gutes Frühstück, aber ein schlechtes Abendessen. *Francis Bacon*

die Verquickung von Wunsch und Erwartung. *Ambrose Bierce*

ein Mittelding zwischen Flügel und Fallschirm. *Tilla Durieux*

vertagte Verzweiflung. *Henning Harmssen*

die Illusionskraft der Seele, die in ihrer Illusion neun Zehntel des Glücks, das sie erwartet, vorweg genießt. *Gerhart Hauptmann*

– eine Anleihe auf das Glück. *Joseph Joubert*

der krankhafte Glaube an den Eintritt des Unmöglichen. *Henry Louis Mencken*

der Traum der Wachenden. *Fridtjof Nansen*

der Regenbogen über den herabstürzenden Bach des Lebens. *Friedrich Nietzsche*

hohl:
der innere Zustand von Schnittlauch, Bambus, Klangkörpern, Phrasen, Texten, Köpfen etc. *Markus Hattstein*

Holdinggesellschaft:
ein Unternehmen, bei dem man dem Partner die Beute zur Aufbewahrung übergibt, während man selbst von der Polizei durchsucht wird. *Will Rogers*

Holländer:
Tourist mit so »typisch deutschem« Benehmen, daß nur Deutsche erkennen, daß es gar kein Deutscher ist. *Anonym*

Holland:
ein Land, in dem auch die Katholiken Protestanten sind. *Hendrik Thijs*

Hollywood:
der einzige Ort, an dem man einen Ehemann schon nach fünf Minuten um die Hand seiner Frau bitten darf, ohne daß man deshalb für ungeduldig gehalten wird. *Steve McQueen*

Hollywood-Diva:
eine Dame, die Trauringe mit Mengenrabatt kauft. *Steve Webster*

Hollywood-Schauspielerin:
ein Dame, die nicht gern zweimal mit dem gleichen Ehemann gesehen werden will. *Anonym*

Holz:
ein erstaunliches Material, das im Wald sofort, im Ofen dagegen nur schwer in Brand gerät. *Anonym*

Homosexuelle:
die perfekten Gentlemen, weil sie wegen ihrer Gleichgültigkeit gegenüber dem anderen Geschlecht keine Aggressionslüste gegenüber Frauen haben.
Edna Fairchild

Horizont:
ein Ort, wo sich Himmel und Erde treffen, aber aufhören es zu tun, sobald man dort eintrifft. *Anonym*

der geistige Horizont:
der Abstand zwischen Brett und Hirn.
Wandspruch in einer Toilette der Universität München

Horoskop:
Religionsersatz, denn wer Religion hat, dem sind die Sterne schnuppe.
Sigismund von Radecki

Hose:
mittlerweise ein so weibliches Kleidungsstück, daß sich die Männer nach einem anderen Geschlechtssymbol umsehen sollten. *Peter Ustinov*

Hosentasche:
eingebauter Fausthandschuh. *Anonym*

Hotel:
Ort, wo die Wände zu dünn sind, um einschlafen zu können, und zu dick, um klar zu verstehen. *Anonym*

Hotels:
die lautesten Niederlassungen der Menschen. *Kurt Tucholsky*

hot pants:
ein Kleidungsstück, in dem man sich leicht erkältet. *Anonym*

Humanist:
wer die Menschen sogar dann liebt, wenn er im überfüllten Autobus fährt.
Tino Saurier

Humanität:

den Angler verachten und sich von den Fischen nähren, die er fängt.
Hans Kudszus

Hummer:

der Hering der Diplomaten. *Roger Peyrefitte*

Humor:

die Medizin, die am wenigsten kostet und am leichtesten einzunehmen ist.
Anonym

die Gabe, über die eigenen Witze zu lachen, wenn die Ehefrau sie erzählt.
Anonym

eine nette Form der Weitergabe von Einsichten. *Anonym*

die Fähigkeit zu lächeln, wenn einem gar nicht danach zumute ist. *Henry Benrath*

keine Gabe des Geistes – eine Gabe des Herzens. *Ludwig Börne*

die Blüte am Baum des Ernstes. *Ferruccio Busoni*

die Höflichkeit der Verzweiflung. *Chaval*

der Wintermantel der Existenz. *Gottfried Edel*

die Lust zu lachen, wenn einem zum Heulen ist. *Werner Finck*

die Fähigkeit, über Dinge zu lachen, die man haben sollte, aber nicht hat.
Langston Hughes

Distanz zu sich selbst behaupten. *Janosch*

überwundenes Leiden an der Welt. *Jean Paul*

der Regenschirm der Weisen. *Erich Kästner*

der Versuch, sich selbst nicht ununterbrochen wichtig zu nehmen. *Ernst Kreuder*

die liebenswürdige Seite der Wahrheit. *Mark Twain*

die Fähigkeit, an den Auswüchsen der menschlichen Natur Gefallen zu finden.
William Somerset Maugham

keine Gabe des Geistes – eine Gabe des Herzens. *Christian Morgenstern*

das einzige, was man in Deutschland nicht ernst nimmt. *Lilli Palmer*

die Fähigkeit, heiter zu bleiben, wenn es ernst wird. *Ernst Penzoldt*

was man nicht hat, sobald man es definiert. *Rudolf Presber*

der Schwimmgürtel auf dem Strom des Lebens. *Wilhelm Raabe*

der Knopf, der verhindert, daß uns der Kragen platzt. *Joachim Ringelnatz*

eines der besten Kleidungsstücke, die man in der Gesellschaft tragen kann.
William Makepeace Thackeray

die Einheit von Witz und Liebe. *William Makepeace Thackeray*

ein Element, das dem deutschen Menschen abhanden gekommen ist.
Kurt Tucholsky

durch die Dinge durchsehen, wie wenn sie aus Glas wären. *Kurt Tucholsky*

das Resultat dessen, was geschieht, wenn das Tragische schiefgeht. *Peter Ustinov*

schwarzer Humor:
Lachen mit einem Trauerrand. *Ralph Boller*

die Kunst, Skelette zum Lachen zu bringen. *Danny Kaye*

Humorist:
ein Mann mit gutem Gedächtnis, der darauf vertraut, daß die andern gar keins haben. *Anonym*

wer Humor ernster nimmt als das Leben. *Curt Goetz*

einer, dem weniger lustig zumute ist als den anderen. *Hans Weigel*

Hund:

eines der Tiere, die sich freuen, wenn ihnen etwas vorgeworfen wird. *Anonym*

ein von Flöhen bewohnter Organismus, der bellt. *Gottfried Wilhelm Freiherr von Leibniz*

Hundehalter:

Feiglinge, die nicht genug Schneid haben, selbst zu beißen. *August Strindberg*

der Hundertjährige:

der einzige Mensch, der lange genug lebt, um alles zu erledigen, was seine Frau ihm aufgetragen hat. *Anonym*

Hunger:

nicht nur der beste Koch, sondern auch der beste Arzt. *Peter Altenberg*

Hupe:

Erfindung, um Fußgängern wenigstens eine kleine Chance zu geben. *Anonym*

Husten:

der Wintersport des kleinen Mannes. *Anonym*

etwas, wofür du nichts kannst, was jeder andere aber nur tut, um dich zu ärgern. *Anonym*

Hutschnur:

Pegel des Erträglichen. *Anonym*

Hygiene:

sich öfter waschen, als es notwendig ist. *Anonym*

Hypochonder:

ein Mensch, der sich nicht wohlfühlt, wenn er sich wohlfühlt. *Anonym*

Gesunder, der sich so lange behandeln läßt, bis er erkrankt. *Ron Kritzfeld*

Hypothek:

etwas, das Eigentum wertlos macht, ohne seine Bezeichnung anzutasten.

Ambrose Bierce

Hypothesen:

Wiegenlieder, womit der Lehrer seine Schüler einlullt. *Johann Wolfgang von Goethe*

Gerüste, die man vor dem Gebäude aufführt und die man abträgt, wenn das Gebäude fertig ist. Sie sind dem Arbeiter unentbehrlich; nur muß er das Gerüst nicht für das Gebäude ansehen. *Johann Wolfgang von Goethe*

Hysterie:

die Strafe für das, was man nicht tat. *Sigmund Freud*

I

i:

der kleine Finger des Alphabets. *Ramón Gómez de la Serna*

Ibsen, Henrik

Das Fragen ist meine Sache. Antworten habe ich nicht.

ICE:

Incredible **C**omplicated **E**ngine. *Anonym*

Rohrpostverschickung von Menschen. *Jutta Ditfurth*

ich:

die wichtigste Person des Universums. *Ambrose Bierce*

das erste Personalpronomen, das erste Wort der Sprache, der erste Gedanke des Geistes, der erste Gegenstand der Zuneigung. *Ambrose Bierce*

eine kleine schmerzende Stelle am ungeheuren Körper der Welt.

Ludwig Goldscheider

die Spitze eines Kegels, dessen Boden das All ist. *Christian Morgenstern*

ich denke . . . :

satzeinleitende Modeform; erweist sich gewöhnlich als leere Versprechung.

Ron Kritzfeld

Ideal:

die Wahrheit von weitem. *Alphonse de Lamartine*

Ideal eines Nachrichtensprechers:

eine völlig neutrale, unbeteiligte Stimme, sozusagen ein akustischer Eunuch.

Harold Cox

Ideale:

unsere besseren Ichs. *Amos Bronson Alcott*

himmlische Meßlatten für irdische Zustände. *Ron Kritzfeld*

Idealismus:

ein Maß der Vollkommenheit, das in direktem Verhältnis zur eigenen Entfernung zum Problem zunimmt. *John Galsworthy*

die Fähigkeit, die Menschen so zu sehen, wie sie sein könnten, wenn sie nicht so wären, wie sie sind. *Curt Goetz*

eine prächtige Toga, die die Politiker um ihren Willen zur Macht drapieren.

Aldous Huxley

ein Vogel, dessen Flügel täglich gestutzt werden, aber immer wieder nachwachsen. *Carlo Volpi*

Idealist:

ein Mann, der anderen Leuten zu Wohlstand verhilft. *Henry Ford*

ein Mann, der aus der Tatsache, daß die Rose besser riecht als der Kohl, darauf schließt, eine Suppe aus Rosen müsse auch besser schmecken. *Ernest Hemingway*

ein Mann, der glatt durch Mauern geht und sich an der Luft wund stößt.

Alfred Polgar

ein Mann, dessen Liebe zum Geld unerwidert bleibt. *Thaddäus Troll*

Idealisten:
Menschen, die so tun, als könnte man Ideale verwirklichen. *William Faulkner*

extreme Idealisten:
Feiglinge, die vor der Wirklichkeit Reißaus nehmen. *Jacob Boßhart*

Idee:
fremder Einfall, den man für seinen eigenen ausgibt. *Michael Schiff*

klare Ideen:
Ideen, die dasselbe Maß an Verwirrung haben wie unser eigener Geist. *Marcel Proust*

neue Ideen:
meistens die Kinder alter Gedanken. *Henri Bergson*

Ideologe:
ein Mann, der anderen beim Nachdenken vordenkt. *Peter Wehle*

Ideologen:
scharfe Denker, die sich durch Tatsachen nicht beirren lassen. *Carlo Franchi*

Leute, die glauben, daß die Menschheit besser ist als der Mensch. *Italo Svevo*

Ideologie:
Ordnung auf Kosten des Weiterdenkens. *Friedrich Dürrenmatt*

Impfstoff, der gegen das Denken immunisiert. *Ron Kritzfeld*

der Versuch, die Straßenbeschaffenheit zu ändern, indem man neue Wegweiser aufstellt. *Carlo Manzoni*

Philosophie aus Fertigbauteilen. *Horst Dieter Schlosser*

ein Vorurteil, welches öffentlich im Namen des Volkes gefällt wird. *Gerhard Uhlenbruck*

Ideologien:

bewaffnete Ideen. *Martin Greifenhagen*

abgestorbene Ideale – ein Urnenhain ehemaliger Triebkräfte. *Indro Montanelli*

Idiot:

der Fahrer des Autos vor dir. *Anonym*

ein Mann, dessen Ansichten nicht mit unseren übereinstimmen. *Anonym*

Mitglied eines großen und mächtigen Stammes, dessen Einfluß in allen menschlichen Dingen immer beherrschend war. *Ambrose Bierce*

Idioten:

eine weise Einrichtung der Natur, die es den Dummköpfen erlaubt, sich für klug zu halten. *Orson Welles*

Igel:

der Kaktus des Tierreichs. *Ambrose Bierce*

das Steckkissen unter den Tieren. *Hugo Olaerts*

Ignorant:

jemand, der sich anmerken läßt, daß er etwas nicht weiß. *Anonym*

jemand, der manches nicht weiß, was dir vertraut ist, und anderes weiß, wovon du keine Ahnung hast. *Ambrose Bierce*

Ikebana:

ein Stück Natur, von Blumen auf kleinster Bühne gespielt. *Günther Debon*

Illiquidität:

neudeutsch für Konkurs. *Anonym*

Berechnung mit gefährlichen Schlußfolgerungen. *Anonym*

Illusionen:

eine Sache, die ein Mann gleichzeitig mit seinen Haaren und Zähnen verliert. *Anonym*

die Schmetterlinge des Lebensfrühlings. *Peter Sirius*

vielversprechende Kinder, die es zu nichts bringen. *Wolfram Weidner*

Image:

Gesicht einer Firma, die kein Gesicht hat. *Anonym*

ein Spiegelbild, das meist schöner ist als das Original. *Anonym*

das, woran man schließlich selber glaubt. *Anonym*

die Kunst, jemandem ein Gesicht zu geben, der höchstens eine Visage hat. *Ralph Boller*

das auf Taille gearbeitete Idealbild eines Menschen. *Ernest Dichter*

der Etikettenschwindel der Menschen. *Wolfgang Gruner*

eine maßgeschneiderte Zwangsjacke. *Robert Lembke*

ein Spiegelbild, das schöner ist als das Original. *Helmut Qualtinger*

ein Bild, dem man immer ähnlicher werden muß. *Peter Sellers*

ein Maßanzug, den man sich nach den Maßen der öffentlichen Meinung anfertigen läßt. *Peter Sellers*

ein geborgtes Gesicht. *Thornton Wilder*

eine leichtverderbliche Ware. Zum alsbaldigen Verbrauch bestimmt. *Charles Wilp*

Imagepflege:

die Kunst, begreiflich zu machen, daß die Tube wichtiger ist als die Zahnpasta. *Harald Juhnke*

Imitation:

die offenherzigste Form des Konkurrenzkampfes. *Anonym*

Impotenz:

die beste Form der Empfängnisverhütung. *Zarko Petan*

im Prinzip dafür:

Zustimmung mit Hintertür. *Ron Kritzfeld*

Improvisation:

die Kunst, etwas Unbeabsichtigtes gut vorzubereiten. *Willy Millowitsch*

die Kunst, ohne Anlauf durch den Stegreif zu springen. *Georg Thomalla*

improvisieren:

etwas Nichtssagendes sagen, ohne darauf vorbereitet zu sein. *Wolfram Weidner*

Index:

Bezugsquellen-Nachweis für Liebhaber verbotener Schriften. *Anonym*

vatikanischer Literaturpreis; macht selbst Schundwerke zu Bestsellern. *Ron Kritzfeld*

Indianer:

jemand, der sich wünscht, Kolumbus wäre ein einfacher Bauer gewesen. *Anonym*

Indiskretion:

etwas, das einem Mann verziehen wird und für eine Frau unverzeihlich ist. *Anonym*

etwas, auf das man sich nur bei den wenigsten Frauen nicht verlassen kann. *Oscar Wilde*

Indiskretionen:

die verbreitetste Form von Geheimnissen. *Wolfram Weidner*

Individualismus:

sich zur Regel machen, Ausnahme zu bleiben. *Anonym*

Individualist:

ein Mensch, der es wagt, sein Leben nach seinen Vorstellungen zu gestalten. *Anonym*

Industriemakler:

Leute, denen es nicht um die Vergesellschaftung von Produktionsmitteln, sondern um die Vermittlung von Produktionsgesellschaften geht. *Ron Kritzfeld*

inexistent:

ein Berliner, der schweigt – und sei es auch nur für zwei Minuten. *Markus Hattstein*

Inflation:

Wohlstand mit hohem Blutdruck. *Anonym*

die Methode, einen Geldschein zu halbieren, ohne das Papier zu verletzen. *Anonym*

Armut mit viel Geld in der Tasche. *Anonym*

eine Antriebskraft, welche die Wirtschaft derart in Fahrt bringt, daß sie nicht mehr zu bremsen ist. *Georges Elgozy*

Teuerung, an deren Beginn die Beteuerung, es sei keine Inflation, besonders billig zu haben ist. *Ron Kritzfeld*

Rache einer Währung für den leichtfertigen Umgang mit dem Geld. *Ron Kritzfeld*

periodisch wiederkehrender Beweis für die Tatsache, daß bedrucktes Papier bedrucktes Papier ist. *Helmar Nahr*

in den meisten Fällen eine subtile Form der entschädigungslosen Enteignung derjenigen, die Geldvermögen besitzen. *Dr. Helmut Schlesinger*

Inflation und Deflation:

Fremdwörter für Pleite. *Carl Fürstenberg*

Information:

das Verkaufen einer für mich vorteilhaften Sicht der Dinge als Gehalt der Sache selbst. *Markus Hattstein*

die sauberste, wirksamste und geläufigste Form, um heutzutage zu lügen. *Aurel Schmidt*

die beste Informationsquelle:

Leute, die versprochen haben, nichts weiterzuerzählen. *Marcel Mart*

Inkonsequenz:

Flexibilität bei anderen. *Anonym*

Innenpolitik:

die Kunst, verschiedene Meinungen unter einen Hut zu bringen, der kein Helm ist. *Hans Henny Jahnn*

innere Sicherheit:

der Schutz der Regierung vor der Demokratie. *Rudolf Rolfs*

Innovation:

der Feind von Tradition. *Anonym*

in sich gehen:

die unbequemste Art der Fortbewegung. *Karl Rahner*

Insider:

Börsenspekulanten, die sich dadurch unbeliebt machen, daß sie Gefühl durch Wissen ersetzen. *Klaus Göppert*

Inspiration:

die plötzliche Lösung eines Problems, über das man lange nachgedacht hat. *Napoleon I.*

beste Inspiration für einen Schriftsteller:

das Bewußtsein, daß er seinen Honorarvorschuß zurückzahlen muß, wenn er nicht schreibt. *Leonhard Lyons*

Instinkt:

Erfahrung, die uns Millionen von Vorfahren vererbt haben. *Anonym*

das Gefühl, das einer Frau sagt, ob und wann ein Mann Ermunterung oder Ernüchterung braucht. *Anonym*

die ausgezeichnete Nase, die uns viel einträgt. *Anonym*

die Nase des Verstandes. *Anonym*

die Fähigkeit, auf kopflose Weise intelligent zu handeln. *Anonym*

jener untrügliche innere Kompaß, der einer Frau auch in einer fremden Wohnung sofort verrät, wo das Schlafzimmer liegt. *Marcel Aymé*

das, was man braucht, wenn der Verstand aussetzt. *Dieter Hallervorden*

Institutionen:

Aufbewahrungsorte für Werte. *Carlyle Marney*

intellektuell:

eine schätzenswerte Eigenschaft, die ihre Besitzer einander vorwerfen. *Hans Weigel*

Intellektueller:

ein Mann, der etwas Interessanteres gefunden hat als Frauen. *Anonym*

einer, der vernünftig denken kann und trotzdem manchmal unsinnig handelt. *Anonym*

ein Mensch, der mehr weiß, als er versteht. *Anonym*

ein Mensch mit einer Bildung, die seine Intelligenz übersteigt. *Anonym*

ein Mensch, der außer den Sportnachrichten in der Zeitung noch anderes, vielleicht sogar ein Buch liest. *Anonym*

wer bei Puschkin nicht zuerst daran denkt, was harte Männer trinken. *Anonym*

– ein Mensch, der so klug ist, daß er das Offenkundige nicht begreifen kann. *Anonym*

ein Mann, der einem hübschen Mädchen über die Schulter blickt, um zu sehen, was es liest. *Anonym*

ein Mensch, der gewußt hat, wer Toulouse-Lautrec war, bevor der Film »Moulin Rouge« anlief. *Anonym*

ein Mensch, der Rhododendron richtig buchstabiert. *Anonym*

jemand, der ins Museum geht, auch wenn es nicht regnet. *schottische Definition*

einer, der mehr Wörter benutzt, als er eigentlich braucht, um mehr zu sagen, als er weiß. *Inschrift an einer Wand in der Universität Cambridge*

ein Mensch, dessen Geist sich selbst beobachtet. *Albert Camus*

jemand, der morgens ausschlafen kann, nicht körperlich arbeiten und vor keinem Chef buckeln muß. *Karl Dall*

ein Mann, den eine Idee mehr fasziniert als eine Frau. *Friedrich Dürrenmatt*

ein Mensch, der über das nachdenken kann, was andere tun müssen. *Gert Udo Jerns*

der Mensch, der sich an nichts gewöhnen kann; auch nicht an sich selbst. *Hans Kudszus*

jemand, der glaubt, er könne im Dunkeln mit Brille besser sehen. *Gerhard Uhlenbruck*

Intellektuelle:

Leute, die mit ihren Eierköpfen gegen alle Mauern rennen. *Gabriel Laub*

Leute, die über Bücher reden, die andere Leute geschrieben haben. (Leute, die Bücher schreiben, sind selten intellektuell.) *Françoise Sagan*

Leute, die nicht genug Körper haben, um ihren Geist zu bedecken. *Sydney Smith*

intelligent sein:

wissen, was man tun soll, wenn man nichts zu tun hat. *Anonym*

Intelligenz:

verläßliche Eigenschaft, die jeder besitzt, der dir aufmerksam zuhört und bekräftigend nickt zu dem, was du zu sagen hast. *Anonym*

die Fähigkeit, seine Umwelt zu akzeptieren. *William Faulkner*

die Eigenschaft, die ein Mann bei einem Mädchen sucht – nachdem er alles andere schon gefunden hat. *Robert Lembke*

die Fähigkeit, die bewirkt, daß man Abstand nimmt. *Henry de Montherlant*

jene Eigenschaft des Geistes, dank derer wir schließlich begreifen, daß alles unbegreiflich ist. *Emile Picard*

Intelligenztest:

Einrichtung, die einem beweist, daß man besser darauf verzichtet hätte, sie auszuprobieren. *Anonym*

Intendant:

der Mann, der im Theater das Fenster zu bestimmen hat, aus dem das Geld hinausgeworfen wird. *Hackenberg*

Interessenverbände:

Zusammenschlüsse, die bezwecken, daß das Geld unter Kollegen bleibt. *Thaddäus Troll*

Interessenvertreter:

Leute, die in unserem Namen ihre Interessen vertreten. *Helmar Nahr*

Internist:

ein Arzt, der einen Leberkranken auf Herz und Nieren prüft. *Werner Mitsch*

Interpretation:

Übertragung eigener Überzeugung in fremde Werke. *Ron Kritzfeld*

interpretieren:

Altes so darstellen, als sei es ein Neues; Bekanntes, als sei es ein Fremdes; Fremdes, als sei es ein Bekanntes. *Hans-Klaus Jungheinrich*

Interview:

ein Gespräch, bei dem einer die Fragen stellt, die schon viele vor ihm gestellt haben, und ein anderer Antworten gibt, die er schon zahllosen Leuten gegeben hat. *Dean Acheson*

im Zeitungswesen eine Beichte, bei der abgefeimte Unverschämtheit törichter Eitelkeit und Ruhmsucht das Ohr leiht. *Ambrose Bierce*

Interviewer:

jemand, der die Zitate eines Politikers besser kennt als dieser selbst. *Günter Gaus*

Interviewpartner:

ein Fremdenführer durch uns selbst. *Alfred Polgar*

Intrigant:

ein Mensch, der keineswegs alle Gerüchte glaubt, aber alle Gerüchte weitererzählt. *Jacques Baumel*

Intrige:

eine tödliche Bosheit, die sich nicht nachweisen läßt. *Peter Shaffer*

Intuition:

weibliche Fähigkeit, blitzschnell eine Person richtig und eine Lage falsch einzuschätzen. *Anonym*

Vernunft, die es eilig hat. *Anonym*

die Fähigkeit, aus nicht vorhandenen Fakten falsche Schlüsse zu ziehen. *Anonym*

das, was es den Frauen ermöglicht, ganz sicher zu sein, ohne es genau zu wissen. *Anonym*

die Fähigkeit, zwei und zwei mit beliebigem Ergebnis zu addieren. *Anonym*

das, was dir rät, den richtigen Kurs einzuschlagen – nachdem du den falschen erwogen und festgestellt hast, daß er zu risikoreich ist. *Anonym*

Intelligenz mit überhöhter Geschwindigkeit. *»Tempo«, Italien*

die Fähigkeit mancher Leute, eine Lage in Sekundenschnelle falsch zu beurteilen. *Friedrich Dürrenmatt*

der eigenartige Instinkt, der einer Frau sagt, daß sie recht hat, gleichgültig, ob das stimmt oder nicht. *Oscar Wilde*

irgendwann einmal:
keinmal *Anonym*

Irland:
eine alte Sau, die ihre Ferkel frißt. *James Joyce*

Ironie:
die Grobheit der Gebildeten. *Anonym*

die Tapferkeit der Schwachen und die Feigheit der Starken. *André Berthet*

die letzte Phase der Enttäuschung. *Anatole France*

ein Teil der Rüstung, die der Mensch zur Selbstverteidigung braucht. *Robert Lembke*

keine Waffe, eher ein Trost der Ohnmächtigen. *Ludwig Marcuse*

die Rache des menschlichen Geistes an der uneinsichtigen Gesellschaft. *Helmar Nahr*

ironisieren:
aus einer Not eine Überlegenheit machen. *Thomas Mann*

irren:
in einer Art und Weise denken oder handeln, die meinem Glauben und Tun zuwiderläuft. *Ambrose Bierce*

Irrläufer:
Leichtathlet, der in die falsche Richtung startet. *Anonym*

Irrtum:
die tiefste Form der Erfahrung. *Martin Kessel*

Irrtümer:
die Stationen auf dem Wege zur Wahrheit. *Fjodor Michailowitsch Dostojewski*

Irrweg:

jede Abweichung anderer von den eigenen Denkgewohnheiten. *Ambrose Bierce*

-ismus hinter dem Namen:

das einzige Denkmal, das wirklich Bestand hat. *Peggy Guggenheim*

Israel:

eine westliche Demokratie für eine zum großen Teil agnostische Bevölkerung unter einer teilweise theokratischen Gesetzgebung. *Schalom Ben-Chorin*

Italien:

ein Land, in dem es im Schatten mehr Sonnenschein gibt als in England unter wolkenlosem Himmel. *italienisches Reisebüro in England*

ein Staat, der nur noch so tut, als sei er ein Staat. *George Campbell*

ein Land, in dem es weit mehr zweibeinige als vielbeinige Parasiten gibt. *Luigi Canale*

ein Streikparadies, gestört durch Arbeit. *Carlo Franchi*

fünfzig Millionen Schauspieler. Die schlechtesten von ihnen stehen auf der Bühne. *Orson Welles*

Italiener:

ein Gran Turismo des Flirts, aber kein Serienwagen der Leidenschaft. *Maud Baynham*

Leute, die netto verdienen, aber brutto leben. *Giuseppe Saragat*

Italienisch:

eine Gebärdensprache, deren Verständnis durch Worte erschwert wird. *Anthony Quinn*

J

Jäger:

Menschen, denen niemand ausreden kann, daß es für einen Rehbock kein größeres Vergnügen gibt, als von einer Kugel getroffen zu werden. *Brigitte Bardot*

jäten:

Zensur an der Natur. *Oskar Kokoschka*

Jagdtrophäen:

Ersatzorden, die man sich selber gibt. *Erwin Ringel*

jagen:

die Kunst, Wild zu hegen, bis es alt genug ist, damit es unter hohen Strapazen, hohen Kosten und viel Zeitaufwand wieder aufgespürt und erlegt werden kann. *Alfred Stampfel*

Jahr:

eine Periode von dreihundertfünfundsechzig Enttäuschungen. *Ambrose Bierce*

die besten Jahre:

jene Zeit im Leben, in der ein Mann zurückblickt und entdeckt, daß der Berg, den er erklommen, nur ein Maulwurfshügel war. *Joseph H. Peck*

die Zeit, wo die Kleider nicht mehr passen, man die Änderungen aber an sich selber vornehmen muß. *Anonym*

die vier Jahreszeiten:

Umgraben, Säen, Mähen und Zusammenharken. *Anonym*

Jalousien:

Scheuklappen für Wohnungen. *Markus Hattstein*

Japaner:

Mensch, der alle Schönheiten dieser Welt durch den Sucher seiner Kamera betrachtet. *Ron Kritzfeld*

Jazz:
die Freiheit, viele Formen zu haben. *Duke Ellington*

eine neue Kunst, die die alte nicht nötig hat. *Hans Werner Henze*

schwarze Musik. *Archie Shepp*

Jeans:
Kleidungsstück, das nicht noch strammer sitzen könnte, es sei denn, man ersetzte es durch Lack aus der Sprühdose. *Anonym*

Jeans-Management:
alle Schwachstellen mit Nieten besetzen. *Anonym*

Jeep:
ein Cocktailshaker mit fünf Gängen. *Anonym*

Jet-set:
die Leute, die ständig Urlaub vom Urlaub machen. *Salvador Dali*

die Leute, die immer vor dem Problem stehen: Party oder Ferien. *Jimmy Durante*

den Mittelpunkt, der man nicht ist, mimen in einer Welt, die es nicht gibt. *Oliver Hassencamp*

jetzt:
die guten alten Zeiten, nach denen Sie sich in zehn Jahren zurücksehnen werden. *Peter Ustinov*

Joch:
präzise und unwiderlegbare Definition der Ehe. *Ambrose Bierce*

Jockeis:
Reiter, die manchmal früher über ein Hindernis kommen als das Pferd. *Danny Kaye*

Jogger:
Laufjunge. *Hugo Olaerts*

Jogging:

mit seiner Freundin durch einen Wald rennen, in dem man ganz andere Dinge tun könnte. *Anonym*

Waldlauf in moderner Sportbekleidung. *Anonym*

die größte Lauf-Masche aller Zeiten. *Anonym*

Jogging mit Hund:

Dogging. *Anonym*

Journalismus:

Schreiben für den Tag. *Anonym*

der Rahm von heute – der Käse von morgen. *Anonym*

Literatur in Eile. *Matthew Arnold*

eine ungeheure Schleudermaschine, die von kleinen Gehässigkeiten in Bewegung gesetzt wird. *Honoré de Balzac*

alles, was morgen weniger interessant ist als heute. *André Gide*

Geschichte, die dahinstürmt. *Thomas Griffith*

anderen erklären, was man selber nicht versteht. *Lord Northcliffe*

ein Beruf, der Neugierde zu befriedigen hat, die er selbst erst wecken muß. *Alain Peyrefitte*

der Sinn für Neuigkeiten – in Wirklichkeit ein Sinn dafür, was wichtig ist, was lebenswichtig ist, was Farbe hat und Leben: was die Menschen interessiert. *Rascoe*

ein Hundeleben und das schönste Abenteuer auf der Welt. *Friedrich Sieburg*

Journalist:

ein kurzsichtiger Historiker. *Anonym*

– der Bürger, der von seiner Meinungsfreiheit sozusagen berufsmäßig Gebrauch macht. *Anonym*

ein Mensch, der immer etwas Wichtigeres zu tun hat und daher nie zum Wichtigen kommt. *Anonym*

ein Mensch, der seinen Beruf verfehlt hat. *Otto von Bismarck*

einer, der nachher alles vorher gewußt hat. *Karl Kraus*

ein Schriftsteller, dessen schöpferische Phantasie ein wenig von der Wirklichkeit eingeschränkt wird. *Gabriel Laub*

ein Mann, der die eine Hälfte seines Lebens damit verbringt, über Dinge zu schreiben, von denen er nichts weiß, und die andere Hälfte, nicht über Dinge zu schreiben, die er genau weiß. *Robert Lembke*

jemand, der anderen einleuchtend Dinge erklärt, die er selber nicht versteht. *Leo Longanesi*

wer keinen Gedanken hat und ihn dennoch niederschreibt. *Dr. Alois Rummel*

lästiger Fragesteller, dem man mit belegten Brötchen den Mund stopft. *Michael Schiff*

Journalisten:

Menschen, die zum Frühstück dicke Schlagzeilen schlürfen. *Anonym*

Schriftsteller, die auf Schnee schreiben. *Anonym*

die Geburtshelfer und Totengräber der Zeit. *Karl Ferdinand Gutzkow*

die Sekundenzeiger der Weltgeschichte. *Joachim Kaiser*

Leute, die ein Leben lang darüber nachdenken, welchen Beruf sie eigentlich verfehlt haben. *Mark Twain*

Schriftsteller, die keine Geduld haben. *Ephraim Kishon*

Menschen, die in einem anderen Beruf mit weniger Arbeit mehr Geld verdient hätten. *Robert Lembke*

Leute, die fragen, ohne Antworten zu bekommen. Politiker sind Leute, die antworten, ohne gefragt zu sein. *Norman Mailer*

Leute, die alles interessant finden, worüber Gras wachsen möchte.
Rudolf Mayer-Freiwaldau

Leute, die glauben, daß ein Bericht besser wird, wenn sie ihn Report nennen.
Helmut Qualtinger

Wegelagerer und Indiskretins. *Helmut Schmidt*

Jubiläum:

Huldigung an die Null. *Winfried Hönes*

Datum, an dem eine Null für eine Null von mehreren Nullen geehrt wird.
Peter Ustinov

Feier zur Ehre einiger Nullen. *Ernst Waldbrunn*

Jugend:

ein Symptom, das ohne Behandlung mit der Zeit von selbst verschwindet.
Anonym

der Zeitabschnitt unseres Lebens, in dem man noch lernen, neue Gewohnheiten annehmen und Widerspruch ertragen kann. *Anonym*

dasjenige, was uns nicht vor dem Altwerden schützt. *Anonym*

ein wunderbarer Paß, der alle Türen öffnet; leider ist er nicht lange gültig.
Anonym

eine Torheit, deren Heilung das Alter ist. *arabisch*

der ideale Lebensabschnitt, wenn er etwas später käme. *Lord Asquith*

ein Kredit, der jeden Tag kleiner wird. *Willy Brandt*

das Übergewicht der Hormone über die Argumente. *David Frost*

eine wunderbare Sache. Wie schade, daß sie an die Kinder verschwendet wird.
George Bernard Shaw

wahre Jugend:
eine Eigenschaft, die sich nur mit den Jahren erwerben läßt. *Jean Cocteau*

Jugendfreunde:
der Spiegel unseres Alters. *Gustav Knuth*

Jugendliebe:
sorgsam gepflegter Traum, dessen Verwirklichung ein gütiges Geschick verhinderte. *Ron Kritzfeld*

Jungfräulichkeit:
etwas sehr Kostbares, das alle Mädchen verlieren möchten.
William Somerset Maugham

Jungfrau:
eine Ungetraute, die sich nie getraut hat. *Anonym*

etwas sehr Schönes – vorausgesetzt, sie bleibt es nicht. *Joachim Ringelnatz*

Junggeselle:
ein halber Mensch. *Anonym*

ein Mann, der mit einer Frau überall hingeht, nur nicht zum Standesamt.
Anonym

ein Mann, der eine Party nicht verlassen muß, wenn er sich toll zu amüsieren anfängt. *Anonym*

ein Mann, der aus den Erfahrungen anderer Männer gelernt hat. *Anonym*

ein Optimist, der immerzu auf eine schöne Frau wartet, die gleichzeitig eine hervorragende Köchin, eine brillante Kindererzieherin und eine ausgezeichnete Zuhörerin ist. *Anonym*

ein Mann, der genau so viele Fehler hat wie ein Ehemann, dies aber nicht so häufig zu hören bekommt. *Anonym*

ein Mann, der nie erfährt, wie wenig er eigentlich weiß, weil er keine Kinder hat, die ihm Fragen stellen. *Anonym*

ein Mann, der es vorzieht, in Etappen glücklich zu sein. *Anonym*

einer, der es sich gründlich überlegt, bevor er einen folgenschweren Entschluß faßt, und es dann beim Überlegen bleiben läßt. *Anonym*

Absprung-Artist. *Anonym*

ein Mann, der eine Frau lieber im Kopf als am Hals hat. *Anonym*

ein Mann, der sich den Frauen zuneigt, aber immer aufpaßt, daß er nicht das Übergewicht kriegt. *Anonym*

ein Mann, der jeden Morgen aus einer anderen Richtung ins Büro kommt. *Anonym*

ein Mann, der keine Kinder hat, über die er sich unterhalten könnte. *Anonym*

ein Mann, der eine Frau dadurch glücklich macht, daß er sie nicht heiratet. *Anonym*

ein Mann mit nur einer einzigen Idee: nämlich es zu bleiben. *Anonym*

ein Mann, der seine Frau nie belügt. *Anonym*

der einzige Mann, der vor seiner Frau keine Geheimnisse hat. *Anonym*

ein Mann, der noch über Schwiegermutterwitze lachen kann. *Anonym*

ein Mann, der nie von einer Party nach Hause gehen muß, wenn es am schönsten ist. *»Milwaukee Journal«*

ein Mann, der sich lieber besteuern als steuern läßt. *Mario Adorf*

ein Mann, der lieber Socken stopft als Mäuler. *Mario Adorf*

ein Mann, der für Liebe mit Fersengeld zahlt. *Senta Berger*

ein Mann, den die Frauen noch ausprobieren. *Ambrose Bierce*

ein Mann, der scharf nachdenkt, bevor er nein sagt. *Peter Boenisch*

– ein Mann, der nicht gleich eine Farm kauft, wenn er ein Hühnerei braucht.
Peter Frankenfeld

ein Mann, der einen Haupttreffer machen will, indem er kein Los erwirbt.
Iska Geri

ein Mann, der lieber mehreren Frauen untreu als einer einzigen treu ist.
Edith Hancke

ein unverheirateter Mann, der meist von Frauen abhängig ist (Mutter, Dienerin, Putzfrau usw.), die ihm mit Kochen, Putzen und bei der Wäsche helfen.
Cheris Kramarae

Einzelgänger, der neuerdings durch den Single verdrängt wird. *Ron Kritzfeld*

ein Mann, der seine Ringe unter den Augen trägt. *Willy Reichert*

ein Mann, dem zum Glück die Frau fehlt. *Felix Scholz*

ein Mann, der nicht gleich ein Bergwerk kauft, wenn er einen Eimer Kohle haben möchte. *Peter Sellers*

ein Mann, der sein Ziel erreicht, ohne dort zu verweilen. *Alberto Sordi*

einer, der es vermeidet, den gleichen Fehler ein erstes Mal zu machen. *Ed Wynn*

Junggesellen:
das einzige »Wild«, für das es keine Schonzeit gibt. *Anonym*

alle Männer, die der Ansicht sind, daß der Sonntag ein Ruhetag ist. Verheiratete Männer wissen es besser. *Anonym*

Männer, die aus der Hand fressen – aber nur aus der eigenen. *Mario Adorf*

Männer, die keinen Acker kaufen, wenn sie ein Pfund Kartoffeln haben möchten. *Mario Adorf*

Männer, die nicht davon überzeugt sind, daß eine Mark doppelt soviel wert ist, wenn sie durch zwei geteilt wird. *Mario Adorf*

für Frauen insgeheim so etwas wie Feldherren, die noch keine Schlacht verloren haben. *Maurice Chevalier*

Männer, die lieber Parkgebühren zahlen als eine Garage bauen. *Gina Crespi*

Männer, die Austern lieben, aber noch nie eine Perle fanden. *Ava Gardner*

Reservisten, die schwer aus ihrer Reserve herauszulocken sind. *Ellen Keßler*

Männer, die kneifen, sobald sie gekniffen haben. *Lotte Ledl*

Männer, die nach beiden Seiten aus ihrem Bett steigen. *Robert Lembke*

Männer mit einer Allergie am Ringfinger. *Lutz Löhndorf*

Männer, die vielleicht nicht wissen, was ihnen entgangen ist, aber dafür wissen sie um so besser, wem sie entgangen sind. *Willy Reichert*

Männer, die nur halb aufs Ganze gehen. *Tatjana Sais*

Männer, die wissen, wie klein die Chance ist, daß man in einer Auster eine Perle findet. *Bill Slater*

Männer, die lieber suchen als finden. *Caterina Valente*

Männer, die gern verheiratet wären, aber nicht ständig. *Helen Vita*

Männer mit hochentwickeltem Sinn für ein rechtzeitiges Happy-End. *Chuck Winters*

Junggesellin:
eine Frau, die einmal zu oft nein gesagt hat. *Inge Meysel*

Jupiter:
ein mythisches Wesen, in dem Griechen und Römer lächerlicherweise den obersten Herrscher des Universums sahen – in Unkenntnis unserer heiligen Religion. *Ambrose Bierce*

Jurisprudenz:
die Fähigkeit, recht zu behalten, obwohl man es nicht hat. *Georges Marcelin*

Jurist:

ein Rechtskundiger, der auch links herum denken kann. *Helmuth M. Backhaus*

ein guter Jurist:

jemand, der mit schlechtem Gewissen Jurist ist. *Gustav Radbruch*

Juristen:

Leute, die die Gerechtigkeit mit dem Recht betrügen. *Harold Pinter*

Juroren:

meistens Leute, die keine Phantasie haben, die sich an einer Buchhaltung orientieren, die sie Tradition nennen. *Gidon Kremer*

Juwelen:

Steine, die man mit Fassung zu tragen hat. *Anonym*

K

Kabarett:

satirischer Nachhilfeunterricht in Sachen Politik und Moral. *Anonym*

die Kunst, in einer aalglatten Gesellschaft anzuecken. *Anonym*

eine Wortspielbank mit Croupiers, die mehr austeilen als einstecken.
Werner Finck

Kabarettisten:

geistreiche Leute mit Niedertrachten-Look. *Victor de Kowa*

Kabeljau:

ein aus Scheiben gemachter Fisch. *Ramón Gómez de la Serna*

Kabinett:
die Hauptpersonen, denen die Mißwirtschaft einer Regierung übertragen wird.
Ambrose Bierce

Kabinettstück:
von einer Ministerrunde beschlossene Torheit. *Ron Kritzfeld*

Känguruh:
ein Versuch der Natur, einen verkehrssicheren Fußgänger zu entwickeln.
Anonym

Wappentier der Finanzminister; macht auch mit leerem Beutel große Sprünge.
Anonym

Kaffeehausliterat:
ein Mensch, der Zeit hat, darüber nachzudenken, was die anderen draußen nicht erleben. *Anton Kuh*

Kafka, Franz
Kein Mensch hat je mit solchem Ernst das Studium seiner Schwäche betrieben.
Martin Walser

kahl:
Mangel an Haaren infolge Vererbung oder zufälliger Ursachen – niemals altersbedingt. *Ambrose Bierce*

Kakao:
die süßeste Art, Milch zu trinken. *Aurel Schmidt*

Kalauer:
Witz eines Vorgesetzten, über den man lacht, weil man sonst nichts zu lachen hat. *Anonym*

Kalender:
nichts als eine Erinnerung daran, daß unsere Tage gezählt sind. *Anonym*

Kamin:

altmodische, heute wieder moderne Heizeinrichtung, die neben ihren zahlreichen Nachteilen wenigstens den Vorteil hat, gewisse brennbare Abfälle gratis zu entsorgen. *Anonym*

Kalifornien:

der einzige amerikanische Bundesstaat, in dem man unter einem blühenden Rosenstrauch einschlafen und sich dabei zu Tode frieren kann. *W.C. Fields*

Kaltes Büffet:

Essen mit mehr Gästen als Stühlen. *Anonym*

Kamel:

ein Pferd mit einem zu engen Hüftgürtel. *Anonym*

ein Pferd, zu dem ein persönlicher Referent einen Entwurf gemacht hat. *Horst Ehmke*

Kammermusik:

die reinste Musik, sie ist pures Gold. Jede andere Musik hat zeitweise etwas Billiges. *Arthur Rubinstein*

Kampf der Geschlechter:

ein Krieg, der von keiner der beiden Seiten je gewonnen werden kann – dazu wird zu viel mit dem Feind fraternisiert. *Anonym*

Kandidat:

ein Politiker, der für das einsteht, auf das – wie er annimmt – die Wähler hereinfallen. *Robert Lembke*

Kannibale:

ein Mensch, der andere Menschen mag, aber nur mit Beilagen und Soße. *Anonym*

ein gastfreundlicher Mensch, der gern Leute zum Essen hat. *Anonym*

wer ißt, was er ist. *Anonym*

ein Feinschmecker alter Schule, der sich den einfachen Geschmack bewahrt hat und an der natürlichen Diät der Vor-Schweinefleisch-Zeit festhält. *Ambrose Bierce*

Kannibalen:

Leute, die andere Leute zum Fressen gern haben. *Georg Thomalla*

Kanone:

Instrument zur Berichtigung von Staatsgrenzen. *Ambrose Bierce*

Kanzel:

hochgelegene Kiste, in die der Pfarrer klettert, da er fürchtet, daß die Leute andernfalls seine gehobene Position nicht zur Kenntnis nehmen. *Ambrose Bierce*

Kapitalismus:

die ungleichmäßige Verteilung der Güter. Sozialismus: die gleichmäßige Verteilung des Elends. *Winston Churchill*

Weltanschauung durch Geldanschauung. *Walter Kröpelin*

Kapitalist:

ein Mann, der hauptsächlich in seiner Freizeit Geld verdient. *Aneurin Bevan*

jemand, der, wenn er mit dir spricht, deine Streichhölzer behält.
Ramón Gómez de la Serna

Karat:

weibliche Meßeinheit zur Beurteilung der Zuneigung eines Mannes. *Anonym*

Karikatur:

die humanste Form der Prügelstrafe für Politiker. *Hermann Höcherl*

eine Pointe unter Weglassung der Geschichte. *Erich Kästner*

eine Art Kommentar, um Nicht-Leser für einen Augenblick an Politik zu interessieren. *Ernst-Maria Lang*

eine grobe Wahrheit. *George Meredith*

eine für den Augenblick geschaffene Darstellung, welche die Hauptzüge des Charakteristischen übertreibt. *Richard Wiggins*

eine Huldigung, welche die Mittelmäßigkeit dem Genius darbringt. *Oscar Wilde*

Karikaturen:

Zeichnungen mit einem Widerhaken, der Denkprozesse auslöst.

Hans-Georg Rauch

Karikaturen zeichnen:

feindliche Koexistenz mit allem, worüber man sich ärgert. *Ronald Searle*

Karikaturisten:

der gespitzte Bleistift der öffentlichen Meinung. *Ronald Searle*

Karneval:

der stets mißglückende Versuch des Spießers, das Unerlaubte in seine Moral einzubeziehen. *Sigmund Graff*

periodisch im Winter auftretende Epidemie, die Betroffene am Morgen müde, am Abend tatendurstig und nach dem Aschermittwoch arbeitsunfähig macht.

Ron Kritzfeld

Nonsens in Rheinkultur. *Werner Mitsch*

Karriere:

ein Pferd, das auch gute Reiter zuweilen abwirft. *James Baldwin*

ein Pferd, das ohne Reiter vor dem Tor der Ewigkeit ankommt. *Karl Kraus*

Beförderung bis zur absoluten Inkompetenz. *Cyril Northcote Parkinson*

Karrierist:

ein Mensch, der, bevor er sich einen Bauch zulegt, ein bißchen Bedeutung ergattert. *Felix Renner*

Karrieristen:

Leute, die im Berufsverkehr nicht die Überholspur verlassen. *Anonym*

Leute, die andere Leute vor ihren Karren spannen. *Gerhard Uhlenbruck*

Kassandra:

Schwarzseherin unter den Hellsehern. *Ron Kritzfeld*

eine Dame, die etwas Unangenehmes so lange voraussagt, bis es eintrifft. *Alberto Sordi*

Kassenpatient:

Person, die auch mit billigen Medikamenten wieder gesund wird. *Michael Schiff*

Katastrophe:

überdeutliche und unmißverständliche Erinnerung daran, daß die Gegebenheiten dieses Lebens sich unserem Eingreifen entziehen. *Ambrose Bierce*

Katechismus:

Knigge für die Seligkeit. *Anonym*

eine Art theologisches Rätsel, bei dem universelle und ewige Zweifel durch begrenzte und vergängliche Antworten beseitigt werden. *Ambrose Bierce*

Katze:

Miniaturlöwe, der Mäuse mag, Hunde nicht leiden kann und den Menschen toleriert. *Anonym*

weicher, unzerstörbarer Automat, von der Natur erschaffen, damit wir danach treten können, wenn in der Familie etwas schiefgeht. *Ambrose Bierce*

das einzige vierbeinige Tier, das dem Menschen eingeredet hat, er müsse es erhalten, es brauche aber dafür nichts zu tun. *Kurt Tucholsky*

Kaufleute:

Menschen, die ihre Empfindungen in barem Geld ausdrücken müssen, um zu wissen, daß sie auch welche haben. *Anonym*

Kaugummi:

die einzige Entschuldigung der Amerikaner für ihr schlechtes Englisch. *Ralph Boller*

Kaution:

das Lösegeld, das die Justiz für ihre Geiseln verlangt. *Wolfram Weidner*

komischer Kauz:

ein Mensch, der sein Leben anders gestaltet als man selbst. *Anonym*

Kavalier:

einer, der eine Frau vor allen Männern beschützen will – sich selbst ausgenommen. *Anonym*

ein Mann, der sich den Geburtstag seiner Frau gemerkt und ihr Alter vergessen hat. *Anonym*

ein Mann, der seiner Frau die Tür aufhält, wenn sie die Einkaufstüten ins Haus trägt. *Bud Brennan*

ein Mann, der Frauen bei allem nimmt, aber nie beim Wort. *Ron Kritzfeld*

ein Mann, der wenigstens nicht mit den Frauen flirtet, die er im Omnibus stehen läßt. *Monika Peitsch*

ein Mannsbild, das nicht aus dem Rahmen fällt. *Elfie Pertramer*

keep smiling:

eine durch die Gegenwart von Fotoapparaten oder Fernsehkameras ausgelöste Seuche, die an den krankhaft nach oben gezogenen Mundwinkeln und gefletschten Zähnen der davon Betroffenen zu erkennen ist. Auch unter dem Namen Cheese-Syndrom bekannt. *Anonym*

Kegelclubs:

die einzigen legalen Vereinigungen mit rein umstürzlerischen Zielen. *Anonym*

kegeln:

ein Vorwand zum Saufen. *Anonym*

die Kunst, einen Umsturz zu machen, indem man eine ruhige Kugel schiebt.
Jürgen von Manger

eine politische Kehrtwendung:
jene häufig geübte Geste, mit der die Konzepte von gestern unter den Teppich von heute gekehrt werden. *Ron Kritzfeld*

einander kennenlernen:
lernen, wie fremd man einander ist. *Christian Morgenstern*

Kenner:
ein Spezialist, der alles über etwas weiß und nichts von allem andern.
Ambrose Bierce

Kettenhunde:
die verbissensten Hüter des Eigentums; und diejenigen, die es wagen, ihnen die Ketten abzunehmen, werden als erste gebissen. *George Bernard Shaw*

Ketzer:
eine Minderheit von Leuten, die nicht mit der allgemeinen Meinung übereinstimmen und die aufhören, Ketzer zu sein, sobald sie in der Mehrheit sind.
Anonym

das ist bloß ein anderer Ausdruck für die Minderheit. *Eward Gibbon*

Leute, die so lange verfolgt werden, bis man ihnen folgt. *Henry de Montherlant*

Ketzerei:
der Glaube der Minderheiten. *Anonym*

Keuschheit:
ebensowenig eine Tugend wie Unterernährung. *Alexander Comfort*

Kiebitz:
ein Mensch, der dir ein Spiel erklärt, das er nicht beherrscht. *Anonym*

Kind:

ein Engel, dessen Flügel im gleichen Maße schrumpfen, wie die Füße wachsen. *Anonym*

ein Lebewesen, dem – kaum daß es gelernt hat zu sprechen – sofort der Mund verboten wird. *Anonym*

eine sichtbar gewordene Liebe. *Novalis*

kein Gefäß, das gefüllt, sondern ein Feuer, das entzündet werden will. *François Rabelais*

ein Buch, aus dem wir lesen und in das wir schreiben sollen. *Peter Rosegger*

ein Kind zeugen:

der größte und schönste schöpferische Akt, den ein Mann vollbringen kann. *Anthony Quinn*

Kinder:

das einzige, das manche Eheleute gemeinsam haben. *Anonym*

ein teurer Spaß, den sich vorwiegend die Armen leisten. *Anonym*

das einzige, was in einem modernen Haushalt noch mit der Hand gewaschen werden muß. *Anonym*

kleine Wesen, die sich nicht so benehmen dürfen wie ihre Eltern im gleichen Alter. *Anonym*

eine Brücke zum Himmel. *persische Definition*

die Flügel des Menschen. *arabisches Sprichwort*

ein Trost im Alter und ein Mittel, es rascher zu erreichen. *Rudolf Fernau*

der Reichtum der Armen. *Thomas Fuller*

Rätsel, die den Eltern aufgegeben werden. *Friedrich Hebbel*

die lebenden Botschaften, die wir einer Zeit übermitteln, an der wir selbst nicht mehr teilhaben werden. *Neil Postman*

Menschen, die mit Lügen erzogen werden, die Wahrheit zu sagen. *Rudolf Rolfs*

die einzige Zukunft der Menschheit. *Willam Saroyan*

der Höhepunkt menschlicher Unvollkommenheit: Sie weinen. Sie stellen ärgerliche Fragen. Sie erwarten, daß man sie ernährt, wäscht, erzieht und ihnen die Nase putzt. Und im gegebenen Augenblick brechen sie uns das Herz.
Robert Louis Stevenson

eine Art Lebensversicherung – die einzige Art der Unsterblichkeit, derer wir sicher sein können. *Peter Ustinov*

Kinder großziehen:
die letzte Domäne der reinen Amateure. *Anonym*

Kinder haben:
die beste Erziehung für die Eltern. *Gräfin Dubsky*

Kinderkrankheit:
eine Erkrankung, die sich bei Eltern in Form von Schlaflosigkeit zeigt. *Anonym*

Kinderpsychologie:
etwas, wovon die Kinder nichts verstehen. *Anonym*

Kinderwagen:
der Spaß vom letzten Jahr auf Rädern. *Robert Lembke*

Kindesalter:
der Lebensabschnitt, in dem Wordsworth zufolge »der Himmel um uns ist«. Ziemlich bald darauf ist dann die Welt um uns. *Ambrose Bierce*

Kindheit:
ein Abschnitt des menschlichen Lebens zwischen dem Schwachsinn des Säuglings und der Torheit der Jugend – zwei Schritte entfernt von der Sünde des Erwachsenenlebens und drei von der Reumütigkeit des Alters. *Ambrose Bierce*

der herrliche Lebensabschnitt, in dem man schon dadurch an Gewicht verliert, daß man ein Bad nimmt. *Alfredo La Mont*

– jene herrliche Zeit, in der man dem Bruder zum Geburtstag die Masern geschenkt hat. *Peter Ustinov*

eine glückliche Kindheit:
eines der schönsten Geschenke, die Eltern zu vergeben haben. *Anonym*

Kino:
der Ort, an dem man viel über die Leidenschaft der Menschen erfährt, vorausgesetzt, daß man sich durch die Ereignisse auf der Leinwand nicht ablenken läßt. *Danny Kaye*

Kirche:
Gebäude, wo der Pfarrer Gott verehrt und die Frauen den Pfarrer. *Ambrose Bierce*

der einzige Ort, wo jemand zu mir spricht, ohne daß ich ihm zu antworten brauche. *Charles de Gaulle*

Institution, auf deren Gebiet Gebet Gebot ist. *Ron Kritzfeld*

ein Ort, wo Menschen vom Himmel Wunderdinge erzählen, die niemals dort waren, und dies Menschen gegenüber, die nie dort eintreffen werden. *Henry Louis Mencken*

die katholische Kirche:
eine absolutistische Monarchie, gemildert durch den Ungehorsam der Priester. *August Paterno*

Kirchensteuer:
irdische Zwangsabgabe für einen Platz im Jenseits. *Ron Kritzfeld*

Kirchtürme:
umgekehrte Trichter, das Gebet in den Himmel zu leiten. *Georg Christoph Lichtenberg*

Kitsch:
das, was man immer nur in den Wohnungen anderer entdeckt. *Anonym*

das, was die andern dichten, komponieren und malen. *Wilhelm Lichtenberg* das Echo der Kunst. *Kurt Tucholsky*

Kläger:

ehemaliger Freund; meist jemand, dem man einen Gefallen erwiesen hat. *Ambrose Bierce*

kläglich:

der Zustand eines Feindes oder Gegners nach einem Zusammentreffen mit dir in deiner Phantasie. *Ambrose Bierce*

Klapperstorch:

das Wappentier der Gynäkologen. *Anonym*

Klarheit:

die Höflichkeit des Schriftstellers. *Jules Renard*

Klarinette:

ein Folterinstrument, das von einer Person mit Watte in den Ohren bedient wird. Es gibt zwei Instrumente, die schlimmer sind als eine Klarinette – zwei Klarinetten. *Ambrose Bierce*

Klassiker:

Dichter, die man loben kann, ohne sie gelesen zu haben. *Gilbert Keith Chesterton*

ein Buch, das die Leute loben, aber nie lesen. *Ernest Hemingway*

Verfasser dicker Wälzer, aus denen aber nur bis zu zwanzig Sätze zitiert werden. Die Zeit macht aus dem Klassiker einen Aphoristiker. *Ron Kritzfeld*

einer, der uns nicht mehr davon in Kenntnis setzen kann, daß er die Ansichten, auf die wir uns berufen, längst geändert hat. *Gabriel Laub*

Verleger verstehen darunter einen Schriftsteller, der tantiemenfrei geworden ist. *Robert Lembke*

ein Dichter, der Legionen von Nachdichtern, Germanisten, Kritikern und Lehrern nährt. *Peter Maiwald*

ein Autor, der noch zitiert, aber nicht mehr gelesen wird. *Sir Laurence Olivier*

– ein Schriftsteller, den jeder gelesen haben möchte, aber keiner liest.
George Bernard Shaw

ein Autor, dessen Bücher als Kassette zu haben sind. *Hans Weigel*

Klassikerausgaben:
mehr Möbel als Literatur. *Jacques Tati*

Klatsch:
was man gern über Leute hört, die man nicht mag. *Anonym*

Genuß eines Lasters aus zweiter Hand – süße, heimliche Befriedigung ohne Risiko. *Anonym*

eine halbe Lüge. *schwedisches Sprichwort*

die kleine Schwester der Wahrheit. *spanisches Sprichwort*

was jeder öffentlich verabscheut und insgeheim genießt. *Joseph Conrad*

die Umsatzsteuer der Popularität. *Maurice Couve de Murville*

eine gesprochene Zeitung für Analphabeten der Fairneß. *Sir Laurence Olivier*

eine feste Verbindung zwischen zwei losen Zungen. *Willy Reichert*

das einzige Geräusch, das schneller ist als der Schall. *Luise Ullrich*

die Fähigkeit, auf eine Art nichts zu sagen, die nichts ungesagt läßt.
Walter Winchell

klatschen:
anderer Leute Sünden beichten. *Wilhelm Busch*

rhythmisches Klatschen:
ein Ersatz für den Gleichschritt. *Johannes Gross*

Klavier:

ein Musikinstrument, an dem sich Sänger festhalten und auf dem man sein Bier abstellen kann. *Anonym*

aus der vorelektronischen Zeit stammender Vorgänger des Synthesizers, dessen Bedienung viel Fingerfertigkeit erfordert. *Anonym*

ein Salongerät, mit dem der unbußfertige Gast mürbe gemacht wird. Die Bedienung erfolgt durch Niederdrücken der Tasten und der Stimmung der Zuhörer. *Ambrose Bierce*

Schreibmaschine, die bei entsprechendem Anschlag ohne Papier gefühlvolle Botschaften direkt ins Herz des Adressaten sendet. *Ron Kritzfeld*

Kleider:

Waffen, mit denen die Schönen streiten und die sie – gleich den Soldaten – nur dann von sich werfen, wenn sie überwunden sind. *Jean Paul*

Kleidermode:

der teuerste Uniformzwang der Welt. *Maurice Chevalier*

Kleiderschrank:

ein Möbelstück, in dem Frauen, die nichts anzuziehen haben, ihre Kleider aufbewahren. *Anonym*

Kleinaktionäre:

das Kanonenfutter des Wertpapierhandels. *Helmar Nahr*

Kleinlichkeit:

die Summe jener lächerlichen Bedenken, die reiche Leute daran hindert, uns ihr Geld anzuvertrauen. *Anonym*

Kleinstadt:

ein Ort, wo nachts nur die Lichter ausgehen. *Anonym*

ein Ort, wo die Leute das Neueste schon wissen, ehe die Zeitung herauskommt – die sie dann aber doch lesen, um zu sehen, ob der Redakteur die Geschichte so gebracht hat, wie sie sie gehört haben. *Anonym*

– Ort, an dem einem die Neuigkeiten schneller ins Haus gebracht werden als die Zeitung. *Anonym*

eine Stadt, deren Bewohner das Lokalblatt nur kaufen, um nachzusehen, was nicht drin steht. *Anonym*

eine Stadt, in der jeder von jedem alles weiß und trotzdem das Lokalblatt kauft, um zu sehen, wieviel davon der Redakteur zu veröffentlichen wagt. *Danny Kaye*

ein Vergrößerungsglas für Vorurteile, die es in der Großstadt nicht gibt. *Bob Lawrence*

Kleinwagen:

ein Fahrzeug, bei dem der Fußgänger erstmals eine Chance zum Zurückschlagen hat. *Anonym*

ein Korsett auf vier Rädern. *Danny Kaye*

Kleptomane:

jemand, der viel einstecken muß. *Anonym*

ein Mensch, der Dinge leicht nimmt. *Anonym*

ein reicher Dieb. *Ambrose Bierce*

ein Mensch, der sich selbst hilft, wenn er sich nicht mehr zu helfen weiß. *Lewis Henry Morgan*

Kleptomanie:

die einzige Krankheit, die nichts kostet, sondern etwas einbringt. *Anonym*

eine Art von Geistesabwesenheit bei Reichen. Wenn ein Armer davon befallen wird, nennt man es »stehlen«. *Anonym*

Klima:

eine Naturerscheinung, die bewirkt, daß sich im Juli das Fenster nicht öffnen läßt, das sich im Januar nicht schließen ließ. *Anonym*

Klimaanlage:

Einrichtung, die es dir erlaubt, dich nicht nur im Winter zu erkälten. *Anonym*

häufig die einzige Einrichtung zur Verbesserung des Betriebsklimas in Großbetrieben. *Anonym*

moderne Errungenschaft, die es ganzjährig und ohne Verlassen der Wohnung gestattet, einen Schnupfen zu bekommen. *Ron Kritzfeld*

Klub:

eine Vereinigung von Männern zum Zwecke von Trinkgelagen, Völlerei, gottloser Fröhlichkeit, des Mordens, der Gotteslästerung und der Verleumdung von Müttern, Ehefrauen und Schwestern. *Ambrose Bierce*

klug:

wer sich bemüht, alles richtig zu machen. Weise ist, wer sich bemüht, möglichst wenig falsch zu machen. *Anonym*

ein Mann, der zehn Prozent seines Einkommens und neunzig Prozent aller guten Ratschläge beiseitelegt. *Anonym*

wer nur die Hälfte von dem glaubt, was er hört. Noch klüger, wer erkennt, welche Hälfte die richtige ist. *Anonym*

Klugheit:

das Talent, Alternativen zu entdecken. *Anonym*

Eigenschaft von Leuten, deren Meinung man sich ungeniert anschließen kann. *Anonym*

eine für Mädchen ungefährliche Eigenschaft, wenn sie hinter einem tiefen Ausschnitt versteckt wird. *Anonym*

die Kunst zu erkennen, was man übersehen muß. *William James*

die Fähigkeit, auch aus Fehlern anderer zu lernen. *Ron Kritzfeld*

frühreifer Knabe:

Bezeichnung für einen Vierjährigen, der sich mit der Puppe seiner Schwester davonmacht. *Ambrose Bierce*

Kneipe:

eine Möglichkeit, nicht zu Hause und doch nicht an frischer Luft zu sein.

Anonym

Knigge:

Leitfaden für den Umweg um Fettnäpfe. *Anonym*

Knoblauch:

Nutzpflanze, deren Genuß einem Platz in den öffentlichen Verkehrsmitteln verschafft. *Anonym*

Knopfloch:

nach der Erfindung des Reißverschlusses nur noch eine Öffnung im Wartestand – für Ordensbänder. *Ron Kritzfeld*

Koalition:

ein Schaukelstuhl mit eingebauter Sprengladung. *Anonym*

die Kunst, den Partner mit einem Kaktus zu streicheln. *Carlo Franchi*

eine Vernunftheirat mit Flitterwochen in getrennten Schlafzimmern.

Jean Marivaux

das Kunststück, den rechten Schuh auf dem linken Fuß zu tragen, ohne Hühneraugen zu bekommen. *Guy Mollet*

eine Vernunftehe mit unvernünftigen Zwischenspielen. *Aldo Moro*

eine Partei wäscht die andere, und dabei werden beide immer dreckiger.

Bloor Schleppey

ein Tennisdoppel, bei dem der Partner mit einem halben Bein auf der Gegenseite steht. *Hector Velez*

die intimste Form der politischen Gegnerschaft. *Richard Wiggins*

große Koalition:
die formierte Gesellschaft des Parlaments zur Abwehr mißlicher Wählereinflüsse. *Helmar Nahr*

Koalitionen:
politische Additionen, die sich leicht in Bruchrechnungen verwandeln. *Wolfram Weidner*

Koalitionsverhandlungen:
der sicherste Weg, bestehende Meinungsverschiedenheiten zu vertiefen. *Helga Metzkow*

Kochkunst:
eine ebenso angenehme wie heimtückische Methode, Muskelfleisch in Bauchspeck zu verwandeln. *Helmar Nahr*

eine gute Köchin:
in Amerika eine Frau, die sich beim Dosenöffnen nicht verletzt. *Stan Clifford*

Köder:
der eßbare Teil eines Angelhakens. *Anonym*

Lockmittel, das den Haken schmackhafter macht; am wirksamsten ist Schönheit. *Ambrose Bierce*

König:
hochbezahltes Modell für Briefmarken. *Anonym*

das englische Königshaus:
der erfolgreichste Anachronismus der Welt. *Rolf Seelmann-Eggebert*

Können:
das Kapital der Armen. *Melwin Wren*

Körper:
das Gepäck, das du durchs Leben tragen mußt. Je höher das Übergewicht, desto kürzer die Reise. *Anonym*

das Futteral für die Seele. *Geert Müller-Gerbes*

der Übersetzer der Seele ins Sichtbare. *Christian Morgenstern*

Körperertüchtigung:
antiquierte Bezeichnung für Sport aus der Zeit, als die Sportgeräteindustrie noch nicht existierte und die meisten Leute ohnehin genügend körperliche Betätigung in ihrem Beruf hatten. *Anonym*

Körperschaft:
eine sinnreiche Einrichtung, um ohne persönliche Verantwortung persönlichen Vorteil zu erlangen. *Ambrose Bierce*

Köter:
unterster Rang der Hundehierarchie. *Ambrose Bierce*

Koexistenz:
die Hoffnung, daß der andere noch mehr Angst hat. *Anonym*

das, was der Bauer mit der Gans bis zur Kirchweih tut. *Anonym*

friedlich nebeneinander aufrüsten. *Wolfram Weidner*

Kohl:
ein bekanntes Küchengemüse, etwa so groß und so klug wie ein menschlicher Kopf. *Ambrose Bierce*

Koketterie:
Lider ohne Worte. *Anonym*

Kollege:
einer, der ohne jede Eignung unerklärlicherweise dasselbe macht wie man selbst. *Anonym*

Kollegen:
Leute, die jahrelang zusammenarbeiten und leben, aber über die anderen meist nur gerüchteweise Bescheid wissen. *Gerhard Polt*

Komet:

Flüchtling des Sonnensystems. *Anonym*

ein Stern, dem der Haarknoten aufgegangen ist. *Ramón Gómez de la Serna*

Komfort:

Einrichtungen zur Vermeidung von Anstrengungen. *Anonym*

Komik:

Tragik in Spiegelschrift. *James Thurber*

Komiker:

ein Mensch, der nichts, aber auch gar nichts ernst nimmt – außer sich selbst. *Danny Kaye*

komisch:

eine Sache, die lästig wäre, wenn sie uns selber zustieße. *André Maurois*

Komitee:

eine Allee, in die man Ideen lockt und lautlos abwürgt. *Anonym*

eine Gruppe von Menschen, die – einzeln – nichts tun können, aber zusammenkommen und entscheiden, daß nichts getan werden kann. *Anonym*

Kommentar:

so etwas wie ein Orakel im nachhinein. *Norman Mailer*

Kommentare:

Äußerungen eines Journalisten, aus denen man entnehmen kann, was er denkt, daß die Leute denken. *Anonym*

Kommentatoren:

Leute, die andere kratzen, wenn es sie selber juckt. *Robert McNamara*

Kommission:

eine Gruppe von Menschen, die sich zusammensetzen, um sich auseinanderzusetzen. *Anonym*

– eine Henne, die über einem Porzellanei brütet. *Michael Foot*

eine Gruppe von Unwilligen, ausgewählt aus einer Schar von Unfähigen zwecks Erledigung von etwas Unnötigem. *Richard Harkness*

die beste Kommission:
zwei Personen, von denen eine nicht anwesend ist. *Edward Verrall Lucas*

Kommissionen:
Vereinigungen, in denen mehrere Personen die Arbeit nicht leisten, die ein einzelner viel besser machen würde. *Prosper Mérimée*

die Brutapparate der Bürokratie. *Cyril Northcote Parkinson*

ein gutes Kommuniqué:
die halbnackte Wahrheit – in einem hübschen Bikini. *Bill Woodrich*

die Kunst des Kommuniqués:
sich schonend darüber einigen, worin man sich nicht einig ist. *Saint-John Perse*

Komödie:
Anekdote, die von einer Dampfwalze überfahren wurde. *Anonym*

eine aus der Vogelperspektive betrachtete Tragödie. *Elbert Hubbard*

Kompetenz:
heute die Eigenschaft eines jeden, der nur dreist und laut genug über eine Sache redet. *Markus Hattstein*

Kompilator:
ein Autor von Büchern aus fremden Zitaten. *Wieslaw Brudzinski*

Kompliment:
die willkommenste aller Lügen. *Anonym*

ein geglückter Seiltanz zwischen Wahrheit und Übertreibung. *Hermann Bahr*

der Sieg der Höflichkeit über die Ehrlichkeit. *Ralph Boller* die charmante Vergrößerung einer kleinen Wahrheit. *Johannes Heesters*

ein Kuß durch einen Schleier. *Victor Hugo*

eine Art Bügeleisen für zerknitterte Frauenseelen. *Werner Mitsch*

eine freundliche Wahrheit mit etwas Make-up. *Hannelore Schroth*

die liebenswürdige Übertreibung einer erfreulichen Wahrheit. *Gisela Uhlen*

Komplimente:
die wirksamste Massage. *Anonym*

Investitionen zwecks raschen Gewinns. *Heinrich Wiesner*

Kompromiß:
in der Praxis häufig die Überwältigung des Anständigeren. *Anonym*

eine Abmachung, bei der man großzügig auf die Rechte des anderen verzichtet. *Anonym*

ein Arrangement, durch das einer, der nicht bekommen kann, was er will, dafür sorgt, daß es dem anderen ebenso geht. *Anonym*

ein Zusammenprall unter Anwendung von Stoßdämpfern. *Anonym*

die Beilegung eines Interessengegensatzes, bei dem jeder der Gegner die Genugtuung hat zu meinen, er erhalte, was ihm nicht zusteht, und verliere nur, was ihm rechtens gehört. *Ambrose Bierce*

ein guter Regenschirm, aber ein schlechtes Dach. *James Russell Lowell*

Frauen verstehen darunter, daß der Mann nachgibt, wenn sie im Unrecht sind. *Marcel Pagnol*

ein Übereinkommen, bei dem man vorgibt, daß man nachgibt. *Willy Reichert*

die Kunst, einen Braten so aufzuteilen, daß jeder glaubt, er habe das beste und größte Stück bekommen. *Paul-Henri Spaak*

ein totes Rennen zwischen zwei sehr lebendigen Gegnern. *Norman Tebbit*

– manche verstehen darunter einen Tausch, bei dem sie einen Obstgarten für einen Apfel haben wollen. *Theo Waigel*

Kompromiß schließen:
die Frage auf die Antwort zuschneiden. *Anonym*

Konferenz:
eine Veranstaltung, bei der eine Menge Leute über Dinge reden, die sie tun sollten. *Anonym*

der Triumph des Sitzfleisches über das Gehirn.
Definition eines amerikanischen Bankers

eine Sitzung, in die viele hineingehen, aber bei der nur wenig herauskommt.
Werner Finck

ein Treffen, wo entschieden wird, wann das nächste Treffen stattfinden wird.
Henry Ginsberg

der Klatsch der Männer. *Françoise Sagan*

diplomatische Konferenz:
eine Zusammenkunft von Vertretern verschiedener Länder, die gemeinsam versuchen, sich auf das Datum der nächsten diplomatischen Konferenz zu einigen. *Maurice Couve de Murville*

Konferenzdiplomatie:
Tourismus auf Staatskosten. *Henri Tisot*

Konferenzen:
ein ganz ausgezeichnetes Mittel, Probleme so lange zu diskutieren, bis sie unaktuell geworden sind. *Anonym*

Verschiebebahnhöfe für ungelöste Probleme. *Richard Burton*

die Bremsspuren der Geschichte. *Henri Troyat*

internationale Konferenzen:

Meisterleistungen moderner Kommunikationstechnik, die ein Maximum an Organisation mit einem Minimum an Information verbinden. *Helmar Nahr*

Konformismus:

stillschweigendes Übereinkommen, schlafende Hunde nicht zu wecken, deren Bellen beiden Teilen unangenehm werden könnte. *Wannenmacher*

Konformist:

Kopfnicker ohne wirkliches Verständnis. *Anonym*

einer, der gegen dieselben Dinge wie du keine Einwendungen erhebt. *Russell Baker*

Konfrontation:

der dramatische Höhepunkt in einer Folge von Verhandlungen, wo beide Seiten sich weigern, jemals wieder zusammenzutreffen. *»The Times«, London*

Konjunkturforscher:

ein Mann, der dir morgen genau sagen wird, warum das, was er gestern prophezeit hat, heute nicht eingetroffen ist. *Anonym*

Konkubinat:

eine feste Bindung, die man nur vor dem Standesbeamten geheimhält. *Ernst Waldbrunn*

Konkurrent:

ein schmutziger Mensch. *Anonym*

ein Schurke, der auf dasselbe erpicht ist, worauf wir erpicht sind. *Ambrose Bierce*

unfähiger und unqualifizierter Mitbewerber um etwas, das natürlich nur meinen Fähigkeiten und Qualifikationen zukommt. *Markus Hattstein*

Barriere in der Karriere. *Ron Kritzfeld*

Konkurs:

beliebte Form der Sanierung für Unternehmer, die sich übernommen haben. *Michael Schiff*

Konsens:

eine Menge Leute sagen gemeinsam das, was keiner von ihnen persönlich glaubt. *Abba Eban*

konsequent:

nur wer sich selber mit den Umständen wandelt. *Winston Churchill*

Konservatismus:

Kinder an den Fehlern ihrer Eltern teilhaftig werden lassen. *Rudolf Rolfs*

die Verehrung toter Revolutionäre. *Clinton Rossiter*

konservativ:

die Kunst, die Haltung zu bewahren, die man verloren hat. *Peter Maiwald*

Konservativer:

ein Politiker, der von den bestehenden Mißständen gefesselt ist; er unterscheidet sich so vom Liberalen, der die Mißstände durch andere zu ersetzen wünscht. *Ambrose Bierce*

ein Mensch, der zum Kämpfen zu feige und zum Laufen zu dick ist. *Elbert Hubbard*

ein Mensch mit zwei völlig gesunden Beinen, der nie gehen gelernt hat. *Franklin D. Roosevelt*

ein Mensch, der Radikale ein Jahrhundert nach ihrem Tode bewundert. *Leo C. Rosten*

ein Fahrlehrer, bei dem man vor allem das Parken lernt. *Edith Sitwell*

ein Mensch, der glaubt, daß nichts zum erstenmal getan werden sollte. *Alfred E. Wiggam*

Konservative:

die Pausenzeichen der Geschichte. *Norman Mailer*

Konsolidierung:
Zusammenfassung verschiedener Schulden, so daß man nur noch gegenüber e i n e m Gläubiger zahlungsunfähig ist. *Anonym*

Konsul:
in der amerikanischen Politik ein Mann, der vom Volk kein Amt erhalten hat und dem daraufhin die Regierung eins gibt – unter der Bedingung, daß er das Land verläßt. *Ambrose Bierce*

konsultieren:
jemanden höflich bitten,der gleichen Meinung zu sein wie man selber. *Anonym*

die Zustimmung eines anderen zu etwas einholen, was bereits entschieden ist. *Ambrose Bierce*

Konsum:
ein Wahlvorgang, bei dem die Menschen zur Urne schreiten, ohne zu wissen, daß sie abstimmen. *Gerd Gerken*

Konsumterror:
Schrecken, nach dem sich zwei Drittel der Erdbewohner sehnen. *Ron Kritzfeld*

Kontakte:
Begegnungen von Beauftragten, die sich nicht treffen dürfen. *Dean Rusk*

Kontaktlinsen:
Brille inkognito. *Hugo Olaerts*

Kontinuität:
der alte Trott. *Aurel Schmidt*

Kontoauszug:
ein bequemes Mittel um festzustellen, wie sehr man über seine Verhältnisse gelebt hat. *Anonym*

Konversation:

eine Stimmenkonkurrenz, wo derjenige, der eben Luft holt, Zuhörer genannt wird. *Anonym*

eine Messe zum Ausstellen minderer geistiger Waren, wobei jeder Aussteller viel zu erpicht ist, die eigene Ware feilzubieten, als daß er die seines Nachbarn wahrnehmen könnte. *Ambrose Bierce*

eine Kunst, bei der jeder Mensch alle anderen als Konkurrenten hat. *Ralph Waldo Emerson*

die Kunst zu reden, ohne zu denken. *Viktor de Kowa*

Sprache als Gesellschaftsspiel. *Helmar Nahr*

die Kunst, an Wichtigeres zu denken, während man weniger Wichtiges sagt. *Sir Laurence Olivier*

die Frau versteht darunter die Kunst, andere nicht zu Wort kommen zu lassen. *Alfred Polgar*

geistreiche Konversation:

die Kunst, sich möglichst viele Pointen zu merken und zu vergessen, von wem sie stammen. *Gerhard Bronner*

Konversation machen:

zwei oder mehrere Leute tun so, als hörten sie einander zu. *Wilhelm Lichtenberg*

Konzentration:

die Fähigkeit, die Schularbeiten seiner Kinder machen zu können, während diese vor dem Fernsehapparat sitzen. *Anonym*

Kopf:

sicheres, meist unentdecktes Versteck für den Geist. *Ron Kritzfeld*

jener Teil unseres Körpers, der uns am häufigsten im Wege steht. *Gabriel Laub*

Kopfschütteln:

Zeitungslesers Frühsport. *Ron Kritzfeld*

Kopie:

nicht selten besser als das Original. *Anonym*

Koran:

ein Buch, von dem die Moslems törichterweise glauben, daß es auf göttliche Inspiration zurückgehe, von dem jedoch die Christen wissen, daß es sich um eine bösartige Hochstapelei handelt, die im Widerspruch zur Heiligen Schrift steht. *Ambrose Bierce*

korrekt:

wer seine Zeche im voraus bezahlt, wenn er trinkt, um zu vergessen. *Anonym*

Korruption:

Politik der offenen Hand. *Anonym*

Selbstbefriedigung mit Hilfe der öffentlichen Hand. *Anonym*

die laufende Bewässerung bereits vorhandener Sümpfe. *Wolfgang Gruner*

die Autobahn neben dem Dienstweg. *Helmar Nahr*

Korsett:

die Stütze der Hausfrau. *Anonym*

Kosmetik:

eine Tätigkeit, deren Zeitbedarf proportional zum Alter ansteigt. *Anonym*

Gesichtsklitterung. *Hanns-Hermann Kersten*

die Kunst, aus der Not eine Jugend zu machen. *Hanns-Hermann Kersten*

die Lehre vom Kosmos des Weibes. *Karl Kraus*

eine Maßnahme mit aufschiebender Wirkung. *Helmar Nahr*

die Kunst, den Geburtsschein zu dementieren. *Olga Tschechowa*

militärisches Kräftegleichgewicht:
nichts als eine diplomatische Formel, die von beiden Seiten als Deckname für Überlegenheit gebraucht wird. *Carl Friedrich von Weizsäcker*

Krähenfüße:
die Haltestellen der Gesichtszüge. *Anonym*

die Stenographie des Schicksals. *Marianne Hoppe*

Kraftausdrücke:
das Eingeständnis des Bankrotts an Worten. *Anonym*

krank:
sich mit dem allgemeinen Zustand der Verhältnisse in Übereinstimmung befindend. *Markus Hattstein*

Krankenhaus:
ein Gebäude, wo Kranken im allgemeinen zwei Arten von Behandlung zuteil werden – medizinische vom Arzt und unmenschliche vom Personal. *Ambrose Bierce*

Krankenzimmer:
Raum, in dem sich Freunde des Patienten unterhalten können. *Anonym*

Krankheit:
die Vergeltung der empörten Natur. *Hosea Ballou*

der Arzt, den wir am meisten respektieren. Der Freundlichkeit, dem Wissen und anderen Dingen machen wir nur Versprechungen – dem Schmerz gehorchen wir. *Marcel Proust*

unheilbare Krankheit:
eine Krankheit, die der Arzt nicht zu heilen weiß. *Charles Kettering*

Krankheiten:
die Zinsen für genossenes Vergnügen. *Anonym*

Höflichkeitsbesuche des Todes. *Hans Kudszus*

ein Luxus, den sich bald nur noch Ärzte leisten können. *Wolfram Weidner*

diplomatische Krankheiten:
die einzigen, die man schon vor ihrem Ausbruch bekanntgibt. *Roger Peyrefitte*

Kraus, Karl
Er war sich das Maß aller Dinge. *Alfred Polgar*

Krawatten:
eine Quelle der Behaglichkeit, wenn man sie ablegt. *Anonym*

Kreativität:
der Mut, etwas zu tun, was man noch nie versucht hat. *Anonym*

kreativ sein:
aus der Tatsache, zwei Hände zu haben, etwas machen. *Anonym*

aus dem Chaos Ordnung schaffen. *Georg-Stefan Troller*

Krebse:
Tiere, die den Eindruck erwecken, als wollten sie weggehen, wenn sie kommen. *Anonym*

Kredit:
Mittel, das es einem ermöglicht, so zu leben, wie man möchte, wenn man könnte. *Anonym*

ein Regenschirm, den man bei Sonnenschein leicht bekommt, aber beim ersten Regentropfen zurückgeben muß. *Lord Chesterfield*

eine merkwürdige Sache. Sofort bekommt man ihn nur dann, wenn man nachweisen kann, daß man ihn gar nicht braucht. *Curt Goetz*

etwas, wovon man viel haben muß, aber nur wenig benutzen darf. *Ron Kritzfeld*

das, was man erhält, wenn man es nicht braucht, und das man nur sehr schwer erhält, wenn man es am dringendsten benötigt. *Georg Thomalla*

Kreditkarte:

ein Hilfsmittel für Menschen, die eingesehen haben, daß Geld allein nicht glücklich macht. *»Los Angeles Times«*

jene segensreiche banktechnische Neuerung, die erfahrenen Dieben nicht nur den Zugriff zu einer begrenzten Summe Bargeld, sondern zum gesamten Kontoguthaben öffnet. *Ron Kritzfeld*

Kreis:

eine geometrische Figur, die durch das Zusammensetzen von zwei Halbkreisen entsteht. *Anonym*

ein Nichteck. *Definition eines Kindes*

eine runde Linie, ohne Ecken und überall zu, damit man nicht sehen kann, wo sie anfängt. *Definition eines Kindes*

eine geometrische Figur, bei der an allen Ecken und Enden gespart wurde. *Werner Mitsch*

Krieg:

der schlagendste Beweis für die menschliche Unzulänglichkeit. *Anonym*

ein Spiel, in dem vieles vom Zufall abhängt und immer nur versehentlich etwas klappt. *Winston Churchill*

die Fortsetzung der Politik mit anderen Mitteln. *Carl Philipp Gottfried von Clausewitz*

eine Serie von Katastrophen, die mit einem Sieg enden. *Georges Clemenceau*

zuerst die Hoffnung, daß es einem besser gehen wird, hierauf die Erwartung, daß es dem anderen schlechter gehen wird, dann die Genugtuung, daß es dem andern auch nicht besser geht, und hernach die Überraschung, daß es beiden schlechter geht. *Karl Kraus*

die Fortsetzung der Politik bis zur völligen Mittellosigkeit anderer. *Ron Kritzfeld*

Durchsetzung des Rechts mit verbrecherischen Mitteln. *Ron Kritzfeld*

eine Niederlage des menschlichen Geistes. *Henry Miller*

ein Winterschlaf der Kultur. *Friedrich Nietzsche*

ein unüberschaubares Risiko. Politik übrigens auch. *Hans Scheicher*

eine viel zu ernste Sache, als daß man ihn den Militärs anvertrauen könnte. *Kurt Tucholsky*

ein Vorgang, bei dem sich Menschen umbringen, die einander nicht kennen, und zwar zum Ruhm und zum Vorteil von Leuten, die einander kennen, aber nicht umbringen. *Paul Valéry*

die Ferienzeit des Diplomaten. *Robert R. Young*

Krieg beginnen:
einen Knoten zerhauen, statt ihn aufzulösen. *Christian Morgenstern*

Kriegserklärung:
der bisher stets unterlassene Versuch, Unbegreifliches zu begründen, zu deuten oder zu erklären. *Ron Kritzfeld*

Trojanischer Krieg:
der letzte Krieg, bei dem man noch wußte, um was es ging. *Anonym*

Kriege:
die Werbekampagnen der Rüstungsindustrie. *Wolfram Weidner*

Krimi:
das Kasperlespiel der Erwachsenen. *Urs Jenny*

eine Sendung, die durch Tote belebt wird. *Harald Vock*

Kriminalschriftsteller:
eine Spinne, die schon die Fliege hat, bevor sie das Netz um sie herum webt. *Conan Doyle*

Kriminelle:
der Teil der Bevölkerung, der für die Polizisten die Existenzgrundlage bildet. *Anonym*

Krimi-Regisseur:
ein Mann, der im Dunkeln Gänsehaut verkauft. *Alfred Hitchcock*

Krimskrams:
Sachen, die man zehn Jahre lang aufgehoben hat und dann endlich wegwirft, zwei Wochen bevor man sie braucht. *Anonym*

Krise:
ein produktiver Zustand. Man muß ihm nur den Beigeschmack der Katastrophe nehmen. *Max Frisch*

jener ungewisse Zustand, in dem sich etwas entscheiden soll: Tod oder Leben – Ja oder Nein. *Kurt Tucholsky*

Krisenherd:
eine Feuerstelle, bei der die einen Kohlen liefern, die anderen die Zugluft. *Carlo Franchi*

Krisenmanagement:
die Fähigkeit, alles als viel schlimmer hinzustellen, als es tatsächlich ist. *Anonym*

Kritik:
eine Bürste, die man bei leichten Stoffen nicht verwenden darf, weil sie da alles wegnähme. *Honoré de Balzac*

die Kunst, auf fremde Kosten geistreich zu sein, ohne daß jemand den Diebstahl merkt. *Wolfgang Herbst*

oft nur ein Wackelkontakt zwischen Kunst und Öffentlichkeit. *Hans Kudszus*

Salzsäure in einer geschliffenen Karaffe. *Michel Jobert*

der Versuch, Kurven mit einem Lineal zu messen. *Robert Lembke*

die Kunst, mit der sich der Kritiker einen Anteil am Ruhm des Künstlers zu sichern trachtet. *George Jean Nathan*

die subtile Rache der Journalisten an den Satirikern dafür, daß diese auch wegen der Journalisten Satiriker geworden sind. *Werner Schneyder*

Kritiker:

einer, der mit dem Rotstift denkt. *Anonym*

Eunuchen – sie wissen genau, wie es geht, aber sie können nicht. *Anonym*

ein Mensch, der den Weg weiß, aber nicht Auto fahren kann. *Anonym*

ein Mensch, der etwas sagen muß, auch wenn er nichts zu sagen hat. *Anonym*

ein Redaktionsangestellter, der Autoren ihre Werke erläutert. *Anonym*

einer, der auch im Besten noch ein wenig Schlechtes findet. *Anonym*

Leute mit Stockschnupfen, die über Parfüms dozieren. *Sir Thomas Beecham*

jemand, der sich damit brüstet, daß er schwer zufriedenzustellen sei, weil niemand versucht, ihn zufriedenzustellen. *Ambrose Bierce*

jemand, der so lange den Kopf schüttelt, bis ihm ein Haar in die Suppe fällt. *Herbert Bonnewitz*

ein Wegelagerer auf dem Weg zum Ruhm. *Robert Burns*

ein Mann, der in der Literatur und in den Künsten bankrott gemacht hat. *Benjamin Disraeli*

Leute, die einem sagen, ob man ein Konzert genossen hat oder nicht. *Jimmy Durante*

Leute, die ihre Arbeit einen Tag zu spät machen. *Marty Feldmann*

eine Henne, die gackert, wenn andere legen. *Giovanni Guareschi*

Leute, die mit einem Rasiermesser am Hals der Autoren geigen. *Per Halvarsson*

ein Mann, der Wunder erwartet. *James Gibbons Huneker*

ein Mensch, der dich verachtet, weil du nicht sein Talent hast. *Nunnally Johnson*

– Leute, die den schöpferischen Künstler dahingehend zu beeinflussen versuchen, daß er so schreiben, so spielen oder so inszenieren soll, wie sie, die Kritiker, es täten, wenn sie schreiben, spielen oder inszenieren könnten.
Ephraim Kishon

trostlosester aller Berufe, der, die Vollkommenheit vor Augen, stets die Unvollkommenheit erdulden muß. *Ron Kritzfeld*

Menschen, die nichts zu sagen haben, aber etwas sagen müssen. *Robert Lembke*

ein Mensch, der entschlossen ist, wenigstens irgendwie von der Kunst zu leben.
William Somerset Maugham

ein lahmer Trainer für Dreisprung. *John Osborne*

ein Eunuch im Harem der Kunst. *Zarko Petan*

Leute, die ursprünglich Henker werden wollten, diesen Beruf aber knapp verfehlt haben. *Harold Pinter*

einbeinige Dozenten über den Weitsprung. *Harold Pinter*

ein Mann ohne Beine, der andere das Laufen lehren will. *Channing Pollock*

Leute, die anderen den Orgasmus verübeln, weil sie selbst impotent sind.
Rudolf Rolfs

ein Mensch, dessen Urteil fünf Minuten vorgeht. *Charles Augustin Sainte-Beuve*

ein Leser, der wiederkäut. *Friedrich Schlegel*

ein Mann, der sehr böse wird, wenn dem Publikum etwas gefällt, was er nicht mag. *Erich Segal*

blutrünstige Leute, die es nicht bis zum Henker gebracht haben.
George Bernard Shaw

Leute, die ihre Artikel nicht für das Publikum schreiben, sondern für andere Kritiker. *Raf Vallone*

eine Ziege, die meckert, aber keine Milch gibt. *Giuseppe Verdi*

ein notwendiges Übel, und Kritik ist eine üble Notwendigkeit. *Carolyn Wells*

ein Experte, den seine Arbeit nach der Veranstaltung nötigt, bis tief in die Nacht aufzubleiben, weshalb er zu Vorrats-Schlaf während der Veranstaltung neigt. *Hans Weigel*

ein Mensch, der ein Theaterstück so schlecht machen muß, wie es ohnehin ist. *Hans Weigel*

ein notwendiges Übel, und Kritik ist eine üble Notwendigkeit. *Carolyn Wells*

die Schwarzen Sheriffs des kulturellen Lebens. *Ernst Wendt*

Leute, die zum Tode verurteilen, damit sie begnadigen können. *Oskar Werner*

Kritikerlob:
ein Kredit, den der Künstler nicht mit Leistung abzahlen muß. Wer einmal einhellig gelobt wurde – auch zu Unrecht –, kann lange versagen. *Oliver Hassencamp*

Kritikmord:
ein Mord, der nur selten gerächt wird, der Tote verschwindet unter der Erde wie das Opfer eines chirurgischen Mißgriffs: sang- und klanglos, nur die nächsten Angehörigen sind empört. *Hilde Domin*

kritisieren:
einen Autor besser verstehen, als er sich selbst verstanden hat. *Friedrich Schlegel*

Krönung:
die Zeremonie, bei der ein Souverän mit dem äußeren und sichtbaren Zeichen seines Rechts versehen wird, sich von einer Dynamitbombe in den Himmel befördern zu lassen. *Ambrose Bierce*

Krösus:
ein Mann, der schneller Geld verdient, als es seine Frau ausgeben kann. *Anonym*

Krone:
ein Hut, wo es hineinregnet. *Friedrich der Große*

eine Kopfbedeckung, die den Kopf überflüssig macht. *Gabriel Laub*

Kuckuck:
ein Vogel, der die Eier eines anderen Vogels in sein eigenes Nest legt und umgekehrt. *Jean-Charles*

Küche:
der Raum der Wohnung, in dem der Inhalt von Dosen auf Teller geleert wird. *Anonym*

Neue Küche:

ein Gaumentheater für entmannte Intellektuelle, eine Küche des Bluffs.

Robert J. Courtine

Kühnheit:

eine der auffälligsten Eigenschaften eines Mannes, der sich in Sicherheit weiß.

Ambrose Bierce

Leichtsinn im richtigen Moment. *Ron Kritzfeld*

Künstler:

Personen, denen das Talent zum Durchschnittsmenschen fehlt. *Anonym*

Besitzer jener Kraft, die nichts verdient und trotzdem schafft. *Anonym*

nicht nur, wer sich mitteilt, sondern auch der, dem es sich mitteilt.

Wolfgang Hildesheimer

einer, der aus der Lösung ein Rätsel machen kann. *Karl Kraus*

ein Mann, der das verkauft, was er malt. – Maler: ein Mann, der das malt, was er verkauft. *Pablo Picasso*

ein Mensch mit offenen Augen, dessen Geist die Essenz des Existierenden durchdringt. *Auguste Rodin*

ein Träumer, der sich darauf einläßt, von der wirklichen Welt zu träumen.

George de Santayana

wer die Welt immer neu sieht, wie zum ersten Mal, und wer es vermag, daß auch andere so sehen. *René Schickele*

künstlerisches Experiment:

eine Jargonvokabel für den Ausdruck bedeutender Unfähigkeit. *Helmut Arntzen*

Künstlerlaunen:

eine Krankheit, die auch Dilettanten befällt. *Gilbert Keith Chesterton*

Künstler sein:

in einem Maße scheitern, in dem kein anderer zu scheitern wagt. *Samuel Beckett*

Kürzung:

knappe Zusammenfassung des literarischen Werkes einer Person, wobei jene Teile, die den Überzeugungen des Kürzenden zuwiderlaufen, aus Raummangel ausgespart werden. *Ambrose Bierce*

küssen:

die angenehmste Art, Frauen den Mund zu stopfen. *Anonym*

ihr/ihm was in den Mund flüstern. *Chico Marx*

Übermittlung einer Drucksache an den Empfänger ohne Mitwirkung der Post. *Georg Thomalla*

Kugel:

ein Würfel, dem man die Ecken abgenommen hat. *Anonym*

Kuh:

Wesen, das Heu in Milch verwandelt. *Anonym*

nichts als eine Maschine, die Gras für uns Menschen genießbar macht. *John McNulty*

Kultur:

das, was übrigbleibt, wenn man alles Gelernte vergessen hat. *Anonym*

nichts Sichtbares, sondern das unsichtbare Band, das die Dinge zusammenhält. *Fritz Kurt Albrecht*

die Angewohnheit, mit dem Besten zufrieden zu sein und zu wissen – warum. *Henry van Dyke*

ein sehr dünner Firnis, der sich leicht in Alkohol auflöst. *Aldous Huxley*

das, was der Metzger hätte, wenn er Chirurg wäre. *Mary Pittibone Poole*

– nicht das einzige, aber ein Mittel, um einer wachsenden Zahl von Menschen dazu zu verhelfen, einen Lebensinhalt zu finden. *Manfred Rommel*

ein Instrument, das Professoren zur Erzeugung von Professoren benötigen, die damit ihrerseits wieder Professoren hervorbringen. *Simone Weil*

politische Kultur:

Undefinierbares, von dem nur bekannt ist, daß es dem politischen Gegner fehlt. *Ron Kritzfeld*

Kummer:

eine Krankheit, die man sich zuzieht, indem man sich dem Wohlergehen eines Freundes aussetzt. *Ambrose Bierce*

Kunst:

der Sieg über das Chaos. *Anonym*

die Suche nach dem Absoluten. *Giulio Andreotti*

eine Sprache, die keinen Dolmetscher braucht. *Andrej Bakanow*

der höchste Ausdruck der Wahrheit, dessen wir fähig sind. *Rudolf G. Binding*

das Spiel des Erwachsenen. *Gerhard Branstner*

ein Luxus, den der Mensch braucht. *Bert Brecht*

Verzierung dieser Welt. *Wilhelm Busch*

eine in Form gebrachte Forderung nach Unmöglichem. *Albert Camus*

die Fortsetzung des Lebens mit anderen Mitteln. *Herbert Eisenreich*

von allen Lügen die wahrhaftigste. *Gustave Flaubert*

eine Zusammenarbeit zwischen Gott und den Menschen. Je weniger der Mensch dabei tut, desto besser. *André Gide*

Naturerfassung durch das Temperament einer Persönlichkeit. *Max Glass*

die Fähigkeit, mit sinnlichen Mitteln den Geist zu erheben. *Dietrich Christian Grabbe* das Gewissen der Menschheit. *Friedrich Hebbel*

subventionierte Opposition. *Hansgünther Heyme*

zwar nicht das Brot, aber der Wein des Lebens. *Jean Paul*

das, was übrigbleibt, nachdem alles an ihr bis ins letzte analysiert worden ist. *Martin Kessel*

etwas, was so klar ist, daß es niemand versteht. *Karl Kraus*

was jenseits der Regeln liegt. *Ron Kritzfeld*

das unablässige, aber erfolglose Bemühen von Menschen, es der Schöpfung gleichzutun. *Ron Kritzfeld*

eine Quelle in der Wüste, und es gibt genug Kamele, die Durst haben. *Theo Lambertin*

das Gegenteil von dem, was sich von selbst versteht. *Peter Maiwald*

das Bemühen, neben der wirklichen Welt eine menschlichere Welt zu schaffen. *André Maurois*

nicht ein Spiegel, den man der Wirklichkeit vorhält, sondern ein Hammer, mit dem man sie gestaltet. *Karl Marx*

ein Werturteil, das sich durchgesetzt hat. *Thomas Niederreuther*

immer Opposition. Kunst kann nie ja sagen – sie sagt immer nein. *Claus Peymann*

eine Lüge, die uns die Wahrheit erkennen läßt. *Pablo Picasso*

wenn ich wüßte, was das ist, würde ich es für mich behalten. *Pablo Picasso*

eine zweite Welt. *Max Reinhardt*

die erhabenste Aufgabe des Menschen, weil sie eine Übung für den Geist ist, der die Welt zu verstehen sucht. *Auguste Rodin*

die rechte Hand der Natur. *Friedrich von Schiller*

die reinste Form der Liebe. *George Bernard Shaw*

was den Künstler überlebt. *Gerhard Uhlenbruck*

– die einzige ernsthafte Sache in der Welt. Und der Künstler die einzige Person, die niemals ernsthaft ist. *Oscar Wilde*

eine Methode, außergewöhnliche Gemütsbewegungen hervorzurufen. *Oscar Wilde*

die heutige Kunst:
zum großen Teil ein Abstellraum, ein Museum der Verzweiflung. *Eugène Ionesco*

Kunstfanatiker:
einer, der ein Kunstmuseum besucht, obwohl es gar nicht regnet. *Anonym*

Kunsthändler:
ein Kaufmann, der Bilder, von denen er nichts versteht, an Leute verkauft, die von ihnen nichts verstehen, zu Preisen, die niemand versteht. *Anonym*

Kunstwerk:
ein Stück Natur, gesehen durch ein Temperament. *Emile Zola*

Kurschatten:
oft der einzige Lichtblick des Heilverfahrens. *Hans-Horst Skupy*

Kurssturz:
Wertpapier auf dem Wege zu seinem Papierwert. *Ron Kritzfeld*

Kurszettel:
Fieberkurve, deren Fallen Krankheit signalisiert. *Ron Kritzfeld*

Kurzgeschichte:
eine Geschichte, an der man sehr lange arbeiten muß, um sie so kurz wie möglich zu machen. *Aleixandre Vicente*

Kurve:
die lieblichste Entfernung zwischen zwei Punkten. *Mae West*

Kuß:
eine Anfrage im ersten Stock, ob Parterre noch frei ist. *Anonym*

ein Geschenk, das man zurückgibt, wenn es einem gefällt, und nicht zurückgibt, wenn es einem nicht gefällt. *Anonym* ein Lippenbekenntnis zur Liebe. *Anonym*

der Ausdruck eines Eindrucks in Form eines Aufdrucks mit Nachdruck. *Anonym*

der Versuch, unter möglichst intensiver Benützung der Lippen gemeinsam zu schweigen. *Senta Berger*

ein Ausdruck der Freßlust, die darauf zielt, das Objekt zu verschlingen. *Giacomo Casanova*

nichts als eine Weiterentwicklung der Nahrungsübertragung von Schnabel zu Schnabel, wie es bei Vögeln üblich ist. *Irenäus Eibl-Eibesfeld*

Mund-zu-Mund-Beamtmung ohne medizinischen Anlaß. *Joachim Fuchsberger*

die anatomische Nebeneinanderstellung von zwei Ringmuskeln im Zustand der Kontraktion. *Edward Gibbons*

ein schlau erfundenes Verfahren, welches das Reden gegenseitig stoppt, wenn Worte überflüssig sind. *Oliver Herford*

eine Sache, für die man beide Hände braucht. *Mark Twain*

ein Stillhalteabkommen zwischen zwei Ungeduldigen. *Karl Schönböck*

zweifellos die angenehmste Art, eine Frau am Sprechen zu hindern. *Robert Taylor*

biologisch betrachtet ein lustvoller Austausch unterschiedlicher Bakterien. *Karl Venz*

Fortsetzung des Händedrucks mit anderen Mitteln. *Wolfram Weidner*

Küsse:

das, was von der Sprache des Paradieses übriggeblieben ist. *Joseph Conrad*

der Liebe Sprache. *Georg Keil*

das Kleingeld der Liebe. *Mireille Matthieu*

L

Lachen:

ein geborstenes Lächeln. *John E. Donovan*

ein Tranquilizer ohne Nebenwirkungen. *Arnold Glasgow*

der Klang der Seele – es gibt Arten zu lachen, die klingen wie Falschgeld. *Edmond de Goncourt*

schadenfroh sein, aber mit gutem Gewissen. *Friedrich Nietzsche*

die zivilisierteste Form menschlichen Geräuschs. *Peter Ustinov*

nicht der schlechteste Anfang einer Freundschaft und bei weitem das beste Ende. *Oscar Wilde*

eine Macht, vor der die Größten dieser Welt sich beugen müssen. *Emile Zola*

Lady:

eine Dame, die aus Männern Gentlemen macht. *Sir Alec Guinness*

lächeln:

der kleine Bruder der großen Freude. *Anonym*

eine erschöpfende Aussage ohne Worte. *Hans Arndt*

die kürzeste Entfernung zwischen Menschen. *Victor Borge*

das ist die Philosophie des Lebens. *Christine*

die eleganteste Art, dem Gegner die Zähne zu zeigen. *Werner Finck*

das Kleingeld des Glücks. *Heinz Rühmann*

Lärm:

ein Gestank im Ohr. *Ambrose Bierce*

ungezähmte Musik. *Ambrose Bierce*

Laie:

Lebewesen, das so tut, als wisse es alles. *Anonym*

von Fachleuten erfundener Titel für Menschen, die sich einem Problem noch unbefangen nähern. *Ron Kritzfeld*

Lampenfieber:

die Ungeduld eines Mädchens, bis ihr Freund das Licht ausknipst. *Anonym*

der Versuch, so zu tun, als hätte man keines. *Rudolf Platte*

Schmetterlinge im Magen. *Walter Slezak*

ein freies Land:

wo du sagen kannst, was du denkst, wenn die Mehrheit dasselbe denkt. *Anonym*

Landleben:

eine Art zu leben, die man nur genießen kann, wenn man die Seele eines Dichters, den Geist eines Philosophen, die Neigungen eines Einsiedlers und ein gutes Auto besitzt. *Anonym*

Landarzt:

Mediziner mit durchgehend geöffneter Praxis. *Anonym*

Landkarte:

ein Stück Papier, das dir hilft, dich besser zu verirren. *Anonym*

Landkarten:

die Kurzschrift der Geographie. *Gilbert Grosvenor*

Landstreicher:

ein Mensch, der unterwegs zu Hause ist. *Henry Miller*

Langeweile:

die Not derer, die keine Not kennen. *Sprichwort*

die Sünde, für die es keine Absolution gibt. *Oscar Wilde*

– eine Halbschwester der Verzweiflung. *Marie von Ebner-Eschenbach*

Zeitraum zwischen zwei Ereignissen. *Werner Mitsch*

Langlebigkeit:

außergewöhnliche Verlängerung der Todesfurcht. *Ambrose Bierce*

Langmut:

die Veranlagung, Kränkungen mit sanfter Geduld zu ertragen, während man einen Racheplan ausbrütet. *Ambrose Bierce*

Langweiler:

der einzige Gast, der nie anderweitig vergeben ist. *Anonym*

entweder solche, die immer von demselben reden, oder solche, die gar nichts reden. *Anonym*

ein Mensch, der redet, wenn du wünschst, daß er zuhört. *Ambrose Bierce*

wer ein paar alte Gedanken hat, die ihm alle Tage neu einfallen. *Marie von Ebner-Eschenbach*

ein Mensch, der uns am Alleinsein hindert, ohne uns Gesellschaft zu leisten. *Gian Vincenzo Gravina*

ein Mensch, der soviel über sich redet, daß wir nicht dazu kommen, über uns zu reden. *Melville D. Landon*

ein Mensch, der, wenn du dich nach seinem Befinden erkundigst, es dir erklärt. *Channing Pollock*

Laster:

eine zur Gewohnheit gewordene Sünde. *Anonym*

die Vergnügungen, zu denen es uns an dem nötigen Mut fehlt. *Graham Greene*

eine Neigung, die man nicht teilt. *Jean Lorrain*

die Vergnügungen, von denen wir uns nicht zu kosten trauen. *Henry Miller*

Latein:

die späte Rache der Römer an den Germanen. *Anonym*

Muttersprache des Menschen. Verdirbt den Stil. Dient nur zum Entziffern der Inschriften auf öffentlichen Springbrunnen. *Gustave Flaubert*

Laudatio:

Lobsuchtsanfall eines Redners. *Anonym*

das Preisen eines Menschen, der den Vorzug des Reichtums oder der Macht besitzt oder die Freundlichkeit, tot zu sein. *Ambrose Bierce*

Nachruf bei Lebzeiten. *Carl Zuckmayer*

gute Laune:

das beste Kleidungsstück, das man in Gesellschaft tragen kann. *Anneliese Rothenberger*

erhöhte Lautstärke:

Indiz für Mangel an Argumenten. *Ron Kritzfeld*

Lebemann:

ein Mensch, der leichter auf das Nötige verzichtet als auf den Luxus. *Anonym*

Leben:

eine Erfahrung, die uns ungern sterben läßt. *Anonym*

ein Spiel, in dem Gott die Karten mischt, der Teufel abhebt und wir die Stiche machen müssen. *aus Jugoslawien*

ein Examen: Im ersten Drittel bereiten wir uns vor, im zweiten werden wir geprüft, im dritten warten wir auf die Note. Sie wird meist erst bekannt, wenn wir tot sind. *aus den »Fliegenden Blättern«*

eine Komödie für den Reichen, ein Spiel für den Narren, ein Traum für den Weisen und ein Trauerspiel für den Armen. *Scholem Alejchem*

– ein Krankenhaus, in dem jeder Patient den Wunsch hat, sein Bett zu wechseln. Der eine möchte lieber nahe dem Feuer leiden, und der andere ist überzeugt, daß er nahe dem Fenster gesund werden würde. *Charles Baudelaire*

eine Folge von Paradiesen, die nacheinander vernichtet wurden. *Samuel Beckett*

das durch die Materie geschleuderte Bewußtsein. *Henri Bergson*

ein Prozeß, den man verliert, was man auch tut und wer man auch ist. *Thomas Bernhard*

der Mord durch Arbeit; wir hängen sechzig Jahre am Strick und zappeln. *Georg Büchner*

die Kunst, aus falschen Voraussetzungen richtige Schlüsse zu ziehen. *Samuel Butler*

ein Violinkonzert geben, während man Geige spielen lernt. *Samuel Butler*

ein langwieriges Verfahren, müde zu werden. *Samuel Butler*

ein aufreibender Versuch, leere Stunden zu füllen. *Roy Campbell*

ein Spiel. Man macht keine größeren Gewinne, ohne Verluste zu riskieren. *Christina von Schweden*

eine langsame Erosion der Ideale und eine fortschreitende Überschwemmung mit Skepsis. *Giovanni Ferrari*

die wichtigste Aufgabe des Schriftstellers. Wer nicht gelebt hat, kann nicht schreiben. *Gabriel Garcia Marquéz*

eine in siebenfaches Goldpapier eingewickelte Bittermandel. *Friedrich Hebbel*

ein Vorgaberennen, bei dem man vom Schicksal eingeholt wird. *Johannes Heesters*

eine fortwährende Ablenkung, die nicht einmal zur Besinnung darüber kommen läßt, wovon sie ablenkt. *Franz Kafka*

Zeichnen – ohne die Korrekturmöglichkeiten, die der Radiergummi gibt. *Oskar Kokoschka*

eine Anstrengung, die einer besseren Sache würdig wäre. *Karl Kraus*

eine Tragödie für die, die fühlen, und eine Komödie für die, die denken. *Jean de La Bruyère*

der einzige erfolgreiche Erzieher. *Gabriel Laub*

das, was passiert, während du andere Dinge im Kopf hast. *John Lennon*

etwas, was man lächelnd oder gar nicht meistert. *Lin Yutang*

eine Reise, die heimwärts führt. *Hermann Melville*

ein Spieltisch. An ihm vergnügt man sich in dem Maße, als man ein gewagtes Spiel treibt. *Prosper Mérimée*

eine Nuß. Sie läßt sich zwischen zwei seidenweichen Kissen nicht knacken. *Arthur Miller*

das, was wir daraus machen. *Henry Miller*

was uns zustößt, während wir uns etwas ganz anderes vorgenommen haben. *Henry Miller*

die Suche des Nichts nach dem Etwas. *Christian Morgenstern*

der Kampf, durch den wir in Wirklichkeit zu werden suchen, was wir im Entwurf sind. *José Ortega y Gasset*

für den Optimisten kein Problem, sondern bereits die Lösung. *Marcel Pagnol*

die Entwicklung vom jugendlichen Helden zum komischen Alten. *Charlie Rivel*

eine Schmierenaufführung; vorher nicht geprobt und elend ausgestattet. *Alexander Roda Roda*

lauter Tage, die zu lang oder zu kurz sind. *Alexander Roda Roda*

vom Standpunkt der Jugend aus gesehen eine unendlich lange Zukunft; vom Standpunkt des Alters aus eine sehr kurze Vergangenheit. *Arthur Schopenhauer*

ein Pensum zum Abarbeiten. *Arthur Schopenhauer*

– eine Flamme, die sich selbst verzehrt; aber sie fängt jedesmal wieder Feuer, sobald ein Kind geboren wird. *George Bernard Shaw*

die Lust zu schaffen. *Carl Spitzweg*

eine Tragödie, in der wir eine Weile als Zuschauer sitzen und dann unsere Rolle spielen. *Jonathan Swift*

nichts als die Summe der Gewohnheiten, die durch einige Gedanken gestört werden. *Paul Valéry*

das allerseltenste in der Welt – die meisten Menschen existieren nur. *Oscar Wilde*

Leben ohne Feste:
ein weiter Weg ohne Wirtshäuser. *Demokrit*

geregeltes Leben:
die Quelle aller Langeweile. *Ron Kritzfeld*

unser heutiges Leben:
ein Alptraum mit Klimaanlage. *Henry Miller*

Lebensart haben:
verbergen, wieviel man von sich hält und wie wenig von anderen. *Mark Twain*

Lebensaufgabe:
das Bemühen, den Abstand zwischen unseren Idealen und der Wirklichkeit zu verringern. *Ron Kritzfeld*

Lebensgefährte:
Beistand nicht nur in Lebensgefahr. *Ron Kritzfeld*

Lebensgefährtinnen:
Plural von Lebensgefahr. *Anonym*

Lebenshaltungskosten:
Einkommen plus Kredit. *Anonym*

Lebensklugheit:

die Kunst, alle Dinge möglichst wichtig, aber keines völlig ernst zu nehmen. *Arthur Schnitzler*

Lebenskünstler:

ein Glatzkopf, der sich über die gesparte Friseurrechnung freut. *Anonym*

Leute, die die Tugend besitzen, mit Mitmenschen, die man normalerweise nicht leiden kann, auszukommen. *Anonym*

ein Mann, der es versteht, der Langeweile zu entgehen, ohne deswegen die Arbeit zu Hilfe nehmen zu müssen. *Anonym*

ein Mann, der sich von seinem Vater so lange versorgen läßt, bis sein Schwiegervater diese Rolle übernehmen kann. *Anonym*

ein Witwer, der die Schwester seiner verstorbenen Frau heiratet, um sich nicht an eine neue Schwiegermutter gewöhnen zu müssen. *Anonym*

ein Mensch, der das Erreichte als Ziel ausgibt. *Anonym*

Menschen, welche nicht nur Zeit für das Notwendige, sondern auch für das scheinbar Überflüssige haben. *Friedl Beutelrock*

ein Mensch, der so über seine diversen Verhältnisse lebt, daß eines nichts vom anderen merkt. *Ralph Boller*

Menschen, die schon vollkommen glücklich sind, wenn sie nicht vollkommen unglücklich sind. *Danny Kaye*

Leute, die ihre Umgebung überzeugen können, daß sie etwas, was sie nicht bekommen können, nicht haben wollen. *Robert Lembke*

Menschen, die sich einer gewissen Faulheit befleißigen. *Werner Mitsch*

wer seinen Sommer so erlebt, daß er ihm noch den Winter wärmt. *Alfred Polgar*

Menschen, die es verstehen, unaufschiebbare Dinge so lange aufzuschieben, bis sie sich von selbst erledigt haben. *Aribert Wäscher*

– ein Mensch, der einen Wespenstich als Therapie gegen Rheuma betrachtet. *Siegfried Wischnewski*

Lebenskunst:

stets wissen, welchen Impulsen man sich fügen und welche man sich gefügig machen muß. *Anonym*

die Kunst des richtigen Weglassens – das fängt beim Reden an und hört beim Dekolleté auf. *Coco Chanel*

zu neunzig Prozent die Fähigkeit, mit Menschen auszukommen, die man nicht mag. *Samuel Goldwyn*

so viel Abstand halten, daß man nicht isoliert wird. *Martin Held*

zu siebzig Prozent Verzicht auf Hast, zu zwanzig Prozent Verzicht auf »Dinge, die man unbedingt haben muß«, und zu zehn Prozent Genuß an offenkundig Überflüssigem. *Otto Kornexl*

die eigene Natur mit der eigenen Arbeit in Einklang bringen. *Luis de León*

die mehr oder weniger raffinierte Art und Weise, wie wir unumgänglich Notwendiges mit unumgänglich Überflüssigem kombinieren. *Felix Renner*

nicht zuletzt die Fähigkeit, auf etwas Notwendiges zu verzichten, um sich etwas Überflüssiges zu leisten. *Vittorio de Sica*

Lebenslauf:

Rennstrecke; am Ende sind alle außer Atem. *Ron Kritzfeld*

Lebensstandard:

der Versuch, sich heute das zu leisten, wofür man auch in zehn Jahren noch kein Geld haben wird. *Danny Kaye*

jener sinnreiche Vorgang, bei dem man seine Gesundheit ruiniert, um das Geld zu verdienen, das man ausgibt, damit man wieder so gesund wird, wie man vorher war. *Georg Thomalla*

Lebensversicherung:
eine Gesellschaft, die nicht davon zu überzeugen ist, daß das Leben mit fünfzig beginnt. *Anonym*

Lebenswandel:
häufig eine überaus gleichförmige Angelegenheit. *Ron Kritzfeld*

Lebensweisheit:
ein kurzer Satz, der auf einer langen Erfahrung beruht. *Hans Joachim Kulenkampff*

wahre Lebensweisheit:
im Alltäglichen das Wunderbare sehen. *Pearl S. Buck*

unser Lebenswerk:
das, was wir in der Zeit schaffen, bevor uns die Zeit schafft. *Ron Kritzfeld*

Leber:
des Himmels wertvollste Gabe an die Gans; ohne sie wäre dieser Vogel nicht imstande, uns mit Straßburger Gänseleberpastete zu versorgen. *Ambrose Bierce*

ein großes rotes Organ, mit dem die Natur uns fürsorglich ausstattete, damit wir leberkrank sein können. *Ambrose Bierce*

Leere:
etwas, wovon manche Menschen total ausgefüllt sind. *Anonym*

Leerformeln:
Statements von Statesmen. *Ron Kritzfeld*

Legende:
eine Lüge, welche die Würde des Alters erreicht hat. *Anonym*

Legenden:
der Weihrauch der Geschichte. *Robert Rocca*

Legislaturperiode:
für unsere Politiker die Erholungsphase zwischen zwei Wahlkämpfen. *Anonym*

lehren:

die Kunst, entdecken zu helfen. *Anonym*

die Dinge zweimal lernen. *Joseph Joubert*

vom innern Reichtum abgeben; man muß am Ende stehen, wenn man andern den Anfang zeigen will. *Kurt Tucholsky*

die Kunst des Lehrens:

die natürliche Neugier junger Menschen wecken, um sie dann stillen zu können. *Anatole France*

Lehrer:

ein Lebewesen, das einem Probleme erklärt, die man ohne ihn gar nicht gehabt hätte. *Anonym*

einer, der schwört, lieber hungern als unterrichten zu wollen, und der schließlich beides tut. *Anonym*

Leute, die nach der Schule gleich in Pension gehen. *Anonym*

eine Art Amphibie. Er ist zwar ein Erwachsener, aber er lebt in der Welt des Kindes. *Martinus J. Langeveld*

einer, der in seiner Jugend Lehrer bewunderte. *Henry Louis Mencken*

der beste Lehrer:

jener, der sich nach und nach überflüssig macht. *George Orwell*

Leichenbeschauer:

der Mann, der entscheiden muß, ob wir wirklich tot sind oder ob wir nur so tun als ob. *Anonym*

Leichtsinn:

Befriedigung heutiger Bedürfnisse aus den Einkünften von morgen. *Ambrose Bierce*

ein Schwimmgürtel für den Strom des Lebens. *Ludwig Börne*

die große Leidenschaft:
das Privileg derer, die sonst nichts zu tun haben. *Oscar Wilde*

Leihbibliothek:
eine Bibliothek, die aus Büchern besteht, die sich einer irgendwann von irgendwem geliehen hat. *Gerd Karpe*

Leisetreter:
ein Mann, der unheimlich heimlich tun kann. *Bernhard Wicki*

Leistungsgesellschaft:
eine Gesellschaft, die sich mehr leistet, als sie sich leisten kann. *Anonym*

Leistungssport:
die attraktivste Form von Selbstverstümmelung. *Dieter Hildebrandt*

Leitartikel:
Aufsatz, der darüber Aufschluß gibt, was der Verfasser denkt, daß die Leute denken. *Anonym*

Lektor:
ein Mann, der nur zwei Seiten eines Manuskriptes nicht gelesen haben muß, um den Rest des Nichtgelesenen zuverlässig zu beurteilen. *Gerhard Bronner*

Lektüre:
das Zusammenwirken des Lesers mit dem Gelesenen. *Charles Péguy*

Lenz:
die schöne Zukunft, in der der Winterschlaf aufhört und die Frühjahrsmüdigkeit anfängt. *Anonym*

Leopard:
das einzige Wesen auf Erden, das ein Leopardenfell wirklich braucht.
Heinrich Binder

lesen:

so ziemlich das Wichtigste, was es außer »danach handeln« heutzutage geben kann. *Anonym*

für den Geist das, was Gymnastik für den Körper ist. *Joseph Addison*

denken mit fremdem Gehirn. *Jorge Luis Borges*

ein geniales Mittel, das Denken zu vermeiden. *Sir Arthur Helps*

Betäubungsmittel, dessen Genuß wie jede andere Droge zur Sucht führen kann. *Ron Kritzfeld*

den Starrkrampf lösen, in den man einen Gedanken beim Schreiben versetzt hat. *Hans Kudszus*

die einem im Leben zugeteilten Stunden der Langeweile gegen solche des Entzückens austauschen. *Charles de Montesquieu*

mit einem fremden Kopf statt dem eigenen denken. *Arthur Schopenhauer*

seine Gedanken von einem andern am Gängelbande führen lassen. *Arthur Schopenhauer*

ein Versuch, sich selbst zu finden. *Kurt Tucholsky*

die Schwierigkeit, ein Land fremder Phantasie mit eignen Gedanken zu bevölkern. *Kurt Tucholsky*

gut lesen:

langsam, tief, rück- und vor-sichtig, mit Hintergedanken, mit offen gelassenen Türen, mit zarten Fingern und Augen lesen. *Friedrich Nietzsche*

die Kunst des Lesens:

die geübte Fähigkeit, Seiten zu überblättern, auf denen man nichts versäumt. *William Butler Yeats*

Leser:

die eigentlichen Erzeuger des Buches, denn ihr Hunger hat es hervorgebracht. *Heinrich Lhotzky*

Komplizen, die einander nicht kennen. *Martin Walser*

Leseratten:
die Versuchstiere der Buchindustrie. *Wolfram Weidner*

Leserlichkeit:
die Höflichkeit der Handschriften. *Friedrich Dürrenmatt*

alte Leute:
junge Menschen, die zufällig v o r dir älter wurden. *Günther Baruschke*

arme Leute:
die einzige Gesellschaftsschicht, die noch mehr über das Geld nachdenkt als die reichen Leute. *Oscar Wilde*

feine Leute:
Menschen, die nur in feiner Umgebung ordinär werden. *Wolfgang Herbst*

richtig feine Leute:
Menschen, die eine Million Schulden haben und dennoch ganz bescheiden auftreten. *Oscar Wilde*

junge Leute
Menschen, die alt genug sind, daß sie sich bis in die späte Nacht das Fernsehprogramm ansehen dürfen, und jung genug, Gefallen daran zu finden. *Anonym*

wirklich reiche Leute:
diejenigen, die mit der Zeit nicht sparen müssen. *Ernest Claes*

Lexikograph:
ein Schädling, der unter dem Vorwand, eine Phase in der Entwicklung einer Sprache zu registrieren, sein Mögliches tut, ihr Wachstum aufzuhalten, ihre Flexibilität einzuschränken. *Ambrose Bierce*

Lexikon:
Nachschlagewerk, in dem die Welt von A bis Z in Ordnung ist. *Anonym*

Lexika:

die großen Krambuden der Literatur, wo jeder einzelne sein Bedürfnis pfennigweise nach dem Alphabet abholen kann. *Johann Wolfgang von Goethe*

liberal:

wessen Interessen im Augenblick nicht gefährdet sind. *Anonym*

Liberaler:

ein Radikaler mit Weib und Kind. *Anonym*

ein Politiker, der den Radikalen zu konservativ und den Konservativen zu radikal ist. *Robert Lembke*

grünes Licht:

an der Verkehrsampel ein Mittel, um Fußgänger wenigstens sicher bis zur Straßenmitte zu bringen. *Anonym*

Liebe:

ein Trick der Natur, um die Art zu erhalten. *Anonym*

das Licht des Lebens, in der Ehe kommt die Stromrechnung. *Anonym*

ihm recht geben, wenn er es braucht, daß man ihm recht gibt, und ihm die Meinung sagen, wenn er es braucht, daß man ihm die Meinung sagt, und wissen, wann er was braucht. *Anonym*

für die Frau ein Roman, in dem sie die Heldin ist, für den Mann einer, der ihn selbst zum Verfasser hat. *Anonym*

die Illusion, daß sich ein Mann vom anderen unterscheidet. *Anonym*

das einzige echte Abenteuer. *Anonym*

das, was der größte Philosoph nicht zu erklären, wohl aber der größte Dummkopf zu empfinden vermag. *Anonym*

Freundschaft, die Feuer gefangen hat. *Anonym*

im Vergleich zu anderen Arten der Kriegsführung ein großer Fortschritt. *Anonym* der Stern, zu dem die Menschen auf ihrem Weg aufblicken. Die Ehe ist das Loch, in das sie dabei fallen. *Anonym*

ein Prozeß, bei dem auch der unterliegende Teil zu seinem Recht kommt. *Anonym*

eine Erfindung von Menschen, die glauben, der Realität entfliehen zu können. *Anonym*

der Sieg der Phantasie über die Intelligenz und der Reflexe über die Reflexion. *Anonym*

Egoismus zu zweit. *Anonym*

ein Glas, das zerbricht, wenn man es zu unsicher oder zu fest anfaßt. *Anonym*

die Fähigkeit, Ähnliches an Unähnlichem wahrzunehmen. *Theodor W. Adorno*

auch so ein Problem, das Marx nicht gelöst hat. *Jean Anouilh*

der angenehmste Zustand teilweiser Unzurechnungsfähigkeit. *Marcel Aymé*

ein ewig wechselndes Verlangen, ewig befriedigt und ewig unersättlich. *Honoré de Balzac*

der einzige Weg, auf dem selbst die Dummen zu einer gewissen Größe gelangen. *Honoré de Balzac*

das Bewußtsein, Freude zu geben und zu empfangen. *Honoré de Balzac*

das Bedürfnis, aus sich herauszugehen. *Charles Baudelaire*

ein Verbrechen, das einen Komplizen erfordert. *Charles Baudelaire*

eine Ausdehnung der Eigenliebe auf das, was wir unser für würdig erachten. *Caron de Beaumarchais*

eine Komposition, bei der die Pausen genauso wichtig sind wie die Musik. *Senta Berger*

– eine vorübergehende Geisteskrankheit, die entweder durch Heirat heilbar ist oder durch die Entfernung des Patienten von den Einflüssen, unter denen er sich die Krankheit zugezogen hat. *Ambrose Bierce*

die Torheit, einen anderen zu schätzen, bevor man sich selber kennt.
Ambrose Bierce

das Werk der Jugend. Dennoch lohnt es sich, es im Alter noch einmal zu kopieren. *Franz Blei*

die privateste Form des Personenkults. *Ralph Boller*

ein zu großes Thema, um in einer einzigen Eintragung gewürdigt zu werden.
Ernest Bornemann

eine Gleichung mit zwei Unbekannten. *Gerhard Branstner*

ein unwiderstehlicher Hang, alle Persönlichkeit aufzuheben. *Clemens von Brentano*

die Anziehungskraft des Geistes, wie die Schwerkraft die Anziehungskraft der Körper ist. *Valentin-Marie Breton*

das Geschäft der Müßigen, aber der Müßiggang der Geschäftigen.
Lord Bulwer Lytton

Licht, das vom Himmel stammt – ein Strahl vom Urquell aller Sonnen.
Lord Byron

die Art Krankheit, die weder die Gescheiten noch die Dummen verschont.
Albert Camus

ein Käfig mit Gitterstäben aus Glück. *Claudia Cardinale*

der Austausch zweier Phantasien und die Berührung zweier Hautschichten.
Nicolas Chamfort

kein Solo, sondern ein Duett. Schwindet sie bei einem, verstummt das Lied.
Adalbert von Chamisso

jener seltsame Zustand, in dem man bereit ist, die Frau im Singular zu akzeptieren. *Georges Courteline*

das einzige Metier der Welt, in dem die Amateure besser sind als die Profis.
Karlheinz Deschner

die edelste Geistesschwäche. *John Dryden*

die höchste Form der Aufmerksamkeit. *Lawrence Durrell*

die poetischste Form der Zeitverschwendung. *Alexander Engel*

von allen Krankheiten noch die gesündeste. *Euripides*

der Entschluß, das Ganze eines Menschen zu bejahen, die Einzelheiten mögen sein, wie sie wollen. *Otto Flake*

das probateste Mittel, das Schamgefühl zu überwinden. *Sigmund Freud*

zumeist ein Kontrakt, den zwei Eitelkeiten miteinander schließen; wobei gewöhnlich eine Partei die überfordernde ist. *Egon Friedell*

die einzige vernünftige und befriedigende Antwort auf das Problem der menschlichen Existenz. *Erich Fromm*

ein Spiel zu zweit, bei dem beide gewinnen können. *Eva Gabor*

die stärkste Macht der Welt, und doch ist sie die demütigste, die man sich vorstellen kann. *Mahatma Gandhi*

immer noch die anständigste Entschuldigung für Dummheiten.
Horst Wolfram Geissler

die Anstrengung, die dazu gehört, sich mit einer einzigen Frau zu begnügen.
Paul Géraldy

der Wunsch, geliebt zu werden. *Jean Giraudoux*

Glück ohne Ruh'. *Johann Wolfgang von Goethe*

das charmanteste Unglück, das uns zustoßen kann. *Curt Goetz*

Anregung für das Herz unter gleichzeitiger Lokalanästhesie des Verstandes.
Sacha Guitry

– eine leichte Gemütskrankheit, die durch die Ehe oft schnell geheilt werden kann. *Sacha Guitry*

eine Waffe, mit der man spielt, ohne daran zu denken, daß sie geladen ist.
O. E. Hasse

eine unheilbare Krankheit. Aber wer von ihr befallen ist, verlangt nicht nach Genesung, und wer daran leidet, wünscht nicht zu gesunden.
Ibn Hazmal-Andaluzi

ein Stern in einem Haufen Mist. *Heinrich Heine*

in Frankreich eine Komödie, in England eine Tragödie, in Italien eine Oper und in Deutschland ein Melodrama. *Heinrich Heine*

die Krankheit, die gepflegt, nicht geheilt werden will. *Guido Hildebrandt*

der Hauptschlüssel, der alles beim Menschen aufschließt.
Theodor Gottlieb von Hippel

ein Konflikt zwischen Reflexen und Reflexionen. *Magnus Hirschfeld*

der Wunder größtes. *August Heinrich Hoffmann von Fallersleben*

das einzige, was wächst, indem wir es verschwenden. *Ricarda Huch*

das einzige Spiel, bei dem die Teilnehmer nicht über schlechtes Licht klagen.
I. S. Johar

eine Jagd, bei welcher der Jäger darauf achten muß, daß er vor dem Wild nicht zu schnell davonläuft. *Alphonse Kerr*

die Brücke, die uns zusammenführt. *Gerhard Kiefel*

die einzige Kraft, die einen Feind in einen Freund verwandelt.
Martin Luther King

im Grunde eine chemische Reaktion. Aber es macht Spaß, nach der Formel zu suchen. *Hildegard Knef*

mehr als nackte Beine im Bett. *Oswalt Kolle*

das einzige Spiel, bei welchem beide Partner gleichzeitig gewinnen oder verspielen. *Georges Krassovsky*

das triebartig beim homo sapiens als Zwangsvorstellung auftretende Phänomen, trotz Milliardenvorkommens von Individuen des anderen Geschlechts nur mit einem einzigen Exemplar dieser Gattung leben zu können. *Ron Kritzfeld*

die Kraft, nicht nur die eigene, sondern auch die Unvollkommenheit eines anderen lebenslang zu ertragen. *Ron Kritzfeld*

ein Spiel, bei dem man dann ganz verloren ist, wenn man seinen Partner besiegt. *Ron Kritzfeld*

gemeinsame Freude an der wechselseitigen Unvollkommenheit. *Hans Kudszus*

das einzige Mittel, die Gunst der Frauen zu erlangen, die für Geld nicht zu haben sind. *François de La Rochefoucauld*

ein nicht näher definierbares Gefühl, das im Leben unendliche Komplikationen hervorruft, besonders im Geschlechtsleben. *Gabriel Laub*

die höchste Stufe des Egoismus. Wir lieben nicht unsere Partner, sondern ihre Fähigkeit, uns zu lieben. *Gabriel Laub*

sich ineinander zu erkennen. *Jane Ledig-Rowohlt*

die Kraft, die verzeihen kann. *Fritz Leist*

eine tolle Krankheit – da müssen immer gleich zwei ins Bett. *Robert Lembke*

ein Handel, wo beide Parteien gewinnen. *Georg Christoph Lichtenberg*

eine Krankheit, die nur durch die Ehe kuriert werden kann. *Wilhelm Lichtenberg*

jener seltsame Zustand, den alle belächeln, bevor sie von ihm befallen werden. *Virna Lisi*

das einzige Märchen, das mit keinem »es war einmal« beginnt – aber schließt. *Hans Lohberger*

eine vorübergehende Blindheit für die Reize anderer Frauen. *Marcello Mastroianni*

– nur ein schmutziger Trick der Natur, um das Fortbestehen der Menschheit zu garantieren. *William Somerset Maugham*

was sich zwischen Männern und Frauen abspielt, die sich nicht wirklich kennen. *William Somerset Maugham*

für Männer in der Regel nur eine Episode, die sich in die anderen Begebenheiten des Tages einfügt, und die Betonung, die man ihr in Romanen gibt, verleiht ihr eine Wichtigkeit, die sie im Leben nicht hat. *William Somerset Maugham*

die Illusion, daß eine Frau anders sei als alle anderen. *Henry Louis Mencken*

der Triumph der Phantasie über den Verstand. *Henry Louis Mencken*

eine so schöne Sache, daß man sie nicht den Verliebten allein überlassen darf. *Henry Miller*

ein Boogie-Woogie der Hormone. *Henry Miller*

heutzutage Zuneigung on the rocks. *Michèle Morgan*

eine Frucht, die immer Saison hat, und jeder kann davon pflücken, soviel er will. *Mutter Teresa*

eine Leidenschaft, die den Erdenkreis auf die eine Waagschale legt und auf die andere nichts als den geliebten Gegenstand. *Napoleon I.*

die Köchin, die am meisten anrichtet in der Welt. *Johann Nepomuk Nestroy*

der Versuch der Natur, den Verstand aus dem Wege zu räumen. *Thomas Niederreuther*

das Vergnügen, das zwei Menschen aneinander haben. *Friedrich Nietzsche*

der Zustand, wo der Mensch die Dinge am meisten so sieht, wie sie nicht sind. *Friedrich Nietzsche*

ihn die Geschichte fertig erzählen lassen, die sie selbst angefangen hat. *Kim Novak*

der Endzweck der Weltgeschichte und das Amen des Universums. *Novalis* vielleicht der höchste Versuch, den die Natur macht, um das Individuum aus sich heraus und zu dem anderen hinzuführen. *José Ortega y Gasset*

der höchste Grad der Arznei. *Paracelsus*

Sehnsucht nach Erkenntnis. *Cesare Pavese*

das Band, das den Erdkreis verbindet. *Heinrich Pestalozzi*

die Sehnsucht nach der Ganzheit. *Platon*

eine schwere Geisteskrankheit. *Platon*

ein privates Weltereignis. *Alfred Polgar*

die Unzurechnungsfähigkeit der Zurechnungsfähigen. *Alfred Polgar*

etwas ganz Persönliches. Wir lieben nicht ein wirkliches Wesen, sondern eines, das wir uns selbst erschaffen haben. *Marcel Proust*

ein Zustand, in dem Beteuerungen nicht immer ernst zu nehmen sind. *Publilius Syrus*

meistens getarnter Egoismus. *Rudolf Rolfs*

nicht ein, sondern das einzige Mittel, um glücklich zu werden. *Françoise Sagan*

der Sinn füreinander. *Friedrich Schlegel*

die wunderbare Gabe, einen Menschen so zu sehen, wie er nicht ist. *Hannelore Schroth*

Geduld, Sex: Ungeduld. *Erich Segal*

die Geschichte der Verfolgung des Mannes durch die Frau. *George Bernard Shaw*

die einzige Sklaverei, die als Vergnügen empfunden wird. *George Bernard Shaw*

die starke Übertreibung des Unterschiedes zwischen einer Person und allen anderen. *George Bernard Shaw*

– der Kunstgriff der Schöpfung, um den Rausch des Anfangs immer wieder zu beschwören. *Hugo Sieker*

nur ein Mittel zum Zweck für den Mann. *Elizabeth Smart*

eine Illusion von Flügeln und eine Wirklichkeit von Ketten. *Sydney Smith*

die Geschichte des Lebens einer Frau; die Episode im Leben eines Mannes. *Madame de Staël*

ein Kind der Ewigkeit. Sie verwischt die Erinnerung an den Anfang und nimmt die Angst vor dem Ende. *Madame de Staël*

Eigenliebe zu zweit. *Madame de Staël*

die Freude, ein liebenswertes und liebendes Wesen zu sehen, zu berühren, es mit allen Sinnen und so nahe wie möglich zu fühlen. *Stendhal*

eine köstliche Blume, aber man muß den Mut haben, sie am grausigen Rand eines Abgrunds zu pflücken. *Stendhal*

das seltsam unergründliche Gefühl, im Anfange so zaghaft, daß es sich in jeder Falte der Seele verkriechen will, und dann so riesenhaft, daß es Vater und Mutter und alles besiegt und verläßt, um dem Gatten anzuhangen. *Adalbert Stifter*

eine Wirklichkeit im Bereich der Einbildungskraft. *Charles Maurice Talleyrand*

was man mit einem anderen durchgemacht hat. *James Thurber*

Feuer und Flammen für ein Jahr, Asche für dreißig. *Giuseppe Tomasi di Lampedusa*

wenn sie dir die Krümel aus dem Bett macht. *Kurt Tucholsky*

die einzige Krankheit, welche durch Ansteckung des anderen geheilt werden kann. *Gerhard Uhlenbruck*

das Kind der Illusion und die Mutter der Desillusion. *Miguel de Unamuno*

keine Entschuldigung für schlechte Manieren. *Peter Ustinov*

jener immer von neuem verblüffende Tausch, bei dem man für ein einziges Entzücken tausend Widrigkeiten in Kauf nimmt. *François Villon*

ein Stoff, den die Natur gewebt und die Phantasie bestickt hat. *Voltaire*

eine Filiale des Glücks. *Franz Josef Wagner*

die singende, sich in der Luft tummelnde Lerche. In der Ehe muß der Vogel gebraten auf der Schüssel liegen. *Karl Julius Weber*

eine besonders hübsche Form von Gewaltverzicht. *Wolfram Weidner*

der Blick der Seele. *Simone Weil*

ein Zeitwort, ein Verhältniswort, ein Zahlwort oder ein Umstandswort – je nachdem. *Orson Welles*

der größte Fehlbetrag unserer Zeit. *Franz Werfel*

standesgemäßes, aber teures Vergnügen; Quelle zahlreicher Alimentations- und Scheidungsprozesse. *Hardy Worm*

Liebe auf den ersten Blick:

eine große Zeitersparnis. *Anonym*

Augenaufschlag, der schon manchen teuer zu stehen kam. *Ron Kritzfeld*

die am weitesten verbreitete Augenkrankheit. *Gino Cervi*

die Entschuldigung der Männer dafür, daß sie es eilig haben. *Elke Sommer*

die erste Liebe:

ein Versprechen, das andere halten werden. *Senta Berger*

etwas Dummheit und sehr viel Neugierde. *George Bernard Shaw*

ewige Liebe:

die Liebe in ihrer vergänglichsten Form. *Hans Krailsheimer*

die große Liebe:

nichts anderes als ein Seiltanz von Amateuren ohne Balancierstange und ohne Netz. *Peter Altenberg*

– der beste Schutz vor Leidenschaften. *François Mauriac*

die größte Liebe:
immer die, die unerfüllt bleibt. *Peter Ustinov*

die moderne Liebe:
eine schwache Melodie, überinstrumentiert. *Hugo von Hofmannsthal*

platonische Liebe:
wenn man zu zweit mit einem Gewehr spielt und glaubt, es sei nicht geladen. *Anonym*

die Zeit zwischen der Vorstellung und dem ersten Kuß. *Anonym*

eine Art Einladung zu einem Glas Wasser in einem Weinkeller. *Anonym*

ewiges Zielen und Niemals-Losdrücken. *Wilhelm Busch*

etwas Ähnliches wie Trockenski. *»Stern«*

vegetarischer Sex. *Karl Weigand*

Sex oberhalb der Ohren. *Thyra Winslow*

sexuelle Liebe:
eine Art Turnen mit innerer Anteilnahme. *Brigitte Bardot*

lieben:
nicht umklammern, bis man keine Luft mehr kriegt, sondern umarmen, bis man wieder frei atmen kann. *Anonym*

nicht mehr vergleichen. *Anonym*

jemandem Gutes tun wollen. *Thomas von Aquin*

einwilligen, mit einem Menschen alt zu werden. *Albert Camus*

alle Fehler und Unzulänglichkeiten des anderen kennen und sich nichts aus ihnen machen. *Dorothy Dix*

das Glück denen geben, die man liebt, und nicht sich selbst. *Alexandre Dumas* mit dem Herzen bewundern. *Théophile Gautier*

in dem anderen sich selbst erobern. *Friedrich Hebbel*

als Einziger ein Wunder begreifen, das für alle anderen unsichtbar bleibt. *François Mauriac*

dem geliebten Wesen recht geben, wenn es unrecht hat. *Charles Péguy*

Seele werden wollen in einem anderen. *David Friedrich Schleiermacher*

keine Wahl haben. *Liv Ullmann*

sich selbst übertreffen. *Oscar Wilde*

einen Menschen lieben:
ihn sehen, wie Gott ihn gemeint hat. *Fjodor Michailowitsch Dostojewski*

Liebenswürdigkeit:
ein Stoßdämpfer aus Zuckerwatte. *Hanns-Hermann Kersten*

ideale Liebesaffäre:
eine Liaison per Post. *George Bernard Shaw*

Liebeserklärung:
mit Worten sagen, was man am liebsten tun möchte. *Hugo Olaerts*

Liebeswerben des Mannes:
jener seltsame Vorgang, bei dem eine Frau einen Mann davon überzeugt, daß er ohne sie nicht leben kann. *Hans Söhnker*

Liebhaber:
die zweite Enttäuschung einer Frau. Die erste ist ihr Ehemann. *Anonym*

Liebling:
der Rufname für alle Frauen, deren Vorname uns im Augenblick nicht einfällt. *Oliver Herford*

Liedermacher:

jemand, der mit einer verstimmten Gitarre dem Publikum die Tageszeitung vorliest. *Rainhard Fendrich*

Lindbergh, Charles

Der erste Mensch, der im Alleinflug den Atlantik überquerte – und der letzte, der gleichzeitig mit seinem Gepäck ankam. *Bob Barker*

Lippen einer Frau:

das schönste Tor zu ihrer Seele. *Aus Schweden*

Lippenstift:

ein Geschenk, das sich Männer nach und nach zurückholen können. *Anonym*

Liquidität:

Zustand vor Pleiten. *Ron Kritzfeld*

Lira:

Italiens beste Abfahrtsläuferin. *George Cox*

Literatur:

eine Aufblähung des Alphabets. *Werner Bergengruen*

das Gedächtnis der Menschheit. *Walter Jens*

Ersatz für nicht gelebtes Leben. *Günter Kunert*

die Kunst, Außergewöhnliches an gewöhnlichen Menschen zu entdecken und darüber mit gewöhnlichen Worten Außergewöhnliches zu sagen. *Boris Pasternak*

Sprache, die mit Sinn geladen ist. Große Literatur ist einfache Sprache, die bis zur Grenze des Möglichen mit Sinn geladen ist. *Ezra Pound*

Unsterblichkeit der Sprache. *August Wilhelm Schlegel*

zu Buch geschlagene Sprache. *Horst Dieter Schlosser*

gedruckter Unsinn. *August Strindberg*

die Instrumentierung von Binsenwahrheiten. *Thornton Wilder*

Literaturgeschichte:

eine Ansammlung von Gipsbüsten. *Hans Wolffheim*

Literatur-Nobelpreisträger:
ein Dichter, von dem man nur liest, was über ihn geschrieben wurde. *Anonym*

Literatursnob:
ein Mensch, der keine Neuerscheinung gelesen hat, aber weiß, was in jeder steht. *Martin Walser*

Lob:
ein Mittel, einen Menschen dahin zu bringen, daß er es verdient. *Anonym*

der Tribut, welchen wir Leistungen zollen, die den eigenen zwar nicht gleichkommen, aber doch ähnlich sind. *Ambrose Bierce*

Lob ablehnen:
zweimal gelobt sein wollen. *François de La Rochefoucauld*

Lobby:
ein Schwanz, der mit dem Hund wedelt. *Wayne Morse*

ein Rückenwind, den man selbst erzeugt. *Donald W. Thackeray*

Lobbyisten:
Leute, die andere festlegen, indem sie sie freihalten. *Wolfram Weidner*

Lobrede:
das Preisen eines Menschen, der den Vorzug des Reichtums oder der Macht besitzt oder die Freundlichkeit, tot zu sein. *Ambrose Bierce*

Löffel:
das, womit die Hasen Verdacht schöpfen. *Horst Stern*

Logik:
die Wissenschaft, die mit vielen unverständlichen Worten das verständlich zu machen sucht, was selbstverständlich ist. *Anonym*

die Kunst, in strikter Übereinstimmung mit den Begrenztheiten und Unfähigkeiten des menschlichen Mißverstands zu denken. *Ambrose Bierce*

– eine Kommode, die einige nützliche Werkzeuge enthält und viele überflüssige.
Charles Caleb Colton

ein Steigbügel für den Geist. *Franz Grillparzer*

nach Meinung vieler Frauen eine männliche Bosheit. *Walter Hilsbecher*

die Kunst, zuversichtlich in die Irre zu gehen. *Joseph Wood Krutch*

die Zwangsjacke der Phantasie. *Helmar Nahr*

das Vergnügen des vermiedenen Irrtums. *Helmar Nahr*

die Leidenschaft, zwei und zwei zu addieren. *Helmar Nahr*

die Anatomie des Denkens. *John Locke*

ein Verfahren, das uns glauben macht, daß eine Sache, die nicht schwarz ist, weiß sein müsse. *Richard Wiggins*

Lorbeer:
ein schnell welkendes Gemüse. *Giovanni Guareschi*

Los Angeles:
eine Stadt, in der jeder Drehbücher schreibt, sogar die Busfahrer Kokain schnupfen und die Palmen eine Frisur wie Rod Stewart haben. *Richard Rayner*

Lotse:
Steuerberater. *Anonym*

Lotterieeinnehmer:
Mensch, der draußen wartet, wenn wir unser Geld zum Fenster hinauswerfen.
Ron Kritzfeld

Lotto:
ein ganz undemokratisches Spiel. Hier hat die Mehrheit noch nie gewonnen.
Ugo Tognazzi

Lottoschein:
Baugenehmigung zur Errichtung von Luftschlössern. *Brigitte Feller*

Lüge:
ein Double, das die Wahrheit in gefährlichen Situationen vertritt. *Wieslaw Brudzinski*

terminologische Ungenauigkeit. *Winston Churchill*

die einzige Form der Kunst, die das Publikum billigt und instinktiv der Wirklichkeit vorzieht. *Jean Cocteau*

ein sehr trauriger Ersatz für die Wahrheit, aber sie ist der einzige, den man bis heute entdeckt hat. *Elbert Hubbard*

die Poesie, die nicht aus der Mode kommt. *Paul Marin Möller*

geistreiche Lüge:
eine geheime Huldigung an den Menschen, den man angelogen hat. *Sacha Guitry*

bisweilen taktisch richtige, aber inhaltlich falsche Äußerungen. *Werner Mitsch*

lügen:
die anstrengendste Sache der Welt, vor allem hinterher. *Anne Morrow Lindbergh*

ein ermüdendes Unternehmen, weil es so große Anforderungen an das Gedächtnis stellt. *Harold Nicholson*

Lügendetektor:
Ehefrau. *Anonym*

Lügner:
einer, der vorsätzlich irrt. *Anonym*

einer, der Unangenehmes über uns erzählt. *Anonym*

der beste Lügner:
wer mit den wenigsten Lügen am längsten auskommt. *Samuel Butler*

Lümmel:

Flegel mit Charme. *Ron Kritzfeld*

Luft:

eine nahrhafte Substanz, welche die Vorsehung großzügigerweise kostenlos zur Sättigung der Armen zur Verfügung stellt. *Ambrose Bierce*

Luftpiraten:

Passagiere, die Flugzeuge erst unterwegs chartern. *Danny Kaye*

Luftreisen:

von immer mehr immer weniger zu sehen bekommen. *Anonym*

Luftschloß:

etwas, das ein Träumer baut, worin ein Neurotiker wohnt und für das ein Psychiater die Miete kassiert. *Anonym*

Luftschlösser:

Gebäude, die am leichtesten zu errichten und am schwierigsten wieder zu zerstören sind. *Anonym*

Lust:

das unvernünftige Frohgefühl über eine scheinbar begehrenswerte Sache. *Zenon*

Luxus:

überflüssige Dinge, die das Leben aber erst so richtig lebenswert machen. *Anonym*

das, was man haben muß, wenn man alles andere schon gehabt hat. *Dinah Blake*

heute das eigne Auto, morgen die eigne Villa, übermorgen die eigne Meinung. *Wieszlaw Brudzinski*

das, was man den anderen nicht gönnt. *Wilhelm Lichtenberg*

der größte Luxus:

eine eigene Meinung; nur wenige leisten sich ihn. *Peter Bamm*

Lyrik:

beliebte Möglichkeit, Gedanken ungeordnet zu Papier zu bringen. *Anonym*

der aussichtslose Versuch, den Wind zu malen. *Anonym*

M

Macho:

ein Mann, der alte männliche Attribute kultiviert – aus Angst, man könnte ihn für keinen halten. *Rainhard Fendrich*

Macht:

eine Leiter mit angesägten Sprossen. *Lord Chesterfield*

die stärkste Versuchung auf Erden. *Thomas Jefferson*

das stärkste Liebesmittel. *Henry Kissinger*

eine Mahlzeit, die wachsenden Appetit verursacht. *Charles Maurice Talleyrand*

die einzige Lust, derer man nicht müde wird. *Oscar Wilde*

Machtbewußtsein:

fast schon ein sexuelles Gefühl. *Henry Kissinger*

Machtpolitik:

der diplomatische Name für das Gesetz des Dschungels. *Ely Culbertson*

Mädchen:

die, die rückwärts tanzen. *Bob Hope*

eine frisierte Herausforderung. *Günther Weisenborn*

Märchen:

der Anfang der Dichtung, die Mitte der Religion und das Ende der Philosophie. *Rudolf Leonhard*

Geschichten, in denen zum Schluß immer das Gute über das Böse siegt. Darum heißen sie auch Märchen. *Alexander Moll*

Märchen von heute:

die Preise von gestern. *Danny Kaye*

Mäzen:

Wohltäter, der für Geschenke gefeiert wird, die er zum größten Teil vom Finanzamt bezahlen läßt. *Ron Kritzfeld*

Magie:

die Kunst, Aberglauben in Geld zu verwandeln. *Ambrose Bierce*

Maikäfer:

eine nur im Juni vorkommende Käferart. *Anonym*

Maitag:

ein kategorischer Imperativ der Freude. *Friedrich Hebbel*

Make-up:

Fassadenmalerei. *Anonym*

Make-up und Parfüm:

die chemische Kriegsführung der Frau zur Eroberung des Mannes. *Peter Sellers*

malen:

die Kunst, das Unsichtbare mit den Mitteln des Sichtbaren auszudrücken. *Eugène Fromentin*

Maler:

Leute, die von der Wand in den Mund leben. *Anonym*

Überzeugungstäter, die keinen sehnlicheren Wunsch haben als gehängt zu werden. *Werner Finck*

ein Mann, der das malt, was er verkauft. Ein Künstler dagegen ist ein Mann, der das verkauft, was er malt. *Pablo Picasso*

Malerei:

die Kunst, Flächen vor dem Wetter zu schützen und sie den Kritikern auszusetzen. *Ambrose Bierce*

die Kunst, die Seele zu bewegen durch Vermittlung der Augen. *Denis Diderot*

Malermodell:

eine Dame, die sich selber zu den Akten legt. *Karl Farkas*

Mammon:

der Gott der führenden Weltreligion. *Ambrose Bierce*

Management:

der organisierte Wettlauf zwischen dem Anstieg der Kosten und der Erschließung neuer Kreditquellen. *Anonym*

die Kunst, drei Leute dazu zu bringen, die Arbeit von drei Leuten zu verrichten. *William Faulkner*

die schöpferischste aller Künste. Es ist die Kunst, Talente richtig einzusetzen. *Robert McNamara*

etwas schnell entscheiden und dann einen anderen finden, der es tut. *John Garland Pollard*

Management by Fallobst:

wenn Entscheidungen reif sind, fallen sie von selbst. *Anonym*

Manager:

Menschen wie wir, sie wissen es nur nicht. *Anonym*

Menschen, die mehr Verantwortung als Macht besitzen. *Dr. Manfred Köhnlechner*

– die Krone der Erschöpfung. *Werner Mitsch*

der Mann, der genau weiß, was er nicht kann, und der sich dafür die richtigen Leute sucht. *Philip Rosenthal*

Managerkrankheit:

eine Epidemie, die durch den Uhrzeiger hervorgerufen und durch den Terminkalender übertragen wird. *John Steinbeck*

Mandarinen:

Loseblattorangen. *Anonym*

Manieren:

der Lärm, den man beim Suppeessen nicht macht. *Anonym*

die Kunst zu gähnen, ohne den Mund aufzumachen. *Anonym*

Manipulation:

das, was der Gegner tut. *Alfred Oder*

Mann:

Lebewesen, das die Fußballkarten für drei Monate im voraus kauft und mit den Weihnachtseinkäufen wartet bis Heiligabend. *Anonym*

lediglich das Ergebnis eines verkrüppelten Chromosoms. *Graffito*

nicht nur ein Tier mit einem Körper und ein Wesen mit einem Gehirn, sondern auch eine soziale Kreatur, die unwiederbringlich mit seiner sozialen Gruppe verbunden ist, so daß der Mann außerhalb dieser Gruppe kaum zu verstehen ist. *Freda Adler*

ein notwendiges Übel, wobei die Betonung mehr auf Übel als auf notwendig liegt. *Yvette Collins*

ein Mensch, dem Gott einen Knüppel zwischen die Beine geworfen hat. *Hanns-Hermann Kersten*

ein Baby von eineinhalb Zentnern. *Irmgard Keun*

das sind doch nur ein paar Zentimeter Fleisch mehr. *Kate Millet*

ein Hosenträger. *Johann Nepomuk Nestroy*

geschlechtlich genommen eine Einrichtung der Frau, die den Zweck hat, das Geheiß der Natur auf die wohlfeilste Art zu erfüllen. *George Bernard Shaw*

ein Mensch, der arbeitet. *Esther Vilar*

die beliebteste von allen Erfindungen, die der Frau die Arbeit erleichtern oder ersparen. *Oscar Wilde*

Mann am Steuer:
ein Pfau, der sein Rad in der Hand hält. *Anna Magnani*

ein alter Mann:
ein Kind mit Vergangenheit. *Zarko Petan*

ein arrivierter Mann:
einer, der sich jemand zum Rasenmähen nimmt und dann Golf spielen geht, weil er Bewegung braucht. *Anonym*

ein diplomatischer Mann:
einer, der, nach seiner Lieblingsfarbe befragt, antwortet: kariert. *Anonym*

einer, der sich immer an den Geburtstag seiner Frau erinnert, aber nicht an ihr Alter. *Abba Eban*

einer, dem es gelingt, seine Frau davon zu überzeugen, daß ein Pelzmantel dick macht. *Alfredo La Mont*

ein freier Mann:
wer eine Einladung zum Essen ausschlagen kann, ohne dafür einen Vorwand angeben zu müssen. *Jules Renard*

ein gerechter Mann:
wer Unrecht begehen kann, aber nicht will. *Menander*

ein großer Mann:

ein Mann, der zweimal stirbt: einmal als Mann und ein paar Jahre später als großer Mann. *Paul Valéry*

der heutige Mann:

ein Venusbergbesteiger, der die Direttissima bevorzugt. *Christine Schuberth*

der ideale Mann:

der Mann, von dem alle Frauen träumen und den keine kennt. *Anna Magnani*

ein neureicher Mann:

ein Mann, der seinen Wagen verkauft, weil der Aschenbecher voll ist. *Anonym*

ein reicher Mann:

eine Person, die sich nicht scheut, die Verkäuferin zu fragen, ob sie nicht etwas Billigeres hat. *Anonym*

ein Mann, der drei Luxuswagen vor der Tür stehen hat und von dem man trotzdem nicht weiß, ob er zu Hause ist. *Anonym*

ein Mensch, der eine Mark mehr hat, als er ausgeben kann. *Bernard Baruch*

wer seine Steuern bezahlen kann, ohne Schulden machen zu müssen. *Bing Crosby*

oft nur ein armer Mann mit sehr viel Geld. *Aristoteles Onassis*

ein unglücklicher Mann:

ein Problem, das Frauen keine Ruhe läßt. *David Niven*

Männer:

Geschöpfe, die wie Sparbüchsen den größten Lärm machen, wenn am wenigsten in ihnen steckt. *Anonym*

große Kinder, die um so anstrengender sind, je älter sie werden. *Anonym*

die angenehmste Fehlkonstruktion, die ich bisher erlebt habe. *Anonym*

das beste andere Geschlecht, das zur Verfügung steht. *aus einem Leserbrief*

Menschen, bei denen Pubertät und Mitlife Crisis ineinander übergehen. *Graffito*

Waschlappen, die von Frauen mit vollem Recht ausgewrungen werden. *Graffito*

Ausländer im Land der Emotionen. *Cheryl Benard/ Edit Schlaffer*

die einzigen Lebewesen, die ihre Frauen schlagen. *Aeneas Gun*

die schönste Nebensache der Welt. *Christie Hefner*

die schönsten und gefährlichsten Raubtiere der Welt. Ich liebe sie wie der Dompteur seine Tiger liebt. *Eartha Kitt*

eine an Liebe arme Gattung. *Henry de Montherlant*

deutsche Männer:
die einzigen auf der Welt, die über ein Dutzend nackte Frauen hinwegsteigen würden, um zu einer Flasche Bier zu kommen. *Anonym*

die klügsten Männer:
jene, die ihrer Frau einreden können, daß Gartenarbeit schön macht. *Karel Capek*

Mann, Thomas
Ein Skeptiker, ein Zweifler, fast ein Zyniker mit der Geste des würdevollen Magisters und Patriziers. *Willy Haas*

Mann, Thomas und Heinrich
Entlaufene Bürger mit Heimweh. *Hermann Kesten*

Mannequins:
nicht die einzigen Mädchen, die wissen, daß man langsam gehen muß, um schnell voranzukommen. *Edi Welz*

das beste Mannesalter:
immer das, in dem man sich gerade befindet. *Wilhelm Lichtenberg*

Manuskript:
ein Schriftstück, das in Eile vorgelegt und mit Muße zurückgegeben wird. *Oliver Herford*

– nächst einem Bumerang das, was am sichersten zurückkommt, wenn man es aus der Hand gibt. *Aldo Marinelli*

Marihuana:
die einzige Grasart, die einen Gärtner ummähen kann. *Anonym*

Marketing:
die Kunst, Glatzköpfen Haargel zu verkaufen. *Anonym*

Verkaufen mit einer College-Ausbildung. *John Freund*

gestelzte Bezeichnung für systematisch gesammelte Vertriebskenntnisse, die vor 2000 Jahren schon jede bessere Marktfrau beherrschte. *Ron Kritzfeld*

Marktforscher:
Astrologen ohne Sterne. *Anonym*

Markt- und Meinungsforscher:
einer, der tiefgründige Untersuchungen darüber anstellt, warum eine schlechte Zahnpasta nicht gekauft wird, und dann zu dem bündigen Schluß kommt, daß die Tube den Leuten zu wenig sexy ist. *Anonym*

marschieren:
eine Fortbewegungsart – viel gefährlicher als fahren oder fliegen. *Anonym*

Marseillaise:
der größte General der Revolution, und die Wunder, die sie vollbrachte, sind ohne Beispiel. *Napoleon*

Martyrium:
der einzige Weg, ohne Begabung zur Berühmtheit zu werden.
George Bernard Shaw

Marxismus:
das Bedürfnis, die Menschheit zu retten, notfalls auch gegen ihren Willen.
Anonym

Maschinengewehr:
die Schreibmaschine des Todes. *Ramón Gómez de la Serna*

Maske:
Kleidungsstück, das uns eine neue Identität verspricht. *Anonym*

Massary, Fritzi
Ein schnodderiges Berlinertum, Bachstelze, Erotik hinter tausend Vorhängen, Seidenkissen mit einem hitzigen Parfüm, einen Eiskübel über den Kopf, ein helles Frauenlachen: Massary. *Kurt Tucholsky*

Masse:
die Gesellschaftsform, in der das Individuum anonym wird. *Anonym*

Massenmedien:
faule Ausrede für schlechten Besuch von Theatern und Konzerten. *Hans Weigel*

Massenparteien:
Vereine, die nicht aus politischer Überzeugung handeln, sondern mit Hilfe von Meinungsumfragen feststellen, wie sie sich im Einzelfall zu verhalten haben. *Peter Schindler*

Massenverkehrsmittel:
eine Einrichtung, von der jeder gern die andern eifrig Gebrauch machen sähe. *Anonym*

Masseur:
ein Mann, der Geld für Dinge bekommt, für die jeder andere Ohrfeigen erhalten würde. *Anonym*

Materialist:
ein Mensch, der die Schönheit des Sternenhimmels durch das Zählen der Sterne erfassen zu können glaubt. *Christa Wagner*

Mathematik:
das Alphabet, mit dessen Hilfe Gott das Universum beschrieben hat. *Galileo Galilei*

die Grammatik der Zahlen. *Hans Lohberger*

– die Wissenschaft, bei der man nicht weiß, wovon man spricht, noch ob das, was man sagt, wahr ist. *Bertrand Russell*

Mathematiker:
ein Mensch, der einen ihm vorgetragenen Gedanken nicht nur sofort begreift, sondern auch erkennt, auf welchem Denkfehler er beruht. *Helmar Nahr*

Maus:
ein Tier, dessen Pfad mit in Ohnmacht fallenden Frauen übersät ist. *Ambrose Bierce*

Mausoleum:
die letzte und komischste Torheit der Reichen. *Ambrose Bierce*

Maximen:
der konzentrierte gesunde Menschenverstand der Völker. *Sir James Mackintosh*

Maxirock:
die Reaktion darauf, daß die Frau bereits ausgereizt war. *Paul Matussek*

der Versuch, die Männer wieder neugierig zu machen auf das, was sie schon kennen. *Georg Thomalla*

Mayonnaise:
eine der Soßen, die den Franzosen als Staatsreligion dienen. *Anonym*

Medaille:
eine kleine Metallscheibe, die als Belohnung für mehr oder weniger verbürgte Tugenden, Leistungen oder Dienste verliehen wird. *Ambrose Bierce*

Medienpolitik:
eine Zwischenstufe der Politik, von der im Grunde genommen alle zuwenig verstehen, um am Ende das Richtige zu tun. *Friedrich Nowottny*

meditieren:
eine höchste Muße, deren Geheimnis verlorengegangen ist. *Emile Cioran*

Medizin:

eine Wissenschaft, die verhindern will, daß die Menschen eines natürlichen Todes sterben. *Anonym*

die Kunst, den Patienten abzulenken, während die Natur sich selber hilft. *Voltaire*

Meer:

ein riesiger, mit Wasser gefüllter Behälter, an dessen Rändern die Preise noch gesalzener sind als das Wasser darin. *Alberto Sordi*

Meere:

der sichtbare Beweis dafür, daß Gott über seine Schöpfung geweint hat. *Paul Fort*

Mehrheit:

eine größere Anzahl von Leuten, die des Denkens überdrüssig geworden sind und beschlossen haben, die Meinung eines andern anzunehmen. *Anonym*

schweigende Mehrheit:

die amerikanischen Ehemänner. *Don Burke*

mein:

mir gehörig, sofern ich es festhalten oder ergreifen kann. *Ambrose Bierce*

Meinung:

ein Minimum an Tatsachen in Verbindung mit Vorurteilen und Gefühlen. *Anonym*

eigene Meinung:

ein Luxus, den sich nicht viele leisten. *Alfred Polgar*

Meinungen:

flexible Vorurteile. *Anonym*

Vorurteile, die sich sehr schnell ändern können. *Franz F. Schart*

Meinungsaustausch:
wenn einer mit seiner Meinung zum Chef geht und mit dessen Meinung wieder herauskommt. *Karl Garbe*

Meinungsforscher:
Wünschelrutengänger, der Geldquellen aus dem Verhalten aller Bevölkerungsschichten erschließt. *Ron Kritzfeld*

Meinungsforschung:
ein wissenschaftliches Geschäft, das auf der falschen Voraussetzung beruht, die Leute hätten eine Meinung. *Anonym*

die Kunst, die Meinung des Auftraggebers zu erforschen und sie durch unverdächtige Zeugen belegen zu lassen. *Anonym*

Melancholie:
Stimmung mit Trauerrand. *Heimito von Doderer*

das Vergnügen, traurig zu sein. *Victor Hugo*

verwelkte Lust. *Hermann Kesten*

Heimweh nach sich selber. *Anton Kuh*

Melodie:
das, was immer vermißt wird. *Hanns Eisler*

das Wesen der Musik. *Wolfgang Amadeus Mozart*

der kürzeste Weg zum Herzen der Menschen. *Anthony Ventura*

Melone:
der Wasserkopf unter den Pflanzen. *Hugo Olaerts*

Memoiren:
das Gegenteil einer Klarsichtpackung. *David Frost*

die Zeitbomben der Pensionisten. *Henry Kissinger*

die meisten sind ein Make-up aus Worten. *Norman Mailer*

eine Verleitung, die eigene Nase schöner zu machen, als sie ist. *Helmut Schmidt*

Drehbücher, die sich um die Person ihres Verfassers drehen. *Wolfram Weidner*

Memoiren einer Schauspielerin:
sie erinnert sich, wie oft sie sich vergessen hat. *Alexander Engel*

Mensch:
wichtigstes und kostbarstes Peripheriegerät einer Computeranlage. *Anonym*

ein mit Dummheit begabtes Wesen. *Anonym*

das einzige Geschöpf, das wissentlich Dinge tut, die seine Gesundheit schädigen. *Anonym*

ein Nichts, das die Eigenschaft besitzt, hartnäckig dumme Fragen zu stellen. *Anonym*

ein Individuum, das sein Leben lang nach dem idealen Partner Ausschau hält und in der Zwischenzeit heiratet. *Anonym*

das Lebewesen, das die Zeit totschlägt, bis sie sich revanchiert. *Anonym*

ein Wesen, das in einer Zelle beginnt und normalerweise auch in einer enden würde, wenn der Gerechtigkeit wirklich Genüge geschähe. *Anonym*

das Maß aller Schneider. *Hans Arp*

das tollste Ragout, welches je einem himmlischen Kochbuch entschlüpfte. *Christian Graf Bentzel-Sternau*

ein Lebewesen, so angetan von Illusionen über sich, daß es völlig vergißt, was es eigentlich sein sollte. *Ambrose Bierce*

eine unendlich komplizierte Maschine, um edelsten Rotwein in Urin zu verwandeln. *Karen Blixen*

das Gemeinste, was lebt, und das Schwächste. *Bertolt Brecht*

– ein Abgrund; es schwindelt einem, wenn man hinabsieht. *Georg Büchner*

das einzige Tier, das mit den Opfern, die es zu essen beabsichtigt, freundschaftliche Beziehungen unterhält, bis es sie ißt. *Samuel Butler*

das einzige Tier, das lacht und eine Staatsverfassung hat. *Samuel Butler*

das Lebewesen, das Theater spielt. *Ken Campbell*

ein Tier, das Werkzeuge benutzt. *Thomas Carlyle*

das unbekannte Wesen. *Alexis Carrel*

ein Kunstwerk, das sich selber schafft. *Günther Debon*

undankbarer Zweibeiner. *Fjodor Michailowitsch Dostojewski*

ein Tier, das denkt. *Friedrich Dürrenmatt*

ein Fehler der Natur, der sich selbst ausbügeln muß. *Werner Ehrenforth*

das Tier, das sich selber belügt. *Paul Ernst*

ein Werkzeuge herstellendes Tier. *Benjamin Franklin*

ein Prothesengott. *Sigmund Freud*

ein Triebverdränger. *Sigmund Freud*

einziger Primat, der seine Artgenossen ohne biologischen und ökonomischen Grund tötet und quält und der dabei Befriedigung empfindet. *Erich Fromm*

der einzige Mißgriff der Natur. *William S. Gilbert*

dasjenige Wesen, das zwischen Gott und der Welt steht. *Friedrich Gogarten*

das arrivierte Tier. Das ist alles. *Rémy de Gourmont*

das einzige Tier, das lacht und weint, denn er ist das einzige Tier, das betroffen wird von dem, wie die Dinge sind, und von dem, wie sie sein sollten.
William Hazlitt

ein Blinder, der vom Sehen träumt. *Friedrich Hebbel*

ein Experiment der Natur. *Friedrich Hebbel*

ein mißglückter Computer mit Stuhlgang und Blutkreislauf. *Steve Henley*

das Tier, das einen aufgerichteten Gang hat. *Johann Gottfried Herder*

ein Gott, wenn er träumt, ein Bettler, wenn er nachdenkt. *Friedrich Hölderlin*

das gefährlichste Ungeziefer, das die Erde je bevölkert hat. *Friedensreich Hundertwasser*

eine in der Knechtschaft seiner Organe lebende Intelligenz. *Aldous Huxley*

ein Pferd, das sich selbst anspornt. *Karol Irzykowski*

die ideale Gottvorstellung des Hundes. *Holbrook Jackson*

das größte Tier der Schöpfung, denn er ist das Tier, das kocht. *Douglas Jerrold*

das einzige Geschöpf, das erzogen werden muß. *Immanuel Kant*

das Tier, das sich vervollkommnen kann. *Immanuel Kant*

das einzige Tier, das arbeiten muß. *Immanuel Kant*

das einzige Wesen, das imstande ist, sich selber den Daumen zu halten. *Martin Kessel*

das denkende Tier. *Ludwig Klages*

das einzige Wesen, das sich selber nicht gewachsen ist. *Hans Kudszus*

jeder ist ein besonderer Gedanke Gottes. *Paul de Lagarde*

das sonderbare Wesen: mit den Füßen im Schlamm, mit dem Kopf in den Sternen. *Else Lasker-Schüler*

ein durch die Zensur gerutschter Affe. *Gabriel Laub*

– die Krone der Schöpfung. Wie schade, daß es eine Dornenkrone ist.
Stanislaw Jerzy Lec

ein Abfallprodukt der Liebe. *Stanislaw Jerzy Lec*

das einzige Wesen, das im Fliegen eine warme Mahlzeit zu sich nehmen kann.
Loriot

ein bedrängtes Wesen, das sich in den Frieden flüchten will. *Ludwig Marcuse*

das einzige Lebewesen, das erröten kann. Es ist aber auch das einzige, das Grund dazu hat. *Mark Twain*

ein merkwürdiges Wesen. Er arbeitet immer härter für das Privileg, immer höhere Steuern zahlen zu dürfen. *George Mikes*

ein mit Essen gefüllter Sack. *Morelli*

ein Exempel der beispiellosen Geduld der Natur. *Christian Morgenstern*

das Wesen, welches die oberste Stufe in der sichtbaren Schöpfung einnimmt, welcher sich sogar für das Ebenbild Gottes ausgibt, worüber sich jedoch Gott nicht sehr geschmeichelt fühlen dürfte. *Johann Nepomuk Nestroy*

das einzige Tier, das sich für einen Menschen hält. *Thomas Niederreuther*

das Tier, das rote Backen hat. *Friedrich Nietzsche*

ein Seil, das Tier und Übermensch verbindet – ein Seil über einem Abgrund.
Friedrich Nietzsche

ein mittelmäßiger Egoist: Auch der Klügste nimmt seine Gewohnheit wichtiger als seinen Vorteil. *Friedrich Nietzsche*

ein Wesen, dem die einzigartige Gabe verliehen ist, Zwiesprache mit sich selbst zu halten. (Die einzigen, die diese Zwiesprache mit sich selbst noch versuchen, sind die Schriftsteller.) *Hans Erich Nossack*

das einzige Lebewesen, dem man mehrfach das Fell über die Ohren ziehen kann. *Sean O'Brian*

das einzige Lebewesen, das Lärm und Gestank künstlich erzeugen kann.
Sir Laurence Olivier

nur ein Schilfrohr, das schwächste der Natur, aber ein Schilfrohr, das denkt.
Blaise Pascal

ein zweibeiniges Lebewesen ohne Federn. *Platon*

Lärmerzeuger, Luftverpester, Wasserverschmutzer, Waldverschandler, Abfallerzeuger en gros, Nahrungsmittelverderber, Erbmassenbedroher, alles durch sein eigenes Genie. *John B. Priestley*

das Maß aller Dinge. *Protagoras*

ein wildes Tier, das sich selbst gezähmt hat. *Pierre Reverdy*

die häufigste Unfallursache. Wir müssen uns bemühen, diese Ursache zu beseitigen. *Horst-Ludwig Riemer*

das einzige Tier, das Feuer machen kann. Das hat ihm die Herrschaft über die Erde gebracht. *Antoine de Rivarol*

ein Wesen, das den ersten Kuß raubt, den zweiten erbettelt, den dritten verlangt, den vierten bekommt, den fünften hinnimmt und den Rest erträgt.
Helen Rowland

ein Teil der Natur und nicht etwas, das zu ihr im Widerspruch steht.
Bertrand Russell

das einzige Lebewesen auf Erden, welches weiß, daß es sterben muß. *Max Rychner*

ein geselliges Wesen, geistig noch mehr als körperlich. Er geht vielleicht gern allein spazieren, aber mit seiner Meinung steht er nicht gern allein.
George Santayana

nichts anderes, als was er selber aus sich macht. *Jean-Paul Sartre*

der Neinsagen-Könner, der Gottsucher. *Max Scheler*

eine oben und unten mit einer Öffnung versehene Röhre. *Johannes Scherr*

das Wesen, welches will. *Friedrich von Schiller*

im Grunde ein wildes Tier. Wir kennen es bloß im Zustand der Bändigung und Zähmung. *Arthur Schopenhauer*

– das einzige Lebewesen, das von sich eine schlechte Meinung hat.
George Bernard Shaw

ein Tier, das Geschäfte macht; kein anderes Tier tut dies – kein Hund tauscht Knochen mit einem anderen. *Adam Smith*

das Geschöpf, das sich langweilt. *Werner Sombart*

das Raubtier mit den Händen. *Oswald Spengler*

eine Episode, ein Augenblick im Weltschicksal. *Oswald Spengler*

ein Geschöpf, das nicht vom Brot allein lebt, sondern hauptsächlich von Schlagworten. *Robert Louis Stevenson*

das Lebewesen, das ganz allein sein kann. *Wolfgang Struve*

eine höhere Tiergattung, welche Gedichte und philosophische Systeme auf dieselbe Weise hervorbringt wie die Seidenraupe den Kokon oder die Biene die Waben. *Hippolyte Taine*

ein Ei ohne Schale: zart, beeindruckbar und höchst empfindsam. *Jack Thommen*

ein politisches Geschöpf, das am liebsten zu Klumpen geballt sein Leben verbringt. *Kurt Tucholsky*

ein Lebewesen, das klopft, schlechte Musik macht und seinen Hund bellen läßt. Manchmal gibt er auch Ruhe, aber dann ist er tot. *Kurt Tucholsky*

ein Tier, das schreibt. *Kurt Tucholsky*

ein Wesen, das nie zuhört. *Kurt Tucholsky*

ein Säugetier. Jeder saugt den anderen aus. *Gerhard Uhlenbruck*

der, der immer ein wenig mehr Mut hat, als er verzweifelt ist. *Günther Weisenborn* das Tier, das Geschichte hat. *Carl Friedrich von Weizsäcker*

ein vernunftbegabtes Wesen, das immer dann die Ruhe verliert, wenn von ihm verlangt wird, daß es nach Vernunftgesetzen handeln soll. *Oscar Wilde*

der Mensch von heute:
das dümmste Lebewesen, das die Erde hervorgebracht hat: Er kriecht mit seinem Auto in der Großstadt wie eine Schnecke, nimmt die Umweltgifte in sich auf wie ein Staubsauger und ist obendrein noch stolz auf das, was er zustande gebracht hat. *John B. Priestley*

der ärmste Mensch:
der Geizhals. *Anonym*

ein ausgeglichener Mensch:
einer, der denselben Fehler zweimal machen kann, ohne nervös zu werden. *Anonym*

ein ehrlicher Mensch:
einer, der von sich sagt, daß er oft lügt. *Anonym*

ein geistreicher Mensch:
jemand, der viele Pointen kennt, aber vergessen hat, von wem sie sind. *Axel von Ambesser*

der geniale Mensch:
der, der Augen hat für das, was ihm vor den Füßen liegt. *Johann Jakob Mohr*

ein gesunder Mensch:
ein Mensch, der nicht gründlich genug untersucht wurde. *Anonym*

ein guter Mensch:
jener, der weiß, daß er nicht gut genug ist. *Wilhelm Lichtenberg*

ein langweiliger Mensch:
einer, der Sie am Alleinsein hinderte, ohne Ihnen Gesellschaft zu leisten. *Anonym*

ein reicher Mensch:
ein armer Mensch mit sehr viel Geld. *Anonym*

wer weiß, daß er genug hat. *Laotse*

der reichste Mensch:
der Sparsame. *Anonym*

ein reifer Mensch:
wer gelernt hat, das Unerwartete zu erwarten. *Anonym*

wer auf sich selbst nicht mehr hereinfällt. *Heimito von Doderer*

ein unausstehlicher Mensch:
einer, der an seiner Meinung festhält, obwohl wir ihn mit der unseren erleuchtet haben. *Anonym*

ein verschrobener Mensch:
jemand, der hartnäckig und eifrig einer Meinung anhängt, die du nicht teilst. *Ambrose Bierce*

ein verträglicher Mensch:
einer, der mit mir übereinstimmt. *Benjamin Disraeli*

Menschen:
ein Wolfspack, nichts als ein Wolfspack, das die zu Tode hetzt, die ihm Gutes tun könnten. *Sigmund Freud*

kluge Menschen:
die, die ganz unserer Meinung sind. *Anonym*

sympathische Menschen:
Leute, die von uns eine hohe Meinung haben. *Willy Millowitsch*

Menschenführung:
gegenseitigen Haß in gemeinsame Schlagkraft verwandeln. *Helmar Nahr*

Menschenkenner:
ein ehemaliger Menschenfreund. *Anonym*

Menschenkenntnis:
etwas, das bei manchen Menschen nur aus dem Adreßbuch stammt.
Herbert Heckmann

das einzige Fach, in dem man ständig unterrichtet wird. *Alberto Moravia*

Menschenschlange in England:
keine Masse, sondern eine Aneinanderreihung von Individuen. *George Mikes*

gesunder Menschenverstand:
eigentlich nur eine Anhäufung von Vorurteilen, die man bis zum 18. Lebensjahr erworben hat. *Albert Einstein*

Menschheit:
einige wenige Vorläufer, sehr viele Mitläufer und eine unübersehbare Zahl von Nachläufern. *Jean Cocteau*

ein Buch, das immer wieder von neuem aufgelegt wird, ohne die Aussicht, jemals ein Bestseller zu werden. *William Faulkner*

Mentalität:
Untugenden, die ein ganzes Volk hat. *Anonym*

Metaphysik:
philosophische Lehre, die sich mit den Dingen hinter den Dingen beschäftigt, etwa mit der tolpatschigen Katze hinter der Vase, die vom Regal fällt.
Markus Hattstein

die Suche in einem dunklen Zimmer nach einer schwarzen Katze, die nicht drin ist. *Max Scheler*

Meteorologe:
ein Mann, der einer Frau tief in die Augen schauen und daraus das Wetter für morgen ablesen kann. *Bob Hope*

Meteorologen:
Leute, die über Geophysik, Thermodynamik und Klimatologie ungemein viel und über das Wetter von morgen fast nichts wissen. *Ron Kritzfeld*

– die besten Frauenkenner, denn sie geben den Wirbelstürmen Frauennamen.

Peter Ustinov

Meteorologie:

Versuch der ungefähren Angabe einer wahrscheinlich möglichen Wetterentwicklung in nicht genau bestimmbaren Teilen unseres Landes. *Anonym*

die Wissenschaft, die uns aufgrund komplizierter Hoch- und Tiefdruckberechnungen genauestens darüber informiert, wie das Wetter hätte sein sollen. *Anonym*

Meter:

Längenmaß, im Angelsport 45 Zentimeter. *Anonym*

Methoden:

die ausgetretenen Bahnen des Geistes, Richtwege des Gedächtnisses.

Antoine de Rivarol

Metropole:

Bollwerk des Provinzialismus. *Ambrose Bierce*

Midlife Crisis:

eine wunderbare Ausrede für Vieles. *Anonym*

die Phase im Leben eines Mannes, in der ihm bewußt wird, daß seine Kinder und seine Anzüge etwa gleich alt sind. *Anonym*

die Pubertät des Greisenalters. *Werner Schneyder*

Migräne:

ein Zustand, in dem man gern seinen Kopf verlieren würde. *Anonym*

Mikrophone:

das einzige, das sich Politiker gern vorhalten lassen. *Günter Müggenburg*

Militär:

eine Pflanze, die man sorgfältig pflegen muß, damit sie keine Früchte trägt.

Jacques Tati

Militärdienst und Ehe:
die zwei staatlich sanktionierten Formen von Freiheitsentzug ohne Gerichtsurteil. *Jean Genet*

Militaristen:
Leute, die gern schießen, vor allem ins Kraut. *Joachim Ringelnatz*

Milliardär:
ein Mann, der auch mal klein als Millionär angefangen hat. *Jerry Lewis*

Millionär:
ein Milliardär nach Abzug der Steuern. *Björn Borg*

ein Mann ohne Eigenschuften. *Karel Trinkewitz*

Minderheit:
das sind die, die immer unrecht haben – am Anfang. *Anonym*

Minderheiten:
die Mehrheiten der nächsten Generation. *Jean-Paul Sartre*

Mini-Kleider:
Erfindung eines mit zwölf Töchtern gesegneten Schotten. *Anonym*

Minimum:
das, was genügt, um die Phantasie eines Mannes zu entzünden, wenn das richtige Mädchen es trägt. *Anonym*

Minister:
Männer, die gern sagen, daß wir alle in einem Boot sitzen (womit sie meinen, daß sie den Kapitän spielen wollen und daß wir anderen rudern sollen). *Anonym*

der einzige hochbezahlte Posten, den Ungelernte ausüben können. *Carlo Franchi*

ein Staatsdiener mit eintägiger Kündigungsfrist. *Georg Leber*

Menschen, die erzittern müßten über die Leichtigkeit, mit der man sie ersetzen kann. *Charles-Louis de Montesquieu*

Minute:
ein Teil der Ewigkeit. *Anonym*

Misanthrop:
einer, der alle Leute für ebenso widerlich hält wie er selbst ist, und der sie deswegen haßt. *Anonym*

Zeitgenosse, der mühelos die Stecknadel im Heuhaufen findet und sich genüßlich darauf niederläßt, um die Bosheit seiner Mitmenschen beklagen zu können. *Ron Kritzfeld*

ein Mensch, der haßt, was andere sagen. *Thornton Wilder*

Mißerfolg:
die Chance, es beim nächsten Mal besser zu machen. *Henry Ford*

Mißerfolge:
Proben für den Erfolg. *»The Times«*

nicht die schlechteste Schule für Politiker. *George F. Kennan*

Mißgeschick:
das Geschick, das man nie zu vermissen gezwungen ist. *Ambrose Bierce*

Missingsch:
das, was herauskommt, wenn ein Plattdeutscher hochdeutsch sprechen will. *Kurt Tucholsky*

Mißtrauen:
das Gefühl, das uns beschleicht, wenn der Psychoanalytiker beim Zuhören an den Nägeln kaut. *Anonym*

das Gefühl, das uns beschleicht, wenn der Arzt bei uns eine Krankheit diagnostiziert, die er nach uns benennen will. *Anonym*

eine Axt am Baum der Liebe. *Anonym*

die Mutter der Sicherheit. *russisches Sprichwort*

mißtrauisch:
wer nach beiden Seiten guckt, bevor er eine Einbahnstraße überquert. *Anonym*

Mißverständnis:
die häufigste Form menschlicher Kommunikation. *Peter Benary*

Mißverständnisse:
ein notwendiger Bestandteil von Sitzungsdebatten, weil ohne sie ständig die Gefahr des Endes der Debatten droht; deshalb ist es Pflicht des Sitzungsleiters, im rechten Moment neue Mißverständnisse zu produzieren. *Anonym*

freier Mitarbeiter:
im Zeitungswesen ein Förderer des Papierkorbs, der die Redakteure ständig mit einem Vorrat an Briefmarken versieht, welche er fürsorglich zum Zurücksenden seiner abgewiesenen Gunstbezeugungen beifügt. *Ambrose Bierce*

Mitbestimmung:
Verfahren, bei dem der Arbeitnehmer sich an der eigenen Ausbeutung beteiligt. *Anonym*

die Suche nach dem kleinsten gemeinsamen Nenner. *Wolfgang Eschker*

Mitgefühl:
die Gegenleistung einer Freundin für Details. *Anonym*

tiefes Mitgefühl:
das einzig passende Geschenk für einen Mann, der schon alles hat. *Anonym*

Mitgiftjäger:
ein Mann, der seiner ersten Frau sein Vermögen und seine zweite Frau seinem Vermögen verdankt. *Anonym*

Mitleid:
das tödlichste Gefühl, das man einer Frau anbieten kann. *Vicky Baum*

die höchste Form der Liebe – vielleicht die Liebe selbst. *Heinrich Heine*

– die Vorstellung oder Einbildung künftigen Mißgeschicks, das uns in der gleichen Weise treffen mag, wie es jetzt einem anderen widerfahren ist.
Thomas Hobbes

legale Schadenfreude. *Hans Lohberger*

die Wohltätigkeit der Sparsamen. *Wolfram Weidner*

Mittagsschlaf:
Symbol und Symptom des Alterns. *Anonym*

vertrauliche Mitteilung:
beliebtes und überaus wirkungsvolles Verfahren, auf allerschnellstem Wege Nachrichten an die Öffentlichkeit zu bringen. *Ron Kritzfeld*

finanzielle Mittel:
neusprachliche Bezeichnung für Geld. *Aurel Schmidt*

Mittelläufer:
Spielerposition, die schon seit Jahren von Angehörigen einer italienischen Familie namens Libero eingenommen wird. *Ron Kritzfeld*

Mittelmeer:
zwischen Südeuropa, Vorderasien und Nordafrika gelegener Vorfluter für die Abwässer der an seinen Ufern gelegenen Hotels. *Ron Kritzfeld*

Mittelstand:
alle Unternehmen, die pleite gehen können, ohne daß der Staat oder die Gewerkschaften dies zu verhindern versuchen. *Wolfgang Hinrichs*

der goldene Mittelweg:
der einzige Weg, der nie zum Ziele führt. *Arnold Schönberg*

Mitwisser:
künftiger Verräter oder Erpresser. *Markus Hattstein*

Mob:

Masse, der nicht mehr zu helfen ist. *Anita Daniel*

eine Gruppe von Menschen mit Köpfen, aber ohne Gehirn. *Thomas Fuller*

Mode:

jene verrückte Zeitspanne, in der das Verrückte als völlig normal angesehen wird. *Anonym*

die Zwangsjacke für normale Menschen. *Anonym*

die Kunst, sich vorschriftsmäßig zu verstellen. *Anonym*

die Kunst, vielen etwas zu verkaufen, was nur wenige kleidet. *Anonym*

die Kunst der Frau, mit sich selber Luxus zu treiben. *Anonym*

die teuerste Stoffwechselkrankheit. *Anonym*

etwas, das bald aus der Mode kommt. *Anonym*

eine charmante Tyrannei von kurzer Dauer. *Marcel Achard*

die bereitwillige Bejahung der rätselhaften Tatsache, daß heute etwas schön ist, was gestern häßlich gewesen ist und was morgen unerträglich sein wird. *Senta Berger*

ein unterhaltsames Spiel mit Regeln, die sich alle sechs Monate ändern. *Senta Berger*

ein Diktat, das wie eine Empfehlung aussieht. *Senta Berger*

ein Befehl, den sich die Frauen wünschen. *Senta Berger*

der Uniformzwang der Zivilisten. *Claus Biederstaedt*

ein Despot, den die Weisen belächeln und dem sie gehorchen. *Ambrose Bierce*

in London eine Pflicht, in Paris ein Vergnügen. *Maurice Chevalier*

– etwas, was sich überlebt, sobald es allgemein geworden ist.
Marie von Ebner-Eschenbach

jener seltsame Vorgang, bei dem allen plötzlich etwas gefällt, was ihnen gestern noch nicht gefallen hat und was ihnen morgen nicht mehr gefallen wird.
Margot Hielscher

ein Rennen, bei dem eine Spitzengruppe sich immer dann wieder absetzt, wenn das Hauptfeld sie einholt. *Ron Kritzfeld*

die Nachahmung derer, die sich unterscheiden wollen von denen, die sich nicht unterscheiden. *Karl Lagerfeld*

die Kunst, vielen etwas zu verkaufen, was nur wenige kleidet. *Robert Lembke*

das, was morgen von gestern sein wird. *Franz Mehring*

die neueste Verpackung für die alte Ware. *Helmar Nahr*

Ansteckung mit etwas Neuem. *Julia Roberts*

der Versuch von Geschäftsleuten, die Menschen nach ihrem Willen zu dekorieren. *Rudolf Rolfs*

das wichtigste Mittel der Textilindustrie gegen die zunehmende Haltbarkeit der Stoffe. *Emilio Schuberth*

eine künstlich herbeigeführte Epidemie. *George Bernard Shaw*

eine so unerträgliche Form der Häßlichkeit, daß wir sie alle sechs Monate ändern müssen. *Oscar Wilde*

das, was man selbst trägt. Altmodisch ist, was die andern tragen. *Oscar Wilde*

jene kurze Zeitspanne, in der das völlig Verrückte als normal gilt. *Oscar Wilde*

Modelländerungen:
die Trippelschritte der Technik. *Helmar Nahr*

Modemacher:

Leute, die einen Tropfen Tinte ins Meer tun und damit eine weltweite Blaufärbung erzielen. *Paul Legros*

Moderator:

ein Mensch, der schneller spricht als er denkt. *Carlo Franchi*

eine Art Nummerngirl mit Schnauze. *Wolfgang Gruner*

ein Dahinredner, der Pausen mit einem Maximum an Minimum füllt. *Henning Venske*

Moderatoren:

Männer, die ihren Senf zu dem Käse anderer Leute geben. *Ralph Boller*

Leute wie alle anderen, sie wissen es bloß nicht. *Bob Hancox*

moderieren:

die Kunst, sehr ruhig eine unruhige Kugel zu schieben. *Ralph Boller*

die Kunst, ein Thema anzuschneiden, ohne auf seinen Kern zu kommen. *Peter Maiwald*

modern:

ein Eigenschaftswort, das Waren angehängt wird, über die sich sonst nichts Vernünftiges sagen läßt. *Anonym*

Modeschöpfer:

Männer, die das Zweitschönste auf der Welt tun: Frauen anziehen. *Marcello Mastroianni*

Möbel:

tote Gegenstände, die Leben in unsere vier Wände bringen. *Anonym*

Mönche:

Menschen, die sich zum Einzeller zurückentwickelt haben. *Hanns-Hermann Kersten*

Molekül:

die letzte, unteilbare Einheit der Materie. Sie unterscheidet sich von den Elementarteilchen, ebenfalls der letzten, unteilbaren Einheit der Materie, dadurch, daß sie mehr dem Atom ähnelt, gleichfalls der letzten, unteilbaren Einheit der Materie. *Ambrose Bierce*

Moment:

die halbe Stunde, die eine Frau braucht, um den Hut aufzusetzen. *Anonym*

Monogamie:

die Aufmerksamkeit vieler Männer gegen die Unaufmerksamkeit eines einzelnen eintauschen. *Anonym*

das ist genau so, als müßte man jeden Tag Pommes frites essen. *Henry Miller*

die westliche Sitte, nur eine Frau und fast keine Geliebten zu haben. *Saki*

Monolog:

die Unterhaltung zwischen einem Zeitschriftenwerber und einer Hausfrau. *Anonym*

Unterhaltung zwischen Ehepartnern. *Anonym*

die Vorstellung mancher Menschen von einer ausgezeichneten Unterhaltung. *Anonym*

Monologe:

Reden, bei denen keiner zuhört. *Wolfram Weidner*

Dialoge mit sich selbst. *Heinrich Wiesner*

Monopolist:

ein Mann, der im Theatersessel beide Armlehnen beansprucht. *Anonym*

monoton:

das Leben des Menschen, der nur vor seiner eigenen Tür kehrt. *Wolfgang Neuss*

Monotonie:

das Gegenteil von Polygamie. *Anonym*

Verlaufsform des menschlichen Lebens. *Markus Hattstein*

Montag:

in christlichen Ländern der Tag nach dem Fußballspiel. *Ambrose Bierce*

Moos:

die Perücke der Steine. *Ramón Gómez de la Serna*

Moral:

die Ausrede der Leute, die keine Chance zur Unmoral haben. *Anonym*

ein Maulkorb für den Willen. *Anonym*

eine Alterserscheinung. *Alexander Engel*

jenes Maß an Anständigkeit, das gerade modern ist. *Federico Fellini*

der ständige Kampf gegen die Rebellion der Hormone. *Federico Fellini*

die Laster der Mehrheit. *Jean Genet*

so ziemlich die letzte weibliche Tugend, die ein Mann bewundert, wenn er eine Frau zu erobern wünscht. *Sacha Guitry*

theoretisch begründete üble Nachrede. *Ernst Hohenemser*

ein steter Angriff auf das Recht des Stärkeren. *Thomas Niederreuther*

eine Wichtigtuerei des Menschen vor der Natur. *Friedrich Nietzsche*

wenn man so lebt, daß es gar keinen Spaß macht, so zu leben. *Edith Piaf*

die Übereinkunft einer ruhebedürftigen Gesellschaft zur Erhaltung dieser Ruhe. *Frank Thieß*

Banker verstehen darunter vor allem Zahlungsmoral. *Hans Weinrich*

– die Haltung, die wir Leuten gegenüber einnehmen, gegen die wir eine persönliche Abneigung haben. *Oscar Wilde*

immer die letzte Zuflucht der Leute, welche die Schönheit nicht begreifen. *Oscar Wilde*

moralisch:

mit den örtlichen und veränderlichen Rechtsbegriffen übereinstimmend. *Ambrose Bierce*

wonach man sich gut fühlt, unmoralisch: wonach man sich schlecht fühlt. *Ernest Hemingway*

Moralisten:

Leute, die einen Fehltritt zu einem Seitensprung aufbauschen. *Anonym*

Leute, die sich dort kratzen, wo es andere juckt. *Samuel Beckett*

Menschen, die sich jedes Vergnügen versagen, außer jenem, sich in das Vergnügen anderer Menschen einzumischen. *Bertrand Russell*

Mord:

etwas Gräßliches, das anständige Menschen nur in Träumen begehen. *Anonym*

die Tötung eines Menschen durch einen anderen. Es gibt vier Arten von Mord: verbrecherischen, entschuldbaren, gerechtfertigten und rühmlichen, doch dem Ermordeten ist es egal, welcher Art er zum Opfer fiel – die Klassifizierung ist nur zum Nutzen der Juristen da. *Ambrose Bierce*

morgen:

unterste Sprosse unserer Zukunft. *Anonym*

der erste Tag vom Rest meines Lebens. *Anonym*

der liebste Arbeitstag der Faulen. *Anonym*

der Tag, an dem der Faule am meisten zu tun hat. *Anonym*

ein Platz, auf dem wir all das abladen können, was wir gestern hätten tun sollen. *Anonym*

der Zeitpunkt guter Taten und eines besseren Lebenswandels. Beginn der Glückseligkeit. *Ambrose Bierce*

der Tag, an dem die meisten Fastenkuren beginnen. *Gustav Knuth*

Morgengrauen:
das Gefühl beim Aufstehen, wenn man zur Arbeit muß. *Anonym*

die Zeit, zu der vernünftige Leute ins Bett gehen. *Ambrose Bierce*

Motivation:
der Stachel im Hintern, der Ausdauer verleiht und Widrigkeiten überwinden hilft. *Anonym*

Motorräder:
Potenz, die man hören kann. *Reinhard Weber*

Motte:
Insekt, das von Löchern lebt. *Anonym*

Mozart, Wolfgang Amadeus
Ein Geschenk, das die Menschheit gar nicht verdient hat. *Wolfgang Hildesheimer*

Müdigkeit:
etwas, das wir bei uns als Erschöpfung bezeichnen, bei den anderen dagegen als Faulheit. *Anonym*

München:
für mich die schönste Stadt der Welt – dieses wildgewordene Bauerndorf. *Karin Dor*

– die einzige Stadt in Deutschland, wo Künstler leben können. Der eigentliche Grundstock der Bevölkerung ist zwar so geistig tot und verbiert wie nur möglich, aber der Kunstzuzug aus aller Herren Länder ist so groß, daß eine Nebenbevölkerung existiert, und in dieser lebt sich's freier und frischer als irgendwo.

Theodor Fontane

eine überfüllte Dauerparty mit neureichen Zugereisten, die sich Münchner nennen. *Bruno Jonas*

Mumie:

Dauerkonserve einer wichtigen Persönlichkeit. *Anonym*

Mumien:

eingemachte Könige. *Anonym*

Mund:

beim Mann: Tor zur Seele; bei der Frau: Ventil des Herzens. *Ambrose Bierce*

Musical:

ein Stück, in dem die Sänger keine Schauspieler und die Schauspieler keine Sänger sind. *Anonym*

ein Sprechstück für Leute, die nicht singen können, und ein Gesangsstück für Leute, die nicht sprechen können. *Charles Aznavour*

eine Operette für Schauspieler, die nicht singen können. *Peter Watson*

Musik:

disziplinierter Lärm. *Anonym*

ein Teil des schwingenden Weltalls. *Ferruccio Busoni*

die Sprache der Engel. *Thomas Carlyle*

der Geist der Geometrie. *Paul Claudel*

die einzige Sprache, in der man nichts Gemeines oder Höhnisches sagen kann.

John Erskine

das schönste von allen Geräuschen. *Théophile Gautier*

eines der größten Mittel, das Herz zu bewegen und Empfindungen zu erregen. *Christoph Willibald Gluck*

tönend bewegte Form. *Eduard Hanslick*

die einzige menschliche Ausdrucksform mit Überlebenschance. *Enzio Hauser*

die Kunst des Gemüts, welche sich unmittelbar an das Gemüt wendet. *Johann Friedrich Herbart*

heutzutage oft Lärm mit Copyright. *Peter Holl*

was sich nicht in Worte fassen läßt und doch nicht still bleiben kann. *Victor Hugo*

eine Kunst, über die man ohne einen hohen Grad von Erfahrung keine rechte Meinung haben kann. *Sören Kierkegaard*

die Wurzel aller übrigen Künste. *Heinrich von Kleist*

die Kunst, das Ohr zu vergnügen. *Johann Christian Lobe*

die Philosophie ohne Begriffe. *Hans Lohberger*

die gemeinsame Sprache der Menschheit. *Henry Wadsworth Longfellow*

ein Bad der Seele. *Zenta Maurina*

die einzige Sprache, in der nicht gelogen werden kann. *Yehudi Menuhin*

im Grunde nichts anderes als Mathematik. *Walter Panofsky*

der Gesang der Jahrhunderte und die Blume der Geschichte. *Romain Rolland*

die Beschreibung der Welt ohne Worte und Begriffe. Sie ist eine Philosophie der Gefühle. *Carl Ludwig Schleich*

die angenehme Form des Lärms. Aber auch nicht immer. *Aurel Schmidt*

beschönigende Umschreibung für gestörte Stille. *Aurel Schmidt*

– die Melodie, zu der die Welt der Text ist. *Arthur Schopenhauer*

die einzige Kunst, durch die man sein Ego verlieren kann. *Arthur Schopenhauer*

der Schlüssel zum weiblichen Herzen. *Johann Gottfried Seume*

der Branntwein der Verdammten. *George Bernard Shaw*

die Kunst, in der sich alle Menschen als Kinder eines Sterns erkennen sollen. *Theodor Storm*

die Stenographie des Gefühls. *Lew N. Graf Tolstoj*

das Esperanto unserer Seele. *Charles Tschopp*

eine zweite Offenbarung der Welt, das unaussprechliche tönende Geheimnis des Daseins. *Richard Wagner*

die reinste und schönste Freude, die der Mensch im Leben hat. *Anton Wildgans*

die wahre allgemeine Menschensprache. *Karl Julius Weber*

der vollkommene Typus der Kunst: Sie verrät nie ihr letztes Geheimnis. *Oscar Wilde*

moderne Musik:
Instrumentenstimmen nach Noten. *Peter Sellers*

schlechte Musik:
jene, bei der man verpflichtet ist, sie durch Gespräch zu ersticken. *Oscar Wilde*

zeitgenössische Musik:
eine Wüste mit ein paar ausgespuckten Dattelkernen hier und da. *Pablo Casals*

Musikliebhaber:
ein Mann, der sein Ohr an das Schlüsselloch der Tür legt, hinter der ein hübsches Mädchen in der Badewanne singt. *Anonym*

Musikzimmer:
derjenige Raum einer Wohnung, wo man die Stereoanlage des Nachbarn am lautesten hört. *Anonym*

Muskelzerrung:
eine Folge des Glaubens, ein Mann sei so alt, wie er sich fühlt. *Ralph Boller*

Muße:
das Schlafmittel der Massen. *Malcolm Muggeridge*

die Kunst, wirklich nichts zu tun, wenn man nichts zu tun hat. *Anton Schnack*

der schönste Besitz von allen. *Sokrates*

das Kunststück, sich selbst ein angenehmer Gesellschafter zu sein. *Karl Heinrich Waggerl*

Mußestunde:
die zwei Minuten Erholung, die ein Mann genießen kann, bis seine Frau sich eine neue Arbeit für ihn ausgedacht hat. *Anonym*

Mut:
eine Eigenschaft, die nicht zu besitzen niemand gern zugibt. *Anonym*

Angst haben und doch irgendwie weitermachen. *Anonym*

oft nur der Sieg der Ungeduld über die Vernunft. *dänisches Sprichwort*

etwas, was man sich nicht holen kann, denn die Mutigen geben ihn nicht her. *Stanislaw Jerzy Lec*

Angst, die man nicht zeigt. *Sergio Leone*

die Leiter zu allen anderen Tugenden. *Clare Boothe Luce*

oft Mangel an Einsicht, wogegen Feigheit nicht selten auf guten Informationen beruht. *Peter Ustinov*

der Gefahr trotzen, obwohl einem vor Angst die Knie schlottern.. *John Wayne*

– das Wagnis, mehr zu können, als man kann. *Heinrich Wiesner*

Mut zur Unpopularität:
was den Staatsmann vom Politiker unterscheidet. *Gustav Stresemann*

Mutter:
die Knautschzone zwischen Vater und Tochter. *Luise F. Pusch*

das Wort für Gott auf den Lippen und in den Herzen von kleinen Kindern. *William Makepeace Thackeray*

Mutterglück:
was eine Mutter empfindet, wenn die Kinder abends im Bett sind. *Robert Lembke*

Muttermilch:
nicht nur die schönste und beste Milch, sondern auch die, die am besten verpackt ist. *Lutz Ackermann*

Mutterschutz:
die Möglichkeit, aus anderen Umständen Kapital zu schlagen. *Michael Schiff*

Muttersprache:
der indirekte Beweis, daß Väter nicht allzuviel zu sagen haben. *Anonym*

Muttertag:
der Feiertag für den rechtlosesten Arbeitnehmer der Welt. *Anonym*

der Tag, an dem jeder seiner Mutter zur Hand geht und sie so tut, als mache ihr die Mehrarbeit nichts aus. *Anonym*

Mütter:
Pufferzonen zwischen Vater und Sohn. *Hellmut Walters*

Mythologie:
die Gesamtheit der Glaubensinhalte eines primitiven Volkes, betreffend seinen Ursprung, seine Frühgeschichte, seine Heroen, seine Gottheiten und so weiter, im Unterschied zu den wahren Berichten, die es später erfindet. *Ambrose Bierce*

Mythos:
nie dagewesene Vergangenheit. *Ron Kritzfeld*

N

Nachahmung:
die höchste Form der Schmeichelei. *Charles Colton*

Nachbar:
ein Mensch, der die geliehene Schneeschaufel zurückbringt, wenn er sich den Rasenmäher ausleiht. *Anonym*

Nachbarn:
die Prüfungsaufgaben, die uns das Leben stellt. *Marcel Achard*

neugierige Nachbarn:
der beste Schutz gegen Einbrecher. *Anonym*

Nachbarin:
eine Frau, die eine halbe Stunde vor der Tür redet, weil sie keine Zeit hat hereinzukommen. *Anonym*

nachdenken:
Geistestätigkeit, durch die wir eine klarere Sicht auf unser Verhältnis zu den gestrigen Dingen gewinnen und so befähigt werden, die Gefahren zu vermeiden, die wir hinter uns haben. *Ambrose Bierce*

eine höchst zwecklose Beschäftigung, solange man nichts von den Tatsachen weiß. *George Bernard Shaw*

für die meisten Menschen das gedankliche Nachvollziehen dessen, was andere vordenken. *Arno Sölter*

Nachlaß:
Werke eines Dichters aus der Zeit, als seine Kreativität schon nachließ. *Anonym*

– Teil vom Werk eines Autors, den ein gütiges Schicksal uns zu seinen Lebzeiten ersparte. *Markus Hattstein*

Nachrichten:

eine vollständige Aufzählung aller Morde, Gewalttaten und anderer abscheulicher Verbrechen, die allerorten stattfinden und täglich zur Besserung der Welt im allgemeinen durch eine Associated Press verbreitet werden. *Ambrose Bierce*

ein guter Nachrichtendienst:

der Scheibenwischer der Regierung. *George F. Kennan*

Nachrichtenredakteur:

wer aus den »Buddenbrooks« eine Zehnzeilenmeldung machen kann. *Horst Vetten*

Nachruf:

veröffentlichter Liebesbrief, der manchen Verblichenen zum Weiterleben ermuntern würde, hätte er ihn zu Lebzeiten erreicht. *Ron Kritzfeld*

Nachrufe:

Führungszeugnisse für das Jenseits. *Anonym*

Nachruhm:

das Dessert der Geschichte. *Harold Macmillan*

die wahre Unsterblichkeit der Seele. *Napoleon I.*

Nachsicht:

sympathische Eigenschaft des Herzens, die uns dazu bewegt, anderen jene Sünden und Laster zu verzeihen, denen wir selber verfallen sind. *Ambrose Bierce*

die höflichste Form der Gleichgültigkeit. *Abel Bonnard*

das Wissen, wann auf einen Vorteil zu verzichten ist. *Benjamin Disraeli*

Nacht:

ein Löschblatt für viele Sorgen. *litauische Redensart*

Nachtclub:

ein Lokal, in dem es mehr Mädchen als Kleider gibt. *Anonym*

ein Lokal, wo die Tische reservierter sind als die Gäste. *Charly Chaplin*

Nachwelt:

eine Rasse, die den Hafer ernten wird, der die Welt jetzt sticht. *Ambrose Bierce*

Nacktheit:

das Sprungbrett zum Ruhm. *Carroll Baker*

Nackttänzerin:

Dame, die der Boulevardpresse so viel Stoff liefert, daß ihr keiner mehr zur Bekleidung bleibt. *Ron Kritzfeld*

Nadel:

was früher schwer in einem Heuhaufen zu finden war und heute ebenso schwer in einer Frauenhand. *Anonym*

Nächstenliebe:

Drang nach neuem Eigentum. *Friedrich Nietzsche*

nie den lieben, der da ist, sondern immer nur den nächsten, der kommen soll. *Martin Kessel*

viele Männer verstehen darunter die Liebe zur nächsten Frau. *Erika Pluhar*

den Nächsten lieben:

Gott in seinem Bilde lieben. *Nikolaus von Kues*

wahre Nächstenliebe:

dem Menschen, dessen Arbeit man mitmachen muß, während er sich am Strand in der Sonne aalt, aus ehrlichem Herzen einen schönen Urlaub wünschen. *Anonym*

Nächster:

einer, den wir lieben sollen wie uns selbst und der sich alle erdenkliche Mühe gibt, uns von der Erfüllung dieses Gebots abzubringen. *Ambrose Bierce*

naiv:

ein Wort, das jeden zutreffend beschreibt, der glaubt, daß es dich interessiert, wenn du ihn fragst, wie es ihm geht. *Anonym*

Narkose:

ein künstlich herbeigeführter Tiefschlaf, damit sich der Patient nicht wehren kann und er später den Chirurgen nicht wiedererkennt. *Anonym*

Narr:

ein Mensch mit durchschnittlicher Intelligenz. *Anonym*

Narziß:

jemand, der besser aussieht als man selbst. *Gore Vidal*

Nase:

die Bohrinsel des kleinen Mannes. *Anonym*

ein Vorsprung im menschlichen Gesicht, der zwischen den Augen beginnt und zumeist in den Angelegenheiten eines anderen endet. *Ambrose Bierce*

Nation:

eine Gruppe von Menschen, die eine Sprache spricht und die gleichen Zeitungen liest. *Friedrich Nietzsche*

der Abfalleimer aller Gefühle, die man anderswo nicht unterbringen kann. *Kurt Tucholsky*

Nationalismus:

die Angst, daß die Nächstenliebe sich zu weit ausbreiten könnte. *Gräfin Dubsky*

eine Kinderkrankheit, sozusagen die Masern der Menschheit. *Albert Einstein*

ein Patriotismus, der seine Vornehmheit verloren hat. *Albert Schweitzer*

Nationalökonomie:

die Metaphysik des Pokerspielers. *Kurt Tucholsky*

Natürlichkeit:
die schwierigste Pose, die man einnehmen kann. *Oscar Wilde*

Natur:
der beste Arzt, denn sie heilt drei Viertel aller Krankheiten, und außerdem spricht sie nie schlecht von ihren Kollegen. *Galen*

Naturalismus:
Wirklichkeit, gesehen durch kein Temperament. *Ludwig Marcuse*

größtes Naturwunder:
die Fortpflanzung der Puritaner. *Jerome K. Jerome*

Neapel:
eine Stadt, deren Häuser mit Wäscheleinen zusammengebunden wurden. *Anonym*

Nebel:
sichtbare Luft. *Helmar Nahr*

Nebenbeschäftigung:
Tätigkeit, die neben der Schwarz-, Freizeit- und Gartenarbeit anfällt. Alte Bezeichnung: Beruf. *Michael Schiff*

Negligé:
Empfangsbekleidung für intime Freunde, je nach geographischer Lage verschieden. *Ambrose Bierce*

nehmen:
etwas erwerben, häufig gewaltsam, doch besser heimlich. *Ambrose Bierce*

Neid:
der Ärger über den Mangel an Gelegenheit zur Schadenfreude. *Anonym*

ein Zwillingsbruder des Ehrgeizes. *Anonym*

die Angewohnheit, statt der eigenen Glücksgüter die der anderen zu zählen. *Anonym*

die aufrichtigste Form der Schmeichelei. *John Churton*

eine Art Lob. *John Gay*

– ein Eingeständnis der Minderwertigkeit. *Victor Hugo*

der Schatten, den der Erfolg wirft. *Robert Lembke*

ein kleines, kriechendes Laster, das keine andere Befriedigung kennt als das gänzliche Verderben seines Gegenstandes. *Gotthold Ephraim Lessing*

nichts anderes als Haß gegenüber den Vorzügen der anderen. *Paolo Mantegazza*

der Begleiter des Ruhms. *Cornelius Nepos*

der Haß der Kleinheit gegen die Größe. *Arthur Schnitzler*

der stärkste Motor der Gesellschaft. *Helmut Schoeck*

Neidgenossenschaft:
die größte Genossenschaft auf Erden. *Helmut Qualtinger*

nein:
orales Verhütungsmittel. *Joan Vichers*

Neinsagen:
die knappste Form, wie man Revolution macht. *Peter Zadek*

Nervensäge:
ein Mann, der soviel über sich selbst spricht, daß wir Frauen keine Gelegenheit haben, ausgiebig über uns zu sprechen. *Gisela Schlüter*

Nervosität:
jede Krankheit, die man nicht versteht; diese Erklärung befriedigt den Zuhörer. *Gustave Flaubert*

Unruhe um der Unruhe willen. *Henri Nannen*

Nestroy, Johann Nepomuk
Dynamit, verpackt in Watte. *Karl Kraus*

Nestwärme:
immer noch die billigste Energiequelle. *Anonym*

netto:
die ärmere Verwandte von brutto. *Karl Garbe*

Nettoeinkommen:
die Prämie für das Zahlen der Einkommensteuer. *Anonym*

Netz:
ein System von Löchern, die mit Schnüren zusammengehalten werden. *Anonym*

Netzstrümpfe:
Beinbekleidung, die die nackten Beine vor Nichtbeachtung bewahren soll. *Anonym*

neu:
was einer Generation neu vorkommt. *Ludwig Marcuse*

Neue Küche:
ein Gaumentheater für entmannte Intellektuelle, eine Küche des Bluffs. *Robert J. Courtine*

Neugier:
im kleinen oft nur eine Unart, im großen aber die Triebfeder von Fortschritt und Wissenschaft. *Anonym*

das, was einen dazu veranlaßt, Dinge zu tun, die die Neugier der anderen wecken. *Anonym*

der Docht in der Kerze des Lernens. *Anonym*

der einzige Antrieb des Mannes in der Liebe. *Henry de Montherlant*

nichts als Eitelkeit. Meist will man nur wissen, um davon reden zu können. *Blaise Pascal*

Neuheit:

zukünftige Antiquität. *Anonym*

9:

der Dickkopf unter den Zahlen. *Hugo Olaerts*

Neureicher:

ein Mann, der seinen Wagen verkauft, weil der Aschenbecher voll ist. *Anonym*

abwertende Bezeichnung des Erbadels für Begüterten, der seinen Reichtum durch eigene Arbeit erwarb. *Ron Kritzfeld*

Neurotiker:

ein Mensch, der sich um Dinge sorgt, die in der Vergangenheit nicht geschehen sind. *Anonym*

ein Mensch, der einem genau sagt, wie es ihm geht, wenn man ihn danach fragt. *Anonym*

ein Mensch, der Luftschlösser baut; ein Psychopath ist ein Mensch, der sie bewohnt, und ein Psychiater ist ein Mensch, der die Miete dafür kassiert. *Lord Webb-Johnson*

Neurotikerin:

eine Frau, die die Couch des Psychiaters einem Doppelbett vorzieht. *Anonym*

Neutralismus:

ein Auge zudrücken, wenn einem anderen beide Augen zugedrückt werden. *Jeannine Luczak*

Nichtraucher:

ein Mann, der die Zigarre, die ihm sein Chef verpaßt hat, sogleich an seinen Untergebenen weitergibt. *Anonym*

nichts:

ein Messer ohne Klinge, dem der Stiel fehlt. *Anonym*

bevorzugtes Gesprächsthema für Partys. *Anonym*

das totale Nichts:
zum Beispiel ein Tisch ohne Tischplatte, der keine Beine hat. *Anonym*

Nichtstun:
die ökologisch verträglichste Art des Daseins. *Hartmut Grassl*

nichts Gutes tun. *Theodor Gottlieb von Hippel*

eine der größten und verhältnismäßig leicht zu beseitigenden Dummheiten. *Franz Kafka*

die allerschwierigste Beschäftigung und zugleich diejenige, die am meisten Geist voraussetzt. *Oscar Wilde*

Niederlagen:
die Ratenzahlungen für den Erfolg. *Anonym*

Niedertracht:
die einzige Tracht, die nie aus der Mode kommt. *Helga Idssun*

niederträchtig:
typischer Charakter des Motivs eines Rivalen. *Ambrose Bierce*

Niete:
Los, mit dem nichts los ist. *Anonym*

Niesen:
die Interjektion des Schweigens. *Ramón Gómez de la Serna*

Nigeria:
wahrscheinlich das einzige Land, in dem die gefälschten Banknoten von besserer Qualität sind als die echten. *J.K. Randle*

Nixe:
nicht genug Fisch zum Braten, nicht genug Frau zum Lieben. *Anonym*

Nörgler:

jemand, der unsere Arbeit kritisiert. *Ambrose Bierce*

ein Mensch, der – wenn er kein Haar in der Suppe findet – so lange den Kopf schüttelt, bis eins hineinfällt. *Rolf Steffen*

Nonchalance:

die Gabe, auszusehen wie ein Lämmchen, wenn man sich benommen hat wie ein Esel. *Anonym*

Nonsens:

die Einwände, die gegen dieses ausgezeichnete Wörterbuch erhoben werden. *Ambrose Bierce*

Normalmensch:

der Mensch, bei dem alle Anomalien in der richtigen Mischung vereinigt sind. *Alexander Roda Roda*

Nostalgie:

die Wiedergutmachung an Dingen, die man in der Gegenwart nicht mochte. *Anonym*

die Sehnsucht nach der guten alten Zeit, in der man nichts zu lachen hatte. *Charles Aznavour*

die Kunst, sich von der Vergangenheit überholen zu lassen. *Ralph Boller*

der gelegentlich selbst bei fanatischen Neuerern aufkeimende Verdacht, daß früher doch nicht alles falsch war. *Ron Kritzfeld*

die Sehnsucht nach einer Zeit, von der man absolut keine Ahnung hat. *Lore Lorentz*

die Fähigkeit, darüber zu trauern, daß es nicht mehr so ist, wie es früher nicht gewesen ist. *Manfred Rommel*

nostalgisch:

altgierig. *Ron Kritzfeld*

Notbehelf:
ein kurzfristiges Provisorium, das nicht enden will. *Anonym*

Notlüge:
was einem noch übrigbleibt, wenn man keine Ausrede mehr findet. *Anonym*

Nouvelle cuisine:
zu wenig auf dem Teller und zuviel auf der Rechnung. *Paul Bocuse*

keine Kochkunst, sondern die bewundernswerte Fähigkeit, Spuren halbgarer Lebensmittel auf Porzellantellern zu Ornamenten und Grafiken zu verarbeiten und diesen nicht nur klangvolle Namen, sondern auch phantasievolle Preise zuzuordnen. *Ron Kritzfeld*

Novellist:
ein Mann, dessen Geschäft es nicht ist, große Geschehnisse zu berichten, sondern kleine interessant zu gestalten. *Arthur Schopenhauer*

November:
das elfte Zwölftel eines Stumpfsinns. *Ambrose Bierce*

Nudismus:
Sauna ohne Dampf. *Ralph Boller*

Blößenwahnsinn. *Hugo Olaerts*

Nudist:
ein Mann, bei dem ein Taschendieb keine Chance hat. *Georg Thomalla*

Nullen:
die Eier, aus denen die übrigen Ziffern hervorgegangen sind. *Ramón Gómez de la Serna*

Nummerngirl:
Zirkus- oder Kabarettartistin mit sehr beschränktem artistischen Können, aber um so schöneren Beinen. *Anonym*

Nymphomanin:

eine Frau, die nicht nein sagen kann – und deshalb gar nicht erst wartet, bis sie gefragt wird. *Anonym*

O

Oase:

Gasthaus in der Wüste. *Gustave Flaubert*

»oben ohne«:

der törichte Versuch, den Männern zuerst die Lösung zu zeigen und dann das Rätsel. *Luitgard Im*

Oberst:

der am tollsten herausgeputzte Mann eines Regiments. *Ambrose Bierce*

Objektivität:

das, wovon wir uns wünschen, daß andere Leute es anderen Leuten gegenüber an den Tag legen. *Gabriel Laub*

objektiv sein:

nicht verraten, zu wem man hält. *Anonym*

Observatorium:

ein Ort, wo die Astronomen die Vermutungen ihrer Vorgänger hinwegbeschwören. *Ambrose Bierce*

Ochse:

ein Stier, der nicht mehr Vater, sondern höchstens noch Onkel werden kann. *Anonym*

Ochsen:

die Bullen mit der hohen Stimme. *Herbert Fricke*

Ödipus-Komplex:

harmlose Erkrankung kleiner Jungen. Hauptsache, sie behalten die Mutti lieb. *Anonym*

öffentliche Hand:

der erfolgreichste Taschendieb. *Bernhard Katsch*

öffentliche Meinung:

privater Klatsch, der die Ausmaße und die Heftigkeit einer Epidemie erreicht hat. *Anonym*

ein Schloßgespenst – niemand hat es gesehen, aber alle lassen sich von ihm terrorisieren. *Anonym*

das, was Leute glauben, daß andere Leute glauben. *Alfred Austin*

die Dirne unter den Meinungen. *Marie von Ebner-Eschenbach*

etwas, worauf sich hauptsächlich solche Politiker berufen, die keine eigene Meinung haben. *Amintore Fanfani*

die jeweils vorherrschende Variante der Dummheit. *Bernhard Katsch*

jene politische Macht, die in der Demokratie sicherlich das Schlimmste verhindert. Mit derselben Sicherheit verhindert sie das Beste. *Helmar Nahr*

eine Mischung aus Torheit, Schwäche, falschen und richtigen Meinungen, Eigensinn und Zeitungsartikeln. *Sir Robert Peel*

eine Folge von Vorurteilen, die einander vernichten, wie die Meereswelle eine frühere verdrängt. *Stendhal*

Öffentlichkeit:

Nebensache bei Fragen der Gesetzgebung. *Ambrose Bierce*

Öffentlichkeitsarbeit:

Verbreitung von Wahrheit in verschönerter Form. *Conrad Ahlers*

Ölsardine:

jenes kleine Meereswesen, das im Öl einer Konservendose schwimmt, sich selbst einschließt und den Schlüssel draußen läßt. *Anonym*

Österreich:

eine Republik mit Kaiserschmarrn und Kaisersemmeln. *David Henley*

ein Labyrinth, in dem sich jeder auskennt. *Helmut Qualtinger*

das Land, das sich von Deutschland durch die gemeinsame Sprache unterscheidet. *Werner Schwab*

das Land der Nebenberufe: In keinem anderen Land spielen die Zahnärzte so gut Cello wie in Wien. *Hans Weigel*

Österreicher:

ein Volk, das voll Zuversicht auf eine große Vergangenheit blickt. *Karl Farkas*

Offenbarung:

ein berühmtes Buch, in dem der heilige Johannes alles versteckte, was er wußte. Das Offenbaren besorgen die Kommentatoren, die nichts wissen. *Ambrose Bierce*

Offenhalten von Fragen:

Verschließen vor Tatsachen. *Ron Kritzfeld*

offenherzig sein:

die einzige Art zu betrügen, die zuweilen noch Erfolg hat. *Ludwig Börne*

Offenheit:

für Männer die Kunst, nur so viel zu gestehen, wie die Frau bereits weiß. *Tatjana Sais*

Ohnmacht:

Gerechtigkeit ohne Stärke. *Blaise Pascal*

Ohrfeige:

der Offenbarungseid des Erziehers. *Anonym*

Ohrfeigen:

Früchte des Zorns. *Anonym*

Olymp:

ein Berg in Thessalien, der einst von Göttern bewohnt war und heute eine Ablagestelle für vergilbte Zeitungen, Bierflaschen und leere Sardinendosen ist, die die Gegenwart des Touristen und seinen Appetit bezeugen. *Ambrose Bierce*

Olympiafackel:

Lauffeuer. *Manfred Huck*

Olympische Spiele:

eine wundervolle Gelegenheit, Zwietracht auch unter solchen Nationen zu stiften, die sonst keine Reibungsflächen haben. *George Bernard Shaw*

Omen:

ein Zeichen dafür, daß etwas passieren wird, wenn nichts passiert. *Ambrose Bierce*

Omnibusse:

Fahrzeuge, in denen die Fenster, die im Juli nicht aufgehen, sich im Dezember nicht schließen lassen. *Robert Lembke*

Onanie:

Liebe an und für sich. *Anonym*

Oper:

ein Schauspiel, welches das Leben in einer anderen Welt darstellt, deren Bewohner nicht reden, sondern singen, die sich nicht bewegen, sondern gestikulieren, und denen keine Haltung außer der Pose eigen ist. *Ambrose Bierce*

ein Zaubertheater, darauf angelegt, auf Kosten des Verstandes Auge und Ohr zu erfreuen. *Lord Chesterfield*

neben der Gotik eine der sonderbarsten Errungenschaften der westlichen Kultur. Nie wäre sie durch einen logischen Denkprozeß vorhersehbar gewesen. *Lord Clark*

ein Zirkus, und wir Tenöre sind für den Drahtseilakt zuständig. *René Kollo*

Operation:

der Versuch, eine Maschine zu reparieren, ohne den Motor anzuhalten. *Anonym*

Opernsänger:

ein Mensch, der singt, statt zu bluten, wenn man ihm einen Dolch ins Herz stößt. *Anonym*

Opportunismus:

jener Zweig der politischen Nautik, in dem vor allem das Verlassen sinkender Schiffe geübt wird. *Ralph Boller*

Bemühen, ohne eigenen Standpunkt festen Boden unter die Füße zu bekommen. *Ron Kritzfeld*

die Kunst, mit dem Winde zu segeln, den andere machen. *Carlo Manzoni*

Opportunist:

ein Mensch, der gelernt hat, die Meinungen anderer zu haben. *Anonym*

Jenachdemer. *Wilhelm Busch*

Opportunisten:

Leute, die dir zuvorgekommen sind. *Anonym*

Leute, die schon heute die Windrichtung von übermorgen kennen. *Sir Alec Guinness*

Leute, die sich dünnmachen, wenn das dicke Ende kommt. *Jacques Offenbach*

Leute mit der politischen Blutgruppe Null. *Derek Richardson*

Raubvögel, die kriechen. *Rudolf Rolfs*

Leute, die den Zug erst auf der Endstation besteigen. *Ernst Schröder*

Opposition:

in der Politik jene Partei, die die Regierung am Amoklaufen hindert, indem sie sie lähmt. *Ambrose Bierce*

eine Ziege, die ihre Pflicht bereits durch Meckern erfüllt. Milch sollte man von ihr nicht auch noch verlangen. *Kai Jensen*

Andersdenkende, die allein deshalb alles besser können, weil keine Gefahr besteht, es beweisen zu müssen. *Ron Kritzfeld*

die Kunst, den Ast, auf dem die Regierung sitzt, so anzusägen, daß man selbst darauf Platz nehmen kann. *Carlo Manzoni*

jener erkenntnisfördernde Zustand, in dem eine Partei zur Einsicht kommt, daß Mißstände, die während ihrer eigenen Regierungszeit klein und unbedeutend waren, nun wirklich überhandnehmen. *Helmar Nahr*

die Kunst, etwas zu versprechen, was die Regierung nicht halten kann. *Harold Nicolson*

die Kunst, so geschickt dagegen zu sein, daß man später dafür sein kann. *Charles Maurice Talleyrand*

die Kunst, der Regierung so das Bein zu stellen, daß der Wähler als Schiedsrichter darin kein Foul sieht. *Henri Tisot*

Optimismus:

die Lehre oder der Glaube, daß alles schön sei, eingeschlossen das Häßliche, daß alles gut sei, besonders das Ungute, und daß alles richtig sei, was verkehrt ist. *Ambrose Bierce*

aus der Bilanzverschleierung eine Weltanschauung machen. *Hans Krailsheimer*

meistens eine Folge ungenügender Informationen. *Burt Lancaster*

glauben, daß der nächste Krieg noch nicht der letzte ist. *Lutz Rathenow*

die Fähigkeit, den blauen Himmel hinter den Wolken zu ahnen. *Madeleine Robinson*

eine Form der Verdrängung. *Aurel Schmidt*

– Unfähigkeit, den Dingen auf den Grund zu gehen. *Aurel Schmidt*

die Torheit zu behaupten, daß alles gut sei, wenn es schlecht ist. *Voltaire*

krankhafte Geistesstörung, die sich in der Überzeugung des Patienten äußert, es werde in zehn Jahren nicht nur Comics, sondern auch noch Bücher geben. *Hans Weigel*

Optimist:

ein Mann, der bedenkenlos Streit mit der einzigen Autowerkstatt am Ort anfängt. *Anonym*

ein Ehemann, der heimkommt, in der Wohnung Zigarrenreste vorfindet und ausruft: »Wunderbar, endlich hat meine Frau das Zigarettenrauchen aufgegeben!« *Anonym*

einer, der in der Kuckucksuhr nach Eiern sucht. *Anonym*

ein Mann, der ohne Gepäck in einem Hotel absteigt und verlangt, daß man seinen Scheck in Zahlung nimmt. *Anonym*

ein Mensch, der alles gut findet, bis es ihm selber passiert. *Anonym*

einer, der sich nicht darüber ärgert, daß der Rosenstrauch Dornen hat, sondern der sich darüber freut, daß der Dornenstrauch Rosen trägt. *Anonym*

einer, der für seine Steuererklärung zwei Stunden einplant. *Anonym*

einer, der an einem Wintermorgen den Sicherheitsgurt anlegt, bevor er den Wagen zu starten versucht. *Anonym*

eine Personifikation des Frühlings. *Anonym*

einer, der eine Tüte Grassamen und gleichzeitig einen Rasenmäher kauft. *Anonym*

ein Gartenfreund, der davon überzeugt ist, daß alles, was er in die Erde steckt, auch wieder herauskommt. *Anonym*

jemand, der zum Standesamt geht, um zu fragen, ob sein Heiratsvertrag abgelaufen ist. *Anonym*

ein Mann, der seinen Wagenmotor laufen läßt, während seine Frau zum Einkaufen geht. *Anonym*

ein Achtzigjähriger, der nochmals heiratet und eine Wohnung in der Nähe einer Schule sucht. *Anonym*

ein Mann, der seine Sekretärin heiratet und dann glaubt, ihr auch weiterhin diktieren zu können. *Anonym*

ein Bräutigam, der meint, er habe keine schlechten Angewohnheiten. *Anonym*

ein Junggeselle, der heiratet und glaubt, dann seine Putzfrau entlassen zu können. *Anonym*

einer, der Kreuzworträtsel mit Tinte löst. *Marcel Achard*

ein Vertreter der Lehre, daß Schwarz Weiß ist. *Ambrose Bierce*

jemand, der überzeugt ist, daß nicht alles schiefgehen wird. *Jean Dutourd*

ein anderes Wort für Dummkopf. *Gustave Flaubert*

ein Mensch, der ein Dutzend Austern bestellt in der Hoffnung, sie mit der Perle, die er darin findet, bezahlen zu können. *Theodor Fontane*

ein Mann, der sich nicht darum schert, was geschieht, solange es ihn nicht betrifft. *Elbert Hubbard*

einer, der glaubt, daß das, was sich ereignen muß, verschoben werden wird. *Kin Hubbard*

ein Mann, der glaubt, daß es nur langsam schlechter wird als bisher. *Karl Klasen*

ein Mann, der glaubt, daß eine Frau ein Telefonat beendet hat, wenn sie »Auf Wiedersehen« sagt. *Harald Leipnitz*

ein Mensch, der glaubt, daß die Fliege, die nachts in seinem Zimmer summt, nur einen Weg nach draußen sucht. *George Jean Nathan* ein Zeitgenosse, der ungenügend informiert ist. *John B. Priestley*

ein Mensch, der alles halb so schlimm und doppelt so gut findet. *Heinz Rühmann*

ein Mensch, der von den Ereignissen laufend dementiert wird. *Peter Sellers*

ein Mensch, der glaubt, daß die Zukunft ungewiß ist. *Edward Teller*

jemand, der genau weiß, wie traurig die Welt sein kann, während ein Pessimist jemand ist, der täglich neu zu dieser Erkenntnis gelangt. *Peter Ustinov*

ein Mensch, der die Dinge nicht so tragisch nimmt, wie sie sind. *Karl Valentin*

Optimisten:

Menschen, die nicht glauben, daß die Pessimisten recht haben. *Anonym*

Menschen, die meinen, es lohne nicht, etwas zu unternehmen; es werde sowieso alles besser. *Stanislaw Jerzy Lec*

Optimistin:

eine Frau, die Fettpölsterchen für Kurven hält. *Françoise Hardy*

Orchester:

ein unschätzbares Modell der Demokratie. *Hans Weigel*

Orden:

ein kostensparender Gegenstand, der es ermöglicht, mit wenig Blech viel Eitelkeit zu befriedigen. *Aristide Briand*

ein gutes Mittel, die Eitelkeit zu befriedigen, ohne die Staatskasse zu belasten. *George Brown*

Wechsel, gezogen auf die öffentliche Meinung; ihr Wert beruht auf dem Kredit des Ausstellers. *Arthur Schopenhauer*

Ordnung:

Mut, überflüssige Dinge wegzuwerfen. *Anonym*

das Durcheinander, an das man sich gewöhnt hat. *Kurt Bach*

das Vergnügen der Vernunft, die Unordnung aber ist die Wonne der Phantasie. *Paul Claudel*

die Verbindung des Vielen nach einer Regel. *Immanuel Kant*

etwas Künstliches. Das Natürliche ist das Chaos. *Arthur Schnitzler*

äußere Ordnung:

oft nur der verzweifelte Versuch, mit einer großen inneren Unordnung fertig zu werden. *Albert Camus*

Organisation:

weder den Dingen ihren Lauf noch den Menschen ihren Willen lassen. *Anonym*

die Kunst, einen künftigen Organspender rechtzeitig in einen Verkehrsunfall zu verwickeln. *Anonym*

Orientierungssinn:

jener geheimnisvolle Instinkt, der den erfahrenen Reisenden ahnen läßt, wo sich die nächstgelegene Toilette befindet. *Anonym*

Originalität:

einfach ein neuer Blickwinkel. *Anonym*

die Kunst, geheimzuhalten, woher man seine Weisheit hat. *Anonym*

die Kunst, sich Bonmots zu merken und zu vergessen, von wem sie sind. *Danny Kaye*

etwas, was man nie mit Absicht erreicht. *William Somerset Maugham*

etwas sehen, das noch keinen Namen trägt, noch nicht genannt werden kann, ob es gleich vor aller Augen liegt. *Friedrich Nietzsche*

ein noch nicht entdecktes Plagiat. *Voltaire*

Orthographie:

etwas für Leute, die sich keine gute Sekretärin leisten können. *Peter Sellers*

Ost:
eindeutige Lösung der Kreuzworträtselfrage: Himmelsrichtung, drei Buchstaben. *Anonym*

Osteuropäer:
von der Geschichte hart trainierte Realisten. *Pavel Kohout*

Ozean:
Wassermenge, die etwa zwei Drittel einer Welt bedeckt, welche für den Menschen geschaffen ist – der keine Kiemen hat. *Ambrose Bierce*

Ozelot:
der einzige, der einen Ozelot wirklich braucht. *Bernhard Grzimek*

P

Pädagogik:
den Verstand in Tätigkeit setzen. *Michel de Montaigne*

das Bemühen, in Jahren zu erreichen,was früher in ebensoviel Wochen gelehrt wurde. *Cyril Northcote Parkinson*

panem et circenses:
im alten Rom das, was heute als Sozial- und Kulturpolitik bezeichnet wird. *Anonym*

Panik:
eine Situation, in der keiner weiß, was er tun soll, und das auch noch schnell. *Anonym*

Pantheismus:
die Lehre, wonach alles Gott ist, im Gegensatz zu der Lehre, wonach Gott alles ist. *Ambrose Bierce*

Pantomime:
ein Stück, dessen Geschichte erzählt wird, ohne der Sprache Gewalt anzutun. *Ambrose Bierce*

Pantomimen:
Leute, die miteinander reden, aber nichts sagen. *Anonym*

Pantomimik:
ein Esperanto der Gebärden und damit die am weitesten verbreitete Weltsprache überhaupt. *Marcel Marceau*

Papagei:
das einzige sprechende Lebewesen, das sich damit begnügt, einfach zu wiederholen, was es hört, ohne zu versuchen, daraus eine gute Story zu machen. *Anonym*

ein guter Papierkorb:
die Seele jeder Ordnung. *Kurt Tucholsky*

Papst:
der einzige Konzern-Vize, der seinen Chef nie zu sehen bekommt. Nicht einmal bei der Weihnachtsfeier. *Anonym*

Paradoxon:
eine Tatsache, die Kopf steht, um auf sich aufmerksam zu machen. *Anonym*

Parapsychologie:
die Lehre vom elften Zehntel. *Anonym*

Parasit:
ein Mensch, der durch eine Drehtür geht, die ein anderer angestoßen hat. *Anonym*

Park:
in ordentliche Bahnen gelenkte Natur. *Anonym*

Parklücke:
ein freier Raum zwischen zwei Fahrzeugen auf der gegenüberliegenden Straßenseite, der verschwindet, während man wendet. *Anonym*

Parkplatz:
bezahlte Autoabstellfläche, auf der man sich Kratzer im Lack holt. *Anonym*

öffentlicher Parkplatz:
Grundstückwucher auf Raten. *Anonym*

Parkwächter:
Leute, die einem für 5 DM eine »Gute Fahrt« wünschen. *Rudolf Rolfs*

Parlamentarier:
ein Mensch, der das Glück hat, daß sich sein Auftraggeber nur alle vier Jahre um ihn kümmert. *Anonym*

Parlamente:
die Feigenblätter der Diktaturen. *Rudolf Rolfs*

Parodie:
eine vornehme Verwandte der Karikatur. *Joachim Kaiser*

die aggressivste Form der Nachahmung. *Arthur Koestler*

Parodisten:
Spatzen, die einen Adler nachahmen können. *Peter Maiwald*

Partei:
organisierte Meinung. *Benjamin Disraeli*

eine Art von Verschwörung gegen den Rest der Nation. *Marquis of Halifax*

die Kampfgemeinschaft von Intimfeinden. *Helmar Nahr*

Vorteil für wenige und Schwachsinn für viele. *Alexander Pope*

für den Wähler eine Geliebte, die man jederzeit sitzenlassen kann. *Henri Tisot*

Zweckverband, um Menschen in Stellungen zu bringen, für die das eigene Können nicht ausgereicht hätte. *Thaddäus Troll*

die Gesamtheit jener, die sich einbilden, derselben Meinung zu sein. *Charles Tschopp*

Parteiflügel:

Fortbewegungsmittel, die sich gegenseitig aufheben. *Henri Tisot*

Parteiloser:

ein Mensch, der von zwei Übeln das dritte gewählt hat. *Anonym*

in der Politik einer, der an Selbstachtung leidet und dem Laster der Unabhängigkeit frönt. *Ambrose Bierce*

Parteiprogramme:

Versuche, möglichst viele Wähler auf einen Nenner zu bringen. *Wolfram Weidner*

Parteitage:

Kochwettbewerbe um den besten gemeinsamen Brei. *Wolfram Weidner*

Party:

eine Zusammenkunft, bei der am Ende die Gäste aufgeräumter sind als die Wohnung. *Senta Berger*

ein Beisammensein von Leuten, die sich nichts zu sagen haben und das auch ausgiebig tun. *Saint-John Perse*

Party der Unterwelt:

eine Zusammenkunft von Leuten, die gerne stehen, weil sie so lange gesessen haben. *Henry Henderson*

Parvenü:

jemand, der es weiter gebracht hat, als es dem, der ihn einen Parvenü nennt, bis dahin gelungen ist. *Anonym*

Paß:

ein Dokument, das einem ins Ausland reisenden Bürger heimtückischerweise aufgezwungen wird, um ihn allerorten als einen Fremden zu kennzeichnen. *Ambrose Bierce*

Paßbild:

eine Mahnung, wie man bei unvernünftiger Lebensweise in 30 Jahren aussehen würde. *Anonym*

Paßbilder:

die Rache der Fotografen. *Joachim Ringelnatz*

Patriot:

ein Staatsbürger, den es schmerzt, daß er nur ein Einkommen hat, das er dem Staat geben kann. *Anonym*

einer, dem die Interessen eines Teils wichtiger sind als die des Ganzen. *Ambrose Bierce*

ein Mensch, der sein Land so sehr liebt, daß es ihm nichts ausmacht, sich durch den Hinweis auf reformbedürftige Dinge Feinde zu machen. *Gilbert Keith Chesterton*

Patriotismus:

geographische Loyalität. *Anonym*

leicht entflammbarer Müll, gebrauchsfertig für die Fackel jedes Ehrgeizigen, der seinen Namen leuchten lassen will. *Ambrose Bierce*

für sich selbst sorgen, indem man für sein Land sorgt. *Calvin Coolidge*

Liebe zu den Seinen. Nationalismus ist Haß auf die anderen. *Romain Gary*

die Liebe zu den guten Sachen, die wir in der Kindheit gegessen haben. *Lin Yutang*

das Ei, aus dem man Kriege brütet. *Guy de Maupassant*

die Bereitschaft, wegen unbedeutender Gründe zu töten und getötet zu werden. *Bertrand Russell*

eine gefährliche psychopathische Form des Schwachsinns. *George Bernard Shaw*

die Überzeugung, daß unser Vaterland allen anderen Ländern überlegen ist, weil wir darin geboren wurden. *George Bernard Shaw*

im modernen Europa eine lächerliche Torheit. *Stendhal*

schöpferische Pause:
feinere Form der Faulheit. *Michael Schiff*

Pazifismus:
das Bemühen, mit aller Gewalt den Krieg zu verhindern. *Anonym*

Pazifist:
einer, der dem Krieg den Krieg erklärt hat. *Anonym*

ein Mensch, der gegen alle kämpft, ausgenommen gegen seine Feinde. *Anonym*

einer, der sich totschießen läßt, um zu beweisen, daß der andere ein Aggressor gewesen ist. *Ludwig Marcuse*

Pazifisten:
Schafe, die glauben, der Wolf lerne es, Vegetarier zu sein. *Anonym*

Leute, die sich ihre Feinde nicht vom Staat verordnen lassen. *Peter Maiwald*

PDS:
Partei der Sucher; suchen das gute Haar im räudigen Pelz des real existierenden Sozialismus. *Ron Kritzfeld*

Pech:
beliebteste Ausrede der Erfolglosen. *Anonym*

Deckname für Unfähigkeit. *Charles Maurice Talleyrand*

Pechvogel:
einer, der von zwei Übeln beide wählte. *Anonym*

Mensch, der den Wald vor lauter Bäumen nicht sieht und den Ast, auf dem er sitzt, in dem Moment absägt, da er auf einen grünen Zweig kommen könnte. *Ron Kritzfeld*

Pechvögel:
Menschen, die bei einem Sitzstreik nur Stehplätze bekommen. *Anonym*

– die einzige nicht aussterbende Vogelart. *Anonym*

die Kinder von Rabeneltern. *Werner Mitsch*

Pedant:

ein Mensch, der zu faul zum Suchen ist. *Anonym*

ein Mann, der seine Frau weckt, um sie an ihre Schlaftabletten zu erinnern. *Anonym*

Pedanten:

Menschen, die einen kaum bezähmbaren Drang nach Unordnung haben, den sie mit äußerster Strenge unterdrücken. *André Gide*

übertriebene Pedanterie:

eine Art Selbstschutz extrem unordentlicher Naturen, die wissen, daß sie ohne diesen Rettungsring ersaufen müßten. *Norman Mailer*

Pegasus:

geflügeltes Wort für ein hochtrabendes Steckenpferd. *Gerhard Uhlenbruck*

Pelzhändler:

Leute, die sich nicht darauf beschränken, ihre eigene Haut zu Markte zu tragen. *Anonym*

Pelzmantel:

Kleidungsstück, das Frauen bevorzugt tragen, um andere Frauen damit zu ärgern. *Anonym*

Pelzmäntel:

Reparationen für einen verlorenen Frieden. *Jean Gabin*

Pension:

ratenweise Nachzahlung zurückbehaltenen Gehalts. *Anonym*

die begehrteste Alterserscheinung. *Wolfram Weidner*

Perfektionist:

einer, dem die Gnade der Glückseligkeit in dieser unperfekten Welt versagt bleibt. *Anonym*

perfekt sein:

auch dann gut sein, wenn man schlecht ist. *Anonym*

Perpetuum mobile:

eine Kuh, die ihre eigene Milch trinkt. *Anonym*

andere Bezeichnung für eine Hausfrau mit sechs Kindern. *Britta Karjalainen*

Persönlichkeit:

das, was übrigbleibt, wenn man Ämter, Orden und Titel von einer Person abzieht. *Wolfgang Herbst*

Persönlichkeiten:

Menschen, die solche geblieben sind, obwohl sie Karriere gemacht haben. *Gerhard Uhlenbruck*

Perücke:

eine falsche Behauptung. *Johann Nepomuk Nestroy*

pervers:

was dem andern mißfällt. *Frank Thieß*

Pessimismus:

Weltbetrachtung aus der Pechvogelperspektive. *Anonym*

eine Philosophie, dem Beobachter aufgezwungen durch die entmutigende Übermacht des Optimismus mit seiner gräßlichen Hoffnung und seinem abstoßenden Lächeln. *Ambrose Bierce*

aus dem Bankrott eine Weltanschauung machen. *Hans Krailsheimer*

der Name, den Menschen mit schwachen Nerven ihrer Weisheit geben. *Bernard de Voto*

Pessimist:

ein Optimist, der zwanzig Jahre lang die Zeitung gelesen hat. *Anonym*

wer sogar noch im Autokino den Sicherheitsgurt anbehält. *Anonym*

ein verheirateter Optimist. *Anonym*

auch nur eine Art Mensch, der enttäuscht werden will. *Anonym*

ein Mann, der gleichzeitig Hosenträger und einen Gürtel trägt. *Anonym*

jemand, der sein ganzes Leben in einer Dunkelkammer verbringt und nur Negative entwickelt. *Anonym*

ein Mensch, der sich freut, wenn er beweisen kann, daß es keine Freude gibt. *Anonym*

ein Mensch, der nicht glücklich ist, außer, wenn er sich unglücklich fühlt, und selbst dann ist er noch nicht zufrieden. *Anonym*

ein Mensch, der nach zwei Richtungen schaut, bevor er eine Einbahnstraße überquert. *Anonym*

ein Mann, der glaubt, daß alle Frauen unmoralisch seien. Ein Optimist hofft es nur. *Anonym*

ein Mensch, der glücklich ist, wenn er unglücklich ist. *Francis Herbert Bradley*

ein Mensch, der unter mehreren Übeln keines missen möchte. *Victor de Kowa*

ein Mensch, der das Schlimmste erhofft und auf das Beste gefaßt ist. *Werner Krauß*

ein Optimist, der nachgedacht hat. *Charles Laughton*

ein Mensch, der sofort nach dem Sarg Ausschau hält, wenn er Blumen gerochen hat. *Henry Louis Mencken*

ein Optimist mit Erfahrung. *Ursula Merzenich*

ein Mensch, der sich bei der Wahl zwischen zwei Übeln für beide entscheidet. *Werner Neubert* jemand, der uns sagt, wie unglücklich wir eigentlich sein sollten. *Ivan Rebroff*

ein Mensch, der sich über schlechte Erfahrungen freut, weil sie ihm recht geben. *Heinz Rühmann*

ein Mensch, dem nicht wohl zumute ist, wenn er sich wohlfühlt, weil er befürchtet, daß er sich schlechter fühlen wird, wenn er sich besser fühlt. *George Bernard Shaw*

jemand, der glaubt, daß jeder Mensch so widerwärtig sei wie er selbst, und der die Menschen dafür haßt. *George Bernard Shaw*

Pessimisten:
Menschen, die sich über Lärm beklagen, wenn das Glück bei ihnen anklopft. *Anonym*

die wahren Lebenskünstler, denn nur sie erleben angenehme Überraschungen. *Marcel Proust*

Menschen, die nur ein einziges Instrument blasen: Trübsal. *Wim Thoelke*

Petersilie:
Schnittlauch mit Dauerwelle. *Anonym*

Petting:
ein Spiel, das bei Einbruch der Dunkelheit nicht abgebrochen werden muß. *Anonym*

Fingerspitzengefühl. *Anonym*

kleiner Grenzverkehr. *Raimund Vidrányi*

Pfad in die Höhe:
der gleiche, der in die Tiefe führt. *Heraklit*

katholischer Pfarrer:
ein Mensch, der lehrt, wie man mit Problemen fertig wird, die dadurch entstehen, daß man kein Pfarrer ist. *Anonym*

– ein Mann, der von aller Welt Vater genannt wird, mit Ausnahme seiner eigenen Kinder, die ihn Onkel nennen. *Anonym*

Pfarrersköchinnen:
Zölibatessen. *Georg Lohmeier*

Pfau:
ein blühendes Huhn. *Definition eines Kindes*

Pfeife:
Instrument, das dazu verleitet, andere danach tanzen zu lassen. *Michael Schiff*

Pferdestärken:
eine wunderbare Sache, als nur Pferde sie hatten. *Anonym*

Pferdeverstand:
das, was Pferde davon abhält, auf künftiges Verhalten der Menschen zu wetten. *Oscar Wilde*

Pflicht:
etwas, dem wir meist mit Widerwillen entgegensehen, das wir ungern tun und womit wir unser Leben lang renommieren. *Anonym*

das, was uns unerbittlich auf dem Weg unserer Wünsche dem Vorteil entgegentreibt. *Ambrose Bierce*

meistens das Gegenteil von dem, was man gerade tun möchte. *Robert Lembke*

was man von andern verlangt, nicht was man selbst tut. *Oscar Wilde*

Pflichtbewußtsein:
etwas, was man von anderen erwartet. *Anonym*

Pflichterfüllung:
tägliches Heldentum ohne Ordensverleihung. *Werner Krauß*

unsere Pflichten:
die Rechte anderer auf uns. *Friedrich Nietzsche*

Pfui:
des Teufels Vorname. *Anonym*

Phänomen:

etwas, das man erklären kann, oder das man, wenn man mehr wüßte, erklären könnte, oder das wenigstens den Wunsch weckt, man könnte es erklären. *Jürgen Dahl*

Phantasie:

vielleicht nur Intelligenz im Urlaub. *Anonym*

schlechter Ersatz für Erfahrung. *Anonym*

die Möglichkeit, sich die phantastischen Möglichkeiten der Wirklichkeit vorzustellen. *Anita Daniel*

die Fähigkeit, in Bildern zu denken. *Ernst Hohenemser*

etwas, was sich manche Leute gar nicht vorstellen könne. *Gabriel Laub*

das eigentlich Schöpferische im Menschen, der Überfluß, der die Schönheit des Lebens ausmacht. *Walter Muschg*

eine bescheidene Teilhabe an der Art, wie der liebe Gott die Welt sieht: von oben her und frei. *Eduard Spranger*

die Gabe, unsichtbare Dinge zu sehen. *Jonathan Swift*

Phantast:

einer, der mit beiden Füßen fest in der Luft steht. *Anonym*

Phantasten:

Leute, die tun, was sie nicht lassen können. *Axel von Ambesser*

Menschen, deren Uhr vorgeht. Sie sehen alles ein bißchen früher. *Anita Daniel*

Philanthrop:

ein reicher (und gewöhnlich kahler) alter Herr, der gelernt hat zu lächeln, während ihm sein Gewissen die Tasche plündert. *Ambrose Bierce*

Philatelist:

jemand, der Briefmarken um ihrer selbst willen liebt. *Anonym*

Philologe:

ein Mensch, dessen französische Sprachkenntnisse ihn befähigen, in einem Pariser Lebensmittelgeschäft mit einer Originalrede des Voltaire auf den Lippen zu verhungern. *Helmuth M. Backhaus*

ein Mann, der, auf dem Grimmschen Gesetze reitend, eine flüchtende Silbe über Umlaute und Ablaute hinweg bis in die von einem schwachen Echo widerhallenden Schluchten des Himalaja hinein verfolgt. *Richard Grant White*

Philologen:

altgewordene Gymnasiasten. *Friedrich Nietzsche*

Philologie:

die Wissenschaft von den Sprachen und den darin enthaltenen Möglichkeiten, sich gegenseitig mißzuverstehen. *Anonym*

die Kunst des richtigen Lesens. *Friedrich Nietzsche*

Philosoph:

ein Mensch, der anderen Ratschläge zu Problemen erteilt, die er selbst nicht hat. *Anonym*

ein Mann, der alle Probleme lösen kann, ausgenommen die eigenen. *Phil Holden*

einer, der denkt, um zu glauben; einer, der seine Vorurteile klarlegt und seine Unwissenheit in ein System bringt. *Elbert Hubbard*

der adligste Typus des Reaktionärs: Er schreitet zurück zu den Ursprüngen. *Hans Kudszus*

ein Mann, der nie um Argumente verlegen ist. *Ludwig Marcuse*

ein Mann, der den Sinn seines Lebens darin sieht, einen Sinn darin zu sehen. *Hannes Messemer*

wer in einem blühenden Frauenkörper das Skelett zu sehen vermag. Brüste sind hübscher. *Kurt Tucholsky* ein Mann, der in Gedanken ist. *Gerhard Uhlenbruck*

ein Mann, der in Ermangelung einer Frau gleich die ganze Welt umarmt. *Peter Ustinov*

Philosophen:

Menschen, die über etwas reden, was sie selbst nicht verstehen, und einem das Gefühl geben, daran schuld zu sein. *Anonym*

Leute, die nicht glauben, was sie sehen, weil sie gerade damit beschäftigt sind, über das nachzudenken, was sie nicht sehen. *Bernard de Fontenelle*

Männer, die sich nicht in Frauen verlieben, sondern in Streitfragen. *Giovanni Guareschi*

erwachsene Kinder, die sich mit ihrem eigenen »Warum« auf die Nerven fallen. *Wolfgang Herbst*

nicht Feuerwehrleute zur Löschung »brennender« Probleme, sondern Brandstifter. *Hans Kudszus*

Leute, die freiwillig auf das verzichten, was sie sowieso nicht bekommen. *Georges Mikes*

Leute, die Kaviar nicht mögen, wenn sie kein Geld haben, welchen zu kaufen. *George Mikes*

Gewalttäter, die keine Armee zur Verfügung haben und sich deshalb die Welt in der Weise unterwerfen, daß sie sie in ein System sperren. *Robert Musil*

Philosophie:

die Fähigkeit, mit aller Ruhe die Unglücksfälle unserer Freunde zu ertragen. *französisches Sprichwort*

unverständliche Antworten auf unlösbare Probleme. *Henry Adams*

eine Strecke mit vielen Wegen, die von Nirgends zu Nichts führt. *Ambrose Bierce*

gesunder Menschenverstand im Frack. *Oliver Braston*

– Gedanken, die zu Ende gedacht sind. *Gilbert Keith Chesterton*

die geistreiche Übersetzung des Unerklärlichen in das Unverständliche. *Hans Clarin*

der Versuch, in einem dunklen Zimmer eine schwarze Katze zu fangen, die gar nicht drin ist. *Pablo Cruz*

ein liebevoller Umgang mit der Weisheit. *Dante Alighieri*

das Mikroskop des Denkens. *Victor Hugo*

die Kunst zu erkennen, wie man mit viel Vernunft unglücklich sein kann. *Aldous Huxley*

oft nicht mehr als der Mut, in einen Irrgarten einzutreten. *Karl Kraus*

Begreifen ohne Hände. *Ron Kritzfeld*

ein Eiffelturm auf Treibsand. *Georges Meunier*

ein Schiff, das zuweilen Land sichtet, aber nie das Ufer erreicht. *Richard Munk*

eigentlich Heimweh – Trieb, überall zu Haus zu sein. *Novalis*

Geschichte der fehlgeschlagenen Versuche, die Probleme der Philosophie zu lösen. *Pau Reé*

letzten Endes der Versuch, mit Hilfe der Logik solide Häuser auf Sand zu bauen. *Charles Tschopp*

die Kunst, vergangene und zukünftige Fehlschläge zu erklären und die gegenwärtigen zu ignorieren. *Tom Wolfe*

Philosophien:
Schwimmgürtel, gefügt aus dem Kork der Sprache. *Christian Morgenstern*

philosophieren:
zu allererst: gegen die eigene Dummheit kämpfen. *André Glucksmann*

die Annäherung an eine Offenbarung, die nie stattfindet. Der Weg dahin ist voll von den scharfsinnigsten menschlichen Weisheiten. *Ludwig Marcuse*

sterben lernen. *Michel de Montaigne*

Phlegmatiker:

ein rauchender Autofahrer, der über den Bordstein fährt, damit die Asche herunterfällt. *Anonym*

Phrase:

das gestärkte Vorhemd vor einer Normalgesinnung, die nie gewechselt wird. *Karl Kraus*

Phrasen:

das Falschgeld der Kommunikation. *Prof. Dieter Stolte*

Physik:

der Versuch, im Wunder der Schöpfung Gesetzmäßigkeiten aufzuzeigen und diese mathematisch zu formulieren. *Peter Bamm*

Physiker:

jemand, der jeden technischen Defekt erklären, aber nicht reparieren kann. *Michael Schiff*

Physiognomie:

nichts Ererbtes, sondern der Schriftzug der Jahre. *Anonym*

Pianissimo:

die größte Kraft auf der Welt. *Maurice Ravel*

Piano:

Schreibmaschine, die bei entsprechendem Anschlag ohne Papier gefühlvolle Botschaften direkt ins Herz des Adressaten sendet. *Ron Kritzfeld*

ein harmlos' Ding, die Gefahr droht vom Pianisten! *Robert Lembke*

Pipette:
Glasröhrchen, das an beiden Enden durch zwei Öffnungen verschlossen ist.
Jean-Charles

Pirat:
Räuber zu Schiff. *Anonym*

ein Politiker der Meere. *Ambrose Bierce*

Salzwasserdieb. *William Shakespeare*

Pistole:
eines der wichtigsten Navigationsmittel der modernen Luftfahrt. *Jerry Lewis*

Pizza:
Mafiatorte. *Anonym*

Placebos:
unwirksame Medikamente, die wunderbar wirksam sein können. *Anonym*

Pläne:
Versprechungen, welche die Phantasie dem Verstand macht. *Anonym*

die Träume der Verständigen. *Ernst Freiherr von Feuchtersleben*

Plage:
in alten Zeiten: eine allgemeine Bestrafung der Unschuldigen zwecks Ermahnung ihres Herrschers. Die Plage, wie wir Heutigen sie zu kennen den Vorzug haben, ist lediglich eine zufällige Demonstration der zwecklosen Widerwärtigkeit der Natur. *Ambrose Bierce*

Plagiat:
ein Zitat unter Weglassung der Gänsefüßchen. *Victor de Kowa*

Beute eines Wegelagerers an fremden Gedankengängen. *Ron Kritzfeld*

gedankliches Recycling. *Walter Kröpelin*

Plagiate:
die aufrichtigsten aller Komplimente. *Theodor Fontane*

Plagiator:

ein Mann, dessen Lieder schon gesungen worden sind, bevor er sie komponiert hat. *Robert Stolz*

Plagiatoren:

Leute, die sich an etwas erinnern, ohne zu wissen, von wem es stammt. *Tommy Douglas*

plagiieren:

Gedanken oder Stil eines anderen Schiftstellers übernehmen, den man nie im Leben gelesen hat. *Ambrose Bierce*

planen:

sich Sorgen um die beste Methode zur Herbeiführung eines zufälligen Ergebnisses machen. *Ambrose Bierce*

Planung:

Ersatz des Zufalls durch den Irrtum. *Anonym*

solide Planung:

die beste Grundlage für eine geniale Improvisation. *Jean-Paul Blum*

Platitüde:

der grundlegende Bestandteil und der besondere Stolz aller Unterhaltungsliteratur. Ein schnarchender Gedanke in verqualmten Worten. *Ambrose Bierce*

Weisheit einer Million Narren, ausgedrückt von einem Hohlkopf. *Ambrose Bierce*

Platz:

das einzige, was man bei einer Behörde nehmen darf. *Anonym*

Platzangst:

Berufskrankheit von Luftballon-Verkäufern. *Anonym*

Playboy:

ein junger Mann, der seine Freundinnen mit Postwurfsendungen verständigt. *Monika Peitsch*

– ein Mann, der nie einen Roman, sondern immer nur Kurzgeschichten erlebt.

Erika Pluhar

einer, der mit den Frauen nur spielen möchte und der niemals erwachsen wird.

Liv Ullmann

Playboys:

junge Männer, die nicht immer an Mädchen denken. Aber wenn sie denken, dann denken sie an Mädchen. *Alberto Sordi*

Leute, die sich im Winter davon erholen, daß sie im Sommer auch nicht gearbeitet haben. *Georg Thomalla*

Playgirl:

ein Mädchen, das von seinen Verhältnissen über seine Verhältnisse lebt.

Anonym

ein Mädchen, das zu jedem Ring am Finger zwei unter den Augen in Kauf nimmt. *Anonym*

Playgirls:

Mädchen, die zu Nerzen kommen, wie Nerze zu Nerzen kommen. *Anonym*

Plebiszit:

Volksentscheid zur Bestätigung des Herrscherwillens. *Ambrose Bierce*

plündern:

jemanden um sein Eigentum bringen, ohne die geziemende und übliche Heimlichkeit des Diebstahls zu wahren. *Ambrose Bierce*

Plunder:

alles, was seine Brauchbarkeit eingebüßt hat. *Oliver Herford*

Pöbel:

eine Ansammlung von Menschen – wenn sie anderer Meinung sind als wir.

Bartoszewicz

Poesie:

der kühne Versuch, die Farbe des Windes zu malen. *Anonym*

Dynamit für alle Ordnungen dieser Welt. *Heinrich Böll*

die Sprache, in welcher der Mensch sein Erstaunen erforscht. *Christopher Fry*

Poet:

ein armer Teufel, dem die Vorsehung die Gunst gewährt hat, seinen Hunger in Versen ausdrücken zu können. *aus den »Fliegenden Blättern«*

ein Mann mit angeborener Neigung zur Armut. *Elbert Hubbard*

Pointe:

das, was einem nicht einfällt, wenn man es am dringendsten braucht. *Peter Wehle*

Polemik:

eine öffentliche moralische Balgerei zwischen zwei gebildeten Menschen, wobei statt Blut Tinte fließt. *aus den »Fliegenden Blättern«*

Politik:

die Kunst, an die Macht zu kommen. *Anonym*

die Kunst, den Hund so lange zu streicheln, bis der Maulkorb fertig ist. *Anonym*

die Kunst, Probleme zu lösen, ohne neue, größere zu schaffen. *Anonym*

die Kunst, Begriffe zu ändern, wenn sich die Verhältnisse einer Änderung widersetzen. *Anonym*

die Kunst, von den Reichen das Geld und von den Armen die Stimmen zu erhalten, beides unter dem Vorwand, die einen vor den anderen schützen zu wollen. *Anonym*

eine Angelegenheit, bei der es sich nicht darum handelt, recht zu haben, sondern darum, recht zu behalten. *Konrad Adenauer*

die Kunst, sich auf den eigenen Vorteil ebenso gut als auf den des Nachbars zu verstehen und diesen für jenen auszunützen, indem man sich des Nachbars so bedient, daß er dabei meinen muß, man diene ihm. *Hermann Bahr*

– die Kunst, nach Schwierigkeiten Ausschau zu halten, sie überall zu finden, falsch zu beurteilen und ungeeignete Mittel dagegen einzusetzen. *Ernest Benn*

ein Streit der Interessen, der sich als Wettstreit der Prinzipien ausgibt. *Ambrose Bierce*

die Führung öffentlicher Angelegenheiten zu privatem Vorteil. *Ambrose Bierce*

keine Wissenschaft, wie viele der Herren Professoren sich einbilden, sondern eine Kunst. *Otto von Bismarck*

ein Balanceakt zwischen denen, die hineinwollen, und denen, die nicht heraus wollen. *Jacques de Bourbon-Bossuet*

Geschichte in Aktion. *Roger Butterfield*

die Kunst, für viele möglichst wenig und für wenige möglichst viel zu tun. *Karlheinz Deschner*

die Kunst zu halten, was man nicht versprochen hat. *Benjamin Disraeli*

für manche Leute die Kunst, Brände zu löschen, die sie selbst gelegt haben. *Lawrence Durrell*

die Kunst, die Stärke des Gegners richtig einzuschätzen und mit seinen Schwächen angemessen umzugehen. *Gottfried Edel*

die Kunst, ein heißes Eisen mit fremden Händen anzufassen. *Werner Finck*

eine Hand wäscht die andere, und wenn's mit Schmierseife ist. *Ekkehard Fritsch*

ein Krippenspiel, bei dem kein Heiliger mitwirkt, aber viele Andächtige zusehen. *Sigmund Graff*

die Kunst, sich zu seinen Absichten drängen zu lassen. *Sigmund Graff*

die Kunst, sich von den jeweiligen Umständen so ändern zu lassen, daß es so aussieht, als ob man die Umstände geändert habe. *Wolfgang Herbst*

der Spielraum, den die Wirtschaft ihr läßt. *Dieter Hildebrandt* die Wissenschaft davon, wie wer was wann und warum bekommt. *Sidney Hillman*

die wichtigste Sache im Leben – für eine Zeitung. *Henrik Ibsen*

Umgang mit der Gewalt. *Karl Jaspers*

die Kunst, die Menge zu leiten: nicht, wohin sie gehen will, sondern wohin sie gehen soll. *Joseph Joubert*

in der Demokratie die Kunst, das Volk glauben zu machen, daß es regiere. *Louis Latzarus*

Wettrennen trojanischer Pferde. *Stanislaw Jerzy Lec*

die Geschicklichkeit, infam zu handeln, ohne infam zu erscheinen. *Robert Emanuel Loosen*

die Kunst, der Masse das auszureden, was ihr andere eingeredet haben. *Jacob Lorenz*

die Kunst des Möglichen, aber auch die Wissenschaft vom Unmöglichen. *Harold Macmillan*

Krieg ohne Blutvergießen; Krieg ist Politik mit Blutvergießen. *Mao Tse-tung*

die Kunst, sich der Leute zu bedienen. *Henry de Montherlant*

nicht das Erreichen von Zielen, sondern das Verfolgen von Zielen. *Adolf Muschg*

die Kunst, stets neue Gründe für neue Steuern zu entdecken. *Helmar Nahr*

der Zeitvertreib unbedeutender Menschen, die, wenn sie dabei Erfolg haben, wichtig werden in den Augen der Menschen, die noch unbedeutender sind als sie. *George Jean Nathan*

der Versuch, einem Esel klarzumachen, daß er keiner ist. *Thomas Niederreuther*

Fortsetzung des Krieges mit gefährlichen Drohungen. *Alexander Roda Roda*

das Bemühen, den eigenen Vorteil zum Interesse aller zu machen. *Rudolf Rolfs*

Wählern einzureden, daß politische Gläubigkeit politisches Denken sei. *Rudolf Rolfs*

die Kunst bewußten Mogelns, ohne dabei erwischt zu werden. *James Schlesinger*

die Kunst, vollendete Tatsachen zu schaffen, damit man nachher um so leichter verhandeln kann. *Aurel Schmidt*

das Paradies zungenfertiger Schwätzer. *George Bernard Shaw*

eine Bühne, auf der die Souffleure manchmal lauter sprechen als die Darsteller. *Ignazio Silone*

der verzweifelte Versuch, mit den Problemen der Masse fertig zu werden. *Eduard Spranger*

selbst jammern, wenn man anderen auf die Füße tritt. *Henri Tisot*

ein Kampfplatz, auf dem das Ergebnis, das man erzielt, immer weit unter dem liegt, was man erreichen möchte. *Alexis de Toqueville*

in diesem Lande die Durchsetzung wirtschaftlicher Zwecke mit Hilfe der Gesetzgebung. *Kurt Tucholsky*

die Kunst, das eigene Wunschdenken für die anderen so zu formulieren, daß sich ihr Wunschdenken damit deckt. *Gerhard Uhlenbruck*

die Kunst, die Leute daran zu hindern, sich um das zu kümmern, was sie angeht. *Paul Valéry*

die Kunst, das Notwendige zu ermöglichen. *Paul Valéry*

für erstrebte Wirkungen den Weg des geringsten Widerstandes suchen. *Wannenmacher*

ein starkes, langsames Bohren von harten Brettern mit Leidenschaft und Ausdauer zugleich. *Max Weber*

Politik machen:

einen simplen Tatbestand so komplizieren, daß alle nach einem neuen Vereinfacher rufen. *Giovanni Guareschi*

den Leuten soviel Angst einjagen, daß ihnen jede Lösung recht ist. *Wolfram Weidner*

Politiker:

ein Mann, der die Hälfte seines Lebens damit verbringt, Gesetze zu machen, und die andere damit, seinen Freunden zu helfen, sich diesen Gesetzen zu entziehen. *Anonym*

ein Mensch, der – wenn er gerade nicht an sich denkt – darüber nachdenkt, was andere von ihm denken. *Anonym*

die einzige Berufsgruppe ohne geregelte Berufsausbildung. *Anonym*

ein Mensch, der seine Anhänger dadurch an sich zu binden sucht, daß er sie im Zustand des Verärgertseins auf andere erhält. *Anonym*

ein Mensch, der genug Vorurteile besitzt, um damit die Bedürfnisse seiner Mitmenschen zu befriedigen. *Anonym*

ein Mensch, der nie so schlecht ist, wie ihn seine Feinde machen, und nie so gut, wie er durch das Weißwaschen seiner Freunde scheint. *Anonym*

einer, der weiß, daß er nicht alle Leute die ganze Zeit hindurch zum Narren halten kann, der aber zufrieden ist mit der Mehrheit. *Anonym*

der einzige Mensch, der dich um Hilfe bittet und der dir nachher die Rechnung schickt. *Anonym*

Menschen, die erst Wellen schlagen und einem dann einreden, nur sie könnten das Schiff vor dem Untergang bewahren. *Ivern Ball*

einer, der vor der Wahl alle Leute zum Narren hält. *Anonym*

ein Akrobat, der das Gleichgewicht dadurch hält, daß er das Gegenteil von dem, was er tut, sagt. *Maurice Barrès*

– ein Aal im Grundschlamm, auf dem sich der Überbau der organisierten Gesellschaft erhebt; wenn er sich windet, hält er die Ausschläge seines Schwanzes für das Erbeben des Gebäudes. *Ambrose Bierce*

ein Händler in Versprechungen. *Gabriel Chevallier*

ein Mensch, der die Fähigkeit hat, vorauszusehen, was morgen, im nächsten Monat und im nächsten Jahr geschehen wird – und hinterher zu erklären, weshalb es anders gekommen ist. *Winston Churchill*

ein Mann, der an die nächste Wahl denkt. Staatsmann: ein Mann, der an die nächste Generation denkt. *James F. Clarke*

Leute, die nicht immer das Gegenteil von dem meinen, was sie sagen. *Abba Eban*

ein Mensch, der mit der Zeit gehen muß – sonst muß er mit der Zeit gehen. *Karl Farkas*

ein Mann, der keinerlei Überzeugung hat, sie aber leidenschaftlich verteidigt. *Jean Louis Forain*

ein Mensch, mit dessen Politik du nicht übereinstimmst; wenn du es tust, dann ist er ein Staatsmann. *David Lloyd George*

ein Mann, der die menschliche Neigung zur Fügsamkeit genau kennt und sie systematisch für die Ziele ausbeutet, die er für richtig hält. *Bertrand de Jouvenel*

einer, der sich gewählt ausdrücken kann. *Lothar Kaiser*

Menschen, die über manches wenig und über das meiste nichts wissen, aber über alles etwas zu sagen haben. *Ron Kritzfeld*

ein Mensch, der gestellten Fragen ausweicht und nichtgestellte beantwortet. *Robert Lembke*

einer, der Meinungen hat, der sich aber nicht zu fest darauf stützt. *James Russell Lowell*

Menschen, die irgendwann einmal einen Kompromiß mit ihrer Ehre abgeschlossen haben und die nun entweder ihre Überzeugungen hinunterschlucken oder das anpreisen, was sie für falsch halten. *Henry Louis Mencken*

Leute, die anderen beim Rücktritt den Vortritt lassen. *Carl Merz*

ein Mann, der besonders oft der Alternative begegnet, entweder seine Ansichten oder seine Freunde zu wechseln. *Helmar Nahr*

Leute, die wollen, daß du ihnen zuhörst, wie sie nichts sagen. *Helmar Nahr*

Amateure mit Profigehältern. *Zarko Petan*

Männer, die das Fell des Bären teilen, den sie uns aufgebunden haben.
Willy Reichert

Menschen, die alle Probleme mit anderer Leute Geld zu lösen versuchen.
Lothar Schmidt

Menschen, die den bedeutendsten Kopf ihres Landes im Spiegel sehen.
Paul Steinberg

Leute, die sich feiern lassen, wenn es ihnen gelingt, wenigstens einen kleinen Teil der Probleme zu lösen, die sie selbst geschaffen haben. *Horst Walter*

jemand, der auf kleine Fragen große Antworten gibt. Manche Politiker meinen sogar, die höchste politische Kunst bestehe darin, sich überhaupt keine Fragen stellen zu lassen. *Richard Wiggins*

Menschen, von denen man erwarten sollte, sie seien so ehrlich, daß man jederzeit ein gebrauchtes Auto von ihnen kaufen könnte. *Thornton Wilder*

der erfolgreichste Politiker:
derjenige, der das sagt, was alle denken, und der es am lautesten sagt.
Theodore Roosevelt

ein geschickter Politiker:
wer an einer Weggabelung beide Wege einschlägt. *Marco A. Amazán*

Politikerkunst:
im Gespräch bleiben, ohne ins Gerede zu kommen. *Paul Renner*

Politologe:
ein Mann, der nachher erklärt, warum man etwas hätte voraussehen müssen.
Alfred Grosser

Polizist:
ein Mensch, der Menschen vor Menschen schützt. *Anonym*

Polygamie:
zuviel von einer guten Sache. *Ambrose Bierce*

Pommes frites:
Vierkantkartoffeln. *Anonym*

populär sein:
eine Menge uninteressanter Leute kennen. *Anonym*

Popularität:
eine Strafe, die wie eine Belohnung aussieht. *Ingmar Bergman*

das Kleingeld des Ruhms. *Victor Hugo*

der Lorbeerkranz, den die Welt schlechter Kunst aufsetzt. *Oscar Wilde*

Pornographie:
aus dem Zusammenhang gerissene Erotik. *Werner Mitsch*

Portier:
ein Naturwunder, das mit einer Hand Ihre Wagentür öffnet, Ihnen mit der anderen hineinhilft und immer noch eine dritte hat, um das Trinkgeld entgegenzunehmen. *Anonym*

Porto:
die Geldbuße, mit der die Post das Versenden von Briefen und Päckchen bestraft. *Wolfram Weidner*

Porträt:
ein Steckbrief ohne Worte. *Markus Hattstein*

Post:
der Kitt, der eine weitverstreute Familie zusammenhält. *Anonym*

eine Institution zur verteuerten Verlangsamung der Briefzustellung mit dem Ziel der Selbstabholung gegen zehnfache Gebühr. *Cyril Northcote Parkinson*

Postskriptum:
einziger Teil des Briefes einer Dame, den du lesen mußt, wenn du in Eile bist.
Ambrose Bierce

Powidl:
die Wagenschmiere, die so phantastisch nach Pflaumenmarmelade schmeckt.
Peter Alexander

amerikanische Präsidentschaftsbewerber:
das einzige Wild, das niemals Schonzeit hat. *John Groves*

Pragmatiker:
ein Mensch, der konsequent den Sowohl-als-auch-Standpunkt vertritt.
Arno Sölter

Praktiker:
ein Mann, der mehr kann, als er weiß. *Anonym*

Prediger:
Leute, die sagen: Tut, was ich sage, nicht, was ich tue. *John Selden*

Predigt:
etwas, das wir gut finden, wenn es über unseren Kopf hinweg den anderen trifft. *Anonym*

eine Ansprache, die häufiger die Zuhörer als das Thema erschöpft. *Anonym*

Preiskartell:
Teamarbeit zur Erlöspflege. *Arno Sölter*

Preisträger:
einer, der sich ausgezeichnet fühlt. *Anonym*

Presse:
eine gewaltige Vergrößerungsmaschine, die mittels »wir« und Druckerschwärze das Piepsen einer Maus in das Gebrüll eines Leitartikellöwen verwandelt, an dessen Lippen die Nation (vermutlich) mit angehaltenem Atem hängt.
Ambrose Bierce

– die Artillerie der Gedanken. *Gotthold Ephraim Lessing*

ein Gewissen aus Papier. *Malcolm Muggeridge*

die Möglichkeit, Dinge zu verschweigen, indem man andere druckt. *Rudolf Rolfs*

Pressefreiheit:
das Recht, drucken zu lassen, was du zu sagen hast, vorausgesetzt, daß du Druckmaschinen, Papier und Nachrichtendienste kaufen kannst. *Anonym*

das Recht, Lügen zu drucken, ohne dazu gezwungen zu werden. *Robert Lembke*

die Freiheit von 200 reichen Leuten, ihre Meinung zu verbreiten. *Paul Sethe*

Pressesprecher:
Leute, die dort eine Narbe haben, wo ihr Chef verwundet worden ist. *Henry Spangler*

Prestige:
das Ansehen, das sich die Unansehnlichen erträumen. *Anonym*

eine Seifenblase, die sofort platzt, wenn man sie selber aufbläst. *Heinz Hilpert*

die Daumenschrauben, die man auch einer Weltmacht anlegen kann. *George F. Kennan*

Preußen:
das Land, in dem Würste, Bier und Kanonenfutter gedeihen. *Ambrose Bierce*

Priester:
Leute, die, statt Hand anzulegen, sich mit Handauflegen begnügen. *Ron Kritzfeld*

Prinzipien:
diejenigen Gesetze, welche gebrochen werden dürfen. *Peter Bamm*

Grundsätze, an denen man nur festhält, solange sie nicht auf die Probe gestellt werden. *Otto von Bismarck*

der jämmerlichste Grund, den es gibt, um sich unbeliebt zu machen.

George Bernard Shaw

Prioritäten setzen:
auswählen, was liegenbleiben soll. *Helmar Nahr*

Privatgelehrte:
diese rätselhaften Wissenschaftswesen, von denen man nicht weiß, kriegen's deswegen keine Anstellung, weil sie zu wenig oder weil sie zu viel wissen.

Johann Nepomuk Nestroy

Privileg:
etwas, das sich viele wünschen und das den wenigsten vergönnt ist. *Anonym*

PR-Mann:
der Mann, der gegen Honorar gackert, wenn du ein Ei legst. *Anonym*

Probleme:
Gelegenheiten zu zeigen, was man kann. *Duke Ellington*

Professor:
ein Mann, der anderer Meinung ist. *Eduard von Hartmann*

ein Mensch, der Bücher auf Subskription und Weihnachtsgeschenke am 24. Dezember kauft. *Robert Lembke*

Prognostiker:
ein Mann, der in lichten Momenten düstere Ahnungen hat. *Tennessee Williams*

Programmheft:
das einzige Bindeglied zwischen Literatur und Theater, das wir heute noch haben. *Oscar Wilde*

prominent:
gut erreichbar für die Lanzen der Bosheit, der Verunglimpfung und des Neides.

Ambrose Bierce

Prominenter:

Paradiesvogel, der sein extravagantes Gefieder durch einen Public-Relations-Experten pflegen läßt. *Anonym*

ein Mensch, der sich ein Leben lang Mühe gegeben hat, um bekannt zu werden, und dann dunkle Brillen trägt, damit man ihn nicht erkennt. *Anonym*

wer zuerst ins Gespräch kommt und dann ins Gerede. *Axel von Ambesser*

Mensch, der sich bemüht, sein Inkognito zu bewahren, jedoch schwer enttäuscht ist, wenn ihm das gelingt. *Victor de Kowa*

ein Mann, der es sich nicht leisten kann, sich nichts zu leisten. *Liselotte Pulver*

Prominente:

Leute, die etwas später als andere vergessen werden. *Ron Kritzfeld*

prominent sein:

von vielen Leuten gekannt zu werden, die man glücklicherweise nicht kennt. *Robert Redford*

Prominenz:

eine Eigenschaft, die nicht durch Auslese, sondern durch Beifall zustande kommt. *Friedrich Sieburg*

Promiskuität:

Genuß ohne Treue. *Ron Kritzfeld*

Propaganda:

eine Lüge, die man einer Million Menschen erzählt. *Anonym*

Anwendung von Magie durch Leute, die nichts mehr glauben, gegen Menschen, die noch Glauben haben. *Wystan Hugh Auden*

die Kunst, den Teufel mit zwei gesunden Füßen zu fotografieren. *Hans Kasper*

die Kunst, Gegenwind in Rückenwind zu verwandeln. *Ugo Tognazzi* hartnäckiger Versuch, andere Menschen glauben zu machen, was man selbst nicht glaubt. *Thaddäus Troll*

die Kunst, anderen Menschen zu beweisen, daß sie unserer Meinung sind. *Peter Ustinov*

Propagandist:
ein Fachmann, der Einstellungen und Meinungen verkauft. *Hans Speier*

Prophet:
einer, der durch das Schlüsselloch ins Himmelreich geblickt hat. *Ron Kritzfeld*

moderne Propheten:
Rufer in der Wüste, unter der man Öl vermutet. *Norman Mailer*

prophezeien:
eine schwierige Aufgabe, besonders wenn es sich um die Zukunft handelt. *Eduard von Schwartzkoppen*

Prophezeiung:
die Kunst, seine Glaubwürdigkeit jetzt zu verkaufen und später zu liefern. *Ambrose Bierce*

Prospekt:
Tellergericht aus heißen Lügen, gewürzt mit ein paar kalten Tatsachen. *Ambrose Bierce*

illustrierte Vortäuschung von Informationen. *Helmar Nahr*

Prostituierte:
eine Frau, die durch langsames Auf-und-ab-Gehen schneller vorwärts kommen will. *Anonym*

Prostitution:
nur eine Fata Morgana des Sexuellen für Wanderer in der Wüste der Entbehrung. *Heimito von Doderer*

Protokoll:
das, was vor der Sitzung vereinbart, nach der Sitzung unterschrieben und während der Sitzung nicht gesagt wurde. *Anonym*

– die nachträgliche Niederschrift dessen, was man bei einer Besprechung gern gesagt oder von anderen gehört hätte. *Robert Lembke*

Proust, Marcel

Proust ist durch nichts genauer zu charakterisieren als durch die Feststellung, daß ihm nichts gleichgültig war. *Martin Walser*

Prozeß:

eine Maschine, in die man als Schwein hineingeht, um als Wurst wieder herauszukommen. *Ambrose Bierce*

eine förmliche Untersuchung zu dem Zweck, den makellosen Charakter von Richtern, Advokaten und Geschworenen zu beweisen und aktenkundig zu machen. Dazu ist eine Kontrastperson in Form eines sogenannten Angeklagten, Gefangenen oder Beschuldigten erforderlich. *Ambrose Bierce*

eine Lotterie, die den Einsatz nicht lohnt. *A.O. Weber*

Prozeßpartei:

jemand, der bereit ist, seine Haut zu opfern in der Hoffnung, daß er seine Knochen behalten darf. *Ambrose Bierce*

Prüderie:

die Neigung weiblicher Personen von lockerem Lebenswandel, sich hinter dem Rücken ihres Wohlverhaltens zu verstecken. *Ambrose Bierce*

eine Festung, die um so hartnäckiger verteidigt wird, je weniger Gefahr ihr droht. *Delphine Gay*

die Heuchelei der Keuschheit. *Nicolas Massias*

eine besondere Art von Geiz, und zwar die schlimmste, die es geben kann. *Stendhal*

Prügel:

Relikt aus der Zeit, als Denkanstöße noch manuell verabreicht wurden. *Anonym*

Pseudonym:

Deckname zahlreicher Künstler und Autoren, damit sie für ihre Erzeugnisse nicht ganz so leicht zur Rechenschaft gezogen werden können. *Anonym*

Psychiater:

ein Arzt, der Leid mit Freud vertreibt. *Anonym*

ein Mann, der sich keine Sorgen zu machen braucht, solange andere Leute sich noch welche machen. *Anonym*

ein Mann, der in eine Striptease-Show geht, um sich die Gäste anzusehen. *Anonym*

Leute, die sich selbst nicht konsultieren, weil sie zu teuer sind. *Peter Sellers*

der letzte Mensch, mit dem man spricht, bevor man anfängt, mit sich selbst zu sprechen. *Frank Sinatra*

Voyeur des Inneren. *Hans-Horst Skupy*

Ärzte, die mit Worten operieren. *Wolfram Weidner*

Psychoanalyse:

eine herrliche Erfindung, die einfachen Menschen das Gefühl verleiht, komplizierte Wesen zu sein. *Behrmann*

die Religion der privaten Verwirrung. *Karl Jaspers*

jene Geisteskrankheit, für deren Therapie sie sich hält. *Karl Kraus*

mehr eine Leidenschaft als eine Wissenschaft. *Karl Kraus*

eine Methode, bei der ein Arzt von einem Patienten ein paar Jahre leben kann. *Anton Kuh*

– das Heilen von Krankheiten dadurch, daß man dem Patienten erklärt, was mit ihm los ist: ein ausgezeichnetes Vorgehen, vorausgesetzt, daß man weiß, was mit ihm los ist, besonders wenn die Erklärung die ist, daß nichts mit ihm los ist. *George Bernard Shaw*

Psychoanalytiker:

ein Mann, der gegen Honorar die gleichen Fragen an uns stellt, die eine Frau gratis an uns richtet. *Anonym*

ein Beichtvater, den es gelüstet, auch die Sünden der Väter abzuhören. *Karl Kraus*

ein Mann, der nach Gesprächen mit vielen Patienten sagen kann, was ihm selber fehlt. *Peter Sellers*

Psychologe:

ein Mann, der beim Auftauchen eines hübschen Mädchens nicht das Mädchen anschaut, sondern die Männer, die das Mädchen anschauen. *Jo Herbst*

Psychologen:

die Spione unserer Empfindungen. *Oscar Blumenthal*

die Durchschauer der Leere und Schwindler der Tiefe. *Karl Kraus*

Psychologie:

eine Wissenschaft, die uns über den Menschen Dinge, die jeder weiß, in einer Sprache lehrt, die keiner versteht. *Anonym*

die Wissenschaft von der Seele dessen, der sie betreibt. *Egon Friedell*

der Omnibus, der ein Luftschiff begleitet. *Karl Kraus*

die Naturwissenschaft der Seele. *Hans Lohberger*

Philosophie nach dem Sündenfall. *Rudolf Alexander Schröder*

50 Prozent Sexualität und 50 Prozent Fehlinterpretation. *Gerhard Uhlenbruck*

Psychopathen:
Menschen wie du und ich, nur ein bißchen verrückter. *Anonym*

das natürlichste Psychopharmakon:
streicheln. *Oliver Hassencamp*

Psychotherapeut:
ein Mann, der dem Vogel, den andere Leute haben, das Sprechen beibringt. *Wolfgang Gruner*

ein Mann, der die Miete kassiert, wenn Leute ein Luftschloß bewohnen. *Danny Kaye*

Psychotherapie:
ein Zweig der Heilkunde, der den Menschen beibringen soll, auf eigenen Füßen zu stehen, während sie auf einem Sofa liegen. *Anonym*

Pubertät:
die Zeit, wenn die Eltern anfangen, schwierig zu werden. *Anonym*

Zeitspanne, während derer Jungen nicht wissen, ob sie Mädchen küssen oder verprügeln sollen. *Anonym*

Public Relations:
wichtigste Abteilung jedes Verlags, die viel Mühe und Geld aufwendet: für gute Bücher, denen es nicht nützt, und für schlechte Bücher, die es nicht nötig haben. *Hans Weigel*

Publikum:
eines der wenigen Vergnügen für die Tiere im Zoo. *Jacek Urbanski*

Publizist:
Medienschaffender, der weder die Bezeichnung Journalist noch Dichter verdient, aber trotzdem nicht schlecht verdient. *Anonym*

Pünktlichkeit:
eine Tugend, die wenig einbringt, weil in der Regel niemand da ist, der sie bemerken könnte. *Anonym*

– eine Tugend, die bewirkt, daß man ständig auf andere warten muß. *Anonym*

eine Tugend, die bei Gläubigern abnorm gut entwickelt zu sein scheint.
Ambrose Bierce

die Kunst, richtig abzuschätzen, um wieviel sich der andere verspäten wird.
Bob Hope

der beste Nachweis einer guten Erziehung. *Hans Kilian*

die Kunst, sich so zu verspäten, daß man immer noch früher da ist als die anderen. *Monika Peitsch*

ein gutes Training für das Alleinsein. *Georg Thomalla*

Pullover:
Kleidungsstück, das ein Kind zu tragen hat, wenn die Mutter friert. *Anonym*

Punkt:
ein Winkel, dem man beide Schenkel ausgerissen hat. *Anonym*

die nullte Dimension. *Wilhelm Busch*

Puritaner:
ein frommer Mann, der daran glaubt, daß alle Leute tun und lassen sollten, was er will. *Ambrose Bierce*

ein Mensch, der die richtige Entrüstung in die falschen Dinge gießt.
Gilbert Keith Chesterton

jemand, der das Sündigen so lange für erlaubt hält, als er kein Vergnügen daran hat. *Robert Kerr*

Menschen, die Feigenblätter vor den Augen tragen. *Stanislaw Jerzy Lec*

Puritanismus:
die schreckliche Furcht, daß jemand irgendwo glücklich sein könnte.
Henry Louis Mencken

Puzzle:

ein Spiel, das von einem schottischen Schlachter erfunden wurde, der aus Versehen einen Geldschein in die Fleischhackmaschine fallen ließ. *Anonym*

Pyjama:

ein Kleidungsstück, das häufig nahe dem Bett liegt – für den Fall, daß es brennt. *Anonym*

Q

Qualitätsware:

ein Artikel, der hält, bis er ganz bezahlt ist. *Anonym*

Quartett:

eine Gruppe von fünf Musikanten, von denen einer vor Beginn gekniffen hat. *Anonym*

Querdenker:

einer, dessen Hirn ein bißchen anders programmiert ist als das der meisten Menschen, was nicht unbedingt negativ zu werten ist, sonst gäbe es keine Kabarettisten, Künstler, Erfinder und Genies. *Anonym*

Querulant:

unangenehme und unvernünftige Person, die es trotz gewaltsamer Bekehrungsversuche immer noch ablehnt, sich zu meinen angenehmen und vernünftigen Einsichten zu bekennen. *Markus Hattstein*

Querulanten:

Leute, die mit dem Unrecht, das man ihnen angetan hat, nicht einverstanden sind. *Winfried Hönes*

Quiz:

Fragespiel, dessen Originalität in seinem englischen Titel besteht. *Anonym*

ein Versuch, aus einem Menschen mehr herauszuholen, als drinsteckt. *Peter Frankenfeld*

Quizmaster:
eine seltsame Mischung von Clown, Buchhalter und Oberlehrer. *Peter Sellers*

R

Rabatt:
Nachlaß auf überhöhte Preise. *Anonym*

der nachträgliche Abzug des Aufschlags. *Anonym*

Rache:
die Strafe, die züchtigt, ohne zu verhüten. *Albert Camus*

ein Gericht, das man kalt verspeisen muß. *Napoleon III.*

Rad:
die größte Erfindung des Menschen, bis er auf die Idee kam, sich hinter es zu setzen. *Anonym*

Radfahrer:
die einzigen sympathischen Leisetreter. *Ernst Schröder*

Radikaler:
ein gescheiterter Konservativer. *Anonym*

ein Mann, der mit beiden Beinen fest in der Luft steht. *Franklin D. Roosevelt*

Radio:
eine Art verbessertes Fernsehen, bei dem nur noch der Ton übertragen werden muß. *»Epoca«, Italien*

eine Strafe Gottes. *Theodor Heuss*

Räuber:
jemand, der einem gewaltsam nimmt, worum man einen anderen betrogen hat. *Ambrose Bierce*

einer, der bei der Aneignung fremden Eigentums schneller oder cleverer war als ich. *Markus Hattstein*

Raketenchristen:
die die Erde nur als Abschußrampe für ihre Himmelfahrt betrachten.
Gottfried Edel

Rasen:
Edelwiese. *Anonym*

eine Fläche, auf der widerstandsfähiges Gras, das auf unbebautem Gelände großartig gedeiht und auf Wegen zwischen den Steinen wuchert, an der liebevollen Sorgfalt des Hausherrn langsam zugrunde geht. *Anonym*

Rasur:
das Abzeichen der Zivilisation. *Arthur Schopenhauer*

Rat:
die Vorschläge, die du einem Menschen machst und von denen du hoffst, daß sie zu deinem Vorteil wirken werden. *Anonym*

die kleinste kursierende Münze. *Ambrose Bierce*

Rat erbitten:
sich den eingeschlagenen Weg von einem anderen bestätigen lassen.
Ambrose Bierce

Rat geben:
das dümmste Handwerk, das einer treiben kann. Rate sich jeder selbst und tue, was er nicht lassen kann. *Johann Wolfgang von Goethe*

Raten:
das einzige, was man selbst heute nicht in Raten bezahlen kann. *Anonym*

Ratenzahlung:
ein Verfahren, die Monate zu verkürzen und die Jahre zu verlängern. *Anonym*

– Quelle fortwährenden und allseitigen Vergnügens; für den Schuldner, weil er wieder etwas von seiner Schuldenlast los wird, und für den Gläubiger, weil er etwas von seinem Geld wiedersieht. *Ron Kritzfeld*

Ratgeber:
Leute, die Entscheidungen ungemein erschweren. *Ron Kritzfeld*

Rationalisierung:
Sparmaßnahme, die gewöhnlich zu einem beträchtlichen Kostenanstieg führt. *Ron Kritzfeld*

Rationalisierung bei der Post:
Erhöhung der Gebühren und Verschlechterung des Zustelldienstes. *Cyril Northcote Parkinson*

der beste Ratschlag:
der, daß man ihn nicht annehmen muß. *Anonym*

Raumschiff:
Fahrzeug zur Betrachtung und Erforschung des Fernstliegenden für eine Generation, die nicht in der Lage ist, das Nächstliegende wahrzunehmen. *Anonym*

Raupe:
ein gepolsterter Wurm. *Anonym*

Rausch:
der Zustand, in dem ein Mann versucht, seine Hosen über den Kopf auszuziehen. *Anonym*

Rauschgift:
eine Droge, die ihre Käufer zeitweise in jenes Paradies entführt, in dem die Verkäufer ständig wohnen. *Anonym*

eine unverriegelte Tür im Gefängnis der Identität. Sie führt auf den Gefängnishof. *Ambrose Bierce*

Reaktionär:
ein Schlafwandler, der rückwärts geht. *Franklin D. Roosevelt*

Reaktionäre:

Leute, die sogar den Neumond nicht mögen. *Jo Herbst*

Realismus:

die Kunst, die Natur aus der Froschperspektive abzubilden. *Ambrose Bierce*

Realist:

ein Mann, der den richtigen Abstand zu seinen Idealen hat. *Truman Capote*

Realisten:

Leute, die lassen, was sie nicht tun können. (Phantasten: Leute, die tun, was sie nicht lassen können.) *Axel von Ambesser*

Realität:

nur eine Illusion, die durch Mangel an Alkohol hervorgerufen wird. *irische Weisheit*

Rebell:

Verfechter einer neuen Mißwirtschaft, dem der Erfolg versagt blieb. *Ambrose Bierce*

Rechercheur:

einer, dessen Tätigkeit etwas mit derjenigen erfahrener Trüffelschweine zu tun hat. *Anonym*

Recht:

was keck behauptet und überzeugend verfochten wird. *Aron Burr*

die Übereinstimmung mit den Naturgesetzen, soweit sie der menschlichen Vernunft bekannt sind. *Ralph Waldo Emerson*

nichts anderes als das ethische Minimum. *Georg Jellinek*

Inbegriff der Bedingungen, unter denen die Willkür des einen mit der Willkür des anderen in Einklang gebracht werden kann. *Immanuel Kant*

eine Gewalt, die der Gewalt das Recht streitig macht. *Hans Kudszus*

– ein Werturteil, das eine Macht über eine ihr an Macht unterlegene Macht fällt. *Henry de Montherlant*

etwas, das man behalten kann, ohne es zu haben. *Josef Unger*

der Schutz des Menschen vor dem Menschen durch den Menschen um Gottes willen. *Franz Werfel*

das, wogegen die öffentliche Meinung keinen nachhaltigen Widerspruch erhebt. *Richard Wiggins*

Zwangsregeln, welche die Öffentlichkeit verlangt, respektiert, in Kauf nimmt, duldet oder erträgt. *Richard Wiggins*

Recht des Stärkeren:
das stärkste Unrecht. *Marie von Ebner-Eschenbach*

das größte Recht:
das Recht, Unrecht zu haben. *Harry Weinberger*

eine gerade Rechte:
die kürzeste Verbindung zwischen Wachen und Träumen. *Anonym*

rechtmäßig:
vereinbar mit dem Willen des zuständigen Richters. *Ambrose Bierce*

Rechtsanwalt:
nicht nur ein Diener am Recht, sondern auch ein Verdiener am Unrecht. *Anonym*

Spezialist im Spalten fremder Haare. *Anonym*

Schutzengel, der uns vor Räubern dadurch schützt, daß er uns alles abnimmt, was sie in Versuchung führen könnte. *Anonym*

eine in der Umgehung des Gesetzes geschulte Person. *Ambrose Bierce*

gesetzlich bestellte Person zur ungeschickten Verwaltung von Geschäften, die man selber nicht gehörig vermasseln kann. *Ambrose Bierce*

ein Mann, der unser Vermögen schützt, damit möglichst viel davon für ihn abfällt. *Markus M. Ronner*

Rechtsanwälte:

die einzigen Leute, bei denen Unkenntnis des Rechts nicht bestraft, sondern belohnt wird. *Jeremy Bentham*

Leute, die Unrecht für Recht ausgeben können. *Egon Friedell*

Rechtsberatung:

das Suchen und Finden von Schlupflöchern. *Anonym*

Rechtswissenschaft:

die Fähigkeit und Kunst, recht zu erhalten, obwohl man es nicht hat. *Anonym*

die Kunst, mit Methode zu ignorieren, was sonst jedermann weiß. *Jeremy Bentham*

Recycling:

die Lieferung veralteter Waffen in neue Krisengebiete. *George Bentley*

Redakteur:

Verlagsangestellter, der sich seinen Kaffee nicht mehr selbst kochen muß. *Anonym*

jemand, der die Spreu vom Weizen sondert und die Spreu druckt. *Adlai Stevenson*

Redaktionsstatute:

Dokumente, die Verlagsangehörigen, die nichts zu sagen haben, das Recht geben, es trotzdem zu sagen. *Robert Lembke*

Rede:

die Anstrengung eines Sprechers, der eine Versammlung dazu bringen will, das Kompliment seiner Anwesenheit durch die Annahme seiner Ideen zu erwidern. *Anonym*

die Kunst, Glauben zu erwecken. *Aristoteles*

eine gute Rede:

eine Ansprache, die das Thema erschöpfen soll, aber keineswegs die Zuhörer. *Winston Churchill*

Redekunst:

die Macht, Menschen ihre klaren und natürlichen Meinungen auszureden.
Hobard C. Chatfield-Taylor

Redner:

ein Mensch, der durch Länge den Mangel an Tiefe ausgleicht. *Anonym*

guter Redner:

ein Mann, der mit einem Vortrag über die Kunst des Zwiebelschälens einen vollen Saal zum Weinen bringen kann. *Edouard Herriot*

reflektieren:

was man heute tut, wo es früher genügte, nachzudenken. *Ralph Boller*

Reformen:

Ideen, von denen Politiker sagen, man müsse sie dem Bürger verkaufen, weshalb er regelmäßig dafür zahlen muß. *Ron Kritzfeld*

Regen:

Folge des Zusammentreffens von Hochdruckgebieten mit Kaltfronten, feuchten Luftmassen und Wochenenden. *Anonym*

eine primöse Zersetzung luftähnlicher Mibrollen und Vibromen, deren Ursache bis heute noch nicht stixiert wurde. *Karl Valentin*

Regenschirm:

Kleidungsstück, das – mitgenommen – für schönes Wetter sorgt. *Anonym*

regieren:

die Kunst, Probleme zu schaffen, mit deren Lösung man das Volk in Atem hält.
Ezra Pound

gut regieren:

achtgeben, daß nicht zuviel regiert wird. *Anonym*

Regierung:

eine Gruppe von Menschen, die den Einwohnern eines begrenzten Gebietes zu Monopolpreisen Schutz verkaufen. *Maxwell Anderson*

nicht der Ausdruck des Volkswillens, sondern der Ausdruck dessen, was ein Volk erträgt. *Kurt Tucholsky*

Regierungsgebäude:

die Kathedralen der Bürokraten. *Cyril Northcote Parkinson*

Regierungskunst:

die Fähigkeit, die größere Hälfte der Nation zufriedenzustellen, ohne die kleinere Hälfte zu vergrämen. *Edgar Faure*

Regierungsprogramm:

Orientierungswechselrahmen. *Ron Kritzfeld*

Regierungssprecher:

ein Mann, der Haselnüsse als Kokosnüsse verkaufen kann. *Carlo Franchi*

ein Mann, der mehr verdauen muß, als er gegessen hat. *Carlo Franchi*

das Deodorant des Kabinetts. *Carlo Franchi*

ein Mann, der aufstoßen muß, wenn andere gegessen haben. *Norman Mailer*

Regisseur:

Neurotiker, der seine Verklemmungen dem Publikum aufschwatzen will. *Ron Kritzfeld*

Registratur:

Sammelstelle für geordnete Makulatur. *Anonym*

Rehabilitation:

Wiederbelebungsversuch nach Rufmord. *Ron Kritzfeld*

reich:

wer seine Steuern bezahlen kann, ohne Schulden machen zu müssen. *Bing Crosby*

– wer so viel besitzt, daß er nichts mehr wünscht. *Marcus Tullius Cicero*

die wirklich Reichen:
die Leute, die Geld und Zeit haben. *Rudolf Hagelstange*

Reichtum:
sichtbar versteckte Beute. *Anonym*

die Ersparnisse vieler in den Händen eines einzigen. *Eugen Debs*

der sicherste Reichtum:
die Armut an Bedürfnissen. *Franz Werfel*

reif:
wer auf sich selbst nicht mehr hereinfällt. *Heimito von Doderer*

reif sein:
in einer Isolierung leben, die sich selbst genügt. *Cesare Pavese*

Reife:
Zeitpunkt im Leben eines Jungen, zu dem er bemerkt, daß ein Mädchen bemerkt, daß er es bemerkt. *Anonym*

Reingewinn:
derjenige Teil der Bilanz, den der Vorstand beim besten Willen nicht mehr vor den Aktionären verstecken kann. *Carl Fürstenberg*

reisefertig:
Erschöpfungszustand nach Urlaubsreise. *Ron Kritzfeld*

Reiseführer:
ein Reiseleiter, den man in die Tasche stecken kann. *Sigismund von Radecki*

reisen:
zu 90 Prozent Vorfreude und zu 10 Prozent Erinnerung. *Anonym*

Flucht aus der eigenen Alltäglichkeit in die Alltäglichkeit anderer. *Wieslaw Brudzinski*

entdecken, daß alle unrecht haben mit dem, was sie über andere Länder denken. *Aldous Huxley*

Reisender:

ein Mensch, der sein Leben in vollen Zügen genießt. *Anonym*

Reißverschluß:

eine Erfindung, die die zugeknöpften Damen aussterben läßt. *Ernst Stankowski*

reiten:

die Kunst, ein Pferd zwischen sich und dem Erdboden zu halten. *Anonym*

Reizwäsche:

etwas, womit Frauen ihre Nacktheit unterstreichen. *Anonym*

Reklame:

eine raffinierte Art zu lügen. *Ralph Nader*

die Kunst, auf den Kopf zu zielen und die Brieftasche zu treffen. *Vance Packard*

der Versuch, den Menschen von seinem Geld zu trennen. *John B. Priestley*

Rekrut:

jemand, der sich von einem Zivilisten durch seine Uniform und von einem Soldaten durch seinen Gang unterscheidet. *Ambrose Bierce*

Religion:

Sammelbegriff für alle Konfessionen, von denen jede den Anspruch erhebt, uns den besten Weg zeigen zu können. *Anonym*

eine Tochter der Furcht und der Hoffnung, die der Unwissenheit die Natur des Unbegreiflichen erklärt. *Ambrose Bierce*

das als eine Lebensnotwendigkeit tief empfundene Gefühl der Abhängigkeit. *Karl Gutzkow*

Versicherung im Diesseits gegen Feuer im Jenseits. *Robert Lembke*

– das, was die Armen davon abhält, die Reichen umzubringen. *Napoleon I.*

die Suche in einem dunklen Raum nach einer schwarzen Katze, wenn keine Katze da ist und doch plötzlich einer ruft: »Ich habe sie gefangen.« *Manfred Rommel*

für die meisten etwas, woran man glaubt, weil man glaubt, daß der andere daran glaubt. *Hjalmar Söderberg*

eine Angelegenheit des Herzens, nicht des Kopfes. *Christoph Martin Wieland*

christliche Religion:
eine intentionierte politische Revolution, die, verfehlt, nachher moralisch geworden ist. *Johann Wolfgang von Goethe*

Reling:
das einzige Vorbeugemittel bei Seekrankheit. *Max Pallenberg*

perfektes Rendezvous:
eines, zu dem weder er noch sie gekommen ist. *Oscar Wilde*

Rentenalter:
Lebensabschnitt, in dem nur noch Politiker voll bezahlt werden. *Michael Schiff*

Reorganisation:
etwas, wozu sich ein Unternehmen entschließt, wenn sich herausstellt, daß es mehr Vorstandsmitglieder als Kunden hat. *Anonym*

Reporter:
Trüffelschweine des Journalismus. *Tagungsmotto der Evangelischen Akademie Tutzing*

einer, der sich schreibend zur Wahrheit vortastet und sie mit einem Wolkenbruch von Worten verschüttet. *Ambrose Bierce*

Republik:
Staatsform, die all denen gleiche Rechte zuteil werden läßt, die dafür zahlen können. *Ambrose Bierce*

Reservereifen:
ein Reifen, den man sich erst ansieht, wenn man einen Platten gehabt hat.
Anonym

Resignation:
Leidenschaft a.D. *Anonym*

die Zuversicht, die sich zur Ruhe gesetzt hat. *Anonym*

Respekt vor dem Alter:
die zivilisierte Form des Mitleids der Jugend, die ihren Sieg in der Tasche hat.
Hans Kasper

Restrisiko:
das Risiko, das uns den Rest gibt. *Anonym*

Reue:
die unpünklichste aller Tugenden; sie kommt immer zu spät. *Anonym*

der feste Vorsatz, beim nächstenmal keine Fingerabdrücke zu hinterlassen.
Marcel Achard

eine nachträglich entrichtete Vergnügungssteuer. *Senta Berger*

der Versuch, in sich zu gehen, nachdem man gerade so schön aus sich herausgegangen war. *Hans Clarin*

eine große Trauer darüber, daß wir sind, wie wir sind. *Marie von Ebner-Eschenbach*

nicht so sehr Kummer über das Böse, das wir getan haben, wie Furcht vor dem, das uns daraus erwachsen kann. *Marie von Ebner-Eschenbach*

Verstand, der zu spät kommt. *Ernst Freiherr von Feuchtersleben*

der Schmerz, getan zu haben, was man nicht getan haben möchte.
Ludwig Marcuse

das Bedauern darüber, daß man so lange gewartet hat, es zu tun.
Henry Louis Mencken

– das Dessert der Genießer. *Willy Reichert*

späte Reue:

echte Zerknirschung mit falschen Zähnen. *Carl Merz*

Revolte:

der gescheiterte Versuch der Unzufriedenheit, ein miserables Herrschaftssystem durch eine schlechte Regierung zu ersetzen. *Ambrose Bierce*

Revolution:

ein Bersten von Kesseln, das zumeist stattfindet, wenn das Sicherheitsventil der öffentlichen Diskussion geschlossen wird. *Ambrose Bierce*

in der Politik ein plötzlicher Wechsel in der Form der Mißregierung. *Ambrose Bierce*

das Feuer, an dem die einen verbrennen und die anderen ihre Suppe kochen. *John Carrick*

viel weniger Bauplatz der Zukunft als Auktion der Vergangenheit. *Heimito von Doderer*

der Übergang von einer alten Ordnung, die stirbt, zu einer neuen Ordnung, die sich bildet. *Emile Littré*

eine Meinung, die auf Bajonette trifft. *Napoleon I.*

ein Aufruhr, der es geschafft hat. *André Prévot*

der Krieg der Freiheit gegen ihre Feinde. *Maximilien Robespierre*

eine Unternehmung, in der einige hundert oder tausend Unschuldige oder wenigstens Unrichtige umgebracht werden, damit irgendein Schuldiger oder wenigstens ein Unrichtiger zur Macht gelangt. *Arthur Schnitzler*

die erfolgreiche Anstrengung, eine schlechte Regierung loszuwerden und eine schlechtere zu errichten. *Oscar Wilde*

Revolutionen:

die Krankheiten, die das Wachstum der Menschheit bezeichnen. *Friedrich Hebbel*

Revolutionär:

ein Mann, der das Feuer der Unzufriedenheit mit Benzin löscht.

Henry de Montherlant

Revuegirls:

gutgebaute weibliche Wesen, deren Körper und Bewegungen viel versprechen, ohne es unbedingt halten zu müssen. *Anonym*

Rezensent:

ein Fachmann, dessen negative Besprechung für den Absatz eines Buches schädlich, dessen positive Besprechung für den Absatz des besprochenen Buches unerheblich ist. *Hans Weigel*

ein Mann, der alles weiß und gar nichts kann. *Ernst von Wildenbruch*

Rezensionen:

eine Art von Kinderkrankheit, die die neugeborenen Bücher befällt.

Georg Christoph Lichtenberg

Rezession:

vornehmer Ausdruck für das brutale Wort Wirtschaftskrise. Unsere Vorfahren nannten es schlicht und einfach schlechte Zeiten. *Anonym*

Wirtschaftslage, in der wir Geld, das wir nicht haben, nicht ausgeben können.

Anonym

eine Einrichtung zur Wiederbelebung der Höflichkeit im Geschäftsleben.

Anonym

eine Zeit, in der wir auf Dinge verzichten müssen, die unsere Großeltern noch nicht einmal kannten. *»Financial Times«, London*

Rhein:

die romantischste Kloake Europas. *Piet Geldern*

Rhetorik:

die Kunst, gleichzeitig zu reden und zu denken. *Anonym*

eine Verschwörung zwischen Wort und Tat, um den Verstand zu hintergehen. *Ambrose Bierce*

ein Appell an das Gefühl in der Maske sachlicher Information. *Helmar Nahr*

die Kunst, von den eigenen Formulierungsproblemen abzulenken. *Wolfram Weidner*

Rheuma:

das beste Mittel gegen Liebestollheit. *Louis de Funés*

Ringelnatz, Joachim

Er war ein Puck, der Grelles und Hintersinniges bestürzend verkuddelmuddeln konnte, ein Virtuos und Wörterclown. *Eugen Skasa-Weiß*

Risiko:

die Bugwelle des Erfolges. *Carl Amery*

Risk Management:

ein schönes Wort, das dem Sicherheitsbeauftragten ein Plätzchen in der Direktionsetage sichert. *Anonym*

Ritterlichkeit:

die Bemühung eines Mannes, eine Frau vor allen anderen Männern zu schützen, nur nicht vor ihm. *Anonym*

das Benehmen eines Mannes gegenüber der Frau eines anderen. *Anonym*

Ritual:

festgeschriebene Handlung, über deren Sinn sich der Ausführende in den wenigsten Fällen Gedanken macht. *Anonym*

Rivalin:

eine Dame, die die Ehefrau genauestens beobachtet, ohne sie eines Blickes zu würdigen. *Anonym*

Rivalinnen:

Frauen, die einander mit unverhohlener Verstohlenheit mustern. *Georges Feydeau*

Roboter:

Vorrichtung, die Sachen tut, von denen man geglaubt hat, daß nur Menschen sie tun können. *Anonym*

Röntgenarzt:

der einzige Mann, der eine Frau zu durchschauen vermag. *Sacha Guitry*

Roggen:

unfertiger Whisky. *Ambrose Bierce*

Rom:

ein riesiger Friedhof, der vor Leben strotzt. *Federico Fellini*

Roman:

das, was sich eine Frau erträumt (Männer bevorzugen Kurzgeschichten). *Anonym*

eine aufgebauschte Kurzgeschichte. *Ambrose Bierce*

oft nicht mehr als eine gemästete Kurzgeschichte. *John Dos Passos*

eine Geschichte, in der alles zu lang dauert. *Ernst Jandl*

eine veredelte Biographie. *Jean Paul*

ein Märchen, das durch die Zensur der Vernunft gegangen ist. *Chris Marker*

Romanschriftsteller:

einer, der aus Feigheit seine Gedanken in fremden Köpfen versteckt. *Stanislaw Jerzy Lec*

Rotwein:

für alte Knaben eine von den besten Gaben. *Wilhelm Busch*

Rücken:

jener Teil eines Freundes, den man betrachten darf, wenn man in Not ist.

Ambrose Bierce

Rückgratverkrümmung:

keine organische Krankheit, sondern systematische Anpassung an das normale Betriebsklima. *Liselotte Rauner*

rücksichtslos:

nicht aufmerksam genug für das Wohlergehen, das Glück, die Behaglichkeit oder Wünsche von anderen. *Ambrose Bierce*

Rücktritt:

Demission eines hartgesottenen, aber von der Volksseele weichgekochten Politikers. *Ron Kritzfeld*

ehrenvoller Entschluß, der aus der Mode gekommen ist. *Michael Schiff*

Rüstung:

die Kleidung eines Mannes, der einen Schmied zum Schneider hat.

Ambrose Bierce

ein Milliardengrab, alle paar Jahre der teuerste Schrott der Welt. *Linus Pauling*

Rüstungsindustrie:

eine Branche, die es auch ohne Werbung schafft. *Dieter Hildebrandt*

schlechter Ruf:

das einzige, das manche Leute ehrlich erworben haben. *Anonym*

Ruhe:

des Spießbürgers erste Pflicht. *Charles Tschopp*

ruhen:

aufhören, andere zu belästigen. *Ambrose Bierce*

Ruhestand:

angenehmes Leben mit unangenehm wenig Geld. *Anonym*

Ruhestörer:

wer die Bettdecke von der schlummernden Wahrheit wegzieht. *Ludwig Börne*

Ruhe und Ordnung wiederherstellen:

zur früheren Ungerechtigkeit zurückkehren. *Aurel Schmidt*

Ruhm:

auf dem Sockel eines geschmacklosen Denkmals in Regen und Schnee frieren und von den Tauben beschmutzt werden. *Anonym*

ein Gift, das der Mensch nur in kleinen Dosen verträgt. *Honoré de Balzac*

der Vorzug, denen bekannt zu sein, die uns nicht kennen. *Nicholas Chamfort*

der Schatten, der den Erfolg begleitet. *Francesco Domenico Guerrazzi*

der Geist eines Menschen, der im Denken anderer Menschen weiterlebt. *William Hazlitt*

mitgedacht werden, wenn an ein ganzes Volk gedacht wird. *Wilhelm Raabe*

die Summe der Mißverständnisse, die sich um einen Namen sammeln. *Rainer Maria Rilke*

ein Pferd, dem man ständig die Sporen geben muß. *Gioacchino Rossini*

der Duft der Heldentaten. *Sokrates*

Ruinen:

Gebäude, die nur so renoviert werden dürfen, daß sie für den Fremdenverkehr Ruinen bleiben. *Anonym*

Rumpelkammer:

Ort, wo Dinge viele Jahre lang aufbewahrt und dann weggeworfen werden, vierzehn Tage bevor man sie braucht. *Anonym*

Rundfunk:

Pausenmusik außerhalb der Fernsehzeiten. *Michael Schiff*

Rundfunkintendanten:

Menschen, die nicht einmal fernsehen können, wenn sie einmal nicht ans Geschäft denken wollen. *Robert Lembke*

Runzeln:

Fingerabdrücke der Jahre. *Anonym*

Schützengräben der Haut. *Kurt Tucholsky*

Rußland:

ein Rätsel, eingehüllt in ein Geheimnis inmitten eines Mysteriums. *Winston Churchill*

ein Land, in dem das Wahrscheinliche gelegentlich eintritt, während sich das Unwahrscheinliche täglich ereignet. *Hanna Suchocka*

ein hinter der europäischen Zivilisation zurückgebliebenes Land, das alles einholen will, was es in zweihundert Jahren versäumt hat. *Kurt Tucholsky*

S

S:

der Angelhaken des Alphabets. *Ramón Gómez de la Serna*

Sachbuch:

Buch, das, um Erfolg zu haben, den Stoff, den es vermittelt, möglichst unwissenschaftlich und oberflächlich verarbeiten muß. *Hans Weigel*

Sachbuch-Autor:

ein Mensch, der die Fähigkeit besitzt, aus neun Büchern ein zehntes herzustellen. *Anonym*

Sachertorte:

ein eßbares Wiener Symbol, bei dem einem die Vergangenheit auf der Zunge zergeht. *Lorin Maazel*

Sachfrage:

die Frage, wer welchen Posten besetzt. *Helmar Nahr*

Sachkenntnis:

tödliches Gift für lebhafte Diskussionen. *Anonym*

das letzte, was man für eine lebhafte Diskussion benötigt. *Pierre de Beaumarchais*

Sachverständiger:

ein Mann, der es versteht, andere Menschen von ihrer Unwissenheit zu überzeugen. *Anonym*

der Mann, der mit sehr guten Gründen das Falsche rät. *Anonym*

ein Mann, der nach monatelanger gründlicher Überlegung feststellt, welchen Entschluß ein anderer sekundenschnell in Vorausschau aller inzwischen eingetretenen Ereignisse vor Monaten hätte fassen sollen. *Manfred Tridon*

Sachverstand:

Umstand, der viele Menschen daran hindert, sich von ihren Vorurteilen zu trennen. *Anonym*

Sadisten:

Leute, die Krimi-Zuschauern den Mörder verraten. *Siegfried Lowitz*

Säugling:

Verursacher vieler schlafloser Nächte. *Anonym*

Sage:

ein Schwindel mit Patina. *Anonym*

Sahara:

nicht der einzige Ort, wo alles im Sand verläuft. *Wolfgang Gruner*

Sammler:

Leute, die Seltenes zusammentragen in der Hoffnung, daß es noch seltener wird. *Sigismund von Radecki*

Sanatorium:

Ort, wo der Patient zuerst von seiner Krankheit geheilt und dann von der Rechnung erschlagen wird. *Anonym*

Sand:

der sauberste Schmutz, der sich denken läßt. *Alfred Polgar*

Sandale:

Fußmaulkorb. *Ramón Gómez de la Serna*

das Sommerhaus unter den Schuhen. *Hugo Olaerts*

Sanftmut:

ungewöhnliche Geduld bei der Planung einer süßen Rache. *Ambrose Bierce*

Sarg:

die Bretter, welche die andere Welt bedeuten. *Daniel Spitzer*

Sarkasmus:

eine Bosheit, die so gut verpackt ist, daß man außer Reichweite sein kann, bis sie verstanden wurde. *Anonym*

ein Ausspruch, der einem auf der Zunge zerginge, wenn er nicht einen Widerhaken hätte. *Carl Merz*

Satan:

einer, der die Sünde kennen und lieben lernte. *Ron Kritzfeld*

Satire:

Humor, der die Geduld verloren hat. *Anonym*

eine veraltete Literaturgattung, in der die Laster und Torheiten der persönlichen Feinde des Autors mit mangelhaftem Zartgefühl dargelegt werden. *Ambrose Bierce* ein Messer; ist's geschliffen, schneidet's besser. *Adolf Glaßbrenner*

die Lyrik des Hasses. *Ernst Hohenemser*

eine Verbindung von Salz und Quecksilber; und es kommt ganz auf die verschiedenartige Aufbereitung und Mischung der Teile an, ob daraus eine vortreffliche Arznei oder ein starkes Gift entsteht. *Francis Lord Jeffrey*

Humor, der ernstgenommen werden will. *Werner Mitsch*

die Kunst, einem anderen so auf den Fuß zu treten, daß er es merkt, aber nicht aufschreit. *Helmut Qualtinger*

Weisheit, die sich geärgert hat. *Alexander Roda Roda*

Hochrechnung in die Zukunft. Um zu zeigen, was heute ist, muß man zeigen, wie es weitergeht. *Helmut Ruge*

zwischen den Zeilen denken. *Hans-Horst Skupy*

ein Spiegel, in dem der Betrachter alle anderen Gesichter erkennt, nur nicht das eigene. *Jonathan Swift*

der aussichtslose Versuch, die Wirklichkeit übertreffen zu wollen. *Gerhard Uhlenbruck*

die feinste Satire:

unstreitig die, deren Spott mit so weniger Bosheit und so vieler Überzeugung verbunden ist, daß er selbst diejenigen zum Lächeln nötigt, die er trifft. *Georg Christoph Lichtenberg*

Satiriker:

ein Moralist, der von fremder Unmoral lebt. *Anonym*

ein Mensch, der das, was alle meinen, ironisch meint. *Birgit Berg*

Moralist, der aus rückwärtiger Stellung angreift. *Wieslaw Brudzinski*

ein Irrer, der dem Elefanten Mausefallen stellt. *Adolf Nowaczynski*

ein gekränkter Idealist; er will die Welt gut haben, sie ist schlecht, und nun rennt er gegen das Schlechte an. *Kurt Tucholsky*

– ein Mann, der seines Lebens nicht sicher ist, weil er die Wahrheit zur Schau trägt. *Christian August Vulpius*

saufen:

picheln, zechen, einen kippen, sich vollaufen lassen, einen heben, bechern, einen hinter die Binde gießen, einen zur Brust nehmen. *Ambrose Bierce*

Schach:

die geistreichste Form der Zeitverschwendung. *Anonym*

ein lebensnahes Spiel, bei dem die Dame bei weitem am meisten erreicht. Der König ist zuletzt matt, und auch Seitensprünge sind erlaubt. *Anonym*

neben den Anstrengungen der Werbewirtschaft die größte Verschwendung menschlicher Intelligenz. *Raymond Chandler*

ein Symbol für den Lebenskampf. Man droht und wird bedroht, man belauert einander, während die Figuren, selber symbolische Krieger, inmitten eines elektrisch geladenen Schweigens gegeneinander vorrücken. *Garri Kasparow*

ein realistisches Spiel: Niemand ist hier stärker als die Dame. *Georg Thomalla*

das ungefährlichste Denken, das es gibt. *Friedrich Dürrenmatt*

Schadenfreude:

innere Genugtuung über den Schaden, den wir anderen Menschen zufügen. *Markus Hattstein*

Ansatzpunkt für eigenes Wohlbehagen. *Rudolf Rolfs*

ein Wort, das es nur im Deutschen gibt. *Chandra Singh*

Schätzchen:

Dame, die uns hindert, Schätze aufzuhäufen. *Ron Kritzfeld*

Schallmauer:

etwas, was zwischen Nachbarn errichtet werden sollte. *Alfredo La Mont*

Schalter:

die Schließmuskeln der Bürokratie. *Wolfram Weidner*

Scham:
die innere Grenze gegen die Sünde. *Friedrich Hebbel*

Scharfrichter:
eine Person, die tut, was sie kann, um die Mißhelligkeiten des Alters zu mindern und die Möglichkeit, ertränkt zu werden, zu verringern. *Ambrose Bierce*

Scharfsinn:
Genius in Kleinigkeiten. *Anonym*

Schauspieler:
ein Bildhauer, der in Schnee meißelt. *Lawrence Barrett*

Leute, die nicht zuhören, wenn man nicht über sie spricht. *Marlon Brando*

der einzige ehrliche Heuchler. *William Hazlitt*

Menschen, die nur dann richtig zuhören, wenn man über sie spricht. *Norman Mailer*

etwas mehr als die Spiegel, in denen sich die Menschen betrachten, und etwas weniger als das, wofür sie sich halten. *Bernhard Minetti*

der Spiegel und die abgekürzte Chronik des Zeitalters. *William Shakespeare*

ein Mann, der eher einer Frau nein sagen kann als einem Theaterintendanten. *Horst Tappert*

ein Mensch, der so viele Gefühle nachgeäfft hat, daß er keine eigenen Gefühle mehr hat. *Thomas Wolfe*

Schauspieler sein:
sich auf ein Pferd setzen und so tun, als könne man reiten. *Robert Mitchum*

ein großer Schauspieler:
ein großer tragischer oder komischer Imitator, dem der Dichter vorschreibt, was er zu sagen hat. *Denis Diderot*

Schauspielerinnen:
ideale Ehefrauen, denn sie machen ihre Szenen auf der Bühne. *Bernhard Wicki*

Schauspielerei:
ein herrlich überbezahltes Hobby für kindliche Gemüter. *David Niven*

die einzig richtige Art und Weise, seine Neurosen abzureagieren. *James Dean*

die Kunst, das Publikum am Husten zu hindern. *Ralph Richardson*

die neue Schauspielkunst:
Dilettanten ohne Lampenfieber. *Karl Kraus*

Scheckbetrüger:
bargeldloser Falschmünzer. *Anonym*

Scheckbetrug:
Kunstgriff, mit dem mancher die Fesseln seiner Verbindlichkeiten löst. *Ron Kritzfeld*

Scheckbuch:
das einzige Buch, das Ihnen wirklich sagt, wohin Sie in den Urlaub fahren können. *Imogene Fey*

Scheherezade:
das klassische Beispiel einer Frau, die ihren Kopf rettet, indem sie ihn gebraucht. *Esme Wynne-Tyson*

Scheibenwischer:
Haltevorrichtung für Strafzettel. *Anonym*

Scheidung:
Trennung von Tisch und Fernseher. *Anonym*

eine Trennung, bei der in der Regel die Frau die Kinder und der Mann das Kindermädchen erhält. *Anonym*

ein Spiel unter Rechtsanwälten. *Cary Grant*

Scheidungen:

Entscheidungen eines Schiedsrichters, der das Spiel nicht gesehen hat. *Robert Lembke*

Scheidungsanwalt:

ein Mann, der zwei Leute überredet, sich ihrer Kleider zu entledigen und miteinander zu kämpfen, und der inzwischen mit den Kleidern davonläuft. *Anonym*

scheitern:

der Lauf der Dinge. *Markus Hattstein*

schenken:

einem anderen das geben, was man selber gern behalten möchte. *Selma Lagerlöf*

ein Brückenschlag über den Abgrund deiner Einsamkeit *Antoine de Saint-Exupéry*

die Kunst des Schenkens:

einem Menschen etwas geben, was er sich nicht kaufen kann. *Alan Alexander Milne*

Schere:

ein Instrument, mit dem man Flecken aus dem Tischtuch entfernen kann. *Anonym*

Scherz:

oft das Loch, aus dem die Wahrheit pfeift. *japanisches Sprichwort*

ein Nachwort zu einem Gefühl. *Friedrich Nietzsche*

Schicksal:

Ausrede der Untätigen. *Anonym*

Vollmacht des Tyrannen für seine Verbrechen, Entschuldigung des Toren für sein Versagen. *Ambrose Bierce*

in der Politik oft nur ein Deckname für Mangel an Intelligenz, an Voraussicht, an Entschlußkraft. *Georges Clemenceau*

die Zeit in ihrer beschleunigten Form. *Jean Giraudoux*

– die zusammengerechneten Fehler, die ein Mensch gemacht hat. *Oliver Herford*

gemeinhin nur die Folge dummer Streiche der Menschen. *Arthur Schopenhauer*

eine Erfindung der Feigen und Resignierten. *Ignazio Silone*

Schiedsrichter:
Beruf für erblindende Fußballspieler. *Anonym*

schimpfen:
der Stuhlgang der Seele. *Anonym*

Schimpfwörter:
ungezogene Gedankenkinder. *Anonym*

Schlacht:
eine Methode, mit den Zähnen einen politischen Knoten zu lösen, der der Zunge nicht nachgeben wollte. *Ambrose Bierce*

Schlaf:
ein Dieb, der uns die Hälfte unseres Lebens stiehlt. *schwedisches Sprichwort*

der Waffenstillstand im Kampf ums Dasein. *aus den »Fliegenden Blättern«*

ein Hineinkriechen des Menschen in sich selbst. *Friedrich Hebbel*

die Nabelschnur, durch die das Individuum mit dem Weltall zusammenhängt. *Friedrich Hebbel*

Unhöflichkeit gegenüber der Nacht. *Hans Kudszus*

das einzige Glück, das man erst recht genießt, wenn es vorbei ist. *Alfred Polgar*

tägliche Wiedergeburt. *Arthur Schopenhauer*

für den Menschen das, was das Aufziehen für die Uhr ist. *Arthur Schopenhauer*

für manche Menschen der fruchtbarste Teil ihres Daseins. *Carl Zuckmayer*

Schlaf am Lenkrad:
die sicherste Methode gegen das Altwerden. *Anonym*

schlafen:
eine Form von Kritik, vor allem im Theater. *George Bernard Shaw*

Schlaflosigkeit:
der Sieg des Geistes über die Matratze. *Anonym*

etwas, woran ein Mensch leidet, der eine Stunde lang die ganze Nacht kein Auge zugetan hat. *Anonym*

die Krankheit einer Epoche, in der man den Menschen befiehlt, vor vielen Tatsachen die Augen zu schließen. *Stanislaw Jerzy Lec*

der sanfteste Schlag:
der Augenaufschlag. *Anonym*

Schlager:
etwas, das gesungen wird, weil es nicht der Rede wert ist. *Anonym*

der Ausweg, Dummheiten nicht sagen zu müssen, sondern singen zu können. *Anonym*

Texte, die gesungen werden müssen, weil sie zu dumm sind, um gesprochen zu werden. *Gisela Uhlen*

der deutsche Schlager:
die Fortsetzung der Musik mit anderen Mitteln. *Joachim Schwedhelm*

Schlagersänger:
junge Männer, die bei Stromausfall keine Sänger mehr sind. *Danny Kaye*

Leute, die immer schon Gesangsunterricht nehmen wollten, aber niemals dazu gekommen sind, und die es jetzt bleiben lassen, weil sie inzwischen berühmt geworden sind. *Jacques Tati*

heisere Hähne, die abends krähen statt am Morgen. *Jacques Tati*

Schlagertexter:
Menschen, die ihre Empfindungen einem Reim zuliebe ändern. *Robert Lembke*

schlagfertig:
jede Antwort, die so klug ist, daß der Zuhörer wünscht, er hätte sie gegeben. *Elbert Hubbard*

Schlagfertigkeit:
etwas, das sich in jedem Ehestreit bewährt, vorausgesetzt, man verzichtet darauf. *Anonym*

das, was einem auf dem Nachhauseweg einfällt. *Anonym*

eine Erwiderung in Form einer vorsichtigen Beleidigung. *Ambrose Bierce*

das, was du gern gesagt hättest. *Heywood Campbell Broun*

etwas, worauf du erst 24 Stunden später kommst. *Mark Twain*

Schlagwort:
eine Idee auf dem Weg zur Phrase. *Rolf Haller*

eine heruntergekommene Idee. *Ignazio Silone*

Schlagworte:
Kommandos der Dummheit. *Hans Lohberger*

zur Faust geballte Gedanken. *Kurt Wildner*

Schlagzeilen:
Weltgeschichte in Pillenform. *Norman Mailer*

eine Waffe. Von Schlagzeilen kann man erschlagen werden. *Helmut Qualtinger*

Schlangenbeschwörung:
Versuch, der Kobra beim Schlangestehen britische Geduld beizubringen. *Ron Kritzfeld*

Schlankheitskur:
eine Hungerperiode, auf die rasch zwei Kilo Gewichtszunahme folgen. *Anonym*

die beste Methode, sein Geld zu verlieren und sein Gewicht zu behalten.

Blake Clark

Schlauheit:

die Kunst, eigene Fehler zu verbergen und die Fehler anderer bloßzulegen.

William Hazlitt

Schlichtheit:

Sinn für das Wesentliche. *Anonym*

Schlöndorff, Volker (Regisseur)

Ich paß mich keinem Trend an. Ich bin der Trend.

Schlüsselbund:

eine Erfindung, die es möglich macht, gleichzeitig mehrere Schlüssel zu verlieren. *Anonym*

Schlußbeifall:

Dankeschön fürs Aufhören. *Winfried Hönes*

Schlußverkauf:

ein Damenringkampf, bei dem man sein Kleid ruiniert, um ein anderes zu erringen. *Laura Mindt*

Schlußverkäufe:

die Olympischen Spiele der Taschendiebe. *Alberto Sordi*

Schmarotzer:

ein Mensch, der durch eine Drehtür geht, die ein anderer angestoßen hat.

Anonym

Schmeichelei:

die Fähigkeit, einen anderen mit seinen Augen zu sehen. *Anonym*

Aggression auf Knien. *Gerhard Branstner*

etwas Angenehmes, das jemand über dich erzählt und wovon du wünschst, es möge wahr sein. *Frank Malester*

eine Bestätigung nicht vorhandener Vorzüge. *Erik Ode*

– die Strafe für Eitelkeit. *Wilhelm Raabe*

eine Huldigung, die das Laster der Tugend darbringt. *François de La Rochefoucauld*

eine falsche Münze, die ihren Kurswert nur durch unsere Eitelkeit erhält. *François de La Rochefoucauld*

dem anderen sagen, was er schon selbst von sich hält. *Hal Wilshire*

schmeicheln:

das Fundament für einen Oberbau der Übervorteilung legen. *Ambrose Bierce*

Schmeichler:

Katzen, die vorne lecken und hinten kratzen. *Anonym*

geschickte Gedankenleser; sie sagen genau das – was du denkst. *aus den »Fliegenden Blättern«*

ein Freund, der dir unterlegen ist oder vorgibt, es zu sein. *Aristoteles*

jemand, der dir ins Gesicht sagt, was er nicht hinter deinem Rücken sagen würde. *Henry Millington*

Leute, welche die Lüge kultivieren. *Heinrich Wiesner*

ein Mensch, der seiner Meinung nach deine Fähigkeiten außerordenlich übertreibt, so daß sie näher an deine eigene Vorstellung von ihnen herankommen. *Oscar Wilde*

Schmerz:

ein unbehaglicher Geisteszustand, der entweder eine physische Ursache hat, wenn dem Körper etwas zustößt, oder rein psychischer Natur ist (hervorgerufen durch das Glück eines anderen). *Ambrose Bierce*

schminken:

eine Tätigkeit, deren Zeitbedarf proportional zum Alter ansteigt. *Anonym*

Schmuggel:
ein kaum noch lohnendes Geschäft, das aber Tausenden von Zöllnern Beamtenstatus und Altersversorgung sichert. *Anonym*

Schmutz:
Materie an der falschen Stelle. *Lord Palmerstone*

Schnäppchen:
etwas, das oft mehr kostet, als es wert ist. *Anonym*

Schnaps:
allgemeine Bezeichnung für alkoholische Getränke, die bei Abstinenzlern Wahnsinn hervorrufen. *Ambrose Bierce*

schnarchen:
etwas so Einfaches, daß man es sogar im Schlaf kann. *Anonym*

Schnecke:
winziges Meterband, mit dem Gott das Land ausmißt. *Andrade Jorge Carrera*

Schnee:
auch nur schick aufgemachtes Wasser. *»Hörzu«*

Schneeflocke:
Regentropfen im Hermelin. *Anonym*

Schneider:
die klügsten Menschen, weil sie immer wieder von den Menschen Maß nehmen, statt sich auf die alten Angaben zu verlassen. *George Bernard Shaw*

Schnelligkeit:
eine Fähigkeit, die notwendig ist, um Flöhe zu fangen, aber nicht, um Bücher zu schreiben. *Michail Scholochow*

Schnulze:
die Seufzerbrücke zwischen Kitsch und Herz. *Klaus Schneider*

– Kaugummi für die Ohren. *Raimund Hess*

Schnupfen:

eine Krankheit, die mit Arzt eine Woche, ohne Arzt sieben Tage dauert. *Anonym*

Schnupftabakhersteller:

ein Mann, der sein Geschäft in fremder Leute Nase steckt. *Don Quinn*

schön:

alles, was man mit Liebe betrachtet. *Christian Morgenstern*

Schönfärberei:

läuft jetzt stolz und hemmungslos unter der Bezeichnung Information. *Aurel Schmidt*

Schöngeist:

ein Mann, der etwas Interessanteres gefunden hat als Frauen. *Anonym*

Schönheit:

eines der seltenen Wunder, die unsere Zweifel an Gott verstummen lassen. *Jean Anouilh*

ein Geschenk für einige Jahre, aber kein Lebensinhalt. *Lil Dagover*

der Glanz der Wahrheit. *Mies van der Rohe*

eine Frucht, die man betrachtet, ohne die Hand nach ihr auszustrecken. *Simone Weil*

Schönheitschirurg:

ein Mediziner, der dem Herrgott am Zeug flickt. *Anonym*

Schöpfer:

ein Komödiant, dessen Publikum nicht zu lachen wagt. *Henry Louis Mencken*

Schoß:

eines der wichtigsten Organe des weiblichen Körpers – eine bewundernswerte

Vorrichtung der Natur als Ruhestatt des Kindes, ganz besonders nützlich jedoch bei ländlichen Festivitäten, um darauf Teller mit kaltem Hühnchen und Köpfe von Männern zu betten. *Ambrose Bierce*

Schotte:

ein von seiner Familie wegen Verschwendungssucht verstoßener Schwabe. *Anonym*

einer, der Selbstmord begeht, weil gerade günstig Särge angeboten werden. *Anonym*

Schottland:

vermutlich das einzige Land, in dem man mit Gebrauchtzahnbürsten und mit vulkanisierten Kondomen ein Vermögen machen könnte. *George Radford*

Schrauben:

Nägel, die eine Frisur mit Mittelscheitel tragen. *Ramón Gómez de la Serna*

Eisenwürmer. *Ramón Gómez de la Serna*

schreiben:

über dem Abgrund schweben, gehalten nur von der Grammatik. *Heimito von Doderer*

sich selber lesen. *Max Frisch*

selbstauferlegter Zwang zur Präzisierung des Denkens. *Ron Kritzfeld*

einen Gedanken in Starrkrampf versetzen. *Hans Kudszus*

die einzige Tätitgkeit, mit der man, ohne lächerlich zu wirken, kein Geld verdienen kann. *Jules Renard*

um seine Gedanken einen Zaun ziehen. *Jürgen Werner*

Schreibmaschine:

Gedankenklavier. *Kurt Tucholsky*

Schreibtisch:

Papierkorb mit Schubladen. *Anonym*

komplizierte Vorrichtung, um Gegenstände planmäßig zu verlegen. *Anonym*

ein Kloster aus Holz. *Ludwig Marcuse*

bei den meisten Bürokraten die ideale Durchgangsstation zwischen Kopf und Papierkorb. *Cyril Northcote Parkinson*

Schreibverbot:

für einen Schriftsteller ein Todesurteil, das täglich neu vollstreckt wird. *Herbert Eisenreich*

Schriftsteller:

die einzigen Menschen, die einem auch noch lange nach ihrem Tod auf die Nerven gehen können. *Anonym*

die Brücke zwischen dem Stoff und der Niederschrift. *Marguerite Duras*

die Gewissensbisse der Menschheit. *Ludwig Feuerbach*

jemand, der einen Großteil seines Lebens in Einzelhaft vor einem Schreibgerät verbringt. *Barbara Frischmuth*

jemand, dessen Intelligenz nicht groß genug ist, um mit dem Schreiben aufhören zu können. *Günter Grass*

Leute, die ihre ungelösten Lebensprobleme, interessant verpackt, an andere weiterreichen. Gegen bar. *Hanns-Hermann Kersten*

ein Mensch, den niemand zwingt, das zu sein, was er ist. *Siegfried Lenz*

ein Mann, der seinen Geist sofort mit der Feder kratzt, wenn es ihn irgendwo juckt. *Samuel Lover*

ein Mann, dem das Schreiben schwerfällt. *Thomas Mann*

einer, der Leuten Vergnügen liefert, die selbst nicht genug Witz haben, sich zu unterhalten. *George Bernard Shaw*

das Gewissen des Volkes. *Urs Widmer*

Leute, die gezwungen sind, sich selber beim Wort zu nehmen. *Heinrich Wiedemann*

freie Schriftsteller:

jene Einfältigen, die glauben, mit Adjektiven die Sklaverei abschaffen zu können. *Hellmut Walters*

ein großer Schriftsteller:

ein Mann, der so große Sätze macht, daß sie über Jahrhunderte hinwegspringen, ohne an Kraft zu verlieren. *Ron Kritzfeld*

ein Autor, aus dessen Anmerkungen sich en passant Bücher machen lassen. *Georg Christoph Lichtenberg*

einer, der unvergeßliche Sätze schreibt. *Henry de Montherlant*

ein guter Schriftsteller:

ein Mann, der sich schlechterdings nichts draus machen muß, wenn man ihn auch in zehn Jahren nicht versteht; was dieses Jahrhundert nicht versteht, versteht das nächste. *Georg Christoph Lichtenberg*

Schriftstellerei:

der Mut, das niederzuschreiben, was andere nur zu denken wagen. *Wilhelm Lichtenberg*

je nach dem man sie treibt, eine Infamie, eine Ausschweifung, eine Tagelöhnerei, ein Handwerk, eine Kunst oder eine Tugend. *August Wilhelm von Schlegel*

Schriftstellerkapital:

Vorstellungsvermögen. *Ron Kritzfeld*

Schüchternheit:

eine Art Furcht vor sich selbst. *Walter Hilsbecher*

Schüler:

Leute, die immer weniger über immer mehr wissen. *Danny Kaye*

Schürze:
ein Stück Stoff, an der Vorderseite des Körpers zu tragen, damit die Kleidung nicht die Hände beschmutzt. *Ambrose Bierce*

Schuhmacher:
ein undankbarer Beruf, denn auch seine besten Werke werden mit Füßen getreten. *Anonym*

Schulbildung:
etwas, das keinem schadet, wenn er sich später die Mühe macht, etwas Ordentliches zu lernen. *Anonym*

Schulden:
die sichere Folge eines unsicheren Einkommens. *Anonym*

das einzige, was man ohne Geld machen kann. *Karl Pisa*

gewissermaßen der Katzenjammer längst vergangener Genüsse. *Georg Weerth*

Schule:
offene Lernvollzugsanstalt, die von Erwachsenen per Gesetz zum alltäglichen Zwangsaufenthalt der Kinder erklärt wurde. *Anonym*

jenes Exil, in dem der Erwachsene das Kind so lange hält, bis es imstande ist, in der Erwachsenenwelt zu leben, ohne zu stören. *Maria Montessori*

Schulen:
Gefängnisse, in die die Kinder kommen, die deren Eltern nicht mehr wollen und die die Industrie noch nicht will. *John Updike*

Schulzeit:
die glücklichste Zeit unseres Lebens – vorausgesetzt natürlich, unsere Kinder sind schon schulpflichtig. *Anonym*

Schurke:
ein Mensch, dessen Qualitäten wie Beeren in einer Kiste auf dem Markt zur Schau lagen – die schönsten obenauf –, der aber auf der falschen Seite geöffnet wurde: ein umgestülpter Gentleman. *Ambrose Bierce*

schutzlos:
unfähig zum Angriff. *Ambrose Bierce*

ein deutscher Schwank:
eine der traurigsten Sachen, die es auf der Welt gibt. *Kurt Tucholsky*

Schwarzarbeiter:
einer, der zwei Herren dienen kann. *Ron Kritzfeld*

Schwarzwurzel:
Arme-Leute-Spargel. *Anonym*

Schweigen:
eine wundervolle Sprache, die nur wenige beherrschen. *Anonym*

halbe Einwilligung. *afrikanisches Sprichwort*

Annäherung an die Wahrheit. *rumänisches Sprichwort*

eines der am schwierigsten zu widerlegenden Argumente. *Josh Billings*

so ziemlich das letzte, in das sich eine Frau zu hüllen wünscht. *Ralph Boller*

das einzige Argument, das sich nicht widerlegen läßt. *Christine Brückner*

die unerträglichste Antwort. *Gilbert Keith Chesterton*

die Unterhaltung mit einem Engländer. *Heinrich Heine*

Waffe gegen Schwätzer. *Ron Kritzfeld*

Treibhaus der Gedanken. *Ron Kritzfeld*

die zweckmäßigste Haltung für den, der sich seiner selbst nicht sicher fühlt. *François de La Rochefoucauld*

was wir erst im Laufe des Lebens lernen, nachdem wir früher sprechen gelernt haben. *Hermann Lotze*

Gold ist es nur dann, wenn derjenige, der schweigt, viel zu sagen hat. *Zarko Petan*

– die schlimmste oder die gnädigste Form der Kritik. *Pierre Reverdy*

ein so herrliches Thema, daß man andauernd darüber reden könnte. *Jules Romains*

die Sprache der Weisen. *Margarete Seemann*

der vollkommenste Ausdruck der Verachtung. *George Bernard Shaw*

Schweiß:

die Tränen der Arbeit. *Spruchweisheit*

die Tränen des Körpers. *Peter Maiwald*

Transpiration, die heute nur noch bei Urlaubsreisen und Freizeitbeschäftigungen auftritt. *Michael Schiff*

Schweiz:

ein Land, wo sehr wenige Dinge ihren Anfang nehmen, aber viele ihr Ende. *F. Scott Fitzgerald*

nichts weiter als ein einziger großer buckeliger Felsblock mit einer dünnen Grashaut darüber. *Mark Twain*

das Bauland, das einst ein Bauernland war. *Felix Renner*

eine verbesserte, von Druckfehlern gereinigte Ausgabe der Deutschen. *Karl Julius Weber*

Schwerhörigkeit:

im allgemeinen eine Krankheit, in gewissen Fällen jedoch eine Gnade. *Anonym*

ein lästiges Übel, ausgenommen bei Hauskonzerten. *Ephraim Kishon*

Schwerstarbeit:

eines der Verfahren, durch das A Vermögen für B erwirbt. *Ambrose Bierce*

Schwiegermutter:
eine Person, die manchmal zu weit geht, indem sie uns zu nahe kommt.
Alfredo La Mont

Schwiegermütter:
Damen, die sich nie erinnern, selbst einst Schwiegertöchter gewesen zu sein.
Anonym

Schwimmen:
der einzige Sport, den man nicht von Grund auf erlernen soll. *Anonym*

Schwindel:
die Bekenntnisse der Politiker, die Wissenschaft der Ärzte, die Sachkenntnis der Kritiker, die Religion von Sensationspredigern, und, mit einem Wort – die Welt. *Ambrose Bierce*

Schwulität:
die Verlegenheit eines Angestellten, der die warme Zuneigung seines Chefs nicht erwidern kann. *Anonym*

Science-fiction:
eine Art Archäologie der Zukunft. *Clifton Fadiman*

6:
die Zahl, die Familienzuwachs erwartet. *Ramón Gómez de la Serna*

sechzehn Jahre:
entschieden das schlimmste Alter, weil da alles, was man möchte, identisch ist mit dem, was man nicht darf. *Anonym*

Seele:
das Unwirkliche, das wirkt. *Elazar Benyoëtz*

jene Welt, die wir uns selber erschaffen. *Hans Lohberger*

das, was wir vom Körper nicht wissen. *Robert Walser*

Seeleute:
ideale Ehemänner, vorausgesetzt, daß sie die Vaterschaft nach zweijähriger Abwesenheit anerkennen. *Maud Shield*

segeln:
die teuerste Art, unbequem zu leben. *Anonym*

Sehenswürdigkeiten:
Dinge, vor denen man gesehen werden muß. *Hans Peter Heinzl*

Dinge, die man gesehen haben muß, weil andere sie auch gesehen haben. *Hans Söhnker*

Seher:
deutsche Schriftsteller, die ihrem Weltbild sprachlich nicht gewachsen sind. *Gottfried Benn*

Sehnsucht:
der leere Wunsch, die Zeit zwischen dem Begehren und Erwerben des Begehrten vernichten zu können. *Immanuel Kant*

Seichtheit:
das grundlegende Element und der besondere Glanz volkstümlicher Literatur. *Ambrose Bierce*

die richtige Seite:
immer die eigene. *Anonym*

Seitensprung:
Genuß ohne Treue. *Anonym*

Sprung über den eigenen Schatten, sozusagen ein Abstecher. *Anonym*

Sekretärin:
eine Dame in jüngeren Jahren, die dafür bezahlt wird, daß sie Schreibmaschineschreiben lernt, während sie einen Mann sucht. *Anonym*

Sekundenbruchteil:

jene winzige Zeitspanne vom Lesen des Namens der Autobahnausfahrt bis zur Erkenntnis, daß man sie verpaßt hat. *Anonym*

die Zeitspanne zwischen dem Aufleuchten des grünen Lichts und dem Beginn des Hupkonzerts hinter dir. *Anonym*

Selbstachtung:

eine Fehleinschätzung. *Ambrose Bierce*

Selbstbedienung:

ein raffiniertes Verfahren, die Arbeitskraft des Kunden in den Wertschöpfungsprozeß einzubeziehen. *Anonym*

Selbstbeherrschung:

das Joch des freien Menschen. *Anonym*

Selbstbetrug:

der häufigste Betrug, und auch der schlimmste. *Jakob Boßhart*

Selbstbeweihräucherung:

das Eigenlob derjenigen, die nicht auf ihren Nachruf warten können. *Anonym*

Selbstbewußtsein:

die Fähigkeit, sich als Original zu fühlen, auch wenn man nur eine Kopie ist. *Anonym*

Selbstbiographie:

Enthüllungen über das schlechte Gedächtnis des Verfassers. *Anonym*

Selbsterkenntnis:

das wichtigste Resultat aller Bildung. *Ernst Freiherr von Feuchtersleben*

Selbstgefälligkeit:

das Gefühl der Menschen, die der glücklichen Überzeugung sind, daß sie nicht so sind wie die anderen. *Margery Allingham*

– Gottes Geschenk an kleine Menschen. *Bruce Barton*

Selbstgerechtigkeit:
die heute am meisten verbreitete Form von Gerechtigkeit. *Aurel Schmidt*

Selbstgespräche:
ein bewährtes Mittel, um schließlich recht zu behalten. *Anonym*

Selbstironie:
die Kunst, sich so durch den Kakao zu ziehen, daß er noch schmeckt.
Joachim Teege

Selbstkostenpreis:
Kalkulation, bei der man sich mit 25 Prozent Gewinn begnügt. *Michael Schiff*

Selbstliebe:
der Beginn einer lebenslänglichen Leidenschaft. *Oscar Wilde*

Selbstlosigkeit:
Eigenliebe, die sich schämt. *Hans Lohberger*

ausgereifter Egoismus. *Herber Spencer*

Selbstmord:
ein Kompliment, das man der Gesellschaft nicht machen dürfte. *Oscar Wilde*

selbstsüchtig:
ohne Rücksicht auf die Selbstsucht anderer. *Ambrose Bierce*

Selbsttäuschung:
den Bauch einziehen, wenn man sich auf die Waage stellt. *Anonym*

Selbstverleugnung:
eine Methode, durch die der Mensch seine Weiterentwicklung hemmt.
Oscar Wilde

selbstverständlich:
was man selbst versteht und niemand sonst. *Ambrose Bierce*

Selbstverständlichkeiten:
Ungeheuer, die so reglos und so lange schon neben uns schlafen, daß wir sie nicht als solche mehr wahrnehmen können. *Heimito von Doderer*

Selbstvertrauen:
der Schlüssel, der fast jede Tür öffnet. *Anonym*

der Name, den wir dem Egoismus der Erfolgreichen beilegen. *Elbert Hubbard*

die Quelle des Vertrauens zu anderen. *François de La Rochefoucauld*

Selbstzerfleischung:
Ergebnis kräftiger Gewissensbisse. *Ron Kritzfeld*

Selbstzufriedenheit:
der Sargdeckel jeden Fortschritts. *Philip Rosenthal*

Selfmademan:
ein Mann, der noch nicht erkannt hat, daß er seinen Aufstieg einer Frau verdankt. *Anonym*

einer, der nicht alle Schuld auf andere abschiebt. *Anonym*

Erfolgreicher, der irrtümlich annimmt, er habe alles allein geschafft. *Anonym*

ein Mann, für den man den lieben Gott nicht verantwortlich machen kann. *Peter Sellers*

Seligkeit:
Genuß ohne Reue. *Sokrates*

Semester:
Zeitabschnitt von theoretisch sechs Kalendermonaten, der an den Hochschulen durch die Inflation auf etwa vier Monate zusammengeschrumpft ist. *Anonym*

Senioren:
jene, die auf alles eine Antwort wissen, aber von niemandem gefragt werden.
Anonym

Sentimentalität:
das Gefühl, das wir nicht teilen. *Graham Greene*

Gefühl, das man unter dem Einkaufspreis erstanden hat. *Arthur Schnitzler*

Seriosität:
jener männliche Charakterzug, mit dem man einer Frau nach der Hochzeit nicht genug imponieren und sie vor der Hochzeit nicht genug ernüchtern kann.
Wilhelm Lichtenberg

Service:
Verdienst am Kunden. *Anonym*

Sessel:
eine Maschine zum Sitzen. *Le Corbusier*

Sex:
der größte Spaß, den man haben kann, ohne dabei zu lachen. *Anonym*

Werbung mit sich selbst. *Anonym*

Zuneigung im Klartext. *Helga Anders*

die Kunst, Erwartungen zu wecken, die gar nicht geschlafen haben. *Senta Berger*

ein Derbysieger, den man auch zu Tode reiten kann. *Ingmar Bergman*

die angenehmste Form von Clinch, noch dazu ohne Ringrichter. *Bill Clayton*

Eros ohne Liebe. *Manfred Delling*

für Männer das gleiche, wie Marmelade in einen Berliner zu quetschen.
Germaine Greer

das immer wiederholte Sechstagerennen der Hormone. *Henry Miller*

die Reibfläche, an der wir versuchen, das Feuer der Liebe zu entzünden.
Gerhard Uhlenbruck

die größte Nichtigkeit aller Zeiten. *Andy Warhol*

Charme, über den ganzen Körper verteilt. *Wolfram Weidner*

Sex ohne Eros:
nichts anderes als Turnen ohne Geräte. *John Bellow*

ein Kontakt zweier Hautbesitzer. *Marguerite Duras*

Sex Appeal:
die Kunst, die Männer auf das neugierig zu machen, was sie ohnehin kennen.
Zsa Zsa Gabor

das, was Männer nur mit den Händen beschreiben können. *Uschi Glas*

ein Ruf, den man nicht hört, sondern sieht. *Burt Lancaster*

etwas, was man zu 50 Prozent wirklich und zu 50 Prozent nur in den Augen der Leute hat. *Sophia Loren*

etwas, worauf nur diejenigen schimpfen, die ihn nicht haben. *Jayne Mansfield*

Sex Appeal des Mannes:
Macht, Geld und ein herbes Parfüm – in dieser Reihenfolge. *Vivian Mellish*

Sexbombe:
eine Frau, die beim Duschen keine nassen Füße bekommt. *Anonym*

eine Dame, die die Waffen wechselte, weil sie in der Schule keine Kanone war.
Anonym

ein verschwenderisch fotografiertes Mädchen, das der Öffentlichkeit auf den Titelblättern die Brust gibt. *Jean Mathieu*

Sexbomben:
Sprengkörper, die meistens von Blindgängern begleitet werden. *Anonym*

Sex-Leitfäden:

Parfümrezepte, verfaßt von Leuten, die einen Stockschnupfen haben. *Henry Miller*

Sexualberater:

ein Mann, der 49 Liebespositionen kennt, aber kein einziges Mädchen. *Anonym*

Sexualität:

eine der angenehmsten Abhängigkeiten, die es gibt. *Werner Schroeter*

Sexualkunde:

ein neues Unterrichtsfach, das erst Spaß macht, wenn man Hausaufgaben bekommt. *Anonym*

jener neumodische Unterricht, bei dem die Lehrer endlich erfahren, was die Schüler schon lange wissen. *Karl Heitzer*

Shakespeare, William

Ein Mann, dessen Schriften so ausgezeichnet sind, daß man glaubt, jemand anderer habe sie geschrieben. *Anonym*

Nie zuvor hat ein Mensch so wenig Wissen in so viel Weisheit verwandelt. *T. S. Eliot*

Wenn man bedenkt, daß er gar nicht gelebt haben soll, hat er bemerkenswert gute Theaterstücke geschrieben. *Sir Laurence Olivier*

Shaw, George Bernard

Es gibt kaum einen zweiten Dichter, bei dem man sich so glänzend langweilen könnte. *Alfred Polgar*

Ein Autor, der sich selbst entdeckte und der ohne Murren seine Entdeckung der Welt mitteilte. *Saki*

So ernst wie der heiter tut, ist er gar nicht. *Kurt Tucholsky*

der ideale Showmaster:

ein junger Mann im gesetzten Alter, witzig und seriös, ein politisches Neutrum mit ausgeprägter Meinung und ein Schwerenöter mit einem wunderbaren Familienleben. Ach ja, und eine Frau muß er natürlich sein. *Kurt Rittig*

Sicherheit:

die Fähigkeit, unbefangen dreinzuschauen, wenn der andere nach der Restaurantrechnung greift. *Anonym*

Sicherheitsbindung:

Heirat mit einem Beamten. *Anonym*

die beste Sicherheitsvorrichtung in einem Auto:

ein Rückspiegel mit einem Polizisten darin. *Anonym*

Single:

einer, der mit sich selbst schon mehr als genug zu tun hat. *Markus Hattstein*

jemand, der gelernt hat, die Erfahrungen anderer zu berücksichtigen. *Udo Jürgens*

Singles:

diejenigen, die noch nicht aus Verzweiflung geheiratet haben. *Ecki Ziedrich*

Sinn des Lebens:

etwas, das keiner genau weiß. Jedenfalls hat es wenig Sinn, der reichste Mann auf dem Friedhof zu sein. *Peter Ustinov*

Sinne:

die Brücke vom Unfaßbaren zum Faßbaren. *August Macke*

sinnlich:

einer, der seine fünf Sinne oder doch wenigstens einen von ihnen richtig benutzt. *Jean Giraudoux*

Sitten:

die Heucheleien der Nationen. *Honoré de Balzac*

Sittsamkeit:

Mangel an Gelegenheit. *Anonym*

Sitzung:

eine beliebte Ausrede. *Anonym*

Sitzungssaal:

Verhandlungsspielraum. *Ron Kritzfeld*

Skandal:
Klatsch, der durch Moral langweilig gemacht wurde. *Oscar Wilde*

Skepsis:
das Zeichen – und sogar die Pose – des gebildeten Verstandes. *John Dewey*

der erste Schritt auf dem Weg zur Philosophie. *Denis Diderot*

Skeptiker:
einer, der nicht glauben kann, daß etwas wahr ist. *Anonym*

ein Mensch, der sogar seine Luftschlösser durch Alarmanlagen sichert. *Anonym*

Leute, die an den Zweifel glauben. *Bernhard Wicki*

Skilaufen:
eine Form vorübergehender geistiger Umnachtung, zumal beim Skifahren geduldig Leiden auf sich genommen werden, die sonst unzumutbar sind. *Wilhelm Beyer*

ein ausgezeichnetes Training für Ministerpräsidenten. Sie lernen dabei, wie man stürzt. *Pierre Mendès-France*

Skilehrer:
einer, der viel mit gefallenen Frauen zu tun hat. *Anonym*

Skipiste:
ein Umweg zum Orthopäden. *Ralph Boller*

Sklaven:
das waren Menschen, die einen bestimmten Preis hatten. *Gabriel Laub*

glückliche Sklaven:
die erbittertsten Feinde der Freiheit. *Marie von Ebner-Eschenbach*

Sklaverei:
das Anwerben von Arbeitskräften auf Versorgungsbasis; heute auf die Form der Ehe beschränkt. *Anonym*

Skrupel:

ein Wort, das immer mehr außer Gebrauch kommt, da es etwas bezeichnet, das nicht länger existiert. *Ambrose Bierce*

Skrupelloser:

der, der unter dem Vorwand, eine Frau besitzen zu wollen, diese in sein Atelier lockt und dort (nur) malt. *Karl Kraus*

Skulptur:

das, worüber man stolpert, wenn man im Museum von einem Gemälde zurücktritt. *Ed Reinhard*

Slang:

die Sprache in Pantoffeln. *Anonym*

der durchgescheuerte Hosenboden der Sprache. *Truman Capote*

Sprache, die ihre Jacke auszieht, die Hemdsärmel aufkrempelt, in die Hände spuckt und an die Arbeit geht. *Carl Sandburg*

Sprache in Rollkragenpullover und Bluejeans. *Thornton Wilder*

Slogan:

das Wort, das die Konkurrenz schlägt. *Karl Korn*

politischer Slogan:

eine Droge, die den Geist der Wachen einlullen und den der Gleichgültigen aufputschen soll. *Marcel Mart*

Snob:

ein Mann, der seine Ferien in seinem Vaterland verlebt. *Anonym*

ein Mensch, der Wert darauf legt, daß das Brett, das er vor dem Kopf trägt, aus Teakholz ist. *Anonym*

ein Mann, der sein Toupet mit dem Chauffeur zum Friseur schickt. *Anonym*

einer, der im Sommer Ski fährt, im Winter Badeurlaub macht, im Frühjahr die Gräber besucht und sich im Herbst Frischzellen einpflanzen läßt. *David Frost*

– ein Mensch, der die Tagesschau-Nachrichten nur im Dritten Programm sieht.
Marianne Koch

ein Mann, der sich, wenn er ein Buch lesen will, selbst eins schreibt.
Robert Lembke

ein Mann, der sich, ohne eine Miene zu verziehen, auf ein Stachelschwein setzt, nur weil man ihm gesagt hat, daß dies ein von Picasso entworfener Stuhl sei.
Stirling Moss

ein Mensch, der bei Schlagern dem Text applaudiert. *Ugo Tognazzi*

Snobs:

Leute, die sich Petersilie mit der Fleurop ins Haus schicken lassen. *Hermann Frech*

schlechte Kopien eines mißverstandenen Originals. *Loriot*

Männer, die behaupten, es gebe etwas Interessanteres als Frauen. *Edgar Wallace*

Snobismus:

Schwärmerei für das, was man nicht versteht. *Anonym*

im Supermarkt einkaufen, Konfektionsanzüge tragen, Stehplätze für die Oper kaufen – aber im Rolls-Royce vorfahren. *Philip Chandler*

gegen den Strom schwimmen, wo keiner ist. *Oliver Hassencamp*

die Fähigkeit, sich als Original zu fühlen, auch wenn man nur ein Durchschlag ist. *Victor de Kowa*

das Selbstbewußtsein derjenigen, die ihrer selbst nicht sicher sind.
Thornton Wilder

Society:

eine Ansammlung von Kopien, die von Originalen gemieden wird.
Oliver Hassencamp

Sodomie:

eine Unart von manchen Menschen, die mit den Hühnern schlafen gehen.
Anonym

Softi:

ein Macho, der mit Waffen der Frau arbeitet. *Rainhard Fendrich*

Soldaten:

Männer, die offene Rechnungen der Politiker mit ihrem Leben bezahlen. *Ron Kritzfeld*

Solist:

Orchestermitglied, das seine Kollegen, die eine Pause einlegen wollen, regelmäßig durch Weiterspielen überlistet. *Ron Kritzfeld*

Sommer:

die Jahreszeit, in der die normalen Strecken gesperrt und die Umleitungen geöffnet sind. *Anonym*

die Zeit, in der es zu heiß ist, das zu tun, wofür es im Winter zu kalt war. *Anonym*

bei uns nur ein grün angestrichener Winter. *Heinrich Heine*

Sommerfrische:

ein Ort, wo sich Frauen nach einem Ehemann umsehen und Ehemänner nach einem Mädchen. *Anonym*

Sommersprossen:

Gesichtspunkte, und zwar bei manchen Leuten die einzigen, über die sie verfügen. *Anonym*

Gesichtspunkte, die man küssen kann. *Curt Goetz*

Sonderangebot:

etwas, für das Sie erst noch eine Verwendung finden müssen, wenn Sie es einmal gekauft haben. *Anonym*

alles, was nicht ganz so sündhaft teuer ist, wie man gefürchtet hat. *Anonym*

günstige Gelegenheit, Gegenstände, die wir eigentlich nicht brauchen, wegen des günstigen Preises in größerer Stückzahl anzuschaffen. *Ron Kritzfeld*

Sondersendungen:
Sendungen, die anstelle jener Sendungen kommen, deretwegen man zu Hause geblieben ist. *Robert Lembke*

Sonnabend:
ein Tag, der jeden Reiz verliert, wenn man in Pension geht. *Anonym*

Sonne:
die einzige Institution, die niemals streikt und sogar Überstunden macht. *Franco Pilastri*

Sonnenblumen:
die Taschenspiegel der Sonne. *Ramón Gómez de la Serna*

Sonnenkollektoren:
Teile eines genialen Heizsystems, das dann am wenigsten wirkt, wenn es am meisten benötigt wird. *Ron Kritzfeld*

Sonntag:
der Tag, an dem jenes Geld an die Tankstellen geht, das früher den Gottesdienst-Kollekten zugute kam. *Anonym*

Sorglosigkeit:
Ursache vieler Sorgen. *Ron Kritzfeld*

Souffleur:
das Echo vor dem Wort. *Ramón Gómez de la Serna*

Souffleuse:
eine Frau, der man ungestraft alles nachsagen kann. *Anonym*

Souvenirs:
Dinge, die uns daran erinnern, daß wir etwas nicht vergessen wollten. *Hannelore Elsner*

sozial:

nicht, wer das Geld anderer Leute verteilt, sondern wer dafür sorgt, daß es überhaupt etwas zu verteilen gibt. *Paul Schnitker*

Sozialismus:

eine Utopie, solange es mehr faule als fleißige Menschen gibt.
Marie von Ebner-Eschenbach

Teilung der Gewinne ohne Verantwortlichkeit für Verluste. *Elbert Hubbard*

Sozialpolitik:

der verzweifelte Entschluß, an einem Krebskranken eine Hühneraugenoperation vorzunehmen. *Karl Kraus*

Sozialprestige:

das ständige Bemühen, Geld, das man nicht hat, für Dinge auszugeben, die man nicht braucht, um Leuten zu imponieren, die man nicht mag. *Anonym*

Soziologe:

einer, der die Kunst beherrscht, Dinge, die jeder versteht, aber keinen interessieren, so darzulegen, daß sie keiner versteht, aber jedermann interessieren.
Anonym

Soziologie:

die Kunst, zwischenmenschliche Probleme mit unscharfen Definitionen zu beleuchten. *Helmar Nahr*

der Mißbrauch einer zu diesem Zweck erfundenen Terminologie. *Kurt Tucholsky*

Spannung:

der Zustand, der einen nervös macht, wenn er aufzuhören beginnt. *Anonym*

sparen:

die richtige Mitte zwischen Geiz und Verschwendung. *Theodor Heuss*

negative Sparer:

Leute, die mehr ausgeben, als sie verdienen. *ein Washingtoner Wirtschaftsexperte*

Sparhaushalt:
Ausgabenwirtschaft eines Staates, wenn er das Geld nur mit einer Hand zum Fenster hinauswirft. *Helmar Nahr*

Sparmaßnahmen:
etwas, das man von den anderen erwartet, da die eigenen Anliegen zu wichtig sind. *Anonym*

Sparsame:
Leute, die sich beim Krummlegen nach der Decke strecken. *Ron Kritzfeld*

Sparsamkeit:
eine Methode, sein Geld auszugeben, ohne das geringste Vergnügen daran zu haben. *Anonym*

ein Faß Whisky, das man nicht braucht, für den Preis einer Kuh kaufen, die man sich nicht leisten kann. *Ambrose Bierce*

das Versagen eines Genusses in der Gegenwart für die Zukunft. *Immanuel Kant*

keine Tugend, sondern ein Laster, das alle Genüsse verdirbt. *Françoise Sagan*

allein schon eine große Einkommensquelle. *Seneca*

eine Tugend, die man vor allem an den Vorfahren schätzt. *Werner Schneyder*

Spartrieb:
zur Tugend hochgejubelte Notwendigkeit. *Anonym*

Spaßvögel:
kinderloses Ehepaar. *Anonym*

Specht:
einer, der von sich sagen kann: Wo ich anklopfe, ist der Wurm drin. *Anonym*

Speck:
Mumie eines in Salzwasser einbalsamierten Schweins. *Ambrose Bierce*

Spediteur:
ein Mann mit vielen Lastern. *Anonym*

Speiseröhre:
der Teil der Nahrungskanalisation, der zwischen Lust und Geschäft liegt. *Ambrose Bierce*

Speisewagen:
Restaurant, das es, ohne den Sessel zu wechseln, gestattet, an einem Tag eine gleich schlechte Mahlzeit in Köln, Brüssel und Paris einzunehmen. *Ron Kritzfeld*

Spekulant:
ein Mann, der die Zukunft haarscharf beobachtet und handelt, bevor sie eintritt. *englische Definition*

Spende für die Kirchengemeinde:
Geld, das man vorauschickt, weil man es nicht mitnehmen kann. *Anonym*

Spendenliste:
Verzeichnis von Leuten, die nicht den Mut haben, nein zu sagen. *Anonym*

Spesen:
steuerfreies Einkommen, von dem leitende Mitarbeiter ihre Familien ernähren. *Michael Schiff*

Spezialisierung:
Parzellierung der Verantwortung. *Hans Kasper*

Spezialist:
ein Arzt, der seinen Patienten beigebracht hat, nur während seiner Sprechzeiten krank zu werden. *Anonym*

ein Arzt mit kleinerer Praxis, aber größerem Sommerhaus. *Anonym*

jemand, der sich auf eine von ihm gewählte Form der Unwissenheit beschränkt hat. *Elbert Hubbard*

– ein Mann, der immer mehr mit immer weniger verdient, bis er zuletzt alles mit nichts verdient. *Danny Kaye*

ein Mann, der mehr und mehr über weniges weiß, bis er alles über nichts weiß. *Lazard*

Spezialisten:
Leute, die immer mehr über immer weniger wissen. *Danny Kaye*

Leute, die nur eine Saite auf der Fidel haben. *Henry Miller*

Spezialistentum:
einer der Tricks, um das Denken zu verhindern. *Max Horkheimer*

Spiegel:
ein Beichtvater, der den Mund hält. *Madame de Staël*

der vergeßlichste Augenzeuge. *Hans-Horst Skupy*

Spiel:
das einzige, was Männer wirklich ernst nehmen. *Peter Bamm*

Spielbank:
Einrichtung, bei der man unerhörte Gewinne machen kann, vorausgesetzt, man ist selbst die Spielbank. *Anonym*

Spieldose:
Walkman des 18. Jahrhunderts. *Anonym*

Spiele:
Imitationen des Kampfes. *Jonathan Swift*

alberne Spiele:
solche, die Ihre Frau/Ihr Mann besser spielt als Sie. *Anonym*

spielen:
experimentieren mit dem Zufall. *Novalis*

Spielgewinn:
Geld, das man erst einmal ausgibt und hinterher dann doch noch verliert.
Tristan Bernard

Spielkasino:
Suchthaus. *Ron Kritzfeld*

Spießbürger:
das Rückgrat der Nation. *Walter von Cube*

Spinat:
Substanz, die auf Kindertellern zum und vom Tisch getragen wird. *Anonym*

eine Substanz, von der man nur mit Mühe etwas Gutes sagen kann, außer daß sie keine Knochen hat. *Anonym*

Spionage:
grenzüberschreitender Blick durchs Schlüsselloch. *Anonym*

Spione:
blinde Passagiere, die alles sehen. *Wolfram Weidner*

Spötteleien:
Blitze, die blenden, ohne zu zünden. *Madeleine de Fontaine*

Sponsor:
ein Gönner, der eine Gegenleistung erwartet. *Anonym*

Sport:
eine Methode, Krankheiten durch Unfälle zu ersetzen. *Anonym*

ein vernünftiger Versuch des modernen Zivilisationsmenschen, sich Strapazen künstlich zu verschaffen. *Peter Bamm*

Opium für das Volk. *Percy Cummings*

noch eine der gesundesten Krankheiten. *Günther Debon*

– Ventil der Erotik. *Stefan Napierski*

eine völkerverbindende Sache. Vor allem die Ärzte haben viel zu verbinden. *Herbert Rosendorfer*

Sportjournalist:

ein Mann, der am Sonnabend genau weiß, welche Mannschaft am Sonntag gewinnen wird, und dir am Montag genau erzählt, warum sie verloren hat. *Anonym*

Sportveranstaltungen:

die einzigen Darbietungen, bei denen man, auch wenn man noch so oft hingeht, nie weiß, wie sie ausgehen. *Neil Simon*

Sportwagen:

Sitzgelegenheit, die es einem ermöglicht, von unten auf andere herabzuschauen. *Anonym*

Spott:

die Waffe derer, die keine andere besitzen. *Hubert Pierlot*

Sprache:

nach dem Küssen das erregendste Kommunikationsmittel, das die Menschheit entwickelt hat. *Anonym*

Fähigkeit, die oft das Denken ersetzen muß. *Anonym*

der Leib des Denkens. *Georg Wilhelm Friedrich Hegel*

die Kleidung der Gedanken. *Samuel Johnson*

elementares Verständigungsmittel, das zahllosen Menschen dazu dient, aneinander vorbeizureden. *Peter Kilian*

die Quelle aller Mißverständnisse. *Antoine de Saint-Exupéry*

Sprachlosigkeit:

nicht Schweigen, sondern unterbrochene Redseligkeit. *Anonym*

Sprichwort:

etwas, wofür man nie belangt werden kann. *Russisch*

eine vom Alter ergraute Platitüde, die jahrhundertelang mit Fußtritten bedacht wurde, bis nichts mehr davon übrigblieb als die äußere Hülle. *Ambrose Bierce*

ein kurzer Satz, der sich auf lange Erfahrung gründet. *Miguel de Cervantes*

eine allgemein bekannte Weisheit, an die sich niemand hält. *Wolfgang Herbst*

Sprichwörter:

die Spiegel der Denkart einer Nation. *Johann Gottfried Herder*

die Philosophie der einfachen Leute. *James Howell*

jene Sorte überzeugender Lebensweisheiten, die sämtlich durch andere, ebenso überzeugende widerlegt werden können. *Ron Kritzfeld*

ein öffentlicher Unterstützungsverein für Leute ohne eigene Gedanken. *Wilhelm Raabe*

die Zufluchtstätte der Intuition. *James Russell Lowell*

die Langstreckenläufer unter den geflügelten Worten. *Gerhard Uhlenbruck*

Squash:

eine Sauna, in der man viel rennen muß. *Henry Kissinger*

Staat:

eine große Fiktion, mit deren Hilfe sich jedermann bemüht, auf Kosten von jedermann zu leben. *Frédéric Bastiat*

Verwaltungseinheit; in Gang gehalten von einer unübersehbaren Zahl politischer Parasiten, die zwangsläufig aktiv, aber nur per Zufall tüchtig sind. *Ambrose Bierce*

Wiege der Menschlichkeit, die zu ihrem Sarg geworden ist. *Ludwig Börne*

eine legalisierte Interessengemeinschaft, die sich gegen das Individuum verschworen hat. *Walter Mehring*

– eine Institution, die immer mehr Geld ausgibt, als sie einnimmt. In Zeiten guter Konjunktur geschieht dies, um sie zu erhalten, in Zeiten schlechter Konjunktur geschieht dies, um sie zu erzielen. *Helmar Nahr*

eine kluge Veranstaltung zum Schutze der Individuen gegeneinander. *Friedrich Nietzsche*

unwirtschaftlich geführtes Großunternehmen. *Michael Schiff*

eine Institution, um die Freiheit der Bürger einzuschränken. *Carl Zimmerer*

autoritärer Staat:
ein Staat, in dem jeder das tun darf, was er tun muß. *Danny Kaye*

Staatsbeamter:
ein Mensch, der im Hinblick auf eine gesicherte Zukunft auf eine gesicherte Gegenwart verzichtet. *Wilhelm Lichtenberg*

Staatsempfänge:
Parties, bei denen der Gastgeber, der Steuerzahler, meist Zaungast ist. *Wolfram Weidner*

Staatshaushalt:
ein Haushalt, in dem alle essen möchten, aber niemand Geschirr spülen will. *Werner Finck*

Staatsjagden:
organisierter Massenmord an Tieren zur höheren Ehre des Protokolls. *König Frederick von Dänemark*

Staatskunst:
die kluge Anwendung persönlicher Niedertracht für das Allgemeinwohl. *Abraham Lincoln*

Staatsmann:
jemand, der glaubt, er gehöre dem Staate, während der Politiker meint, der Staat gehöre ihm. *Anonym*

ein Politiker, der zweimal nachdenkt, bevor er nichts sagt. *Anonym*

ein Politiker, nach dem man ohne Sorge eine Schule benennen kann. *Anonym*

ein Spezialist für die Lösung ernster Probleme, die es ohne Staatsmänner nicht gäbe. *Anonym*

im allgemeinen ein Mann mit gewöhnlichen Meinungen und außergewöhnlichen Fähigkeiten. *Walter Bagehot*

ein Politiker, der aufrechterhalten wird durch gleichen Druck von allen Seiten. *Eric Allen Johnston*

ein erfolgreicher Politiker, der tot ist. *Thomas B. Reed*

ein Politiker, der ein Ziel im Auge behält, ohne zu schielen. *Gustav Stresemann*

ein Politiker, der seit zehn oder fünfzehn Jahren tot ist. *Harry S. Truman*

ein konservativer Staatsmann:
einer, der in bestehende Mängel verliebt ist, während der liberale sie durch neue Mängel ersetzen möchte. *Ambrose Bierce*

Staatstheater:
die Bedürfnisanstalten der Kulturverbraucher. *Werner Mitsch*

Stadt:
eine große Gemeinde, in der Menschen einsam zusammen leben. *Anonym*

Stärke:
die Schwäche der anderen. *Anonym*

Stammbaum:
der bekannte Teil des Weges von einem auf den Bäumen hockenden Vorfahren mit einer Schwimmblase zu einem städtischen Nachfahren mit einer Zigarette. *Ambrose Bierce*

– die Darstellung der Herkunft eines Menschen von Vorfahren, denen nicht sonderlich daran gelegen war, die eigenen zu ermitteln. *Ambrose Bierce*

Stammbäume:

die einzigen Bäume, die gelegentlich Grund hätten, ihre Wurzeln zu verbergen. *Anonym*

Stammtisch:

Ort, wo man die Meinung erwirbt, die man eigentlich schon immer hatte. *Anonym*

in Oberbayern Umschlagplatz für den Handel mit Vieh und Bräuten. *Anonym*

in einem bestimmten Lokal ein bestimmter Tisch in einem bestimmten Winkel, an dem zur bestimmten Stunde bestimmte Gäste auf ihrem bestimmten Platz sich niederlassen, um bei Vertilgung einer bestimmten Menge eines bestimmten Getränks aus bestimmten Gläsern über bestimmte Themen zu sprechen und dann zur bestimmten Stunde aufzubrechen, weil man zur bestimmten Zeit zu Hause bestimmt erwartet wird. *aus den »Fliegenden Blättern«*

Standesamt:

der einzige Ort der Welt, an dem die Frauen den Männern nicht widersprechen. *Anonym*

Standesbeamte:

die einzigen Männer, die niemals auf Frauen warten müssen. *Wilhelm Lichtenberg*

Standpunkt:

Gesichtskreis mit dem Durchmesser Null. *Anonym*

Star:

ein Mensch, der alles aufbietet, um bekannt zu werden, und sich dann eine dunkle Brille aufsetzt, um nicht erkannt zu werden. *Anonym*

ein Mensch, der überall zu Hause ist, nur nicht bei sich selbst. *Sammy Davis jr.*

ein Mensch, von dem alle wissen, was er gerade tut, ausgenommen seine Frau und seine Kinder. *Rock Hudson* ein Mensch, den jeder kennt – ausgenommen seine Familie. *Anthony Quinn*

jemand, der andere überragt, weil er geschickt genug war, auf einen Stuhl zu steigen. *Billy Wilder*

ein Schauspieler oder eine Schauspielerin, der – selbst wenn der Film schlecht ist – die Menschen ins Kino bringt. *Billy Wilder*

Stars:

Leute, die einige Ruhesitze haben, die sie aus Unruhe nicht bewohnen. *Frank Sinatra*

Starlet:

ein Mädchen, das so tut, als wäre es dumm, um zu verbergen, daß es wirklich dumm ist. *Anonym*

ein hübsches Mädchen, das vielleicht eines Tages ein Star wird, ohne jemals eine Schauspielerin gewesen zu sein. *Vivien Leigh*

eine junge Schauspielerin, deren Talent noch schläft – meistens nicht allein. *Robert Lembke*

Starlets:

meistens Sternchen, die untergegangen sind, bevor man ihren Aufgang überhaupt bemerkt hat. *Donald Hudson*

junge Damen, die sich noch keine Kleider leisten können und das auch tun. *Peter Sellers*

starrköpfig:

unzugänglich für die Wahrheit, die sich in dem Glanz und dem Nachdruck unserer Argumente offenbart. *Ambrose Bierce*

Starrsinn:

der einzige Sinn, der im Alter nicht nachläßt, sondern zunimmt. *Anonym*

Statiker:

Leute, die dafür sorgen, daß das, was den Architekten einfällt, nicht in sich zusammenfällt. *Anonym*

Statistik:

die exakteste der trügerischen Wissenschaften. *Jean Cau*

mathematische Methode, Irrtümer zu verschleiern. *Georges Elgozy*

der Triumph mathematischer Exaktheit über die Unzulänglichkeit des Datenmaterials. *Brigitte Hilgner*

das Märchen der Vernunft. *Martin Kessel*

ein Verfahren, welches es gestattet, geschätzte Größen mit der Genauigkeit von Hundertstelprozent auszudrücken. *Helmar Nahr*

für Politiker häufig das, was für Betrunkene die Laterne ist. Sie dient nicht zur Erleuchtung, man klammert sich an ihr fest. *Herbert Salcher*

Statistiker:

ein Mensch, der es fertigbringt, daß jemand in einem durchschnittlich 13 cm tiefen See ertrinkt. *Anonym*

Status seekers:

Leute, die sich dauernd anstrengen, um sich mit dem sichtbaren Beweis des höheren Ranges zu umgeben, den sie beanspruchen. *Vance Packard*

Statussymbol:

nicht das Auto, sondern der reservierte Parkplatz. *Gerhard Uhlenbruck*

das neueste Statussymbol:

der Verzicht auf alle Statussymbole. *Anonym*

Statussymbole:

die Rangabzeichen der Zivilisten. *Vance Packard*

Orden, die man sich selber kauft. *Bernhard Wicki*

staunen:

der erste Grund der Philosophie. *Aristoteles*

der erste Schritt zu einer Entdeckung. *Louis Pasteur*

die Triebfeder jeder Entdeckung. *Cesare Pavese*

unfreiwilliges Lob. *Edward Young*

Steak:
gebratenes Fleisch, dessen Preis es einem verständlich macht, warum die Kühe in Indien heilig sind. *Anonym*

Steckenpferd:
das einzige Pferd, welches über jeden Abgrund trägt. *Friedrich Hebbel*

das einzige Pferd, bei dem auch der Reiter beschlagen wird. *Gerhard Uhlenbruck*

Stegreif:
auswendiggelernte Improvisation. *Karl Farkas*

Stehvermögen:
Immobilität. *Anonym*

Stein:
häufig für Herzen verwendetes Material. *Ambrose Bierce*

Stellung:
etwas, das manche Leute dazu veranlaßt, sich nicht mehr um Arbeit zu bemühen, wenn sie sie erst gefunden haben. *Anonym*

Stellvertreter:
ein Mann, der sich jeden Morgen nach unserem Befinden erkundigt und sehr enttäuscht ist, wenn man gut geschlafen hat. *Charles de Gaulle*

Leute, die schon in die Fußstapfen treten, bevor man aus ihnen heraus ist. *Ian McLeod*

Stenographie:
Geheimschrift, die der Chef nicht entziffern kann. *Michael Schiff*

sterben:
die erste Vorbedingung für die Unsterblichkeit. *Stanislaw Jerzy Lec*

Sterblichkeit:
jener Teil der Unsterblichkeit, über den wir Bescheid wissen. *Ambrose Bierce*

Sternschnuppe:
eine Masche am Strumpf der Nacht. *Ramón Gómez de la Serna*

Stethoskop:
Hörrohr, das die jungen Krankenhausärzte um den Hals tragen, um jedermann deutlich zu zeigen, daß sie nicht für das Rasieren der Patienten zuständig sind. *Willy Breinholst*

Steuerberater:
ein Mann, der seine Frau in eine Parklücke dirigiert. *Anonym*

Steuergeheimnis:
mehr oder weniger alles, was mit unseren Abgaben geschieht. *Franz Steinkühler*

Steuerhinterzieher:
ein Mensch, der sein Geld noch mehr liebt als sein Vaterland. *Anonym*

Steuerhinterziehung:
strafbarer Versuch des Steuerzahlers, das staatliche Versprechen der Steuergerechtigkeit auf privater Basis zu realisieren. *Helmar Nahr*

Steuern:
ein erlaubter Fall von Raub. *Thomas von Aquin*

der Preis der Zivilisation – im Urwald gibt es keine. *Robert Wagner*

Steuern erheben:
die Gans so rupfen, daß man möglichst wenig Gezische bekommt. *Jean Baptist Colbert, Marquis de Seignelay*

Steuerzahler:

ein Mensch, dem der Staat gegen eine sehr hohe Gebühr erlaubt, für den Staat zu arbeiten. *Anonym*

ein Bürger, der in diesem Jahr Steuern zahlt für Geld, das er letztes Jahr verdient, aber schon vorletztes Jahr ausgegeben hat. *Anonym*

ein Mensch, der kein Examen abzulegen braucht, um für die Regierung arbeiten zu dürfen. *Anonym*

die einzigen Lebewesen, denen man das Fell mehrmals über die Ohren ziehen kann. *Anonym*

Leute, die in zweiter Linie wissen wollen, wohin ihr Geld geht, und in erster Linie, woher es kommen soll. *Anonym*

Stiftung:

ein großer Haufen Geld, umringt von Leuten, die welches wollen. *Anonym*

Stiftungen:

Schweigegelder für das Gewissen. *Upton Sinclair*

konservierte Gewissensbisse zum Nutzen der folgenden Generationen. *Edith Sitwell*

Stiftungen reicher Leute:

ein Ausdruck tätiger Reue. *Sinclair Lewis*

Stil:

die Kleidung der Gedanken. *Lord Chesterfield*

die Fähigkeit, komplizierte Dinge einfach zu sagen – nicht umgekehrt. *Jean Cocteau*

richtiges Weglassen des Unwesentlichen. *Anselm Feuerbach*

der äußere Ausdruck einer inneren Harmonie der Seele. *William Hazlitt*

Stil eines Autors:

ein Pferd, das nur einen einzigen Reiter trägt. *John Steinbeck*

Meister des Stils:

wer es versteht, an sich Zweideutiges so auszudrücken, daß es nur eindeutig ausgelegt werden kann. *Luc de Clapiers de Vauvenargues*

Stille:

das Geräusch einer fallenden Schneeflocke. *Anonym*

Zustand, der eintreten würde, wenn die Menschen nur noch von Dingen sprächen, von denen sie etwas verstehen. *Anonym*

das Atemholen der Welt. *Fridel Marie Kuhlmann*

die größte Offenbarung. *Lao-Tse*

nicht nur Abwesenheit von Lärm, sondern ein Schweigen, das den Menschen Augen und Ohren öffnet für eine andere Welt. *Serge Poliakoff*

absolute Stille:

das allerschönste Geräusch. *Anonym*

ein Stück Himmelreich auf Erden. *E. Psichari*

stiller Teilhaber:

ein Mann, der keinen Krach schlägt, wenn er sein Geld verliert. *Henry Ford*

Stimmung:

Schwelgen in Gefühlen, die man nicht hat. *Werner Ross*

Stimmungskanonen:

Leute, die zum Schießen sind, obwohl man sich nicht erinnern kann, sie geladen zu haben. *Axel von Ambesser*

Stimmzettel:

ein Dolch aus Papier. *Lloyd George*

Stipendium:
ein Geldbetrag, der freiwillig gewährt und als gutes Recht gefordert wird.
»The Times«, London

Stoffwechsel:
Frauen meinen damit ein neues Kleid. *Peter Ustinov*

stolpern:
letzte Warnung vor dem Sturz. *Anonym*

eine Ungeschicklichkeit, für die man nicht die Beine, sondern die Türschwelle verantwortlich macht. *Norman Mailer*

Stolz:
die Freude, die dem Mann entspringt, der zuviel von sich hält. *Baruch de Spinoza*

Stoppschild:
ein Verkehrszeichen, an dem rücksichtsvolle Kraftfahrer ihre Geschwindigkeit etwas verringern. *Anonym*

stoßen:
eines der beiden Dinge, die meist zum Erfolg führen – besonders in der Politik. Das andere ist Ziehen. *Ambrose Bierce*

Sträflinge:
Leute, die »in« sind, obwohl sie viel lieber »out« wären. *David Frost*

Strafe:
Gerechtigkeit für die Ungerechten. *Aurelius Augustinus*

die Gerechtigkeit, welche die Schuldigen an die austeilen, die gefaßt werden.
Elbert Hubbard

die härteste Strafe:
lebenslängliche Verleumdung. *Hanns Henny Jahnn*

Strand:

ein Gelände, auf dem junge Damen einen Ehemann suchen und Ehemänner eine junge Dame. *Alberto Sordi*

Strapaze:

ein von der verkehrten Seite betrachtetes Abenteuer. *Gilbert Keith Chesterton*

Straße:

Buddelplatz für Tiefbauunternehmer. *Anonym*

eine gepflasterte Fläche zur Aufbewahrung von Parkverbotsschildern. *Anonym*

Weg, auf dem man von einem unersprießlichen Ort dorthin gehen kann, wo es sich auch nicht lohnt. *Ambrose Bierce*

Straßen:

besser als Verkehrsadern zu bezeichnen, denn in ihnen fließt Blut. *Anonym*

Straßenverkehr:

Fortsetzung des Krieges mit anderen Mitteln. *Ernst Dittrich*

Strategie:

wenn man keine Munition mehr hat, aber trotzdem weiterschießt, damit der Feind davon nichts merkt. *Anonym*

Streber:

Menschen mit unwiderstehlichem Drang, andere rücksichtslos zu übertreffen. *Anonym*

ein Mann, der nach dir die Drehtür betritt und vor dir herauskommt. *Anonym*

streicheln:

das natürlichste Psychopharmakon. *Oliver Hassencamp*

Streisand, Barbra

Ich bin ein einziger großer Talentklumpen. Wer sein Geld in mich investiert, ist zu beneiden.

Streit:

eine Auseinandersetzung, die damit beginnt, daß man sich etwas vorwirft, und damit endet, daß man sich etwas nachwirft. *Anonym*

Disput zwischen zwei Menschen, die beide als erste das letzte Wort haben wollen. *Anonym*

Austausch von Unwissenheit. *Anonym*

Streß:

ein durch den Terminkalender übertragbarer Virus. *Anonym*

alles, was nicht Kaffeepause ist. *Anonym*

der Bazillus, der von Unsicheren in leitender Stellung auf die Mitarbeiter übertragen wird. *Oliver Hassencamp*

Handschellen, die man ums Herz trägt. *Helmut Qualtinger*

Strindberg, August

Ströme der Zärtlichkeit waren es, die die Mühlen seines Hasses trieben. *Alfred Polgar*

Striptease:

Verwandlung von Brutto in Netto durch Entfernung von Tara. *Anonym*

Modellstehen für Leute, die keine Maler sind. *Jerry Lewis*

Anatomieunterricht mit Musik. *Frank Sinatra*

Striptease-Tänzerin:

eine junge Dame, die überwiegend mit Zigarettenrauch bekleidet ist. *Anonym*

eine, die zum Schlafen mehr anhat als zum Arbeiten. *Cedric Dumont*

eine Frau, die zum Ausziehen dreimal so lange braucht wie andere Frauen zum Anziehen. *Peter Sellers*

Striptease-Tänzerinnen:

Damen mit Blößenwahn. *Anonym*

– Mädchen, die sich öffentlich in ihre Intimsphäre zurückziehen. *Ronald Clarke*

junge Mädchen, die sich so lange unanständig ausziehen, bis sie es sich leisten können, sich anständig anzuziehen. *Peter Ustinov*

Strohwitwer:
ein Mann, der leicht Feuer fängt. *Anonym*

eine Kreuzung zwischen Junggeselle und Ehemann. *Anonym*

Strumpfnähte:
Laufstege für Männergedanken. *Anonym*

Studenten:
das Fieberthermometer der Gesellschaft. *Alberto Moravia*

Studentin:
Mädchen, das seinen Doktor selber machen muß, wenn es ihn nicht bis zum sechsten Semester hat. *Anonym*

Studium:
die einzige Erholung des Mannes zwischen Mutter und Frau. *Anonym*

der sicherste Weg – und der teuerste –, um festzustellen, daß man nichts weiß. *Siegfried Balke*

Stundung:
verharmlosender Begriff für tage-, wochen- oder monatelangen Zahlungsaufschub. *Ron Kritzfeld*

Sturheit:
das Erfolgsrezept der Dummen. *Gerhard Uhlenbruck*

Sturm:
Wind, der die zulässige Höchstgeschwindigkeit überschritten hat. *Anonym*

Subordination:
die Fähigkeit, um zwei Grad dümmer zu erscheinen, als der nächste Vorgesetzte tatsächlich ist. *Anonym*

Subventionen:
wirtschaftspolitischer Denkmalschutz. *Helmar Nahr*

politische Beschwichtigungsmittel. *Richard Wiggins*

Subventionen empfangen:
die Kunst, so lange zu jammern, bis einem die Fettpolster als Hungerödeme angerechnet werden. *Raymond Leclere*

Sucht:
Laster, das keine Freude mehr bereitet. *Anonym*

Südamerika regieren:
das ist, als ob man das Meer pflügte. *Simon Bolivar*

Sünde:
alles, was andere genießen und du nicht. *Anonym*

etwas, das wir keinem anderen gönnen. *Anonym*

das einzig Farbige, das im modernen Leben übriggeblieben ist. *Oscar Wilde*

Supermächte:
Hochgerüstete, die sich über die Aufrüstung anderer entrüsten, aber nicht abrüsten. *Ron Kritzfeld*

Surrealismus:
eine Kunstrichtung, die bewirkt, daß einem die Welt, so wie sie ist, plözlich wieder gefällt. *Anonym*

Sylphe:
ein körperloses, aber sichtbares Wesen, das die Luft bewohnte, als die Luft ein Element und noch nicht von Fabrikqualm, Abgasen und ähnlichen Zivilisationsprodukten verunreinigt war. *Ambrose Bierce*

Sympathie:
zwei Herzen, die sich eine Last teilen. *Anonym*

Sympathisanten:
Menschen, denen die Tat zu ihrem Mut fehlt. *Hanns-Dietrich v. Seydlitz*

Symptom:

eine Manifestation, hinter der sich eine Ursache versteckt. *Anonym*

Synonym:

ein Wort, das man gegen ein anderes austauscht, wenn man nicht weiß, wie es sich schreibt. *Anonym*

ein Wort, das der Schriftsteller benutzt, wenn ihm das eigentliche Wort nicht einfällt. *Julian Tuwim*

philosophisches System:

der Versuch einer begrifflichen Neuschöpfung des Kosmos. *José Ortega y Gasset*

sicheres System:

etwas, das es nicht nur beim Roulette-Spiel nicht gibt. *Anonym*

T

T:

der Hammer des Alphabets. *Ramón Gómez de la Serna*

Tabak:

Rauchopfer, das Gott Fiskus dargebracht wird. *Anonym*

die einzige Entschuldigung für Columbus' Mißgeschick, Amerika entdeckt zu haben. *Sigmund Freud*

Tabu:

eine Sache, über die man nicht spricht, weil ohnehin alle daran denken. *Anonym*

ein Objekt oder ein Thema wie Krebs oder Tod, das die Leute so beschäftigt, daß sie ständig darüber reden. *Miles Kingston*

Täter:

nicht einer, der eine Tat, sondern einer, der eine Untat begangen hat. *Günther Cwojdrak*

Tätigkeit:
der einzige Weg, der zum Wissen führt. *George Bernard Shaw*

Tag:
ein Zeitabschnitt von vierundzwanzig Stunden, der meistens vergeudet wird. *Ambrose Bierce*

eine Miniaturewigkeit. *Ralph Waldo Emerson*

Tagebuch:
tägliche Aufzeichnungen über jenen Teil des eigenen Lebens, den man sich ohne Erröten eingestehen kann. *Ambrose Bierce*

Tagebuch führen:
das Spiel mit der Chance der nicht gewollten Veröffentlichung. *Uwe Johnson*

Tagungen:
Männer nennen nächtliche Unternehmungen so. *Anonym*

Takt:
die Fähigkeit, sich selbst den Mund zu verbieten, bevor es ein anderer tut. *Anonym*

Intelligenz des Herzens. *Anonym*

die Kunst, Gedanken für sich zu behalten. *Anonym*

die seltene Fähigkeit, schweigen zu können, wenn man recht behalten hat. *Anonym*

die seltene Gabe, schweigen zu können, wenn zwei Freunde sich streiten und man genau weiß, daß beide im Unrecht sind. *Anonym*

die Fähigkeit zu verbergen, wieviel wir von uns selbst und wie wenig wir von anderen halten. *Anonym*

die Kunst, etwas deutlich zu machen, ohne sich Feinde zu schaffen. *Anonym*

das absolute Gehör des Herzens. *Anonym*

– wenn ein Mann sicher ist, daß er recht hat, aber trotzdem seine Frau fragt, wie er sich verhalten soll. *Anonym*

die innere Uhr, die uns sagt, wieviel es geschlagen hat. *Maurice Chevalier*

wissen, wie weit man zu weit gehen darf. *Jean Cocteau*

die schwierige Kunst, die brutale nackte Wahrheit anständig und sauber zu verkleiden. *Marlene Dietrich*

der ungesagte Teil dessen, was du denkst. *Henry van Dyke*

die Fähigkeit, einem anderen auf die Beine zu helfen, ohne ihm auf die Zehen zu treten. *Curt Goetz*

Verstand des Herzens. *Karl Gutzkow*

etwas, das kaum bemerkt wird, wenn man es hat, das aber sofort auffällt, wenn man es nicht hat. *Käte Haack*

die Kunst des richtigen Weghörens. *Viktor de Kowa*

die Fähigkeit, mit dem Gehirn des anderen denken zu können. *Wilhelm Lichtenberg*

die Fähigkeit, andere so darzustellen, wie sie sich selber gern sehen. *Abraham Lincoln*

die Fehler der anderen gar nicht erst bemerken. *Arthur Schnitzler*

die Kunst des Überhörens. *Hans Söhnker*

Taktik:
die Kunst, so zu schießen, daß der Gegner glaubt, man habe noch Patronen. *Anonym*

ein Modewort für Hinterlist. *Rudolf Rolfs*

Taktlosigkeit:
der Entschluß, etwas zu sagen, das alle denken. *Oscar Wilde*

Talent:
oft nur ein Charakterdefekt. *Helmut Käutner*

Tange, Ernst Günter
Pilzsammler, der seinen Gästen auch die ungenießbaren Arten so wohldosiert darreicht, daß sie, wie jedes Gift, nicht nur unschädlich sind, sondern sogar mit therapeutischer Wirkung genossen werden können. *Ron Kritzfeld*

Eine heitere Miene mit Kopf und Herz, stets auf der Suche nach Definitionen, über die sich die Mitmenschen amüsieren. *Rainer Wulff*

Tango:
ein trauriger Gedanke, den man tanzen kann. *Anonym*

zwei ernste Mienen und vier Beine, die sich amüsieren. *Carlo Labin*

Tankwart:
unbezahlter Steuereinnehmer, der uns einen Rabatt in Form von Benzin bewilligt. *Heinz Rühmann*

Tanz:
Austausch von Zärtlichkeiten in einem vorgeschriebenen Takt. *Anonym*

Esperanto mit dem ganzen Körper. *Fred Astaire*

ein Telegramm an die Erde mit der Bitte um Aufhebung der Schwerkraft. *Fred Astaire*

die Poesie des Fußes. *John Dryden*

die süßeste und vollkommenste aller menschlichen Freuden und die göttlichste der Künste. *Homer*

tanzen:
eine wundervolle Übung für Mädchen. Sie lernen dabei am ehesten vermuten, was der Mann tun wird, bevor er es wirklich tut. *Christopher D. Morlay*

Tanzschüler:
ein junger Mann, der meistens nicht auf seinen eigenen Füßen steht. *Anonym*

Tapferkeit:

die Kunst, sich seine Angst nicht anmerken zu lassen. *Anonym*

oft nur Vertrauen auf die Angst des Gegners. *Honoré de Balzac*

eine soldatische Mischung aus Eitelkeit, Pflicht und der Hoffnung eines Glücksspielers. *Ambrose Bierce*

ein Widerspruch in sich. Sie ist der mächtige Wille, am Leben zu bleiben, gekleidet in die Bereitschaft zu sterben. *Gilbert Keith Chesterton*

die Fähigkeit, von seiner Furcht keine Notiz zu nehmen. *George Patton*

ein Anfall von Furchtlosigkeit, der bei den meisten Menschen schnell vorübergeht. *Mark Twain*

keine Tugend, eigentlich Temperamentseigenschaft und mit größter Nichtswürdigkeit verträglich. *Arthur Schopenhauer*

Tarifverhandlungen:

die Gesellschaftsspiele unserer Gesellschaftsordnung. *Werner Schneyder*

Tarifvertrag:

Übereinkommen über Einkommen. *Ron Kritzfeld*

Taschendieb:

einer, der keinen Finger krumm macht, aber alle lang. *Ron Kritzfeld*

Taschendiebe:

diejenigen Mitglieder der menschlichen Gesellschaft, die die weitverbreitete Kunst, dem anderen Geld aus der Tasche zu ziehen, nur manuell ausüben. *Hans Kasper*

Taschengeld:

das Lösegeld der gehetzten Eltern. *Alice Miller*

Taschenlampe:

Behälter für leere Batterien. *Anonym*

Taschentuch:
ein kleines Viereck aus Seide oder Leinen, das zu verschiedenen niederen Verrichtungen im Gesicht verwendet wird und besonders bei Begräbnissen nützlich ist, um den Mangel an Tränen zu verbergen. *Ambrose Bierce*

Tat:
ein in die Wirklichkeit umgesetztes Bekenntnis. *Martin Kessel*

gute Taten:
Originale, die leider nur selten kopiert werden. *Lil Dagover*

Tatmensch:
haltloser Schwächling, der nicht imstande ist, seine Gefühle den Umständen anzupassen, und deshalb seine Zuflucht zur Änderung der Umstände nimmt. *Helmar Nahr*

Tatsachen:
Dinge, denen wir nicht mehr weiter auf den Grund gehen wollen. *Anonym*

die Todesursache vieler Theorien. *John Cedrington*

die Schwachstellen der Theorie. *Helmar Nahr*

tatsächlich:
vielleicht, möglicherweise. *Ambrose Bierce*

Tauchen:
ein Sport, der sich nicht von Grund auf lernen läßt. *Anonym*

taufen:
ein hilfloses Kind feierlich mit einem Namen strafen. Hierbei wird das Kind angefeuchtet, da der Name sonst nicht klebt. *Ambrose Bierce*

Taxameteruhr:
eine Vorrichtung, die anzeigt, wie schnell man nicht vom Fleck kommt. *Anonym*

Teamwork:

eine Verschwörung der Mittelmäßigkeit. *David Ogilvy*

wenn fünf Leute für etwas bezahlt werden, was vier billiger tun könnten, wenn sie nur zu dritt wären und zwei davon verhindert. *Charles Saunders*

Technik:

das Kind eines wilden Zufalls, eines Konkubinats von Naturwissenschaft und Wirtschaft. *Peter Bamm*

die Anstrengung des Menschen, Anstrengungen zu meiden. *José Ortega y Gasset*

Teenager:

einer, der den Kinderwagen hinter sich, das Motorrad unter sich und den Sportwagen vor sich sieht. *Anonym*

ein junges Mädchen, das die Vergangenheit noch vor sich hat. *Anonym*

Mädchen, die mehr über die Pille wissen als ihre Mütter über die Geburt. *Dustin Hoffmann*

stiller Teilhaber:

ein Mann, der keinen Krach schlägt, wenn er sein Geld verliert. *Henry Ford II.*

Teilzeitbeschäftigung:

Halbpension. *Ron Kritzfeld*

Telefon:

eine Erfindung des Teufels, die die erfreuliche Möglichkeit, sich einen lästigen Menschen vom Leibe halten zu können, teilweise wieder zunichte macht. *Ambrose Bierce*

beliebtes Einbrecherwerkzeug, mit dem man sich auch außerhalb der Besuchszeit Zutritt zu Privatwohnungen verschafft. *Ron Kritzfeld*

Telefonbuch:

ein faszinierender Bestseller, der trotz des Mangels an Handlung jedes Jahr immer wieder riesige Neuauflagen erlebt. *Anonym*

telefonieren:
eine Stimme zu Besuch schicken. *Anonym*

Telefonzellen:
Straßenbeichtstühle. *Anonym*

Teleobjektive:
die Artillerie der Indiskretion. *Georges Pompidou*

Television:
Erfindung für Leute, die das Fernsehen aus gesellschaftlichen Gründen ablehnen. *Robert Lembke*

Tell, Wilhelm
Noch immer der einzige Schweizer, den die ganze Welt kennt. *Friedrich Dürrenmatt*

Tempo:
Zeit, die vor sich selbst davonläuft. *Ludwig Friedrich Barthel*

das Notwendigste und Härteste und die Hauptsache in der Musik.
Wolfgang Amadeus Mozart

Tempolimit:
für viele männliche Autofahrer so etwas wie eine amtlich verfügte Potenzminderung. *Silvia Mingotti*

Tennis:
die Kunst, auf einen harmlosen Gummiball so loszudreschen, daß entweder der Gegner oder der Ball oder beide für immer vom Platz verschwinden.
Anonym

Terminus technicus:
Fachausdruck für »Fachausdruck«. *Anonym*

Terroristen:
Vorboten weltgeschichtlicher Erschütterungen, Seismographen ihrer Zeit.
Horst Herold

Test:

Methode, das über einen Menschen in zehn Minuten zu erfahren, wofür man früher mindestens zehn Jahre benötigte. *Michael Schiff*

Teufel:

der Sündenbock Gottes. *Anonym*

Theater:

früher einmal ein Spiegel des Lebens, heute ein Schlüsselloch. *Anonym*

ein Unternehmen, das Abendunterhaltung verkauft. *Bertolt Brecht*

Poesie, die aus Büchern steigt und menschlich wird, die spricht und schreit, weint und verzweifelt. *Federico Garcia Lorca*

ein Vergnügen am Besserwissen sowie an den Schwierigkeiten der auftretenden Personen. *Siegmund Graff*

ein Ort, wo man sich unterhält, ohne mit jemand zu sprechen. *Ron Kritzfeld*

ein Scharlatan, der wirklich zaubert. *Alfred Polgar*

der seligste Schlupfwinkel derjenigen, die ihre Kindheit heimlich in die Tasche gesteckt und sich auf und davon gemacht haben, um bis an ihr Lebensende weiterzuspielen. *Max Reinhardt*

Theater heute:

Notzucht am Text des Autors. *Fernando Arrabal*

das deutsche Theater:

eine sehr geglückte Mischung von Volksbibliothek und Museum. *Kenneth Tynan*

Theater-Avantgarde:

eine kleine Mafia, die sich gegenseitig die Bälle zuspielt und die Wünsche des Publikums ignoriert. *Siegfried Lowitz*

Theater-Intendant:

der Mann, der das Fenster zu bestimmen hat, aus dem im Theater das Geld rausgeworfen wird. *Hackenberg*

Theaterkritiker:

einer, der das Theater nur dienstlich betritt. *Anonym*

Theatermacher:

die einzigen Künstler, deren Arbeit biologisch abbaubar ist. *Jerome Savary*

Theke:

der Rangierbahnhof der menschlichen Seele, ein Bebra des Gemüts auf der Fahrt von des Tages Mühe in den Frieden der Nacht. *Peter Bamm*

Theologen:

Leute, die dem lieben Gott ein Ende machen. *Heinrich Heine*

Leute, die genau wissen, was Gott will, um es von anderen ausführen zu lassen. *Ron Kritzfeld*

Theologie:

die Kunst, Glaubenssätze als Wahrheiten anzubieten. *Anonym*

der Versuch, in einem dunklen Zimmer eine schwarze Katze zu fangen, die gar nicht drin ist, und dabei zu rufen: »Ich hab' sie!« *Pablo Cruz*

eine mystisch verkleidete Anthropologie. *Viteslav Gardavsky*

die Anstrengung, das Unerklärliche mit Ausdrücken der Unwissenheit zu erklären. *Henry Louis Mencken*

eine Wissenschaft, die Gott erfunden hat, um etwas mehr über sich zu erfahren. *Hellmut Walters*

Theoretiker:

ein Mann, der mehr weiß als er kann. *Anonym*

Theorie:

eine Vermutung mit Hochschulbildung. *J.A. Carter*

das, was man nicht versteht. Praxis ist das, was man nicht erklären kann. *Prof. Giersch*

– die Vorurteile eines Professors. *Mark Twain*

eine Brille, durch die wir falsche und ohne die wir gar keine Zusammenhänge sehen. *Helmar Nahr*

Tiefe (bei deutschen Schriftstellern):
nur ein anderes Wort für nicht realisierte Form. *Hugo von Hofmannsthal*

Tier:
Geschöpf, dem das Menschenmögliche fremd ist. *Ron Kritzfeld*

Tiere:
die unterhaltsamsten Stars im Fernsehen. *Rochus Bassauer*

Tischreden:
eine Erfindung der Engländer, damit man ihre Kochkunst vergißt. *Pierre Daninos*

Titel:
tiefe Gräben um die Festung Mensch. *Hans Arndt*

Tod:
ein schwarzes Kamel, das vor jeder Tür niederkniet. *Anonym*

jenes Rohmaterial, aus dem die Theologie das zukünftige Leben schuf. *Ambrose Bierce*

der Preis, ohne den es höheres Leben nicht geben kann. *Hoimar von Ditfurth*

die totale Amputation. *Ernst Jünger*

die Unfähigkeit zu lieben. *Torsti Lehtinen*

ein Einpersonenstück. *Michel de Montaigne*

der Beginn der Unsterblichkeit. *Maximilien de Robespierre*

mein Tod:
das Ende der Welt. *Ron Kritzfeld*

sich zu Tode arbeiten:

die einzige gesellschaftlich akzeptierte Form des Selbstmords. *Anonym*

Todesverachtung:

meist nur Überkompensation einer besonders schlimmen Sterbeangst. *Anonym*

Toleranz:

die Erkenntnis, daß es keinen Sinn hat, sich aufzuregen. *Anonym*

die geduldete Ungenauigkeit. *Anonym*

die Tugend des Mannes, der keine Überzeugungen hat. *Gilbert Keith Chesterton*

immer das Zeichen, daß sich eine Herrschaft als gesichert betrachtet. *Max Frisch*

das unbehagliche Gefühl, der andere könne am Ende doch recht haben. *Robert Lee Frost*

die Nächstenliebe der Intelligenz. *Jules Lemaitre*

eine Eigenschaft, die dem Reichen zu erklären erlaubt, Armut sei keine Schande. *Robert Lembke*

in Wahrheit nur niedergekämpfte Abneigung. *Wilhelm Lichtenberg*

ein anderes Wort für Gleichgültigkeit. *William Somerset Maugham*

die Fehler der anderen entschuldigen. *Arthur Schnitzler*

Unwille, den die Vernunft im Zaum hält. *Peter Ustinov*

die Stärke, die man dem politischen Gegner wünscht. *Wolfram Weidner*

holländische Tomate:

die vornehmste Form, Wasser zu verkaufen. *Reimer Böge*

Torheit:

jene Abweichung vom rationellen Denken, die zu einem beglückenden Erlebnis oder zur Katastrophe führen kann und die vor allem Kindern und alten Leuten, aber auch Künstlern und Narren zugeschrieben wird. *Anonym*

die Toten:

die einzige solide Mehrheit, die es auf Erden gibt. *Benjamin Franklin*

Toto-Schein:

Baubewilligung für Luftschlösser. *Anonym*

totschweigen:

eine besonders heimtückische Form des Rufmords. *Rupert Schützbach*

Mord ohne Blutvergießen. *Stephen Spender*

tot sein:

die Gleichheit vor dem Wurm. *Pierre Daninos*

Tourismus:

die Völkerwanderung der Neuzeit. *Halldór Laxness*

der unstillbare Drang des Menschen, für teures Geld im Ausland immer wieder bestätigt zu bekommen, daß es nirgendwo so schön ist wie zu Hause. *Brain Tuck*

eine Methode, um es daheim wieder schön zu finden. *Manfred Schmidt*

Tourist:

Teilzeitnomade. *Anonym*

jemand, der auf der Suche nach dem Heimweh zu weit gegangen ist. *Georges Elgozy*

Touristen:

die einzige Ware, die ihren Transport selber bezahlt. *Anonym*

Reisende, die man leichter melken kann als Kühe. *Anonym*

eine unbewaffnete Besatzungsarmee auf Zeit. *Guy Abeccasis*

Leute, die in einem fremden Land nur blättern. *Guido Baumann*

Reisende, die ihren Besitz verbrauchen, um sich den Besitz anderer anzusehen. *Ernst Heimeran*

die Internationale der Neugierde. *Alberto Moravia*

Leute, die keine Anstrengung scheuen, um sich zu erholen. *Wolfram Weidner*

Tournedos:
bekanntestes Werk Rossinis. *Anonym*

Tradition:
die Summe von verjährten Werten. *Kazimierz Brandys*

nicht Asche aufbewahren, sondern eine Flamme am Brennen halten. *Jean Jaurès*

das System, das verhindern will, daß Kinder ihre Eltern übertreffen. *Ephraim Kishon*

überlieferte Dressur. *Harold Pinter*

eine Sammlung schlechter Angewohnheiten. *Arthur Schnabel*

die Gesinnung der Faulen, die Pfützen stehen läßt, weil sie vielleicht noch von der Sintflut herrühren könnten. *Bob Singleton*

Traditionen:
die Dogmen der Bequemlichkeit. *Hans Lohberger*

Traditionalismus:
einem silbernen Salzstreuer, aus dem kein Salz kommt, den Vorzug geben vor einem aus Plastik, der tatsächlich Salz streut. *Herzog von Bedford*

Träne:
Kummersaft. *Hugo Olaerts*

Tränen:
weibliche Wasserkraft, die männliche Willenskraft spielend überwindet. *Anonym*

der Schweiß der Psyche. *Peter Maiwald*

träumen:
der Sonntag des Denkens. *Henri-Frédéric Amiel*

schlafen mit Illustrationen im Text. *Eugenio d'Ors y Rovira*

Trainer:
ein Mensch, der sein Brot im Schweiß des Angesichts anderer Menschen verdient. *Martin Lauer*

Transpiration:
Schweißbildung, die beim modernen Menschen fast nur bei Freizeitbeschäftigungen und bei Ferienreisen auftritt – sonst wird sie als Zeichen gestörter Gesundheit gewertet. *Anonym*

Tratsch:
die Kunst, nichts zu sagen, aber so, daß nichts ungesagt bleibt. *Anonym*

Trauerflor:
das Spinnengewebe, womit die Witwen sich einen neuen Mann fangen. *Ramón Gómez de la Serna*

Traum:
Reparaturwerkstatt der Seele. *Anonym*

die Wirklichkeit der Gedanken. *Ralph Boller*

der innere Psychotherapeut, der immer in uns tätig ist. *Peter Haerlin*

der beste Beweis dafür, daß wir nicht so fest in unsere Haut eingeschlossen sind, als es scheint. *Friedrich Hebbel*

eine Lüge, die das Leben erträglich macht. *Claude Lelouch*

die Wirklichkeit des Unbewußten. *Hans Lohberger*

Träume:
Schlafkino. *Definition eines Kindes*

der Mut zu einer Phantasie, die man im Wachsein nicht hat. *Wilhelm Lichtenberg* eine Art Fernsehen im Schlaf. *Alberto Sordi*

Traumauto:

ein Auto, in dem eine Siebzehnjährige träumt, der sechzigjährige Fahrer sei nur dreißig. *Anonym*

Trauschein:

eine Urkunde, die das Laster zur Pflicht macht. *Anonym*

Trend:

die Windrichtung der Gedanken. *Ralph Boller*

Treue:

Mangel an Gelegenheit. *Anonym*

ein starker Juckreiz mit dem Verbot, sich zu kratzen. *Anonym*

eine Tugend, die jenen eigentümlich ist, die wissen, daß sie bald betrogen werden. *Ambrose Bierce*

manchmal nur eine Kapitulation der Phantasie. *Herbert Heckmann*

meist nur noch die zur Moral erstarrte Liebe von gestern. *Hans Lohberger*

eine Eigenschaft, die nie so angesehen war wie das Geld. *Mark Twain*

Konkurrenzausschluß. *Helmar Nahr*

die meisten Männer verstehen darunter den Zeitraum zwischen zwei Seitensprüngen. *Sydne Rome*

eine Tugend, die man oft beweisen soll, aber nicht immer. *Omar Sharif*

entweder die erschlaffende Wirkung der Gewohnheit oder ein Mangel an Einbildungskraft. *Oscar Wilde*

Trick:

eine Verhaltensweise, die nur dann erlaubt ist, wenn sie gelingt. *Arno Sölter*

Trinker:

ein Mann, der sich bemüht, seine Zukunft zu vergessen. *Anonym*

einer, der beim Öffnen der Schnapsflasche den Korken wegwirft, da er diesen ohnehin nicht mehr braucht. *Ernest Hemingway*

Trinkgeld:

ein Geldbetrag, der freiwillig gewährt und als gutes Recht gefordert wird. *Miles Kingston*

Tripper:

für den Deutschen die französische Krankheit, für den Polen die deutsche, für den Russen die polnische. *Alfred Kern*

Trojanischer Krieg:

der letzte Krieg, bei dem man noch wußte, worum es ging. *Anonym*

Trost:

das Wissen, daß ein besserer Mensch schlechter dran ist als man selber. *Ambrose Bierce*

Trottel:

das sind keine höheren Wesen, sondern Menschen wie du und ich. *Anonym*

Trotz:

eine jugendliche Form von Alters-Starrsinn. *Anonym*

die einzige Stärke des Schwachen – und eine Schwäche mehr. *Arthur Schnitzler*

Trüffeln:

eine Delikatesse für Feinschmecker und Schweine. *Anonym*

Tsetsefliege:

ein afrikanisches Insekt, dessen Stich allgemein als das wirksamste natürliche Mittel gegen Schlaflosigkeit gilt, obwohl manche Patienten amerikanische Romanschriftsteller vorziehen. *Ambrose Bierce*

die sicherste Tür:
die, die man offen lassen kann. *Aus China*

Tugend:
die Mitte zwischen zwei Lastern. *Aristoteles*

etwas zum Behalten, das man eigentlich verlieren möchte. *Curt Goetz*

eine Eigenschaft, die nie so angesehen war wie das Geld. *Mark Twain*

die Summe der Dinge, die wir aus Trägheit, Feigheit oder Dummheit nicht getan haben. *Henry Miller*

bei einigen Furcht vor der Gerechtigkeit, bei vielen Schwäche, bei anderen Berechnung. *Gérard de Nerval*

oft nur die Unfähigkeit, ein Vergnügen zu fühlen. *Jean-Jacques Rousseau*

eine Art Gewerkschaftsbewegung der Verheirateten. *George Bernard Shaw*

oft nichts anderes als mangelnde Energie. *Voltaire*

Tugenden:
die Laster der Mehrheit. *Jean Genet*

meist nur verkleidete Laster. *François de La Rochefoucauld*

die Pflichten, denen wir uns nicht zu entziehen wagen. *Henry Miller*

die gesündeste Turnübung:
das rechtzeitige Aufstehen vom Eßtisch. *Giorgio Pasetti*

die schwierigste Turnübung:
sich selbst auf den Arm nehmen. *Werner Finck*

U

Überarbeitung:
eine gefährliche Erkrankung, die hohe Beamte befällt, die angeln gehen wollen. *Ambrose Bierce*

überdenken:
die Rechtfertigung für eine bereits gefällte Entscheidung suchen. *Ambrose Bierce*

überlegen:
Wahrscheinlichkeiten auf der Waagschale der Wünsche wiegen. *Ambrose Bierce*

innere Überlegenheit:
eine Eigenschaft, die unsere Mitmenschen unglaublich oft übersehen. *Helmar Nahr*

Überlegenheitsgefühl:
ein Gefühl, das Überlegungen erst gar nicht aufkommen läßt. *Ron Kritzfeld*

Überlegung:
ein Gedankenvorgang, der nach einem Mißerfolg angestellt wird. *Anonym*

eine geistige Tätigkeit, durch die wir eine klarere Sicht auf unser Verhältnis zu den Angelegenheiten von gestern erlangen. So sind wir in der Lage, Gefahren zu vermeiden, denen wir nie wieder begegnen werden. *Ambrose Bierce*

überparteiliche Angelegenheit:
ein Problem, für das keine Partei eine Lösung weiß. *Anonym*

Überredungskunst:
die Fähigkeit eines Vertreters, einem Bauern für seine einzige Kuh eine Melkmaschine zu verkaufen und die Kuh in Zahlung zu nehmen. *Anonym*

Übersetzer:
verwegene Kämpfer, die den Turm von Babel angreifen. *Albert Camus*

ein Fährmann, der Wortschätze zu neuen Ufern bringt. *Ron Kritzfeld* schlecht bezahlter Sklave, der einen Text aus einer Fremdsprache in eine Sprache übersetzt, die eine entfernte Ähnlichkeit mit der deutschen Sprache hat.

Hans Weigel

Übersetzung:

nur die Rückseite eines schönen Teppichs. *Miguel de Cervantes de Saavedra*

Übertreibung:

der Übergang vom Leben zur Kunst. *Gilbert Keith Chesterton*

eine Wahrheit, die die Geduld verloren hat. *Khalil Gibran*

Überbevölkerung:

der Kinderreichtum der Nachbarsfamilie. Freudiges Ereignis: Zuwachs in der eigenen. *Anonym*

Überzeugung:

an uns selbst ein bewundernswerter Zug, bei anderen unerträglicher Starrsinn.

Anonym

jener Irrtum, dem die Menschen sich in der Jugend verschrieben und den sie dann später aus Trotz und falscher Scham nicht mehr korrigieren wollen.

Wilhelm Lichtenberg

der Glaube, in irgendeinem Punkt der Erkenntnis im Besitz der Wahrheit zu sein. *Friedrich Nietzsche*

Überzeugungen:

Meinungen, die durch die Umstände zeitweilig gestützt werden. *Henry Haskins*

Krankheiten, die durch Begeisterung übertragen werden. *Siegfried Lenz*

gefährlichere Feinde der Wahrheit als Lügen. *Friedrich Nietzsche*

Vorurteile, die man sich selbst erarbeitet hat. *Wolfram Weidner*

Überzeugungskraft:

die Kunst, eine Sache so einseitig darzustellen, daß man alle anderen Seiten vergißt. *Ron Kritzfeld*

Uhr:

ein Instrument, das uns erlaubt, unsere Unpünktlichkeit zu messen.

»El Universal«, Mexiko

kleiner Götze am Handgelenk, der unerbittlich zu Hast und Eile antreibt und uns gezielt und unbestechlich dem Tod in die Arme tickt. *Markus Hattstein*

Uhren:

Gegenstände, die sich dem technischen Fortschritt entziehen: Sie gehen heute nicht schneller als gestern. *Anonym*

Zeitmesser, die mit oder ohne Schläge zur Pünktlichkeit erziehen.

Paul Sturm-Gött

Uhrzeiger:

Peitschen für alle jene, die sich als Rennpferde mißbrauchen lassen.

François Mitterand

Uhu:

gefiederte Katze. *Ramón Gómez de la Serna*

Ultimatum:

in der Diplomatie: eine letzte Forderung, bevor man sich auf Zugeständnisse einläßt. *Ambrose Bierce*

umdenken:

für die meisten die allerschwierigste Form des Denkens – so schwer, daß sie von vornherein darauf verzichten. *Anonym*

Umgangsformen:

Verhaltensweisen, die nicht durch Grundsätze, sondern durch Erziehung bestimmt sind. *Ambrose Bierce*

Formen, die zunehmend umgangen werden. *Oliver Hassencamp*

Umleitung:

die längste Entfernung zwischen zwei Punkten. *Anonym*

Umleitungen:
die beste Chance, endlich die eigene Stadt kennenzulernen. *Danny Kaye*

Umschlag:
der Sarg eines Dokuments, die Scheide einer Rechnung, die Hülle einer Geldsendung, das Nachtgewand eines Liebesbriefes. *Ambrose Bierce*

Umschweife:
literarischer Trick, mit dem der Schriftsteller, der nichts zu sagen hat, dies dem Leser schonend beibringt. *Ambrose Bierce*

Umstürzler:
jeder, der die bestehende soziale Ordnung abschaffen und eine andere erproben will. *George Bernard Shaw*

konsequenter Umweltschutz:
Atomraketen mit bleifreiem Treibstoff. *Ron Kritzfeld*

Unaufrichtigkeit:
eine Lüge, die noch in die Schule geht. *Wolfram Weidner*

Unbescheidenheit:
ein starkes Gefühl für eigene Verdienste und ein schwaches Gefühl für die anderer. *Ambrose Bierce*

unbescholten:
für die Polizei noch nicht verdächtig. *Ambrose Bierce*

unbesonnen:
unempfänglich für den Wert unserer Ratschläge. *Ambrose Bierce*

Unbußfertigkeit:
ein zeitlich zwischen Schuld und Sühne liegender Geisteszustand. *Ambrose Bierce*

der Undankbare:
ein Mensch, der etwas für nichts bekommen hat und der zu denselben Bedingungen mehr haben will. *Elbert Hubbard*

Understatement:

die seltsame Lust der Engländer, einen Elefanten als Maus auszugeben und dafür auch noch Glauben zu finden. *Norman Mailer*

ein beliebtes Vergrößerungsglas für die eigene Größe. *Peter Ustinov*

Unendlichkeit:

dort, wo Dinge geschehen, die es nicht gibt. *Definition eines Schülers*

Unentschlossenheit:

ein Charakterfehler, zu dessen Korrektur sich die meisten nicht entschließen können. *Anonym*

Unerfahrenheit:

Moralisten nennen sie Unschuld. *Anonym*

die Unerschütterlichkeit der Weisen:

die Kunst, Stürme im Herzen verschlossen zu halten. *François de La Rochefoucauld*

Unfehlbarkeit:

Triumph des Größenwahns. *Anonym*

Ungeduld:

Warten in Eile. *Anonym*

die einzige Eigenschaft der Jugend, deren Verlust man im Alter nicht beklagt. *Frank Thieß*

Ungehorsam:

ein Lichtstreif am dunklen Horizont der Knechtschaft. *Ambrose Bierce*

für jeden, der die Geschichte kennt, die eigentliche Tugend des Menschen. *Oscar Wilde*

Ungläubiger:

in New York: jemand, der nicht an die christliche Religion glaubt; in Istanbul: jemand, der an sie glaubt. *Ambrose Bierce*

Unglaube:

die größte der großen Weltreligionen. *Ambrose Bierce*

der erste Schritt zur Philosophie. *Denis Diderot*

Unglück:

eine derbe und unmißverständliche Erinnerung, daß die Dinge des Lebens nicht nach unserem Willen laufen. *Ambrose Bierce*

eigenes: unverschuldetes Schicksal, fremdes: ausgleichende Gerechtigkeit. *Ron Kritzfeld*

versäumtes Glück. *Hans Lohberger*

fast immer das Anzeichen einer falschen Auslegung des Lebens. *Henry de Montherlant*

Universalist:

jemand, der von immer mehr immer weniger versteht, bis er von allem nichts versteht. *Klaus Tipke*

Universität:

eine Einrichtung, die es Vätern ermöglicht, ihre Söhne noch ein paar Jahre vom Betrieb fernzuhalten. *Anonym*

ein Ort, wo Kieselsteine geschliffen und Diamanten getrübt werden. *Robert Green Ingersoll*

Unkosten:

in Deutschland das, was anderswo Kosten heißt. *Sandro Paternostro*

Unkraut:

Pflanzen, die wiederkommen, nachdem man sie mit der Wurzel ausgerissen hat. *Anonym*

die Pflanzen, deren Vorzüge noch nicht erkannt worden sind. *Ralph Waldo Emerson*

die Opposition der Natur gegen die Regierung der Gärtner. *Oskar Kokoschka*

alles, was nach dem Jäten wieder wächst. *Mark Twain*

Unmenschlichkeit:

eine der hervorstechendsten und charakteristischen Eigenschaften der Menschheit. *Ambrose Bierce*

das Unmögliche:

das, was man nie versucht hat. *Anonym*

Unmoral:

die Fähigkeit, etwas freudig zu tun, das anderen ein schlechtes Gewissen beschert. *Anonym*

die Moral derer, die sich amüsieren. *Henry Louis Mencken*

was wir anderen nicht gönnen. *Anonym*

Unmündigkeit:

das Unvermögen, sich seines Verstandes ohne Leitung eines anderen zu bedienen. *Immanuel Kant*

unparteiisch:

außerstande, sich einen persönlichen Vorteil davon zu versprechen, daß man sich in einer Kontroverse auf eine der beiden Seiten schlägt oder sich einer von zwei widerstreitenden Meinungen anschließt. *Ambrose Bierce*

Unpünktlichkeit der Frauen:

der liebenswürdige Versuch, gegen die Diktatur der Uhrzeiger zu rebellieren. *Jean Marais*

Unrecht:

das, was einem anderen Menschen schadet. *Leo Tolstoi*

das stärkste Unrecht:

das Recht des Stärkeren. *Marie von Ebner-Eschenbach*

Unschuld:

eine Sache, die oft verloren und noch nie wiedergefunden wurde. *Anonym*

Unsinn:
die Einwände, die gegen dieses hervorragende Wörterbuch vorgebracht werden.
Ambrose Bierce

Unsterblichkeit:
eine schöne Sache, aber erleben müßte man sie können. *Anonym*

die Sehnsucht von Millionen, die schon an einem verregneten Sonntagnachmittag nichts mit sich anzufangen wissen. *Susan Ertz*

Untergebener:
einer, der sich kurzfassen muß. *Wieslaw Brudzinski*

Unterhaltung:
alles, worüber man sich am nächsten Tag unterhält. *Anonym*

alles, was im Fernsehen nicht langweilt. *Hans Rosenthal*

mittelständisches Unternehmen:
ein Unternehmen, dem beim Konkurs der Staat nicht hilft. *Friedrich Conzen*

Unternehmer:
jemand, der täglich 16 Stunden zu arbeiten bereit ist, um nicht acht Stunden pro Tag für einen anderen arbeiten zu müssen. *Anonym*

manche halten ihn für einen räudigen Wolf, den man totschlagen müsse, andere meinen, er sei eine Kuh, die man ununterbrochen melken könne; nur wenige sehen in ihm ein Pferd, das den Karren zieht. *Winston Churchill*

guter Unterricht:
zu einem Viertel Vorbereitung und zu drei Vierteln Theater. *Gail Godwin*

unterscheiden:
die Besonderheiten feststellen, durch die eine Person oder Sache womöglich noch anrüchiger ist als eine andere. *Ambrose Bierce*

Unterschriften:
Handschellen aus Tinte. *Rumänisches Sprichwort*

parlamentarische Untersuchungsausschüsse:
Teppichklopfer, die gerade so stark drauflosschlagen, daß es nicht staubt. *Enrique Morales*

Untertreibung:
die raffinierteste Form der Übertreibung. *Harold Nicholson*

Untreue:
oft nichts als ein Mangel an Phantasie. *Hans Krailsheimer*

Untugenden:
bei Einzelnen Laster genannt, bei Völkern Mentalität. *Anonym*

Unvereinbarkeit:
in der Ehe: Ähnlichkeit der Neigungen, insbesondere der Neigung, den Ton anzugeben. *Ambrose Bierce*

unversöhnlich:
nicht ohne eine große Geldsumme zu beschwichtigen. *Ambrose Bierce*

Unwandelbarkeit in der Politik:
nur ein anderer Ausdruck für Mangel an Verstand. *Charles Maurice Talleyrand*

Unwissenheit:
meistens überwindbare Unwissenheit. Wir wissen nicht, weil wir nicht wissen wollen. *Aldous Huxley*

der Weg zum Erfolg, sofern sie mit Selbstvertrauen gepaart ist. *Mark Twain*

Unzufriedenheit:
der erste Schritt in der Entwicklung von Menschen und Völkern. *Oscar Wilde*

mittlere Unzufriedenheit:
der höchste Euphoriegrad, den man vom Normalbürger erwarten darf. *Anonym*

Urlaub:
eine anstrengende Beschäftigung, die man erst zu genießen beginnt, wenn sie vorbei ist. *Anonym*

die kürzeste Verbindung zwischen zwei Gehältern. *Anonym*

Freizeit, die man den Arbeitnehmern gewährt, um sie daran zu erinnern, daß das Unternehmen auch ohne sie auskommt. *Anonym*

die Fortsetzung des Familienlebens unter erschwerten Bedingungen. *Dieter Hildebrandt*

verordnete Freizeit, die man unbedingt zur Erholung nutzen muß, auch wenn dies mit viel Streß verbunden sein sollte. *Franz F. Schart*

der Versuch, dem Nachbarn zu entgehen, obwohl man ziemlich sicher sein kann, daß man ihn im Strandkorb nebenan trifft. *Jacques Tati*

fortwährender Urlaub:
eine durchaus brauchbare Definition der Hölle. *George Bernard Shaw*

Urlauber:
jemand, der es sich Tausende kosten läßt, nur um mal zu sehen, wie der Regen anderswo aussieht. *Anonym*

Menschen, die vor dem Gedränge in den Großstädten fliehen, um sich am Urlaubsort bei jeder Gelegenheit ins Gedränge zu stürzen. *Gabriel Laub*

Urlaubssaison:
die Zeit, in der bayerische Zeitungen schreiben: Bleibt in den Betten, die Preußen kommen. *Anonym*

Ursprung:
Adams Freudensprung bei Evas Anblick. *Anonym*

Urteil:
etwas, womit sich die meisten Menschen zufriedengeben, weil Denken so anstrengend ist. *Anonym*

abschließendes Urteil:
erster tastender Versuch, eine Sache zu verstehen. *Helmar Nahr*

usw.:

ein Zeichen, das verwendet wird, um die Leute glauben zu machen, daß man mehr wüßte, als man ihnen erzählt. *Anonym*

Utopie:

eine Mesalliance zwischen Hoffnung und Phantasie. *Jean Cotelli*

nie stattfindende Zukunft. *Ron Kritzfeld*

V

Vagabund:

ein Reisender, der seine Kreditkarte verloren, sein Reiseziel vergessen hat und nun damit beschäftigt ist, eine Überlebensstrategie auszuarbeiten. *Anonym*

Vakuum:

ein durch Nichts ausgefüllter Raum. *Anonym*

Vamp:

eine Frau, die alles besitzt, was sie braucht, um alles zu bekommen, was du besitzt. *Anonym*

Varus:

der einzige römische Feldherr, dem es gelang, von den Germanen besiegt zu werden. *aus einem Schulaufsatz*

Vater:

ein Mann, der seinen Sohn zu einem so tüchtigen Menschen heranwachsen sehen möchte, wie er selbst gern einer geworden wäre. *Anonym*

wer weder sein Telefon noch sein Badezimmer noch sein Auto benutzen kann. *Anonym*

ein Mann, der etwas geleistet hat, das Hand und Fuß hat. *Anonym*

ein von der Natur bestallter Bankier. *französisches Sprichwort*

Vaterland:

so nennt sich der Staat immer dann, wenn er sich anschickt, auf Menschenmord auszugehen. *Friedrich Dürrenmatt*

das wahre Vaterland:

das Land, wo man die meisten Menschen trifft, die einem gleichen. *Stendhal*

Vaterlandsliebe:

erweiterte Familienliebe. *Marie von Ebner-Eschenbach*

Vaterschaft:

ein Beruf, der einem auferlegt wird, ohne daß man gefragt wird, ob man sich auch dafür eignet. *Anonym*

Vegetarier:

ein Mensch, der es ablehnt, Tiere zu schlachten – und ihnen dafür das Futter wegißt. *Anonym*

Tellerbotaniker. *Anonym*

ein Mensch, der kein tierisches Leben ißt, das man ohne Mikroskop sehen kann. *Anonym*

Menschen, für die es eigentlich ein Vergnügen sein müßte, ins Gras zu beißen. *Wolfgang Gruner*

Menschen, die ihre Wurst beim Gärtner kaufen. *G. Schulz*

Venedig:

die zweite Enttäuschung der Braut auf der Hochzeitsreise. *Anonym*

zweifellos die schönste Wasserleiche Europas. *Peter Frazer*

eine Stadt, die von Gebäuden bewohnt wird. *Boris Pasternak*

Ventilator:

elektrisch betriebener Fächer. *Anonym*

Verachtung:

gefahrloser Ersatz für Ohrfeigen, die man nicht anbringt. *Anonym*

eines vorsichtigen Mannes Gefühl für einen Feind, der zu mächtig ist, um ihn gefahrlos zu bekämpfen. *Ambrose Bierce*

immer noch der schärfste Tadel. *Henry George Bohn*

das Gefühl, das wir am sorgfältigsten verheimlichen müssen. *Antoine de Rivarol*

Veränderung:

das, was die Leute am meisten fürchten. *Fjodor Michailowitsch Dostojewski*

Verallgemeinerung:

ein Plateau, auf dem sich ein müder Geist ausruhen kann. *Anonym*

Verantwortung:

eine abnehmbare Last, die sich leicht Gott, dem Schicksal, dem Glück, dem Zufall oder dem Nächsten aufladen läßt. In den Tagen der Astrologie war es üblich, sie einem Stern aufzubürden. *Ambrose Bierce*

der Preis der Größe. *Winston Churchill*

Verbindungen:

das, was man zu haben glaubt, bis man sie ausnutzen muß. *Anonym*

Verbot:

eine raffinierte Methode, Lust an Belustigungen zu wecken, zu denen kein Mensch Lust hätte, wenn sie nicht verboten wären. *Anonym*

seit dem Paradies die wirksamste Form der Werbung. *Ron Kritzfeld*

verboten:

mit einem neuen, unwiderstehlichen Zauber behaftet. *Ambrose Bierce*

Verbrechen:

nicht der letzte, sondern der erste Ausweg, der sich uns anbietet: Es entspringt oft einem Mangel an Phantasie. *Ernst Jünger*

Verbündete:

Freunde, die sich erst dann aus dem Staube machen, wenn man sie braucht.

Charles Maurice Talleyrand

Verehrung:

das, was der Mensch für Gott und der Hund für den Menschen empfindet.

Ambrose Bierce

tiefgekühlte Liebe. *Françoise Sagan*

Verein:

eine Vereinigung von Personen, die entweder gemeinsam Krach machen oder miteinander Krach haben. *Gerhard Uhlenbruck*

Vereine:

die Möglichkeit, sich mit anderen Menschen zu schmücken. *Rudolf Rolfs*

Vereinswesen:

die Festung der Mittelmäßigkeit. *Anselm Feuerbach*

Vereinte Nationen:

ein Forum, auf dem ein Zwergpinscher jederzeit einen Elefanten anpinkeln kann. *Joao Filhes*

Vererbung:

das, woran man glaubt, wenn man ein intelligentes Kind hat. *Anonym*

Gesetzmäßigkeit der Natur, die dafür sorgt, daß unerwünschte Eigenschaften der Kinder immer vom anderen Elternteil stammen. *Anonym*

biologische Tatsache, die du anerkennst, wenn deine Kinder lauter Einsen aus der Schule mit nach Hause bringen. *Anonym*

ein Autobus, in dem alle unsere Vorfahren sind und aus dem ab und zu einer von ihnen den Kopf herausstreckt und uns außer Fassung bringt.

Oliver Wendell Holmes

Vererbungslehre:
eine Wissenschaft, die in erster Linie von den Müttern schöner Töchter und den Vätern kluger Söhne anerkannt wird. *Anonym*

Verfassung:
ein Dokument, das das Volk vor der Regierung schützt. *Ronald Reagan*

Verführung:
ein beidseitiges Vergnügen, sonst ist's Vergewaltigung. *Anonym*

Vergangenheit:
die Vorratskammer für die Zukunft. *Anonym*

der Teil unseres Lebens, der immer größer und schöner wird. *Anonym*

jener Teil der Ewigkeit, von dem wir einen winzigen Bruchteil kennengelernt haben. *Ambrose Bierce*

ein Sprungbrett, nicht ein Sofa. *Harold Macmillan*

das einzige Arsenal, wo wir das Rüstzeug finden, unsere Zukunft zu gestalten. Wir erinnern uns nicht ohne Grund. *José Ortega y Gasset*

vergeben und vergessen:
kostbare Erfahrungen zum Fenster hinauswerfen. *Arthur Schopenhauer*

Vergebung:
taktischer Zug; dient dazu, einen Finsterling einzulullen, um ihn beim nächstenmal in flagranti zu ertappen. *Ambrose Bierce*

Vergehen:
ein Gesetzesverstoß von niedrigerem Rang als ein Verbrechen, der nicht dazu berechtigt, in die vornehme Gesellschaft der Kriminellen aufgenommen zu werden. *Ambrose Bierce*

vergessen:
die Kunst, Bewußtes unbewußt zu machen. *Hans Lohberger*

die wohlfeilste Methode, seine Vergangenheit zu bewältigen. *Friedrich Luft*

Mangel an Treue. *Gabriel Marcel*

ein Prozeß geistiger Müllabfuhr. *Brigitte Milgner*

eine Form des Neinsagens. *Axel Schnorbus*

Vergessenheit:
der Zustand oder die Verfassung, in denen die Bösen zu kämpfen aufhören und die Mühseligen und Beladenen ruhen. *Ambrose Bierce*

die ewige Schutthalde des Ruhms. *Ambrose Bierce*

eine Stätte, wo ehrgeizige Autoren ihren Werken ohne Stolz und den überlegenen Kollegen ohne Neid begegnen. *Ambrose Bierce*

ein Schlafsaal ohne Wecker. *Ambrose Bierce*

Vergeßlichkeit:
eine Alterserscheinung, die sich mit Hilfe von Sigmund Freud in eine Jugendsünde verwandeln läßt. *Anonym*

eine Gottesgabe, durch die Schuldner ihren Mangel an Gewissen wettmachen. *Ambrose Bierce*

etwas, worauf ebensowenig Verlaß ist wie auf das Gedächtnis der Leute. *Stanislaw Jerzy Lec*

vergleichen:
das Ende des Glücks und der Anfang der Unzufriedenheit. *Sören Kierkegaard*

Vergnügen:
ein billiger Ersatz für Glück. *Anonym*

das Glück der Gedankenlosen. *Alexander Pope*

Verhältnis:
zwei Menschen, die verheiratet sind, aber nicht miteinander. *Anonym*

verhandeln:

nicht die schlechteste Form des Handelns. *William Rogers*

Verhandlungstaktik:

die Antwort provozieren, die man haben will. *Hans Habe*

Verhör:

das ist ein Geschäft auf Gegenseitigkeit. *Andrej Sinjawskij*

Verkehr:

ein Versuch, immer mehr Wagen auf immer engerem Raum in Bewegung zu halten. *Michael Schiff*

fließender Verkehr:

ein Zeichen dafür, daß die Polizei gerade anderweitig beschäftigt ist.
Wolfram Weidner

Verkehrsampel:

ein schüchternes Wesen, das rot wird, wenn man näher kommt. *Anonym*

Verlage:

Geburtskliniken des Geistes. *John Irving*

Verleger:

ein Mann, der zuwenig investiert, zuwenig wirbt und zuviel verdient.
Robert Neumann

eine besondere Spezies. Man findet unter ihnen Vertreter aller sieben Todsünden. *Michael Turner*

einer, der aufgrund übereinstimmender Aussagen von Autoren und Buchhändlern die alleinige Schuld am Mißerfolg eines Buches trägt. *Hans Weigel*

Verleumdung:

ein Schuldspruch, der in Abwesenheit des Angeklagten hinter verschlossenen Türen, ohne Verteidigungs- und Berufungsrecht, von einem voreingenommenen Richter verkündet wird. *Joseph Roux*

Verleumdungen:

Krankheiten anderer, die an deinem Leibe ausbrechen. *Friedrich Nietzsche*

Verliebtheit:

eine psychische Angina, ein Zustand geistiger Verengung. *José Ortega y Gasset*

Verliebtsein:

ein süßer Traum – die Hochzeit ist der Wecker. *Anonym*

eine Art Vorgeplänkel, eine Ouvertüre, nach der sich entscheidet, ob daraus ein Drama oder ein Lustspiel wird. *Hanna-Renate Laurin*

den Unterschied zwischen einer Frau und einer anderen ungebührlich überschätzen. *George Bernard Shaw*

guter Verlierer:

ein ungewählter Politiker, der sich trotzdem gewählt ausdrückt. *Ernst Schröder*

sich verloben:

sicherstellen und weitersuchen. *Anonym*

Verlobung:

vielversprechende Einleitung zu einem langweiligen Buch. *Anonym*

das Versprechen, nicht auseinanderzugehen, solange man nicht zusammengekommen ist. *Karl Farkas*

die bedingte Verurteilung zu lebenslänglicher Doppelhaft mit vorläufigem Strafaufschub. *August Strindberg*

eine sinnvolle Einrichtung, eine Art Ausnüchterungszelle für Berauschte. *Evelyn Waugh*

vermachen:

einem anderen großzügig überlassen, was ihm sowieso nicht mehr vorenthalten werden kann. *Ambrose Bierce*

Vermittler:

jemand, der ein Krokodil in der Hoffnung füttert, als letzter verspeist zu werden. *Winston Churchill*

Vermögensbildung:

die einzige exakt meßbare Bildung. *Anonym*

Bezeichnung für den Aberglauben, daß man durch Sparen reich werden kann. *Anonym*

Vermutungen:

die Ausflucht jener Leute, die nichts wissen. *O'Connor*

vernünftig:

frei von allen Selbsttäuschungen, außer den im Beobachten, Erfahren und Denken enthaltenen. *Ambrose Bierce*

Vernunft:

die Fähigkeit, vergangene und zukünftige Fehlschläge zu erklären und die gegenwärtigen zu ignorieren. *Anonym*

die größte Feindin des Herzens. *Giacomo Casanova*

manchmal nichts anderes als Mut zur Feigheit. *George Bernard Shaw*

das Privileg der Männer, und die sind so selbstlos, nie davon Gebrauch zu machen. *Oscar Wilde*

Vernunftehe:

ein Begriff, der nur von den unlogischen Deutschen erfunden werden konnte. *Carlo Franchi*

Vernunftehe schließen:

alle seine Vernunft zusammennehmen, um die wahnsinnigste Handlung zu begehen, die ein Mensch begehen kann. *Marie von Ebner-Eschenbach*

verrückt:

im Widerspruch zur Mehrheit. *Ambrose Bierce*

Versager:

ein Mann, der Fehler gemacht hat und nicht fähig ist, Nutzen aus der Erfahrung zu ziehen. *Anonym*

der Mann, der sich immer wieder vormachen muß, daß er ein erfolgreicher Mann ist. *T. S. Eliot*

Menschen, die zu viel versprechen. *Ron Kritzfeld*

verschroben:

hartnäckig und eifrig einer Meinung anhängend, die du nicht teilst. *Ambrose Bierce*

Verschwender:

einer, der unter seinem Vollbart eine Krawatte trägt. *Anonym*

Versemachen:

bei vielen Menschen eine Entwicklungskrankheit des menschlichen Geistes. *Georg Christoph Lichtenberg*

Versicherung:

ein geniales modernes Glücksspiel, bei dem sich der Spieler der angenehmen Überzeugung hingeben darf, den Mann, der die Bank hält, zu schlagen. *Ambrose Bierce*

etwas, das man eigentlich nie brauchen müssen möchte, aber doch einfach wollen muß, weil man sie immer brauchen tun könnte. *Karl Valentin*

Versicherungsagent:

der einzige Mensch, der an einer Versicherung verdient, ohne daß er gleich stirbt oder abbrennt. *Anonym*

Versicherungspolice:

ein zweiseitiges Dokument: Auf der Vorderseite wird man versichert, auf der Rückseite verunsichert. *Anonym*

Versöhnung:

eine zeitweilige Einstellung der Feindseligkeiten. *Ambrose Bierce*

Versprechen:

dies und ein guter Rat stellen eine hervorragende Gabe dar, welche dem Armen zu überreichen wir alle uns leisten können. *Ambrose Bierce*

Verständnis:

etwas, das moderne Frauen für alles auf der Welt aufbringen, nur nicht für den eigenen Mann. *Anonym*

Verstand:

worauf die Männer bei einer Frau erst achten, wenn sie auf alles andere geachtet haben. *Anonym*

etwas, das man verlieren kann, ohne es je besessen zu haben. *Anonym*

das, was auf der Welt am besten verteilt ist: Jeder Mensch ist fest davon überzeugt, daß er am meisten davon abbekommen hat. *Anonym*

das Vermögen zu denken. *Immanuel Kant*

ein Hemmungsapparat gegen das Sofortreagieren auf das Instinkturteil. *Friedrich Nietzsche*

scharfer Verstand:

die gefährlichste Sorte von Dummheit. *Hugo von Hofmannsthal*

verstehen:

sich eine Frage stellen, die durch das, was man versteht, genau beantwortet wird. *André Gide*

Versuchung:

eine wunderbare Sache, die man erst dann richtig schätzt, wenn man nicht mehr in Versuchung gerät. *Anonym*

ein Parfüm, das man so lange riecht, bis man die Flasche haben möchte. *Jean-Paul Belmondo*

Verteidiger:

Rechtsabbieger. *Ron Kritzfeld*

Vertrag:
ein System, unter dem die Treuen immer gebunden, die Treulosen immer frei sind. *Lord Robert Gilbert Vantissart*

Verträge:
ein Beispiel dafür, daß sich Menschen nicht trauen. *Anonym*

überflüssige Schriftstücke, die von Gutwilligen ohnehin und von Bösartigen doch nie eingehalten werden. *Ron Kritzfeld*

Vertrauen:
jenes köstliche Gefühl vollkommener Sicherheit, ehe man von einer Leiter fällt. *»Financial Times«, London*

das Gefühl, einem Menschen sogar dann glauben zu können, wenn man weiß, daß man an seiner Stelle lügen würde. *Henry Louis Mencken*

Vertrauensarzt:
ausgerechnet jener Arzt, zu dem man kein Vertrauen hat. *Gerhard Uhlenbruck*

Vertrauensärzte:
Mißtrauensmediziner *Ron Kritzfeld*

Vertrauensvorschuß:
Kredit mit Maximalzins. *Ron Kritzfeld*

Vertreter:
Überredungskünstler auf Provisionsbasis. *Alfred Horné*

Verunglimpfung:
Satire, wie Dummköpfe und alle anderen Geistesbehinderten sie verstehen. *Ambrose Bierce*

Vervielfältigung:
insofern ein Fortschritt, als sie die Verbreitung des Einfältigen ermöglicht. *Karl Kraus*

Verwaltung:

eine geniale Abstraktion in der Politik, dazu bestimmt, die Schläge und Stöße auszuhalten, die dem Premierminister oder Präsidenten gebühren. *Ambrose Bierce*

der einzige Organismus, der auf die Umweltvergiftung mit Wachstum reagiert. *Wolfram Weidner*

Verwaltungstätigkeit:

Politik en détail. *Richard Wiggins*

Verwandte:

Menschen, die wir besuchen, sofern sie reich sind, und die uns besuchen, sofern sie arm sind. *Ambrose Bierce*

eine Gesellschaft von Leuten, die weder im geringsten ahnen, wie man leben soll, noch den Takt besitzen, im rechten Augenblick zu sterben. *Oscar Wilde*

Verworfenheit:

ein Mythos, den gute Leute erfunden haben, um die seltsame Anziehungskraft anderer zu erklären. *Oscar Wilde*

Verwunderung:

unfreiwillig gespendetes Lob. *Edward Young*

verzichten:

einer Ehre um eines Vorteils willen entsagen. Eines Vorteils um eines größeren Vorteils willen entsagen. *Ambrose Bierce*

Verzweiflung:

die Schlußfolgerung der Narren. *Benjamin Disraeli*

der einzige echte Atheismus. *Jean Paul*

Video:

Fernsehen aus der Konserve. *Franz F. Schart*

vielleicht:

ein Umstandswort, mit dem schon unzählige andere Umstände begonnen haben. *Anonym* ein schlauer Krebs, der vor- und rückwärts gehen kann. *Anonym*

die Visitenkarte der Hoffnung. *aus den »Fliegenden Blättern«*

eine prekäre Position auf der Grenze zwischen leichtsinniger Gewißheit und verzagtem Unglauben. *Ludwig Marcuse*

Vielschreiber:
ein Mann, der die Tinte nicht halten kann. *Anonym*

Virus:
ein lateinisches Wort, das die Ärzte verwenden, wenn sie sagen wollen: »Ich weiß es auch nicht.« *Bob Hope*

Viren:
eine Erregergruppe, die mit Leichtigkeit diagnostische Wissenslücken von Ärzten schließt. *Ron Kritzfeld*

Vision:
die Kunst, Unsichtbares zu sehen. *Jonathan Swift*

Visionär:
ein Mensch, der mit geschlossenen Augen sehen kann. *C. Djerassi*

Vitalität:
Kraftentfaltung in der Freizeit. Im Beruf verpönt. *Michael Schiff*

Vogel Strauß:
der Erfinder der Politik. *Curt Goetz*

Vokale:
das, was übrigbleibt, wenn man alle Konsonanten wegläßt. *Jean-Charles*

Volk:
derjenige Teil des Staates, der nicht weiß, was er will. *Georg Friedrich Hegel*

der Umschweif der Natur, um zu sechs, sieben großen Männern zu kommen. – Ja: und um dann um sie herumzukommen. *Friedrich Nietzsche*

Volksabstimmung:

offizielle Meinungsbefragung über die allgemeine Dummheit. *Georges Elgozy*

Volksentscheid:

eine Abstimmung des Volkes, um den Willen des Souveräns zu bekräftigen. *Ambrose Bierce*

Volkslied:

ein Lied, das uns glauben läßt, wir könnten singen. *Anonym*

Volksschauspieler:

einer, der Bauern, Bürger, Clochards, Millionäre, Handwerker und Polizisten darstellt, wobei hinterher jedesmal festgestellt wird, die Rolle sei ihm auf den Leib geschrieben. *Anonym*

Volksvertretung:

repräsentativer Querschnitt der Verbandsfunktionäre. *Helmar Nahr*

Volkswirtschaftler:

ein Mann, der mehr von dem Geld versteht, das er nicht hat, als derjenige, der es hat. *Anonym*

ein Mensch, der über etwas schreibt, was er nicht versteht, und dich glauben macht, das sei dein Fehler. *Anonym*

einer, der alle Lösungen für die Probleme des vergangenen Jahres kennt. *Anonym*

ein Mann, der uns sagt, was wir mit dem Geld machen sollen, das wir verloren hätten, wenn wir seinem Rat gefolgt wären. *Aldo Cammarota*

Gelehrte, denen das Recht zusteht, alle ihre Kollegen für Idioten zu halten. *Franz Oppenheimer*

Vollbart:

Reaktion mancher Männer auf geschenkte Krawatten. *Anonym*

Vollblutpolitiker:

Leute, deren Fingerspitzengefühl sich in die Ellenbogen zurückgezogen hat.

Albert Mathias Keuels

Vollkommenheit:

nicht der Zustand, wenn man nichts mehr hinzufügen kann, sondern der, wenn man nichts mehr weglassen kann. *Anonym*

Vorahnung:

das Vorgefühl von etwas Unangenehmem, wenn man um drei Uhr morgens nach Hause kommt und im Schlafzimmer der Ehefrau Licht sieht.

Ambrose Bierce

voraussagen:

beobachten, was geschehen ist, und vermuten, daß es wieder geschehen wird.

Elbert Hubbard

Voraussicht:

jene ganz besonders wertvolle Eigenschaft, die einen Politiker befähigt, immer zu wissen, daß seine Partei Erfolg haben wird. *Ambrose Bierce*

Vordermänner:

Leute, die fast immer miserabel fahren; welch ein Glück, daß man sich selbst nie als Vordermann fühlt. *Wolfgang Altendorf*

Vorgesetzter:

ein Mensch, der sich zurückgesetzt fühlt, wenn er nicht vorgezogen wird.

Anonym

Vorgesetzte:

Menschen, die sich um mehrere Stunden verspäten können, ohne daß man sie vermißt. *Jerry Lewis*

Vorlesung:

jener Vorgang, bei dem die Notizen des Lehrers zu Notizen des Schülers werden, ohne daß sie den Geist der beiden passieren mußten. *Mortimer J. Adler*

Vorliebe:
das Gefühl oder die Geistesverfassung, die von dem Irrglauben hervorgerufen wird, daß etwas Bestimmtes besser ist als etwas anderes. *Ambrose Bierce*

Vormittag:
der letzte Teil der Nacht. *Ambrose Bierce*

Vorrecht:
der größte Feind des Rechtes. *Marie von Ebner-Eschenbach*

Vorruhestand:
Halbpension. *Ron Kritzfeld*

guter Vorsatz:
ein Gaul, der oft gesattelt, aber selten geritten wird. *mexikanisches Sprichwort*

meistens ein Startschuß, dem kein Rennen folgt. *Siegfried Lowitz*

gute Vorsätze:
grüne Früchte, die abfallen, ehe sie reif sind. *Johann Nestroy*

Schecks, auf eine Bank ausgestellt, bei der man kein Konto hat. *Oscar Wilde*

Vorschußlorbeeren:
rote Rosen, die man einer Frau schon am frühen Abend schenkt.
Andreas K. Heyne

Vorsicht:
die Einstellung, die das Leben sicher macht, aber selten glücklich.
Samuel Johnson

das, was wir bei anderen Feigheit nennen. *Oscar Wilde*

Vorsorgemediziner:
einer, der sich darum bemüht, daß wir gesund sterben. *Anonym*

Vorsorgeuntersuchungen:
Razzien auf eingebildete Gesunde. *Wolfram Weidner*

Vorstellungskraft:
der Anfang allen Schaffens. Man stellt sich vor, was man sich wünscht, man will, was man sich vorstellt, und am Ende schafft man, was man will.
George Bernard Shaw

Vorteil:
jenes große Stück vom Ganzen, das sich manche sichern, bevor es ans gerechte Teilen geht. *Ron Kritzfeld*

Vorurteil:
der Versuch, die Tatsachen gegeneinander abzuwägen und dabei den Daumen auf die Waagschale zu legen. *Anonym*

eine Einbahnstraße mit Anhalteverbot für den Verstand. *Louis Guilloux*

ein Irrtum, der Wurzeln geschlagen hat. *Martin Held*

ein Urteil, das der Staatsanwalt gesprochen hat. *Heinz Hilpert*

Verurteilung ohne Urteil. *Bernhard Pollak*

Vorurteile:
Denkschienen. *Anonym*

ein Blumenstrauß, den man wenigstens von Zeit zu Zeit neu arrangieren sollte.
Luther Burbank

die Hühneraugen des Geistes. *Gustave Flaubert*

die Argumente der Dummen. *Voltaire*

Vorwärtsverteidigung:
verschämter Angriffskrieg. *Ron Kritzfeld*

Vorzugsgläubiger:
einer, der als erster darüber informiert wird, daß kein Geld mehr da ist.
»Financial Times«, London

Voyeur:
ein Mann, der grundsätzlich durchs Schlüsselloch schaut, auch wenn die Tür offensteht. *Hans Clarin*

Voyeure:
Männer, die nur noch besichtigen, weil sie nichts mehr beabsichtigen. *Helen Vita*

W

W:
der Zeitungshalter des Alphabets. *Hugo Olaerts*

Waagemut:
die Tollkühnheit, jeden Morgen sein Gewicht zu kontrollieren. *Anonym*

Wachmann:
ein in Tuch gehülltes Abführmittel. *Johann Nepomuk Nestroy*

Wächter:
jemand, der sich damit befaßt, vor anderen zu schützen, was für sich selbst zu erlangen er nicht willens ist. *Ambrose Bierce*

Wähler:
Bürger, die ihre Stimmen so geschickt abgeben, daß die Zahl der Abgeordneten, die für etwas sind, gleich groß ist wie die Zahl derjenigen, die dagegen sind, und die sich dann wundern, daß nichts geschieht. *Anonym*

einer, der sich des geheiligten Privilegs erfreut, für den Mann stimmen zu dürfen, den ein anderer für ihn gewählt hat. *Ambrose Bierce*

Währungsspekulanten:
Leute, die fest auf die Unfähigkeit von Regierungen vertrauen. *Pierre van Dongen*

Waffenstillstand:
Zeit für Nachschub. *Anonym*

Zeitspanne, die Militärs brauchen, um in Ruhe alle Geschütze nachzuladen und das nächste Ziel anzuvisieren. *Ron Kritzfeld*

Wagemut:
eine der auffälligsten Eigenschaften eines Menschen in Sicherheit. *Ambrose Bierce*

der große Wagen:
das Sternbild der Manager. *Lothar Kaiser*

Wahl:
eine Entscheidung für das vermeintlich geringere Übel. *Anonym*

ein einfaches Verfahren, bei dem eine Mehrheit einer Minderheit das Törichte jeglichen Widerstands beweist. *Ambrose Bierce*

Wahlen:
die Rache des Bürgers. *Lloyd George*

eine Veranstaltung zur Überprüfung der demoskopischen Vorhersagen. *Robert Lembke*

Wahlen in einer Diktatur:
die Prozedur, bei der offen abgestimmt und geheim ausgezählt wird. *Bob Hope*

Wahlbetrug:
verbotene Beeinflussung des Wahlergebnisses nach der Wahl. Gegensatz: Wahlversprechen. *Rolf Haller*

Wahlkampf:
die Kunst, nur das zu versprechen, was man sowieso nicht halten muß. *Carlo Franchi*

Wahlreden:

der Versuch, viel zu versprechen, ohne sich zu versprechen. *Jo Herbst*

Wahlredner:

einer, der es allen recht zu machen verspricht. *Rolf Haller*

einer, der weiß, daß jedes Ding zwei Seiten hat, und der gewöhnlich für beide ist. *Paul Renner*

Wahlurnen:

Behälter, in denen politische Hoffnungen bestattet werden. *Wolfram Weidner*

Wahlversprechen:

Versprechen eines Politikers, Steuergelder in Subventionen umwandeln zu wollen. *Rolf Haller*

Wahlversprechen von heute:

die Steuern von morgen. *Mackenzie King*

Wahlwerbung:

Fast food für politische Analphabeten. *Heinrich Wiedemann*

wahnsinnig:

befallen von einem hohen Grad intellektueller Unabhängigkeit; nicht jenen Normen des Denkens, Redens und Handelns angepaßt, wie sie von den Konformisten aus dem Studium ihresgleichen abgeleitet werden; uneins mit der Mehrheit; kurzum, ungewöhnlich. *Ambrose Bierce*

Wahrheit:

etwas, was spannender ist als ein Roman, nur lange nicht so populär. *Anonym*

eine Halluzination, zu der sich die Mehrheit bekennt. *Anonym*

was man glaubhaft machen kann. *Anonym*

eine scheue Geliebte; man besitzt sie niemals ganz. *Hermann Bahr*

eine sinnreiche Mischung von Wünschenswertem und Scheinbarem.
Ambrose Bierce

etwas, was eines Tages doch nach oben schwimmt – als Wasserleiche.
Wieslaw Brudzinski

etwas, worüber die Menschen gelegentlich stolpern – aber sie richten sich auf und gehen weiter, als sei nichts geschehen. *Winston Churchill*

der universelle Irrtum. *Elbert Hubbard*

die Meinung, die überlebt. *Elbert Hubbard*

das zuverlässige Fundament des Glücks. *Maximilian Kolbe*

ein so wertvolles Gut, daß man sparsam damit umgehen sollte. *Mark Twain*

die Lüge, die am angenehmsten zu glauben ist. *Henry Louis Mencken*

die Art von Irrtum, ohne welche eine bestimmte Art von lebendigen Wesen nicht leben könnte. *Friedrich Nietzsche*

das, was jedem so passen würde. *Aurel Schmidt*

das einzige, was niemand glauben will. *George Bernard Shaw*

der Name, den wir unseren wechselnden Irrtümern geben. *Rabindranath Tagore*

ein reißender Strom, der erst durch viele Kanäle von Irrtümern fließt.
Rabindranath Tagore

das, was man auch sich selbst gegenüber verschweigen muß. *Martin Walser*

eine halbe Wahrheit:
eine ganze Lüge. *jüdisches Sprichwort*

wissenschaftliche Wahrheit:
strittige oder unbestreitbare These, ausgedrückt in der Sprache der Mathematik. *Georges Elgozy*

Wahrheiten:
das Grundmaterial, aus dem die gefährlichsten Unwahrheiten hergestellt werden. *Robert Lembke*

Wahrheitsliebe:
das Privileg der Glücklichen, die nichts zu verlieren haben. *Christian Diekholtz*

die seltenste aller amourösen Bindungen. *Alfred Polgar*

Wahrsager:
ein Wesen, das morgen verrät, warum die Dinge, die es gestern vorhergesagt hat, heute nicht eingetreten sind. *Anonym*

Wahrsagerin:
eine Frau, die ihr Geld im Handumdrehen verdient. *Anonym*

Waldheimer Krankheit:
die Krankheit, bei der man vergißt, daß man ein Nazi war. *Billy Wilder*

Walzer:
eine typische Männer-Erfindung – sie können eine Frau führen und dabei auch noch auf ihr herumtrampeln. *Anonym*

Wandelbarkeit:
die große Tugend der Frau. Wer eine echte Frau hat, braucht keinen Harem. *Gilbert Keith Chesterton*

Wanderer:
Menschen, die den Straßen aus dem Wege gehen. *Anonym*

Wanderpokal:
Trophäe, aus der es trotz ihrer wohlklingenden Bezeichnung nichts zu trinken gibt und die man daher nach angemessener Zeit weiterreicht. *Ron Kritzfeld*

Warentermingeschäft:
Kuhhandel ohne Kühe. *Anonym*

Wartezimmersyndrom:
das plötzliche Verschwinden von Schmerzen oder anderen Krankheitssymptomen beim Betreten von ärztlichen Wartezimmern. *Anonym*

Wasser:
eine Flüssigkeit, die nicht zum Trinken da ist, sonst hätte Gott nicht soviel davon gesalzen. *Brendan Behan*

Wasserball:
ein harter Sport – vor allem für Nichtschwimmer. *Peter Frankenfeld*

Wechsel vom Minirock zum Maxirock:
der komische Versuch, den Mann auf die Waden neugierig zu machen, nachdem er schon die Oberschenkel auswendig gelernt hatte. *Rolf Thiele*

Wecker:
Babyersatz für kinderlose Ehepaare. *Anonym*

ein Gerät, das Menschen wachrüttelt, die keine kleinen Kinder haben. *Natalie Spits*

wehrlos:
unfähig anzugreifen. *Ambrose Bierce*

Weihnachten:
ein bewährtes Mittel zur Umsatzsteigerung im Einzelhandel. *Anonym*

eine Zeit der Stille und Besinnung, bis jemand auf die Idee kam, daß Geschenke sein müssen. *Anonym*

Festtag, der Völlerei, der Trunksucht, klebrigen Gefühlen, der Entgegennahme von Geschenken, öffentlicher Langeweile und häuslichem Frieden geweiht. *Ambrose Bierce*

Weihnachtseinkäufe:
ein hervorragendes Training für den Winterschlußverkauf. *Anonym*

Weihnachtszeit:

Wochen, in denen man für andere kauft, was man sich selbst nicht leisten kann. *Anonym*

Weihrauch:

auf dem Gebiet der Religion ein für die Nase bestimmtes Argument. *Ambrose Bierce*

Wein:

ein Getränk, das nur im Faß, nicht aber im Kopf still ist. *bulgarisches Sprichwort*

Gottes zweitbestes Geschenk an den Mann. *Ambrose Bierce*

ein Getränk, das den Menschen vergnüglich mit sich selbst macht, aber ich könnte nicht sagen, daß es ihn für andere vergnüglich macht. *Samuel Johnson*

weinen:

eine seelische Badekur. *Anonym*

weise:

wer weiß, daß er nichts weiß. *Thomas Carlyle*

weise sein:

sich nicht darüber schämen, daß man nichts weiß; sich nicht davor fürchten, daß man nichts weiß; und nicht darauf stolz sein, daß man nichts weiß. *Hans Krailsheimer*

Weisheit:

das Resultat unserer Erfahrungen, die ihrerseits das Resultat unserer Dummheiten sind. *Anonym*

die Fähigkeit zu merken, wann man mit seiner Weisheit am Ende ist. *Anonym*

Wissen, gepaart mit eigenem Urteil. *Anonym*

das Resultat unserer Erfahrungen. *Sacha Guitry*

die Kunst zu wissen, was man übersehen soll. *William James* gute Laune, die anhält. *Michel de Montaigne*

dem Herzen glauben. *George Santayana*

Weißbuch:
Dokumentation zum Anschwärzen von Gegnern. *Ron Kritzfeld*

Weitblick:
die Fähigkeit, die naheliegenden Probleme zu übersehen. *Wolfgang Eschker*

Weitsichtiger:
einer, der sich vorstellen kann, was der Welt fehlt, wenn er nicht mehr ist: nichts! *Ron Kritzfeld*

Welt:
kein Geschenk unserer Väter, sondern eine Leihgabe unserer Nachkommen. *Anonym*

ein wunderschönes Buch, doch von geringem Nutzen für den, der nicht lesen kann. *Carlo Goldoni*

ein Gefängnis, in dem Einzelhaft vorzuziehen ist. *Karl Kraus*

ein Spiegel, worin ein jeder nur die eigene Seele sieht. *Isolde Kurz*

ein Spiegel, in welchem ein jeder sein eigenes Antlitz erblickt. Wer mit saurer Miene hineinschaut, sieht ein saures Gesicht. Wer hineinlächelt, findet einen fröhlichen Gefährten. *William Makepeace Thackeray*

eine Komödie für die, die denken, und eine Tragödie für die, die fühlen. *Horace Walpole*

ein Theater, in dem die Stücke stets falsch besetzt sind. *Oscar Wilde*

eine friedliche Welt:
der geheime Alptraum der Militärs und der Advokaten. *Norman Mailer*

Weltanschauung:
zeitgemäß gewordene Philosophie. *Hans Lohberger*

die gefährlichste Weltanschauung:

die Weltanschauung der Leute, welche die Welt nie angeschaut haben.

Alexander von Humboldt

Weltgeschichte:

eine Liste von Ereignissen, die nie hätten passieren dürfen. *Anonym*

die ständige Wiederholung immer der gleichen Fehler von immer mehr Menschen mit immer schlimmeren Folgen. *Ron Kritzfeld*

ein Hemd, das nicht gewaschen wird, sondern nur gewendet.

Thomas Niederreuther

die Summe dessen, was vermeidbar gewesen wäre. *Bertrand Russell*

eine Verschwörung der Diplomaten gegen den gesunden Menschenverstand.

Arthur Schnitzler

Weltraumprogramm:

Triumph des Verstandes, aber tragisches Versagen der Vernunft. *Max Born*

Weltstadt:

der Titel, den sich eine Großstadt zulegt, wenn ihre Verkehrseinrichtungen und ihre Schulen nicht mehr ausreichen. *Anonym*

eine Hochburg des Provinzialismus. *Ambrose Bierce*

Weltstars:

die intimsten gemeinsamen Bekannten von jedermann. *Charlie Chaplin*

Weltverbesserer:

Leute, die sofort das ganze Haus einreißen, wenn eine Tür quietscht.

Gustav Knuth

Leute, die um die Erkenntnis nicht herumkommen, daß es leichter ist, einen neuen Menschen zu machen, als die vorhandenen zu verbessern. *John Osborne*

Idealisten, bei denen man sich auf eins verlassen kann: Sie fangen niemals bei sich selber an. *Thornton Wilder*

das achte Weltwunder:
derjenige, der die übrigen sieben aufzählen kann. *Anonym*

Werbeleiter:
ein Mensch, der täglich aus einer Fliege einen Elefanten macht. *Anonym*

Werbefilm-Produzent:
ein Mann, der sich im Fernsehen gebannt die Spots ansieht und auf die Toilette geht, wenn der Krimi beginnt. *Anonym*

werben:
möglichst viel versprechen ohne die Verpflichtung, es halten zu müssen. *Anonym*

Werbeschrift:
eine Schüssel heißer Lügen, gewürzt mit einigen kalten Fakten. *Ambrose Bierce*

Werbetexter:
Leute, die oft für teures Geld billige Sprüche machen. *Anonym*

Werbung:
der Versuch, Leuten Geld aus der Tasche zu ziehen, das sie nicht haben, damit sie Sachen kaufen, die sie nicht brauchen, um Leuten zu imponieren, die sie nicht mögen. *Anonym*

die Kraft, die einen Mann dazu bringt, sich einen Fernsehapparat zu kaufen, statt für einen zu sparen. *Anonym*

offenbar die erfolgreichste Form der Wiederholung. *Detlef Fliers*

die Kunst, den Teufel mit zwei gesunden Füßen zu photographieren. *Hans Kasper*

der Versuch, das Denkvermögen des Menschen so lange außer Funktion zu setzen, bis er genügend Geld ausgegeben hat. *Stephen Leacock*

die Kunst, auf den Kopf zu zielen und die Brieftasche zu treffen. *Vance Packard*

ein Versuch, den Menschen von seinem Geld zu trennen. *John B. Priestley*

– der letzte Ort, wo die Dinge noch »rein«, »natürlich«, »unverfälscht« und so weiter sind. *Aurel Schmidt*

die Kunst, ein Produkt so zu rühmen, als hätte es keine Werbung nötig. *Joachim Schwedhelm*

Werbung im Fußball:
die Kunst, auf das Tor zu zielen und den Geldbeutel zu treffen. *Reinhold E. Eichholz*

unlauterer Wettbewerb:
der Wettbewerb, den andere mir machen (lauter ist der Wettbewerb, den ich anderen mache). *Alexander Meyer*

Wetter:
meteorologischer Zustand, der gelegentlich durch eine Vorhersage bestätigt wird. *Anonym*

das Klima einer Stunde. *Ambrose Bierce*

eine von Gott geschaffene Einrichtung zur Widerlegung der Meteorologen. *Ralph Boller*

etwas, worüber alle schimpfen, wogegen aber keiner etwas unternimmt. *Mark Twain*

Whisky:
ein probates Mitteln, den Geschmack von Wasser zu verbessern. *Anonym*

das beste Männerparfum. *Brendan Behan*

wichtig:
das, woran wir uns übermorgen beim besten Willen nicht mehr erinnern können. *Wilhelm Lichtenberg*

Wichtigtuer:
Leute, die nie etwas Wichtiges tun. *Viktor de Kowa*

Widersinn:
Erklärung oder Auffassung, die offensichtlich unvereinbar mit der eigenen Meinung ist. *Ambrose Bierce*

Widerwärtigkeiten:
Pillen, die man schlucken muß, nicht kauen. *Georg Christoph Lichtenberg*

Wiedergutmachung:
die Rückgabe des Regenmantels, wenn die Sonne wieder scheint. *Anonym*

Wiege:
ein Trog, in dem das Menschenjunge hin- und herbewegt wird, damit es seinen Liebreiz behält. *Ambrose Bierce*

Wiener:
ein mit sich sehr unglücklicher Mensch, der den Wiener haßt, aber ohne den Wiener nicht leben kann. *Hermann Bahr*

eine Mischung aus tückischen Hausmeistern und genialen Begabungen. *Josef von Ferenczy*

ein Wesen, das nicht den Kampf ums Dasein, sondern ums Dabeisein führt. *Erik Graf Wickenburg*

Wille:
Charakter in Aktion. *Anonym*

Willensstärke:
die Fähigkeit, beim Fernsehen aus einer vollen Schale nur eine Salzmandel zu essen. *Robert Lembke*

Wind:
Luft, die es eilig hat. *Anonym*

Window-Shopping:
die weibliche Entsprechung zum Spähtrupp beim Militär. *Peter Ustinov*

Winter:
die Jahreszeit, in der die Kinder die Türen offen lassen, die sie im Sommer zuknallen. *Anonym*

Wintergarten:
der Versuch, das Haus auf dem Lande durch das Land im Haus zu ersetzen. *Ben Kingsley*

Wirbelsäule:
ein Knochen, der den Rücken herunter verläuft. Obendrauf sitzt der Kopf, untendrauf sitze ich. *Definition eines Schülers*

Wirbelsturm:
eine Naturerscheinung mit weiblichem Vornamen. *Anonym*

wirklich:
scheinbar. *Ambrose Bierce*

Wirklichkeit:
eine Sense für Ideale. *Helmut Qualtinger*

nur ein anderes Wort für Irrtum. *Martin Walser*

Wirt:
ein Mensch, der die Welt so sieht, wie sie ißt. *Anonym*

Wirtschaftsfachmann:
ein Mensch, der die eine Hälfte des Jahres Pläne erarbeitet und die andere Hälfte Rechtfertigungen dafür, daß die Dinge nicht so gelaufen sind, wie er sie geplant hatte. *Anonym*

Wirtschaftsgeld:
etwas, womit eine Frau nur auszukommen versucht, um ihrem Mann zu beweisen, daß es unmöglich ist. *Marianne Koch*

langlebige Wirtschaftsgüter:
Wirtschaftsgüter, die die letzte Teilzahlungsrate überdauern. *Anonym*

Wirtschaftsplan-Beratungen:
die Kunst, Enttäuschungen gleichmäßig zu verteilen. *Maurice Stan*

Wirtschaftspolitik:
eine Begriffsehe, die wegen Unverträglichkeit geschieden werden sollte. *»The Wall Street Journal«*

Wirtschaftspolitiker:
ein Mann, der sich mit Problemen zu quälen hat, die nicht existierten, wenn es keine Wirtschaftspolitik gäbe. *Anonym*

Wirtschaftssanktionen:
Ohrfeigen, die der Hand meist mehr weh tun als dem Ohr. *Anonym*

Wirtschaftsstrafrecht:
die Wachstumsbranche des Strafrechts. *Anonym*

Wirtschaftswissenschaft:
das einzige Fach, in dem jedes Jahr auf dieselben Fragen andere Antworten richtig sind. *Danny Kaye*

Wirtschaftswissenschaftler:
jemand, der überprüft, ob ein Vorgang, der in der Praxis reibungslos abläuft, auch in der Theorie funktioniert. *»The Times«*

Wirtshaus:
Weinkeller derer, die keinen haben. *Anonym*

Wissen:
so ziemlich das einzige auf der Welt, was auf der Straße liegt und wovon sich jeder nehmen kann, soviel er Lust hat. *Anonym*

eine nutzlose Sache, wenn niemand weiß, daß man etwas weiß. *Anonym*

ein Schatz, der seinen Besitzer überallhin begleitet. *chinesisches Sprichwort*

– jener kleine Teil der Unwissenheit, den wir geordnet und klassifiziert haben.
Ambrose Bierce

das Kind der Erfahrung. *Leonardo da Vinci*

Wissenschaft:
das Bemühen, der Erkenntnis des Wahren durch zwingende Beweisführung näher zu kommen. *Anonym*

das einzige Mittel gegen den Aberglauben. *Buckle*

Austausch unserer Unwissenheit gegen Unwissenheit von neuer Art.
George Byron

die Nachahmung der Natur in Begriffen. *Hans Lohberger*

ein Friedhof toter Ideen. *Miguel de Unamuno*

das Studium der Schönheit der Welt. *Simone Weil*

die höchste Wissenschaft:
diejenige, die den Menschen lehrt zu leben, ohne dem anderen Leid zuzufügen.
Zenta Maurina

Wissenschaftler:
ein Mann, der lieber zählt als vermutet. *Anonym*

Beamte, die abends um sechs Uhr ihre Probleme vergessen können. Forscher können das nicht. *Adolf Butenandt*

Leute, die alles wissen. Mehr aber auch nicht. *Paul Montel*

jemand, dessen Einsichten größer sind als seine Wirkungsmöglichkeiten. Gegenteil: Politiker. *Helmar Nahr*

Wissensdurst:
die flüssige Form von Bildungshunger. *Jochen Schmidt*

Witwe:

eine Frau, die immer weiß, wo ihr Mann ist. *Anonym*

Witwer:

einer, der einen Engel zur Frau hat. *Anonym*

Witz:

ein tückischer Pfeil, vielleicht die einzige Waffe, mit der man sich selbst in den Rücken schießen kann. *Anonym*

nur ein Hüpfen der Seele, ein Tanzschritt des Geistes, ein Kurzschluß der Melancholie, nur die Kehrseite der Verzweiflung. *Hermann Kesten*

das Epigramm auf den Tod eines Gefühls. *Friedrich Nietzsche*

das Niesen des Gehirns. *Alfred Polgar*

die Diskrepanz zwischen dem Gedachten und dem Angeschauten. *Arthur Schopenhauer*

die Waffe der Wehrlosen. *Peter Wapnewski*

Intellekt auf dem Bummel. *Oscar Wilde*

jüdischer Witz:

was e Goi nicht versteht und e Jüd immer schon kennt. *Alexander Moszkowski*

Witz ohne Ernst:

nur ein Niesen des Verstandes. *Heinrich Heine*

Witze:

das letzte Mittel eines Komikers. *Robert Benigni*

Witze erzählen:

jene Beschäftigung, die der Archäologie am nächsten kommt. *Hannes Messemer*

Wölfe:

Haifische auf dem Land. *Jack London*

Wörterbuch:

eine bösartige literarische Vorrichtung, die das Wachstum einer Sprache hemmt und sie starr und unelastisch macht. *Ambrose Bierce*

Wohlfahrt:

warnendes Beispiel dafür, was aus einem Begriff wird, wenn Politik und Bürokraten sich seiner bemächtigen. *Ron Kritzfeld*

Wohlfahrtsstaat:

Staatsgebilde, das für alle vorbildlich sorgt – außer für den Steuerzahler. *Anonym*

Wohlstand:

die Summe des Überflüssigen, ohne das man nicht mehr auskommen kann. *Gustav Knuth*

was uns selber völlig ausreichen würde, wenn unsere Nachbarn nicht noch mehr davon hätten. *Alfredo La Mont*

der Zustand, in dem man soviel Kredit bekommt, um über sein Verhältnisse leben zu könen. *Robert Lembke*

das Durchgangsstadium von der Armut zur Unzufriedenheit. *Helmar Nahr*

Wohltäter:

der einzige Täter, der sich gern entdecken läßt. *Anonym*

Menschen, die man nicht vergessen sollte; vielleicht braucht man sie noch einmal. *Anonym*

Wohltätigkeit:

dem Armenhaus fünf Dollar zur Unterstützung seines betagten Großvaters überweisen und dies in der Zeitung kundtun. *Ambrose Bierce*

weggeben, was man nicht brauchen kann. *Cedric Dumont*

ein Naturinstinkt des Menschen: Wenn A den B in Nöten sieht, so zwingt ihn sein Gewissen, C um Hilfe für B zu ersuchen. *Sidney Smith*

öffentliche Wohltätigkeit:

Güte mit einem Lautsprecher. *Tilla Durieux*

wohnen:

eine Beschäftigung, die einen Menschen ausfüllen kann. *Curt Goetz*

Wohnung:

Räumlichkeiten, in denen Kinder warten, bis der Vater den Wagen nicht braucht. *Anonym*

moderne Wohnung:

halb soviel Platz für doppelt soviel Miete. *Anonym*

ein Ort, wo man aufsteht, um das Radio abzustellen, und merkt, daß es das des Nachbarn ist. *Anonym*

Wohnwagen:

in die Fremde geschleppte Heimat. *Ron Kritzfeld*

Wollust:

die Prämie der Natur für die Mühen von Zeugungen und Geburt. *Sigmund Freud*

der Treibstoff in der Großindustrie des Universums. *Hermann Kesten*

Workaholics:

Menschen, die die Arbeit wie eine Droge genießen. *Anonym*

»Wort zum Sonntag«:

die Predigt, die denen, die sie am Sonntag verpassen, schon am Samstag verpaßt wird. *Anton Neuhäusler*

Worte:

Nägel, mit denen man Gedanken dingfest macht. *Anonym*

Haken, an die man Gedanken hängen kann. *Anonym*

die Ärzte eines erkrankten Gemüts. *Äschylus*

– Waffen, mit denen Wunden geschlagen werden können, die niemals vernarben.
Klaus Bölling

das stärkste Rauschgift, das die Menschheit verwendet. *Rudyard Kipling*

Waffen für den Frieden. *Lew Kopelew*

lange Worte:
alphabetische Prozessionen. *Mark Twain*

der persönliche Wortschatz:
ein Feld, das ständig gedüngt werden muß, damit es nicht verdorrt. *Evelyn Waugh*

Wortspiel:
Sprache auf Ferien. *Christopher Darlington Morley*

Wortspiele:
die simpelste Form des Humors – bis man die Chance bekommt, eins anzubringen. *Anonym*

Würde:
ein Mantel, welcher die Dummheit am besten verbirgt.
aus den »Fliegenden Blättern«

eine körperliche Kunst, erfunden, um die Mängel des Geistes zu verbergen.
François de La Rochefoucauld

die Verstellungsform derer, welche im Grunde furchtsam sind. *Friedrich Nietzsche*

Würdenträger:
Menschen, bei denen ein Haupt anstelle des Kopfes zu finden ist. *Anonym*

Würmerspeise:
das Endprodukt, dessen Rohmaterial wir sind. *Ambrose Bierce*

Würzburg:
das größte Pfarrhaus Deutschlands. *Napoleon I.*

Wüste:

bei der Werbung von Ansiedlern ein ausgedehnter und fruchtbarer Landstrich, der ergiebige Weizen- und Weinernten hervorbringt. *Ambrose Bierce*

Wüstling:

einer, der dem Vergnügen so eifrig nachjagte, daß er es unglücklicherweise überholte. *Ambrose Bierce*

Wunder:

des Glaubens liebstes Kind. *Johann Wolfgang von Goethe*

eine Begebenheit, deren Grund nicht in der Natur zu finden ist. *Immanuel Kant*

ein Ereignis, das Glauben schafft. *George Bernard Shaw*

Wunderknabe:

ein Kind, dessen Eltern über viel Einbildungskraft verfügen. *Jean Cocteau*

Wunsch:

ein Wille, der sich selbst nicht ganz ernst nimmt. *Robert Musil*

Wünsche:

Vorgefühle der Fähigkeiten, die in uns liegen, Vorboten desjenigen, was wir zu leisten imstande sein werden. *Johann Wolfgang von Goethe*

Wunschdenken:

von dem Tag träumen, an dem langes Gras ebenso in Mode kommt wie langes Haar. *Anonym*

Wurst:

eine Gabe Gottes, denn nur er weiß, was sich darin befindet. *Anonym*

X

X:
ein in unserem Alphabet entbehrlicher Buchstabe, der sich den Angriffen der Rechtschreibereformer gegenüber als besonders widerstandsfähig erweist und gleich ihnen zweifellos ebenso lange existieren wird wie die Sprache.
Ambrose Bierce

der Klappstuhl des Alphabets. *Ramón Gómez de la Serna*

Y

Yoga:
eine Lehre, die die ganze Welt auf den Kopf stellen möchte. *Anonym*

Z

Zähne:
das Gefängnis der Zunge. *Sprichwort aus Kenia*

Zärtlichkeit:
eine Eigenschaft, die Frauen entwickeln, wenn sie ein neues Kleid wollen.
Anonym

hautnahe Verehrung. *Jean-Paul Belmondo*

das Ruhekissen der Leidenschaft. *Joseph Joubert*

zielgehemmte Erotik. *Hans Lohberger*

Zahlungsfähigkeit:

die Fähigkeit, auf welche die Menschen den meisten Wert legen.

Oskar Blumenthal

Zahnarzt:

ein Mann, der einer Frau befehlen darf, wann sie ihren Mund öffnen soll und wann sie ihn zu schließen hat. *Anonym*

ein Mann, der einem auf die Nerven geht. *Anonym*

einer, vor dem wir so viel Respekt haben, daß wir uns mit offenem Mund auf den Zahn fühlen lassen. *Anonym*

einer, der von der Hand in den Mund lebt und trotzdem zu den Spitzenverdienern gehört. *Anonym*

ein Mann, dem man die Zähne zeigen muß, damit er arbeitet. *Anonym*

der einzige Mensch, den eine Ziehung ganz bestimmt reicher macht.

Claus Biederstaedt

ein Zauberkünstler, der einem Gold in den Mund steckt und Geld aus der Tasche zieht. *Ambrose Bierce*

der einzige Mann, der eine Frau jederzeit zum Schweigen bringen kann, obwohl sie ihm die Zähne zeigt. *Hannes Wühr*

Zahnprothese:

Adoptivzähne. *Anonym*

Zank:

das Band vieler bürgerlicher Ehen. *Stendhal*

Zank in der Ehe:

die Schneedecke, unter der sich die Liebe warm hält. *Jean Paul*

Zauberkünstler:

ein Mann, der Dinge von da wegnimmt, wo sie nicht sind, und sie dorthin legt, wo man sie nicht finden kann, weil sie dort nicht sind. *Anonym*

zaudern:

intensives Nachdenken über notwendige Entscheidungen, bis sie sich schließlich erübrigen. *Ron Kritzfeld*

Zaun:

Barriere zum Schutz des Gartens vor den wenigen Schädlingen, die nicht klettern, darüberfliegen oder sich darunter hindurchwühlen können. *Anonym*

Zebra:

ein Pferd hinter Gittern. *Anonym*

ein Tier, das sein Röntgenbild außen trägt. *Ramón Gómez de la Serna*

Zeichentrickfilme:

eine Art Stretching für den Geist. Die Phantasie kann sich nach allen Seiten räkeln, ohne daß man an die Realitäten stößt. *Steven Spielberg*

zeichnen:

die Kunst, Striche spazierenzuführen. *Paul Klee*

eine Möglichkeit, auf dem Papier zu denken. *Saul Steinberg*

Zeichnung:

Sprache für die Augen. *Joseph Joubert*

Zeit:

die Arznei der Seele. *Anonym*

das, was wir haben, wenn wir unsere Uhren wegwerfen. *Anonym*

eine verspielte Katze. Sie umschmeichelt einen und schlabbert den Tag auf wie eine Schale Milch. *Anonym*

eine Schneiderin, die sich auf Änderungen spezialisiert hat. *Faith Baldwin*

eine Uhr ohne Ziffern. *Ernst Bloch*

Gottes Art, Kredit zu geben. *Ralph Boller*

eine große Lehrerin. Schade nur, daß sie ihre Schüler umbringt. *Curt Goetz*

ein kostbares Geschenk, uns gegeben, damit wir in ihr klüger, besser, reifer, vollkommener werden. *Thomas Mann*

ein guter Arzt, aber ein schlechter Kosmetiker. *William Somerset Maugham*

ein unsicherer Verbündeter. Man weiß niemals genau, für wen sie eigentlich arbeitet. *Alberto Moravia*

das größte Raubtier. *Hugo Olaerts*

die einzige Anleihe, die selbst ein dankbarer Empfänger nicht zurückzahlen kann. *Seneca*

der Fluß, in dem ich angle. *Henry David Thoreau*

Zeit haben:
für einen Überbeschäftigten der höchste Grad von Luxus. *Anonym*

sich Zeit nehmen:
das einzige Mittel, um Zeit zu haben. *Anonym*

die Zeit totschlagen:
ein Verbrechen, das nie verjährt. *Joachim Schwedhelm*

die gute alte Zeit:
eine rückwärts datierte Utopie. *Anonym*

jene Zeit, von der wir das Schlechte aus dem Gedächtnis gestrichen haben. *Georg Franz*

als Fußballspieler ihre Suppe noch zu Hause aßen und nicht im Werbefernsehstudio. *Robert Lembke*

Epoche, in der die Luft noch sauber und der Sex noch schmutzig war. *Harald Rüster*

als Autofahren noch teurer war als Parken. *Olaf Sveistrup*

unsere Zeit:
das, was man später die gute alte Zeit nennen wird. *Anonym*

zeitgemäß:
das, was am schnellsten überholt ist. *Anonym*

Zeitschriften:
die Pißecken der Literatur, aber alle Annoncen sind dort angeschlagen. *Heinrich Heine*

Zeitung:
Vorrichtung, hinter der sich sitzende Männer in der Straßenbahn verstecken können. *Anonym*

Publikationsmittel, das auf der Kommentarseite gegen das Rauchen polemisiert und im Anzeigenteil Zigarettenreklame abdruckt. *Anonym*

eine Sache, in die man Fisch einwickeln kann. *Art Buchwald*

heute aktuell, morgen Wurstpapier, in zwanzig Jahren Kulturgeschichte. *Paul Fechter*

die Konserve der Zeit. *Karl Kraus*

Zeitungen:
der Sekundenzeiger der Geschichte. Derselbe ist meistens nicht nur von unedlerem Metall als die beiden anderen, sondern geht auch selten richtig. *Arthur Schopenhauer*

alte Zeitungen:
eine erstklassige Schule der Vergänglichkeit. *Robert Musil*

Zeitungsartikel:
das Zeug, das zwischen den Anzeigen steht. *Lord Thomson*

Zeitungsleute:
Menschen, die zum Frühstück dicke Schlagzeilen schlürfen. *Anonym*

Zeitungsschreiber:
ein Mensch, der seinen Beruf verfehlt hat. *Otto von Bismarck*

Zeitvertreib:

jene angenehmen Beschäftigungen, bei denen wir den Stillstand der Zeit herbeiwünschen. *Ron Kritzfeld*

Zellteilung:

Aufhebung der Einzelhaft. *Ehrfried Sievers*

Zement:

ein Stoff, der nicht eher hart wird, als bis ein Hund oder ein kleiner Junge darüber gelaufen ist. *Anonym*

Zensor:

ein Mann, der mehr weiß, als man nach seiner Ansicht wissen darf. *Anonym*

ein Staatsbeamter, der sein Büro in unseren Köpfen hat. *Zarko Petan*

ein Mann, der für seine schmutzigen Gedanken bezahlt wird. *John Trevelyan*

ein Beamter, der Dinge empfiehlt, indem er sie verbietet. *Frank Wedekind*

Zensur:

Reklame auf Staatskosten. *Federico Fellini*

geheime Empfehlung durch öffentliches Verbot. *Dieter Hildebrandt*

eine Methode, die besten Stellen für sich zu behalten. *Robert Lembke*

das lebendige Geständnis der Großen, daß sie nur verdummte Sklaven treten, aber keine freien Völker regieren können. *Johann Nepomuk Nestroy*

die jüngere von zwei schändlichen Schwestern, die ältere heißt Inquisition. *Johann Nepomuk Nestroy*

ungewollte Unterstreichung durch gewollte Streichung. *Martin Sperr*

Zeremonien:

eine Erfindung der Klugen, um die Dummköpfe auf Distanz zu halten. *Richard Steele*

amerikanische Zeremonien:
eine seltsame Mischung von Würde und Kitsch. *Paulo Darval*

Zerstreuung:
etwas, wonach diejenigen am lautesten verlangen, die noch niemals den Versuch, sich zu sammeln, gemacht haben. *Eugen Gürster*

Zerstreutheit:
Konzentration auf etwas anderes. *Erik Graf von Wickenburg*

dummes Zeug:
das Gescheite, das die Menschen nicht verstehen. *Marie von Ebner-Eschenbach*

Zeugnis:
Bescheinigung der Qualifikation, die von Ministern und Staatschefs nicht verlangt wird. Hingegen müssen zum Beispiel Anwärter für den Posten eines Briefträgers, Telefonisten oder Gemeindeschreibers unbedingt ein Bildungszeugnis vorweisen, da es sich bei ihnen um Berufe handelt, die ein großes Maß von Verantwortung fordern. *Georges Elgozy*

Zeugnisnote:
schriftliche Behauptung über das Ausmaß, in welchem eine bestimmte Person gewisse Kenntnisse angeblich besitzt. *Anonym*

Ziege:
die Kuh des armen Mannes. *Anonym*

Ziel:
etwas, das man nicht zu genau bestimmen sollte, damit man jederzeit sagen kann, man habe es erreicht. *Wieslaw Brudzinski*

ein Ziel im Leben:
das einzige Vermögen, das zu erwerben sich lohnt. *Robert Louis Stevenson*

Zielfindungsphase:
ein schönes Wort, wenn man nicht weiß, was man will. *Anonym*

Umschreibung des Zustandes nicht nur vieler Jugendlicher, sondern auch anderer, die nicht wissen, was sie eigentlich werden wollen. *Anonym*

Zigarette:

Steuerquittung, in die zum Trost des Käufers ein bißchen Tabak eingewickelt ist. *Günter Schmölders*

das vollendete Urbild des Genusses: Sie ist köstlich und läßt uns unbefriedigt. *Oscar Wilde*

Zinsen:

der Sex des Geldes, mindestens sein Fortpflanzungstrieb. *Arthur Willis*

Zinsspanne:

jene feine Differenz, die Bankiers zu allen Zeiten ein sorgenfreies Leben garantierte. *Ron Kritzfeld*

Zirkus:

ein Ort, wo Pferde, Ponys und Elefanten zusehen dürfen, wie Männer, Frauen und Kinder sich wie Narren benehmen. *Ambrose Bierce*

Zitat:

die fehlerhaft wiedergegebenen Worte eines anderen. *Ambrose Bierce*

ein schönes Zitat:

ein Diamant am Finger eines Mannes von Geist und ein Kieselstein in der Hand eines Toren. *Spruchweisheit aus Frankreich*

Zitate:

Sprüche, von denen man glaubt, daß man sie eigentlich selber hätte sagen können. *Anonym*

Zitaten-Lexikon:

Mosaik des Universums, zusammengefügt aus Steinen der Weisen. *Ron Kritzfeld*

Zivilcourage:

das, was von einem Menschen übrigbleibt, wenn der Vorgesetzte das Zimmer betritt. *Wernher von Braun*

Zivilisation:

die Bremse, die wir in unseren Triebwagen eingebaut haben. *Ilona Bodden* die unablässige Vermehrung unnötiger Notwendigkeiten. *Mark Twain*

nichts anderes als ein Farbanstrich, der vom nächsten Regen fortgewaschen wird. *Auguste Rodin*

eine Entwicklung und kein Zustand, eine Reise und kein Hafen. *Arnold Toynbee*

zögern:
die Kunst, mit dem Gestern Schritt zu halten. *Anonym*

Zölibat:
jene kirchliche Einrichtung, die es Priestern gestattet, ohne Frau zu leben und das als Verzicht auszugeben. *Ron Kritzfeld*

das Verhütungsmittel des Klerus. *Hugo Olaerts*

Zoo:
ein Ort, der Tieren zum Studium der Gewohnheiten des Menschengeschlechts vorbehalten ist. *George Herbert*

Zoobesuch:
unbewußter Ahnenkult. *Fernandel*

Zorn:
ein guter Motor, aber ein schlechtes Lenkrad. *Anonym*

ein kostspieliger Luxus, den sich nur Menschen von einem bestimmten Einkommen an leisten können. *George William Curtis*

ein Windstoß, der das Licht der Vernunft ausbläst. *Robert Green Ingersoll*

eine in Fahrt geratene Verstimmung. *Heinrich Wiesner*

Zucker:
ein weißer Stoff, der dem Kaffee einen schlechten Geschmack verleiht, wenn man vergißt, ihn hineinzutun. *Definition eines Schülers*

Zuckmayer, Carl
Dieser literarische Wurzelsepp hat immer meine ganze Liebe gehabt, nicht immer meine ganze Bewunderung. *Willy Haas*

Zürich:

doppelt so groß wie der Wiener Zentralfriedhof, aber nur halb so lustig. *Aus einem ORF-Kommentar*

bei Tage ein Häusermeer, abends ein Lichtermeer und nach Mitternacht gar nichts mehr. *W. Burger*

Zufall:

ein unvermeidliches Vorkommnis, das auf unabänderlichen Naturgesetzen beruht. *Ambrose Bierce*

der Spitzname für Vorsehung. *Nicolas de Chamfort*

der Name, mit dem man die Verdienste des anderen bezeichnet. *Jacques Deval*

die in Schleier gehüllte Notwendigkeit. *Marie von Ebner-Eschenbach*

der gebräuchlichste Deckname des Schicksals. *Theodor Fontane*

Gottes Pseudonym, wenn er sich nicht zu erkennen geben möchte. *Anatole France*

ein Rätsel, welches das Schicksal dem Menschen aufgibt. *Friedrich Hebbel*

ein Ereignis, das der Mensch nicht begreift. *Inge Holtmanns*

das Glück des anderen und unser Pech. *Hans Krailsheimer*

der einzige legitime Herrscher des Universums. *Napoleon I.*

der einzige Helfer, der keine Gegendienste erwartet. *Eugène Scribe*

ein Wort ohne Sinn. Nichts kann ohne Ursache bestehen. *Voltaire*

Zufriedene:

Resignierende, ohne es zu wissen. *Rudolf Rolfs*

Zufriedenheit:

nicht selten die Unwissenheit, daß es etwas Besseres gibt. *Anonym*

Gemütsverfassung, hervorgerufen durch die Betrachtung der Unzufriedenheit eines Nachbarn. *Anonym*

die schwachsinnige Schwester der Dummheit. *Peter Ustinov*

zugeben:
gestehen. Die Fehler eines anderen zuzugeben ist die vornehmste Pflicht, die uns unsere Wahrheitsliebe auferlegt. *Ambrose Bierce*

zu Hause:
wo der Student seine Ferien nicht verbringt. *Anonym*

zuhören:
ein anstrengendes, aber erfolgversprechendes Verfahren, um sich Freunde zu verschaffen. *Anonym*

das beste Mittel gegen Einsamkeit, Geschwätzigkeit und Kehlkopfkatarrh. *Anonym*

zuhören können:
der halbe Erfolg. *Calvin Coolidge*

Zukunft:
leider auch nicht mehr das, was sie früher war. *Anonym*

das, was die Leute immer so vor sich herschieben. *Anonym*

die Vergangenheit, die durch eine andere Tür wieder hereinkommt. *Anonym*

etwas, das meistens schon da ist, bevor wir damit rechnen. *Anonym*

jene Zeit, in der unsere Geschäfte gut gehen, unsere Freunde treu sind und unser Glück gesichert ist. *Ambrose Bierce*

ein Rätsel, welches die Zeit auflöst. *P. Camerarius*

die einzige Art von Besitz, die die Herren den Knechten gutwillig zugestehen. *Albert Camus*

die Zeit, von der man spricht, wenn man in der Gegenwart mit einem Problem nicht fertig wird. *Walter Hesselbach*

etwas, was zu erreichen jedermann 60 Minuten in der Stunde braucht – was immer er tue, wer immer er sei. *C. S. Lewis*

etwas, das die meisten Menschen erst lieben, wenn es Vergangenheit geworden ist. *William Somerset Maugham*

die Ausrede all jener, die in der Gegenwart nichts tun wollen. *Harold Pinter*

Zukunftsangst:
Angst davor, keine Zukunft zu haben. *Anonym*

Zukunftsforschung:
die Kunst, sich zu kratzen, bevor es einen juckt. *Peter Sellers*

Zukunftsforschung treiben:
einer Zeit den Impuls fühlen. *Hermann Kahn*

Zunge:
ein Dolch aus Fleisch. *spanisches Sprichwort*

scharfe Zunge:
der einzige geschliffene Gegenstand, der durch ständigen Gebrauch nur noch schärfer wird. *Washington Irving*

Zurückhaltung:
die Fähigkeit, andere von selbst darauf kommen zu lassen, wie bedeutend du bist. *Anonym*

Zusammenleben der Menschen:
ein immer neuer Versuch der Quadratur des Kreises. *Otto Herman Heuschele*

zustimmen:
resignieren, sich dem Unabänderlichen fügen. *Markus Hattstein*

grundsätzliche Zustimmung:
Ablehnung im Detail. *Richard Burt*

die höflichste Form der Ablehnung. *Robert Lembke*

zu zweit:
wenigstens nicht ganz allein. *Anonym*

Zwangsvorstellung:
Theaterabend im Abonnement. *Anonym*

Zwangsvorstellungen:
die Theaterbesuche eines Kritikers. *Robert Lembke*

2:
der Schwanenhals unter den Zahlen. *Hugo Olaerts*

Zweideutigkeiten:
Verfolgen eindeutiger Absichten. *Ron Kritzfeld*

Zweifel:
die Wiege der Wissenschaft und der Sarg des Glaubens. *Anonym*

der Weisheit Anfang. *René Descartes*

der Anfang des Glaubens. *Oscar Wilde*

zwei Halbe:
noch lange kein Ganzes. *Anonym*

zweimal:
einmal zu oft. *Ambrose Bierce*

»zweite Geige«:
ein Instrument, das auch unmusikalische Männer häufig spielen. *Robert Lembke*

Zweitehe:
der Triumph der Hoffnung über die Erfahrung. *Samuel Johnson*

Zweitfrau:
mittlerweile ein Statussymbol, genauso wie der Zweitwagen und die Zweitwohnung. *George Cummings*

Zwerchfell:
ein kuppelförmiger Muskel, der die Erkrankungen der Brust von denen des Bauches trennt. *Ambrose Bierce*

Zwiebel:
ein Gemüse, das echte Frauentränen kennt. *Anonym*

Zwillinge:
der Beweis dafür, daß bei gleichem Aufwand ein Mehrfaches erreicht werden kann. *Anonym*

das doppelte Ergebnis einer einmaligen Bemühung. *Anonym*

Zwischenbemerkung:
das Äußerste, was ein Mann machen kann, wenn sich Frauen unterhalten. *Anonym*

Zwischenraum:
das fehlende Stück zwischen zwei geparkten Autos. *Anonym*

Zyankali:
das Salz des Ablebens. *Anonym*

veraltetes Mittel, um Erbauseinandersetzungen zu regeln. *Michael Schiff*

Zylinder:
Statussymbol, das man nicht mehr auf dem Kopfe, sondern unter der Motorhaube trägt. *Ron Kritzfeld*

Zyniker:

ein Mensch, der an nichts glaubt und alle anderen zu seinem Glauben bekehren möchte. *Anonym*

ein Mensch, der auf die, die über ihm stehen, verächtlich herabblickt. *Anonym*

wer alle menschlichen Handlungen in zwei Gruppen einteilt: offenkundig schlechte und verschleiert schlechte. *Henry Ward Beecher*

wer niemals eine gute Eigenschaft eines Menschen sieht, wohl aber jede schlechte. *Henry Ward Beecher*

ein Mensch, der die Dinge sieht, wie sie sind, und nicht, wie sie sein sollten. *Ambrose Bierce*

so nennen wir Menschen, die laut sagen, was wir denken. *Pierre Daninos*

jeder, der für den Bewußtseinszustand seiner Mitmenschen nur ein Achselzucken übrig hat. *Hans Magnus Enzensberger*

einer, der den Glauben an das Böse im Menschen noch nicht verloren hat. *Ron Kritzfeld*

ein Mensch, der, wenn er Blumen riecht, nach dem Sarg Ausschau hält. *Henry Louis Mencken*

ein Mensch, der von allem den Preis und von nichts den Wert kennt. *Oscar Wilde*

Zynismus:

der geglückte Versuch, die Welt zu sehen, wie sie wirklich ist. *Jean Genet*

das Ergebnis einer Verbindung von Bequemlichkeit mit Machtlosigkeit. *Bertrand Russell*

Humor in schlechtem Gesundheitszustand. *Herbert George Wells*

ein Ding zu betrachten, wie es wirklich ist, und nicht, wie es sein sollte. *Oscar Wilde*

»Alles Heitere sollte kurz sein –

ISBN 3-8218-3459-5

ISBN 3-8218-3458-7

ISBN 3-8218-3462-5

ISBN 3-8218-3460-9

ISBN 3-8218-3461-7

ISBN 3-8218-3463-3

Jeder Band: 80 Seiten · Halbleinen, gebunden · DM 16,80

Außerdem erhältlich: Zitatenschatz für das Büro 3-8218-3529-x · ***Feinschmecker*** 3-8218-3541-9 · ***die Hochzeit*** 3-8218-3532-x · ***Bücherfreunde*** 3-8218-3539-7 · ***Katzenfreunde*** 3-8218-3540 · ***Musik- und Theaterfreunde*** 3-8218-3530-3 · ***Österreicher*** 3-8218-3542-7 · ***den 50. Geburtstag*** 3-8218-3531-1 · ***den 65. Geburtstag*** 3-8218-3543-5